文化研究丛书
金惠敏　主编

印刷术与西方现代性的形成
——麦克卢汉印刷媒介思想研究

李昕揆　著

2018年·北京

图书在版编目（CIP）数据

印刷术与西方现代性的形成：麦克卢汉印刷媒介思想研究 / 李昕揆著. — 北京：商务印书馆，2018
（文化研究丛书）
ISBN 978-7-100-15509-0

Ⅰ.①印… Ⅱ.①李… Ⅲ.①麦克卢汉（1911～1980）－印刷术－传播媒介－思想评论 Ⅳ.①G206.2

中国版本图书馆CIP数据核字（2017）第279460号

权利保留，侵权必究。

文化研究丛书
印刷术与西方现代性的形成
——麦克卢汉印刷媒介思想研究
李昕揆 著

商 务 印 书 馆 出 版
（北京王府井大街36号 邮政编码 100710）
商 务 印 书 馆 发 行
三河市尚艺印装有限公司印刷
ISBN 978-7-100-15509-0

2018年7月第1版 开本 640×960 1/16
2018年7月第1次印刷 印张 24

定价：82.00元

本成果受到中国人民大学 2016 年度"建设世界一流大学（学科）和特色发展引导专项资金"专项经费支持

丛书总序

　　文化研究的许多代表人如斯图亚特·霍尔等并不主张给予其所研究的对象——文化——以一个清晰的界定，也不建议任何研究方法对于这一对象的优先权。然而就是这种似乎既无具体对象亦无特别方法的文化研究却红红火火地走过了半个多世纪，风靡全球，成为当今世界第一显学。其成功的秘诀或奥秘究竟何在？

　　不言而喻，没有对象，意味着一切可为对象；没有方法，则一切方法都可以拿来使用。文化研究之所以能够无所不及（对象）、无所不用（方法），即是说，举凡世间的一切现象、问题都可揽入笔底，细细打量，举凡历史上出现过的一切思想都可任我驱遣，为我所用，其原因便是对于这种无对象、无方法的信仰和坚持。现在随便打开一本文化研究教程，都可看见这一超级学科令人叹为观止的宽度和厚度。读者用不着惊奇，在别的领域所见到的知识，好像不经什么改变就径直涌进了文化研究。浪漫主义、现象学、接受美学、分析哲学、结构主义和后结构主义、后现代主义、后殖民研究、性别研究、身体研究、全球研究，甚至汉学研究，都能在文化研究的范畴内找到自己的位置和用武之地。当然我们可以批评它是大杂烩、百衲衣，但不能不承认和服膺它的丰富多彩和纵横捭阖于各种话语之间的巨大潜能。

　　美国国际政治理论家塞缪尔·亨廷顿虽非文化研究中人，但他对"文化"概念的宽泛无边的批评和他本人对其狭义化的处理则可能透露出文化研究的活力和意义所在。他有个轰动一时的论点，说是冷战后世界冲突已经由之前的意识形态冲突转向文明或文化的冲突。他所谓的"文化"不是文化理论家如格尔茨、威廉斯等人所主张的那个包括了一切文化形式——从物质文化到精神文化，从流行文化到高雅文化——的文化，他指出这样的文化概念什么也解释不了。他要把"文化"限定在"一个社会中人们普遍持守的价值、态度、信念、取向以及基本假定"上。简言之，在他看来，文化即价值观。可以发现，亨廷顿的错误在于否认了低级文化形式的价值蕴涵。但这一错误也可能发人深思，借着它我们可以追问一下：价值难道仅仅存在于高级文化而不见于低级文化吗？

文化研究在另一条道路上思考文化。首先，它将文化定义为"意指实践"（signifying practices），即运用符号创造意义的过程及其成果。符号无贵贱之分，无精英与大众之别，一切符号均可用以表情达意，或者说，任何符号均为生命之形式。这种符号界限的模糊将导向对一切文化形式的开放。但这并不意味着，文化研究对于其对象不做选择，来者不拒，非也！其次，文化研究总是倾向于选择那些意义最为重大，至少是最为有趣的问题来研究，而当代各种社会问题中，恐怕没有什么比政治牵扯面更广从而意义更为重大的了。就此意义而言，文化研究实乃文化政治学！文化研究的政治有宏观方面的，如霍加特的工人阶级阅读、霍尔所命名的撒切尔主义，如道格拉斯·凯尔纳正在进行中的特朗普研究；也有微观方面的，即日常生活层面的现象，如：服饰、发型、酒吧、餐饮、连锁店、购物中心、娱乐方式等。文化研究一向关注政治问题，这一点与批判理论类同，但其在日常生活方面涉猎之广则为后者所远远不及，因而在英语世界以及中文世界，文化研究便后来居上，几乎囊括或取代了批判理论。一切批判理论当今都可以归在文化研究的名下。已经没有必要再来区分什么批判理论，什么文化研究了，它们已经合流，合二为一。

总之，文化研究固然无所不包，但它背后有一原则，就是研究各种文化形式，即各种意指实践，尤其是其可能被模糊、被掩盖和被歪曲的含义，以恢复其本来的面貌。因此，文化研究与其说是一门学科，如体制内许多学者所希望的那样，倒毋宁说是一种研究方法和观察角度，谁都可以尝试。

本丛书以"文化研究"相标榜，意在拣选关于各种意指实践或表征活动的研究成果，为创造美好的人类生活尽绵薄之力。当今的学术已经进入一个全球化时代，丛书的作者和选题的构成也将是国际性的或星丛性的。我们不敢借这套丛书表达对国际学术共同体的奢望，但如果它具有文化间性的意义，那么这种意义则是源自基本的文化自信。虽然由于汉语当下的学术使用范围有限，这里的文化间性目前还只是内向的文化间性，即在一种语言内部的文化对话，不过，我们寄望于不远的将来汉语也能成为一种国际学术语言。

金惠敏
2017年3月21日星期二
北京西三旗

目 录

绪论　理解麦克卢汉……………………………………………1
　第一节　从文学研究到媒介研究：麦克卢汉的学术轨迹…………4
　第二节　"我不解释，我只探索"：没有方法的方法论……………19
　第三节　"印刷麦克卢汉"：麦克卢汉如何被"印刷"所界定……34

第一章　"视觉的腾飞"：从表音文字到谷腾堡印刷术……………70
　第一节　印刷的"序曲"：表音文字及其效应……………………74
　第二节　印刷媒介的"视觉偏向"…………………………………93
　第三节　印刷媒介与"视觉的腾飞"………………………………113

第二章　"印刷人的诞生"：麦克卢汉论域中的四个范例…………124
　第一节　拉米斯：谷腾堡时代的教育先锋…………………………127
　第二节　拉伯雷：从知识民主到消费者的天堂……………………140
　第三节　伊拉斯谟：新神学与新教育的铺路人……………………151
　第四节　培根：以印刷整理"自然之书"…………………………161

第三章　"印刷个体主义"：印刷媒介与现代个体主义的形成………174
　第一节　作为"个体主义技术"的印刷术…………………………174
　第二节　印刷与"现代作者"的创生………………………………188

第四章 "印刷民族主义"：印刷媒介与现代民族主义的形成………203
　　第一节　从"技术民族主义"到"海斯难题"……………205
　　第二节　"印刷民族主义"形成的主要路径……………217

第五章 "应用乔伊斯"：印刷媒介与作为感知操练的文学………240
　　第一节　"感知操练"：麦克卢汉的媒介文艺思想…………243
　　第二节　印刷媒介与"视觉模式"的诗歌………………259

结语　作为"印刷人"的麦克卢汉与"文艺媒介学"……………272

参考文献……………………………………………………………285
附　录………………………………………………………………326
　　麦克卢汉生平年表………………………………………326
　　麦克卢汉常用术语………………………………………332
　　麦克卢汉语录选译………………………………………335
　　中国媒介生态学的两种范式及未来趋向…………………356
后　记………………………………………………………………372

绪论　理解麦克卢汉

> 麦克卢汉的言辞在空气中，在传播界，在科技领域，在字里行间，在生活、死亡、流行艺术、汽车业、披头士、谷腾堡，在这个文明社会中四处飘荡。
>
> ——美国全国广播公司麦克卢汉特别节目

马歇尔·麦克卢汉（Marshall McLuhan）是 20 世纪最具有探索精神、最富有原创性的西方媒介思想家。"无论是他的成熟的思考还是这些思考的广泛流传，都是 20 世纪 60 年代独一无二的现象。"[①] 在 20 世纪 60 年代那个充满躁动的思想氛围之中，这位来自加拿大的学者被美国庞大的宣传机器打造成一颗耀眼的文化明星。不仅麦克卢汉的文章屡屡见于《时尚》、《家庭》、《哈泼斯市场》、《瞭望》等大众杂志，《纽约时报》、《花花公子》、《新闻周刊》、《纽约客》、《生活》、《星期六评论》、美国全国广播公司（NBC）、哥伦比亚广播公司（CBS）等媒体也接二连三地对麦克卢汉进行介绍、评论和采访，仅 1966 年，英语世界的"报刊上介绍麦克卢汉的文章就达 120 篇，美国、加拿大以及英国几乎所有重要的报刊均参与了这场运动。人们以激动的心情思量，这或许是一位

[①]〔美〕丹尼尔·杰·切特罗姆：《传播媒介与美国人的思想：从莫尔斯到麦克卢汉》，曹静生、黄艾禾译，中国广播电视出版社 1991 年版，第 177 页。

洞见堪比达尔文和弗洛伊德的重量级人物"[1]。《国家》杂志把麦克卢汉列为风云人物,《纽约时报杂志》称麦克卢汉为波普艺术的"第一位预言家",《纽约客》冠之以"首位流行哲学家"的光耀头衔,著名艺术家安迪·沃霍尔（Andy Warhol）称其为"名誉缪斯",《纽约先驱论坛报》更是刊文宣称麦克卢汉是"继牛顿、达尔文、弗洛伊德、爱因斯坦和巴甫洛夫之后最重要的思想家"[2]。今天,由法国人首先使用的"麦克卢汉主义"（McLuhanism）[3]一词已成为大众文化与艺术的标签,一大批带着浓郁"麦克卢汉风格"的术语——"媒介即信息"、"媒介即按摩"、"地球村"、"感知比率"、"冷媒介—热媒介"、"视觉空间—听觉空间"、"内爆—外爆"、"后视镜—反环境"、"背景—形象"、"陈词—原型"、"集中化—非集中化"、"部落化—去部落化—再部落化"、"谷腾堡星系—马可尼星系"、"媒介杂交"、"媒介逆转"、"媒介四元律"、"信息时代"、"图像时代"等——正在以惊人的频率被数字时代的人们所征引。他留下了丰厚的文化和思想遗产,以至于近20年来世界范围内对麦克卢汉及其思想的研究已经形成一门新的学问——"麦克卢汉学"[4]（以下简称"麦学"研究）。下面,我

---

[1] Stephanie McLuhan and David Staines (eds.), *Understanding Me*, Cambridge: MIT Press, 2005, p. xx.

[2] Tom Wolfe, "Suppose He Is What He Sounds Like", in Gerald Stearn (ed.), *McLuhan: Hot & Cool*, New York: The Dial Press, 1967, p. 31.

[3] 麦克卢汉的媒介分析深刻地影响了人们的观念。当法国人创造出"麦克卢汉主义"这一术语的时候,他们不仅是指麦克卢汉这个人,而且也是指一种文化态度,一种致力于对大众文化做严肃考察的态度。"麦克卢汉主义"的相关论述参见 Arnold Rockman, "McLuhanism: The Natural History of an Intellectual Fashion", *Encounter* 31 (1968), pp. 28-36; Tom Nairn, "McLuhanism: The Myth of Our Time", in Gary Genosko (ed.), *Marshall Mcluhan: Critical Evaluations in Cultural Theory*, vol. 1, *Fashion and Fortune*, London and New York: Routledge, 2005, pp. 19-28; Jean Cazeneuve, "MacLuhanisme", in Jean Cazeneuve, *Les Communications de Masse: Guide Alphabetique*, Paris: Denoël / Gonthier, 1976, pp. 260-265。

[4] "麦克卢汉学"指以麦克卢汉及其思想为研究对象的学问。作为20世纪一位极富原创性的媒介思想家,麦克卢汉的理论在20世纪60年代曾风行一时,但在20世纪70年代之后却一度沉寂。自20世纪90年代公众和学界重新发现麦克卢汉起,越来越多的学者意

(接上页)识到麦克卢汉的价值并投入到对麦克卢汉及其思想的研究中来。经过20多年的积累,当今,"麦学"研究已经发展成为世界范围内的一门"显学",不仅涌现出一大批以麦克卢汉及其思想为研究对象的学者、专家,而且大量以麦克卢汉及其思想为主题的研究论文和专著也先后面世。然而,除去北美"媒介生态学派"学者们对麦克卢汉的大量延伸性研究(这类著作不是以麦克卢汉及其思想为研究对象,而是对麦克卢汉开创的论题的"接着说",故笔者认为,此类延伸性研究不能算作"麦学"的研究成果,而只能归入"媒介生态学"的理论成果)以及有关麦克卢汉的一些传记作品和介绍性、入门性的著作(这些著作有:戈登[W. Terrence Gordon]撰写的麦克卢汉及其思想的入门读本[W. T. Gordon, *McLuhan for Beginners*, London: Writers and Readers, 1997],以及他与麦克卢汉基金会合作完成的麦克卢汉思想评传[W. T. Gordon, *Marshall McLuhan: Escape into Understanding: A Biography*, New York: Basic Books, 1997],马尔尚[Philip Marchand]编著的麦克卢汉的第一部传记作品[P. Marchand, *Marshall McLuhan: The Medium and the Messenger*, Cambridge, MA: MIT Press, 1998],特沃尔[Donald Theall]检视麦克卢汉思想遗产的传记作品[D. F. Theall, *The Virtual Marshall McLuhan*, Montreal and Kingston: McGill-Queen's University Press, 2001]等)之外,严肃而认真地对麦克卢汉思想进行深入探讨的有分量之作尚为数不多。大致言之,近20多年来,在"麦学"研究中具有里程碑意义的著作有以下几部:(1)保罗·莱文森(Paul Levinson)的《数字麦克卢汉——信息化新纪元指南》(Paul Levinson, *Digital McLuhan: A Guide to the Information Millennium*, New York and London: Routledge, 1999)。自称麦克卢汉私淑弟子的莱文森在该书中分14个专题考察了麦克卢汉的电子媒介思想,在"麦学"研究中开辟了"数字麦克卢汉"这一重要领域,深刻影响了此后10多年来的"麦学"研究。可以说,考察麦克卢汉的"电子媒介思想"之所以成为近来"麦学"研究的热门话题,以及欧美学界之所以有一批论述麦克卢汉电子媒介思想的论著相继问世,或多或少都是由于受到了莱文森的影响。(2)加里·季诺斯科(Gary Genosko)编辑的《文化理论视野中的麦克卢汉》文集(Gary Genosko [ed.], *Marshall McLuhan: Critical Evaluations in Cultural Theory* [vol. 1, *Fashion and Fortune*; vol. 2, *Theoretical Elaborations*; vol. 3, *Renaissance for a Wired World*], London and New York: Routledge, 2005)。该论文集以3卷本1100多页的篇幅,分"什么值得大惊小怪"(What the Fuss Was About)、"法国派"(French Faction)、"加拿大派"(Canadiana)、"媒介、事项、身体"(Media, Matters, Bodies)、"传播、文化与批判理论"(Communication, Culture and Critical Theory)、"字母前后:前/后现代"(Before and After the Letter: [Pre]postmodern)、"自动控制的兴起"(Rise of the Cybernation)、"基督复临"(Second Comings)8个专题,展示了数十位学者近40年来研究麦克卢汉及其思想的86篇论文。总体而言,这部论文集从"文化理论"的角度来探讨麦克卢汉的思想及其贡献,既有力地推动了当今"媒体文化研究"的发展,也为当下的"麦学"研究提供了一条从文化学视角考察麦克卢汉的新的研究路径。尽管目前对这部3卷本论文集的评论和使用尚不多见,但此书仍可称得上是近年来欧美学界"麦学"研究中最有分量之作。(3)兰斯·斯特拉特(Lance Strate)和爱德华·瓦赫特尔(Edward Wachtel)编辑的论文集《麦克卢汉的遗产》(Lance Strate and Edward Wachtel [eds.], *The Legacy of McLuhan*, Cresskill: Hampton Press, 2005)。该文集收录了27位学者的27篇论文,从"麦克卢汉的'信息'"(McLuhan's Message)、"麦克卢汉的'媒介'"(The Media of McLuhan)、"艺术与感知"(Art and Perception)、"字母与定律"(Letters and Law)、"传播与文化"(Communication and Culture)、"延伸"(Extensions)等8个方面对麦克卢汉及其思想做了一次较为全面的梳理。该文集的作者们均是活跃在当前"麦学"研究界或"媒介生态学"研究领域的学者,代表了20世纪末"麦学"研究的基本状况。(4)艾琳娜·兰伯特(Elena

们先来认识一下这位有着诸多原创性媒介思想的麦克卢汉。

第一节 从文学研究到媒介研究：麦克卢汉的学术轨迹

麦克卢汉于 1911 年 7 月 21 日出生于加拿大阿尔伯塔省省会埃德蒙顿市，1980 年 12 月 31 日在位于多伦多的家中黯然逝世，享年 69 岁。"赴剑桥大学求学"、"改宗天主教"、"结识伊尼斯（Harold Adams Innis）"以及"福特基金会媒介项目申报成功"等，可以说是深刻影响麦克卢汉一生的最为重要的几个事件。"赴剑桥大学求学"使麦克卢汉接触到英国"新批评派"的文学批评思想和现代主义的文艺创作，这为以后麦克卢汉"文艺媒介学"思想[①]的形成以及"感知/美学"、"效应"等成为其"媒

[接上页] Lamberti）的《麦克卢汉的拼接：对媒介研究之文学根源的探索》（Elena Lamberti, *Marshall McLuhan's Mosaic: Probing the Literary Origins of Media Studies*, Toronto: University of Toronto Press, 2012）。作为欧美学界"麦学"研究的最新成果，该书以认真严肃的态度，从"拼贴"和"现代主义的影响"两个方面考察了作为文学教授的麦克卢汉的媒介研究中的"文学"源头问题。艾琳娜对麦克卢汉"文学—文化思想"的系统性梳理，重新引起了文学研究界对麦克卢汉这一思想的重视，深化了"麦学"研究中的"文学麦克卢汉"这一重要研究领域，代表了当今欧美学界"麦学"研究的最新成果。这几部作品分别从研究领域——"数字麦克卢汉"、"文学麦克卢汉"——和研究路径——"文化理论视角"、"拼贴"的书写方式——两个方面推进了"麦学"研究。

① "文艺媒介学"是笔者对麦克卢汉媒介研究思想的一种概括，指贯穿麦克卢汉媒介研究始终的那种以探讨媒介的"感知效应"为显著特色，富有浓郁的感性色彩、文学气息和人文关怀的媒介研究取向。麦克卢汉媒介研究的突出特点是，将一切媒介看作是对于人（身体或者神经中枢）的延伸，始终以"人文主义"立场关注媒介对于"人"的影响，并以发现媒介的"感知效应"作为其学术研究的最终落脚点。用他自己的话说："媒介在某种程度上是人自身的一种延伸，我对它们的兴趣完全是人文主义的。"（参见 Gerald Stearn [ed.], *McLuhan: Hot & Cool*, p. 329）科罗克（Kroker）认为，麦克卢汉是一个"技术人文主义"学者；李中华认为，"媒介研究的人文视角或者说对媒介所隐含的人文意义的关注，构成麦克卢汉研究的特点和重心"；罗伯特·怀特指出，"麦克卢汉在其全部学术生涯中，一直研究技术对潜在的人性和非人性的作用。……从某种意义上说，在（20 世纪）70 年代，他是传播学研究中最先表露出人道主义倾向的学者"（参见罗伯特·A.怀特：《大众传播与文化：向一个新模式过渡［上］》，钟梦白译，《国际新闻界》1988 年第 3 期）。这可看作是对笔者概括的"文艺媒介学"思想的三个佐证。

介研究"的主要标签敷设了底色。意大利"麦学"研究专家艾琳娜·兰伯特（Elena Lamberti）指出，这一经历成为其后麦克卢汉媒介研究的"文学根源"。"改宗天主教"① 是影响麦克卢汉的又一重大事件。麦克卢汉的传记作家马尔尚（Philip Marchand）指出："'新批评'派对麦克卢汉思想产生的影响，或许只有改宗天主教对他的影响能够匹敌。"② 有学者将麦克卢汉的媒介思想视作其天主教信仰体系的理论翻版，比如，切特罗姆（Daniel J. Czitrom）认为，"麦克卢汉的成熟理论基于一种新版基督教神话之上，他用部落文化（口头文化）、脱离部落文化（表音字母和印刷）、重返部落文化（电子媒介）来代替伊甸园、人的堕落和重返天堂"③；以麦克卢汉私淑弟子自诩的美国社会文化批评家尼尔·波兹曼（Neil Postman）亦指出，麦克卢汉对媒介的大量论述事实上就是在"讲述一个天堂、放逐与回归的故事"④。"结识伊尼斯"以及"福特基金会媒介项目的申报成功"⑤ 使麦克卢汉从原来的学术领域——"文学—大众文化批评"——转向"媒介研究"。如果说伊尼斯及其传播学著作的出版使麦克卢汉找到了施展其才华的全新领地——"媒介研究"——的话，那么，福特基金会对麦克卢汉、卡彭特（Edmund Carpenter）申报的媒介研究项目的资助，则为其顺利走向媒介之路提供了最为关键的助力。

国内外传播学界普遍认为，以20世纪50年代为界，麦克卢

---

① 此事件指1937年3月25日（圣星期四）麦克卢汉正式皈依天主教。对他而言，教徒生活受到教会的强化之后，就成为人生最高尚的冒险。正如他20世纪70年代在与记者的谈话中透露的一样，这样的信仰改变了人的存在，"使人的存在带上神秘的色彩，使一个背着包袱、未受启迪的人成为一个感情丰富的高尚的人"。
② 〔加〕菲利普·马尔尚：《麦克卢汉》，何道宽译，中国人民大学出版社2003年版，作者"前言"。
③ 〔美〕丹尼尔·杰·切特罗姆：《传播媒介与美国人的思想：从莫尔斯到麦克卢汉》，曹静生、黄艾禾译，第188页。
④ 〔加〕菲利普·马尔尚：《麦克卢汉》，何道宽译，尼尔·波兹曼"序"。
⑤ 此事件指1953年5月19日由麦克卢汉和卡彭特共同提交的跨学科研究项目"变化中的语言模式和新兴的传播媒介"获得福特基金会44250美元资助。

汉的思想可以明显地划分为前后两个阶段：前一阶段主要指20世纪50年代之前，在这一时期，麦克卢汉将其在剑桥大学接受的"新批评派"文学研究传统和文艺美学思想运用于文学和文化批评实践；后一阶段始于20世纪50年代麦克卢汉与加拿大经济史学家伊尼斯的相识，自此，麦克卢汉的学术重心转向关注"媒介本身"及其"感知效应"的"媒介研究"。[1] 笔者认为，对麦克卢汉的学术思想做如此截然的分割并不妥当。学术界所谓"麦克卢汉前后期思想"的说法更多只能当作便于学者们对麦克卢汉的思想进行分割式研究的简便说辞。这种划分的直接后果是，所谓的麦克卢汉"后期思想"，特别是他对电子媒介的预言和有关论述，由于很大程度上满足了电子时代人们的好奇心和理论需求，长期以来成为理论界和普通民众理解麦克卢汉的基本切入点和主要方面；形成鲜明对照的是，所谓的麦克卢汉"前期"的"文学—大众文化批评"思想、"后期"的印刷媒介思想，以及麦克卢汉的广告学说等，则几乎无人论及。麦克卢汉的前后期思想其实是互有渗透、相互交融的：麦克卢汉"前期"的文学—文化批评构成了"后期"媒介思想的"根源"，使"后期"媒介思想具有了浓郁的感性意味和人文色彩；麦克卢汉"后期"的媒介思想，就其本质而言，只是"前期"文学—文化批评思想在媒介领域的应用、延续、拓展和深化。[2] 由此，把麦克卢汉的前后期学术思想看作一个整体，将麦克卢汉的文学—文化批评、媒介思想、广告学说等置于其整个思想脉络中去考察，才能更好地把握麦克卢汉思想

---

[1] 切特罗姆将麦克卢汉的学术生涯分作三个阶段：早期麦克卢汉是一位传统的文学批评家，这段时期以1951年《机械新娘》的出版而告终；20世纪50年代是其转变时期，此时他接受了伊尼斯的学说，沉浸在文化人类学中，并编辑了《探索》杂志；20世纪60年代为成熟时期。参见〔美〕丹尼尔·杰·切特罗姆：《传播媒介与美国人的思想：从莫尔斯到麦克卢汉》，曹静生、黄艾禾译，第178页。

[2] 对此，格兰德·斯特恩（Gerald Stearn）也曾指出，"当人们认真审视麦克卢汉过去30年的作品时，会发现其论证的前后一致性"。参见 Gerald Stearn (ed.), *McLuhan: Hot & Cool*, p. xvii.

的来龙去脉和要害之处。借用麦克卢汉的话说，只有经过对一个个关键思想的"拼贴"，才能完整地展示出麦克卢汉的"诸种面相"——"文学麦克卢汉"、"印刷麦克卢汉"、"数字麦克卢汉"、"广告麦克卢汉"①等，而非仅仅一个已经被讨论得过多且仍在被不断重复着的"数字麦克卢汉"形象。下面，我们简要叙述麦克卢汉的生平，以在最为显在的层面上勾勒出一个略显复杂的"整体麦克卢汉"（McLuhan as a whole）形象。

一、文学起家：从曼尼托巴到剑桥"新批评"

在奔赴英国学习之前，麦克卢汉已在加拿大曼尼托巴大学研修了大量的文学课程，并以评论梅瑞狄斯（George Meredith）的论文《作为诗人和诗意小说家的梅瑞狄斯》（*George Meredith as a Poet and Dramatic Parodist*，1934）获硕士学位。尽管如此，真正对麦克卢汉产生深刻影响的还是他在剑桥大学所接受的文学训练。1934 年，在皇家天主教会修道会（IODE）提供的研究生奖学金资助下，麦克卢汉以预科生的身份进入剑桥大学学习。在这里，麦克卢汉原先在曼尼托巴大学所接受和形成的对英国文学的评判"被完全推倒重来"，剑桥大学"那些杰出的教授们给麦克卢汉提供的思想激励远远超出他的想象"。② 其中，对麦克卢汉影响最深的当属剑桥英语研究的无冕之王、英国"新批评派"奠基人瑞恰兹（I. A. Richards）。瑞恰兹认为，语言艺术作品不仅通过语言形式传达意义，而且借语言形式潜意识地改变人们的意识。这使其在分析诗歌时，特别重视词语本身及词语运用所达成的效

---

① "文学麦克卢汉"或者说麦克卢汉的"广告面相"，主要体现在其《机械新娘》（Marshall Mcluhan, *The Mechanical Bride: Folklore of Industrial Man,* New York: The Vanguard Press, 1951）、《文化即产业》（Marshall Mcluhan, *Culture Is Our Business,* New York: McGraw-Hill Book Company, 1970）以及《理解媒介》（Marshall Mcluhan, *Understanding Media,* New York: McGraw-Hill, 1964）（第 23 章：Ads: Keeping Upset with the Joneses）中。

② 〔加〕菲利普·马尔尚：《麦克卢汉》，何道宽译，第 36 页。

果，而作品中所谓时代印记的体现、作者传记的细节以及读者对作者意图的猜想等则不再重要。也就是说，分析诗歌的最好办法不是去研究诗歌的"内容"，而是关注词语本身及其语境效果。瑞恰兹的这一文学批评思想成为麦克卢汉多年以后媒介研究的方法之源。或如加拿大学者戈登（Terrence Gordon）所说，麦克卢汉的媒介方法与其所受的"新批评"训练密切相关："他的全部建议可以归纳为一句话：要细察媒介的形式，以便解释媒介强加于人的预设和培育的习惯。这样的细察同麦克卢汉从瑞恰兹和利维斯（Frank Paymond Leavis）那里习得的分析技巧相差不远。"[①] 对此，伯格（Dreyer Berg）也指出，"新批评派"那种"关注中世纪和文艺复兴时期的、语言学的、以审视广告、电影、印刷等当代媒介语言形式为研究对象的综合性方法，始终体现在麦克卢汉的理论之中"[②]。埃里克（Eric McLuhan）将其父亲最有名的著作《理解媒介》视作"将《实用批评》（*Practical Criticism*, 1929）[③] 介绍到海那边（指北美——引者）去的关键文本"[④]；有国内学者甚至将麦克卢汉的媒介理论看作是"新批评"理论在媒介研究中的翻版。由于"新批评派"学者特别是利维斯对象征主义诗歌的极力推崇，麦克卢汉又接触了以爱伦·坡、庞德、艾略特、瓦莱里等

---

① 〔加〕戈登：《理解新媒介研究项目报告书·编者前言》，载〔加〕麦克卢汉：《理解媒介》（增订评注本），何道宽译，译林出版社 2011 年版，第 411 页。

② Dreyer Berg, "Cambridge and Toronto: The Twentieth Century Schools of Communication", *Canadian Journal of Communication*, 1985 (3).

③ 《实用批评》是"新批评派"代表人物瑞恰兹的代表性著作。他在书中提出了一整套关于作品分析的理论：首先，文学批评的标准应当是作品的"心理效果"，评论作品的最终根据就是作品中的心理经验给予我们的感受。其次，作品本体论，即文学批评应当把作品本身作为批评的全部根据，把社会、作者、读者等因素排除在批评视野之外。再次，"细读法"和语义分析。瑞恰兹的这一著作不仅对"新批评派"产生了深刻影响，而且对麦克卢汉的媒介研究具有深远影响。

④ J. C. Morrison, "Marshall McLuhan: The Modern Janus", in Casey Man Kong Lum (ed.), *Perspectives on Culture, Technology, and Communication: The Media Ecology Tradition*, Cresskill: Hampton Press, 2006, p. 172.

为代表的现代派艺术并受到其深刻影响。正如他在回顾自己的学术历程时所说,"对从爱伦·坡到瓦莱里的象征主义诗歌的兴趣,激发我走上了媒介研究之路"①,"作为对机械工业和官僚主义愚昧的浪漫主义反抗,在惯常和忠实的诗学启蒙之后,剑桥的表现令人吃惊。短短几周,瑞恰兹、利维斯、艾略特、庞德和乔伊斯就开启了促使读者适应当今世界的诗歌感知之门。我对媒介的研究始于并深深扎根于这些人的工作之中"②。诗歌过程——文学、艺术、创造性想象——是麦克卢汉引领读者适应当今世界的首选策略。这一观念是麦克卢汉诗学的核心,它构成了麦克卢汉尝试理解变动着的世界的指导原则。通过文学和艺术传统,麦克卢汉找到了探索传播的工具。麦克卢汉此后在媒介研究中所展现出来的浓郁的人文和感性色彩,很大程度上正是得益于他从现代主义诗歌中获得的灵感。

二、大众文化批判:初入教职的选择

麦克卢汉不是那种专注于形式技巧和文本动态结构的纯文学批评家。他尊敬"新批评派"的"作品本体论",却几乎总把诗歌等文学文本同历史或当代环境相联系。最早使麦克卢汉意识到"新批评"方法能够成为研究整个人类环境之有效方法的是利维斯。在利维斯看来,"新批评派"对于诗歌的分析方法,不仅"可以分析广告,也可将新闻体裁和大众小说相比较"③。这启发麦克卢汉从瑞恰兹和燕卜荪的纯文学批评路子转向社会文化批评——运用"新批评"的文学批评方法,以广告、漫画等文化文本为对象,

---

① Marshall McLuhan, *Letters of Marshall McLuhan*, Oxford: Oxford University Press, 1987, pp. 420-421.

② Marshall McLuhan, *The Interior Landscape: The Literary Criticism of Marshall McLuhan, 1943-1962*, selected, compiled, and edited by Eugene McNamara, New York: McGraw-Hill, 1969, pp. xiii-xiv.

③ F. R. Leavis and Denys Thompson, *Culture and Environment*, London: Chatto and Windus, 1933, p. 6.

开展社会文化批判。1936年，麦克卢汉离开剑桥到威斯康星大学任教，这为麦克卢汉将"新批评"方法拓展至文化领域提供了机会。为此，他开始尝试在课堂上运用文学批评的方法去讨论当时流行的各种通俗文化。1937年，麦克卢汉到圣路易斯大学任教，在此，他对现代社会展开了更为激烈的批判。在校办刊物《百合花》(*Fleur de Lis*)上，他发文谴责广告、工业主义以及大型企业对家庭经济和社会基础的瓦解①，这种思路是他"把切斯特顿和利维斯的主题相嫁接之后的产物，是他未来至少十年之中社会批评的特征"②。麦克卢汉赞美美国文学中的"南方性质"，即在爱伦·坡、马克·吐温、威廉·福克纳③以及"逃亡者派"④作家著作中表现出的生活热情、历史感和悲剧意识。在他看来，南方文化是西塞罗理想在现代的体现，这个理想即"有理性的人表达具有雄辩力的智慧时达到的最高成就"⑤。1944年发表于《塞万尼评论》(*Sewanee Review*)上的《爱伦·坡的传统》一文是麦克卢汉社会文化批评的第一篇重要论文。他把爱伦·坡置于西塞罗和文艺复兴人文主义者的修辞学传统中，认为此传统已在美国

---

① Marshall McLuhan, "Peter or Peter Pan", *Fleur de Lis*, May 1938, pp. 4-7.
② 〔加〕菲利普·马尔尚：《麦克卢汉》，何道宽译，第76页。
③ 威廉·福克纳（William Faulkner, 1897—1962）是美国南方文学的代表人物，也是意识流小说在美国的代表人物。《喧嚣与骚动》是福克纳创作顶峰时期的一部杰作，作品运用高超的意识流手法，讲述了美国南北战争之后南方社会的迅速崩溃，为旧南方的没落贵族弹奏了一曲凄凉的挽歌。
④ "逃亡者派"是美国南方作家组成的一个松散团体，因1922—1925年出版较有影响的文艺杂志《逃亡者》而得名。他们提倡维护南方传统的文学地方主义，成为"南方文艺复兴"的一支中坚力量。1930年，以"逃亡者派"为主体的12位南方作家（其中有泰特[Allen Tate]、兰色姆[John C. Ransom]、罗伯特·沃伦[Robert P. Warren]、约翰·弗莱彻[John Gould Fletcher]、斯塔克·扬格[Stark Young]等人）撰写的论文集《我要表明我的态度》(*I'll Take My Stand: The South and the Agrarian Tradition*)出版，这些文章均以南方农业社会为尺度来评价、批判现代美国资本主义社会。美国现代重要的文艺批评流派"新批评派"中的不少成员也同时是"重农派"的核心人物。
⑤ 〔美〕丹尼尔·杰·切特罗姆：《传播媒介与美国人的思想：从莫尔斯到麦克卢汉》，曹静生、黄艾禾译，第180页。

南部扎根，其结果是爱伦·坡广阔而高贵的眼光、高品位的文学以及他对"理想社会"——资讯发达；男人领导；男性见多识广，有政治头脑且能滔滔不绝——的构想。[①] 接下来的几年，麦克卢汉发表了一系列文章，对此主题做了进一步阐述。在《南方的品格》中，他不仅把美国的南方传统同文艺复兴人文主义及修辞学联系起来，而且把南方传统同以农业、社区生活和贵族价值为基础的生活方式联系起来。[②] 在《犯罪沙滩上的足印》中，麦克卢汉又将一些著名侦探——杜宾（Dubin）[③]、福尔摩斯（Sherlock Holmes）[④]、温西爵爷（Lord Peter Wimsey）[⑤]——放进西塞罗、文艺复兴修辞学家和人文主义者的博雅传统中，认为这些侦探直接继承了拜伦和波德莱尔那种花花公子式的风流传统。[⑥] 这些闪光而有趣的文章均发表在《塞万尼评论》上，它们是麦克卢汉初涉社会批评和文化批评的练笔之作。而该杂志的主编正是美国"新批评派"的代表人物泰特（Allen Tate，

[①] Marshall McLuhan, "Edgar Poe's Tradition", *Swanee Review*, January 1944, pp. 24-33.
[②] Marshall McLuhan, "The Southern Quality", *Swanee Review*, July 1947, pp. 357-383.
[③] 美国作家爱伦·坡在推理小说《莫格街凶杀案》（*The Murders in the Rue Morgue*，1841）、《玛丽·罗热疑案》（*The Mystery of Marie Roget*，1842）、《被窃之信》（*The Purloined Letter*，1844）中"塑造了第一位坐在扶手椅里破案的侦探人物"——杜宾。杜宾既有丰富的想象力，又有严密的逻辑思维能力；既是诗人，又是数学家；他超越了警察的规范力量，与读者一起探索这个世界的真实。
[④] 福尔摩斯是19世纪末英国侦探小说家柯南·道尔（Conan Doyle）塑造的一个才华横溢的侦探形象。福尔摩斯常常通过叙述者或委托人做出一连串的推断，显示他高超的智慧，从而确立他的权威。在调查过程中，他甄别极其重要的线索，提出解决问题的假设。其他人物几乎总是不能领会他的推理，或是从提供给他们的资料中得出正确的结论。一旦罪犯被确认，他就被迫与证人对质，或者由福尔摩斯向听众解释他的推理过程。柯南·道尔关于福尔摩斯的56个故事全部遵循了同样的模式。
[⑤] 温西爵爷是英国作家多萝西·塞耶斯（Dorothy L. Sayers）创造的一个颇受推理迷喜爱的侦探形象。塞耶斯一生共创作了14部温西爵爷探案小说（11部长篇、3部短篇）。她塑造的这个优雅中带点古灵精怪个性的贵族神探，曾被美国推理作家协会票选为推理小说史上最受欢迎的三大男侦探之一。
[⑥] Marshall McLuhan, "Footprints in the Sands of Crime", *Swanee Review*, October 1946, pp. 617-634.

1899—1979）。此后，麦克卢汉在《塞万尼评论》和《凯尼恩评论》（Kenyon Review）[①] 上发表的文章越来越多，并成为以泰特、兰色姆（John Crowe Ransom）、布鲁克斯（Cleanth Brooks）、罗伯特·沃伦（Robert Penn Warren）等为核心的美国"新批评派"的重要成员。1947 年，麦克卢汉在著名文化期刊《地平线》上发表《论美国广告》，标志着他的社会文化批评开始找到了更多的读者。这篇文章重申了麦克卢汉的吁求：认真研究广告的影响和技巧。在整个 20 世纪 40 年代中，麦克卢汉最为成功的文章就是这些"沿着文化与环境的路子，将'三学科'的文学视角融入其中所做的社会批评"[②]，这种研究终于在 1951 年开花结果，即《机械新娘》（The Mechanical Bride）的出版。麦克卢汉自己的一段话表明了他这一时期开展大众文化批判和社会文化批评所持守的道德和价值评判立场："直到写第一本书《机械新娘》，许多年里我都对产生新环境的技术持极端化的道德批判态度。我讨厌机器，厌恶城市，把工业革命与原罪画上等号，把大众传媒与堕落画上等号。简言之，我几乎拒斥现代生活的一切成分而赞赏卢梭式的乌托邦。"[③] 对此，切特罗姆评论道："麦克卢汉对美国作家的论述和对美国历史的解释更清楚地显示出他早期写作年代的审美的、政治的和道德的见解。"[④] 在这一点上，可以说麦克卢汉于 20 世纪 40 年代开展的大众文化批判和社会文化批评，与德国法兰克福学派的大众文化批判颇有相通之处。

[①] 《凯尼恩评论》由美国"新批评派"另一位代表人物约翰·兰色姆（John Crowe Ransom, 1888—1974）创办。
[②] 〔加〕菲利普·马尔尚：《麦克卢汉》，何道宽译，第 76 页。
[③] Marshall McLuhan, *Essential McLuhan*, E. McLuhan & F. Zingrone (eds.), London: Routledge, 1995, p. 257.
[④] 〔美〕丹尼尔·杰·切特罗姆：《传播媒介与美国人的思想：从莫尔斯到麦克卢汉》，曹静生、黄艾禾译，第 179 页。

三、媒介研究：大众文化批判的深入

1949年，麦克卢汉在自己组织的学术沙龙上与加拿大多伦多大学政治经济学教授哈罗德·伊尼斯（Harold Adams Innis, 1894—1952）相识。在沙龙发言中，伊尼斯以其广博的知识、对传播媒介的政治经济学和历史的通晓，以及对印刷、广播、报纸等媒介效应的论述——比如"报纸让人关心眼前之物，而牺牲连续性的感觉；广播具有半公共的性质，其结果是有利于政府控制"[①]，给麦克卢汉留下了深刻的印象。20世纪50年代初，伊尼斯两部传播学著作——《帝国与传播》（*Empire and Communications*, 1950）和《传播的偏向》（*The Bias of Communication*, 1951）——的出版，使麦克卢汉在寻觅新文化研究领地的过程中看到了曙光。在这两部著作中，伊尼斯试图在整个西方文明史的全过程中追踪"传播媒介对知识品格的潜在影响"，这既为麦克卢汉"留下了许多空间去填补，同时又给他留下了极其珍贵的提示，说明如何去构建一种新的文化理论。自利维斯以来，尚无任何一位教授曾给予他如此深刻的思想激励"[②]。多年之后，麦克卢汉在致友人的信中还说，正是伊尼斯给了他"特别的激励"，使他进入了媒介研究的领地。1953年，由麦克卢汉和卡彭特共同提交的"变化中的语言模式和新兴的传播媒介"项目获福特基金会资助，这为麦克卢汉提供了探索由伊尼斯所开辟的思想天地的绝佳机会，也成为麦克卢汉从文学—文化批判走向媒介研究的重要契机。围绕这一项目，麦克卢汉发起了一系列跨学科的文化与传播研讨会，展开了对不同历史阶段媒介环境及思维和认知特征的探索，并在此基础上提出了媒介环境的经验重组和社会变革效应。[③] 福特基金会项目的另一副产品是《探索》（*Explorations*）杂志。该杂志发表了许

---

① 〔加〕菲利普·马尔尚：《麦克卢汉》，何道宽译，第125页。
② 〔加〕菲利普·马尔尚：《麦克卢汉》，何道宽译，第126页。
③ 李明伟：《知媒者生存：媒介环境学纵论》，北京大学出版社2010年版，第113页。

多重要的具有"麦克卢汉风格"的媒介研究文章,它不仅成为麦克卢汉媒介研究的重要阵地,而且有效地扩大了其学术交往的范围、思想视野和社会影响。1959 年,麦克卢汉得到美国广播电视教育工作者协会的赞助,着手制定十一年级的媒介意识教学大纲。这次研究使麦克卢汉有了进一步探索其在文化与传播研讨班上开辟的路子的机会。此次研究形成的报告不仅成为其专著《理解媒介》的蓝本,而且为他以后论述媒介的著作奠定了基础,尤其为他讨论电视对个人和社会的影响提供了一个平台。1962 年,麦克卢汉的第二部著作《谷腾堡星系》出版,确立了他作为 20 世纪重要媒介思想家的地位。1963 年,麦克卢汉组建多伦多大学"文化与技术研究中心"并担任中心主任,这成为继《探索》杂志之后麦克卢汉的第二块学术阵地。1964 年《理解媒介》的问世,使麦克卢汉一夜之间成为举世瞩目的学术明星,其媒介研究方面的名声被推至顶峰。"无论评论是正是反,《理解媒介》这本书最终使麦克卢汉成为北美和英国思想界严肃论争的对象,任何自称有思想的人都必须对他的理论略知一二。"[1]《理解媒介》之后,麦克卢汉又相继出版了《媒介即按摩》(*The Medium Is the Massage*, with Quentin Fiore and Jerome Agel, 1967)、《地球村里的战争与和平》(*War and Peace in the Global Village*, with Quentin Fiore and Jerome Agel, 1968)、《穿越灭点》(*Through the Vanishing Point*, with Harley Parker, 1968)、《逆风》(*Counterblast*, designed by Harley Parker, 1969)、《文化即产业》(*Culture Is Our Business*, 1970)、《从陈词到原型》(*From Cliché to Archetype*, with Wilfred Watson, 1970)、《理解当代》(*Take Today*, with Barrington Nevitt, 1972) 等著作。除撰写专著、编书之外,大量的文稿从其笔下喷涌而出:学术论文、评论、书序、给编辑的信以及教科书,如《城市作为课堂》(*City as*

---

[1] 〔加〕菲利普·马尔尚:《麦克卢汉》,何道宽译,第 183 页。

Classroom: Understanding Language and Media, with Eric McLuhan and Kathryn Hutchon，1977）等。这种状况一直持续到 1979 年麦克卢汉再度中风。

不可否认，麦克卢汉是在伊尼斯的思想激励下走上媒介研究之路的，但麦克卢汉很快就超越了伊尼斯，并对其媒介时空偏向理论做了改造。这在他们二人对"广播"的不同看法上表现得十分清楚：伊尼斯将广播视为一种空间偏向的媒介，而麦克卢汉则将之视为一种能够将人们从线性印刷的视觉官能限制中解放出来，并将人们带入口语文化世界和地球村的电子媒介。麦克卢汉以"感知"取代伊尼斯的"时空"概念，很大程度上得益于他从霍普金斯、艾略特、叶芝等现代派诗人那里得到的启发。在某种意义上可以说，正是通过将剑桥"新批评派"的研究方法、现代派艺术家们的文艺思想同媒介研究的结合，麦克卢汉为西方传播学引入一股清新之风，使媒介研究呈现出一种迥异于以往的全新气象。他不仅开创了"文艺媒介学"的研究路径，使得媒介研究自此有了浓郁的文学色彩和感性气质，而且在媒介研究中实现了从内容分析向专注于媒介自身及其感知效应的范式转型，形成了一套崭新的媒介研究范式——"感知效应范式"[1]，为西方传播学中的"第

---

[1] 注重媒介的"效应／效果／后果"是麦克卢汉媒介研究的重要特征。他曾经指出，"理解媒介实质上就是理解媒介的效应（effects）"。怀特在《大众传播与文化》中强调，"麦克卢汉把研究的重点放在媒介在整个文化发展中的作用上，从而扩充了效果的含义，并且提出了一个文化解释的新方式"（参见罗伯特·A. 怀特：《大众传播与文化：向一个新模式过渡［上］》，钟梦白译，《国际新闻界》1988 年第 3 期）。金惠敏先生用"后果范式"来概括麦克卢汉的媒介研究。他指出，"麦克卢汉的媒介研究可以用'后果范式'来概括。他并不忽视对各种媒介特征的研究……但其目的是试图说明这种或那种媒介因其不同的特点而对社会构成不同的影响"（参见金惠敏：《"媒介即信息"与庄子的技术观——为纪念麦克卢汉百年诞辰而作》，《江西社会科学》2012 年第 6 期）。笔者认为，麦克卢汉主要关注的是媒介的感知偏向对于人的影响，为此，在下文的叙述中，笔者将麦克卢汉的媒介研究范式统称作"感知效应范式"。

三学派"[①]——北美媒介生态（media ecology）学派[②]——的形成筑牢了基础。对西方传播学来说，麦克卢汉的媒介研究可谓是一场"哥白尼式的革命"，而这也正是麦克卢汉媒介研究的真正意义所在。

四、是否是技术决定论者？

无论是国内还是国外学界，长期以来一直将麦克卢汉视为技术决定论（technological determinism）[③]者。比如，国内译介麦克卢汉最为用力的学者何道宽，在其早期发表的论文中一度持此观点[④]；张咏华认为，麦克卢汉陷入了"唯技术决定论的极端"，其

[①] 国内学界长期将西方传播学分作两派：经验学派和批判学派。近年来，随着媒介生态学会（MEA）进入北美学传播学的主流圈子（1998年成为美学传播学会分会，2002年成为美国东部传播学会分会，2003年成为国际传播学会团体会员），媒介生态学始被视作西方传播学领域崛起的"第三学派"。国内传播学界持三派之说者近年也逐渐增多，倡导者有陈力丹、陈卫星、胡翼青、杨茵娟、蔡骐、潘忠党等。参见陈力丹：《试论传播学方法论的三个学派》，《新闻与传播研究》2005年第2期；陈卫星：《西方当代传播学学术思想的回顾和展望》，《国外社会科学》1998年第1—2期；杨茵娟：《从冲突到对话》，《国际新闻界》2004年第6期；潘忠党：《传播媒介与文化：社会科学与人文学研究的三个模式》，《现代传播》1996年第4—5期。

[②] 何道宽把以麦克卢汉为代表的media ecology译作"媒介环境学"。笔者认为，相较于"环境"，北美传播学系统中的media ecology更为注重的是"生态"。因为"环境"是自然的存在方式（包括自然环境和社会环境），而"生态"则不仅指自然的存在方式，也包括人与自然存在和社会存在的亲和关系，更多地体现的是一种相互依存的整体化的系统联系。或者说，生态就是与人类生存有关的一切，强调的是人类无法离开环境而生存。这恰恰符合media ecology的本意。media ecology注重研究媒介与社会、文化之间的共生关系，或如Media Ecology Association（媒介生态学会）章程第1条所说，它研究的是"符号、媒介和文化彼此之间的复杂关系"，亦即将符号、媒介、文化彼此联结的"生态"系统。有鉴于此，笔者仍将Media Ecology直译为"媒介生态学"。至于国内的"媒介生态学"与北美"媒介生态学"二者之间的差异和区别，笔者另有专文论述。

[③] "技术决定论"最初由美国经济学家凡勃伦（Thorstein Veblen）于1929年在其《工程师和价格系统》（The Engineers and the Price System）一书中提出。技术决定论派是20世纪70年代以前关于技术发展的理论中最具影响力的一个流派。该理论建立在两个重要原则基础之上：一是技术是自主的，二是技术变迁导致社会变迁。

[④] 在《多伦多传播学派的双星》（《深圳大学学报》2002年第5期）中，何道宽指出，"20世纪下半叶多伦多大学升起两颗学术明星：麦克卢汉和伊尼斯。他们背景殊异却情趣相同，共同建立了传播学的一个学派：媒介决定论"。在《麦克卢汉：媒介及信使》中文版

媒介理论的"主要缺陷在于，他在探讨媒介与人类文明发展史的关系中缺乏对因果关系的辩证认识，一味地将传媒技术当作变化的动因"[①]；蒋晓丽和石磊指出，麦克卢汉的理论"过分强调媒介的作用，无视内容的重要意义，把媒介描绘成导致社会发展的最大动力，从而走向技术决定论的极端"[②]。在国外，将麦克卢汉归为技术决定论者的学者亦非少数，主要有早期的莱文森（Paul Levinson）、威廉斯（Raymond Williams）、巴布卢克（Richard Barbrook）、施拉姆（Wilbur Schramm）、鲍德里亚（Jean Baudrillard）、切特罗姆以及马歇尔（David Marshall）等。莱文森早在其博士学位论文《人类的重放》（*Human Replay*，1979）中，就将麦克卢汉的媒介理论称为"媒介决定论"；在《软利器》（*The Soft Edge*，1998）中，他又以"硬媒介决定论"来称呼麦克卢汉的媒介理论，认为麦克卢汉相信"信息系统对社会具有必然的、不可抗拒的影响，这种关系即硬媒介决定论。这种关于抽象语言和人类的关系的观点有些极端"[③]。威廉斯在《电视》一书中指出，麦克卢汉的观点是一种"决定论……不但默许当下社会的文化现状，更对文化内部的权力纷争置若罔闻"[④]。切特罗姆指出，麦克卢汉"信奉一种决定论，它可被称之为'技术自然主义'"[⑤]，这种技术自然主义强调媒介是

（接上页）（马尔尚著，何道宽译，中国人民大学出版社2003年版）"译者前言"中，何道宽亦认为，麦克卢汉"高举'技术决定论'的帅旗，张扬技术的决定性影响"。随后，何道宽在《天书能读：麦克卢汉的现代诠释》（《四川外国语学院学报》2003年第1期）中做了修正，他指出，麦克卢汉"绝对不是鼓吹技术决定论的人，他是要我们回归身心一体、主客一体的理想境界"。

① 张咏华：《新形势下对麦克卢汉媒介理论的再认识》，《现代传播》2000年第1期。

② 蒋晓丽、石磊：《传媒与文化：文化视角下的传媒研究》，华夏出版社2008年版，第26页。

③ 〔美〕保罗·利文森（本书译为莱文森）：《软边缘》（本书其他各处译为《软利器》），熊澄宇等译，清华大学出版社2002年版，第3页。

④ R. Williams, *Television: Technology and Cultural Form*, New York: Schocken Books, 1975, p. 127.

⑤ 〔美〕丹尼尔·杰·切特罗姆：《传播媒介与美国人的思想：从莫尔斯到麦克卢汉》，曹静生、黄艾禾译，第192页。

人的生物性而非社会性延伸。马歇尔亦指出,"由于技术与其改变社会的力量之间的简单关系,麦克卢汉被贴上'技术决定论者'的标签显得尤为贴切"①。不可否认,麦克卢汉的媒介研究的确偏重于强调技术(媒介)对于人类感知和社会变革的影响/效应/后果。然而,仅仅因为强调媒介的"效应"、"影响"或者说"后果"就将麦克卢汉划为技术决定论者的做法似乎不妥。就像罗伯特·洛根(Robert K. Logan)所说,"任何想要否定技术与社会变革之间关系的人,毫无疑问都患上了不可救药的幼稚病,都脱离了社会现实"②。由此,我们需要认真考辨的是:麦克卢汉在多大程度上是一位技术决定论者?以及在何种意义上可以将他称作技术决定论者?对这两个问题的回答显然要比直接将麦克卢汉认定为技术决定论者更为妥当。我们说,麦克卢汉始终强调媒介的感知"效应",这使我们"在某种意义上"可以将麦克卢汉归为技术决定论者。但玄机恰恰在于这里的"在某种意义上"。事实上,麦克卢汉在著作中始终拒斥用单一的因果关系或倾向去解释任何东西。他曾经指出:"寻找单一因果的倾向或许能够揭示印刷文化长久以来为何对其他因果关系视若无睹。现代哲学和科学的一致共识是:当前所有研究和分析领域已经从'因果'转向'组态'。"③麦克卢汉在《谷腾堡星系》中直白地表述了自己的"非决定论"立场:"当前的研究远离决定论的立场,我希望阐明社会变革的一个主要因素,它可能真正导向人的自主性的增加。"④就像珍妮·马尔切索(Janine Marchessault)所说,如果你认真阅读麦克卢汉的著作,你就会发现"麦克卢汉并不像很多诋毁他的人所宣称的那样去建立一种简单的技术决定论。他讨论的所有技术本身都是文

---

① David Marshall, *New Media Cultures*, London: Arnold, 2004, p. 31.
② 〔加〕罗伯特·洛根:《理解新媒介》,何道宽译,复旦大学出版社 2012 年版,第 19 页。
③ Marshall McLuhan, *The Gutenberg Galaxy*, Toronto: University of Toronto Press, 1962, p. 252.
④ Marshall McLuhan, *Essential McLuhan*, E. McLuhan & F. Zingrone (eds.), London: Routledge, 1995, p. 92.

化的产物,他的研究亦是基于一种历史的辩证法"[1]。近年来,国内外对麦克卢汉"技术决定论"的态度也有所松动。莱文森指出,"用事后诸葛亮的眼光看问题——在后视镜里回顾他,回顾我最初对他的研究——可以清楚地看出,用'媒介决定论'来描述他未必是妥当的"[2]。国内学者蒋宁平认为,麦克卢汉的技术哲学是一种"温和的技术决定论",而这种"温和的决定论"在本质上已是一种"非决定论":"从严格意义上讲,温和的决定论已经是一种非决定论了,它是一种走向互动、融合的观点。"[3]何道宽亦对其早先将麦克卢汉的媒介理论称作"技术决定论"的观点做出修正,认为麦克卢汉"绝对不是鼓吹技术决定论的人,他是要我们回归身心一体、主客一体的理想境界"[4]。事实上,不做解释而只去探索、提倡洞见而非观点,注重背景而非形象,强调观察而非实验,反对"牛顿单一视野"而提倡"整体场理论",以及提出媒介四元律等,这一套独特的媒介研究方法充分说明:麦克卢汉根本不是一个因果式的机械决定论者。下面,就让我们从麦克卢汉的媒介研究方法来看看他是如何对世界进行探索的,以及他为什么要从效应而非从惯常的原因入手。或许,在麦克卢汉的方法中,我们能够悟出一些答案。

第二节 "我不解释,我只探索":没有方法的方法论

"我不解释,我只探索",麦克卢汉以如此简洁的语言对他自己的媒介研究方法做了精炼的概括。媒介研究方法在麦克卢汉的

---

[1] Janine Marchessault, *Marshall McLuhan: Comic Media*, London: SAGE Publications, 2005, p. 110.
[2] 〔美〕保罗·莱文森:《数字麦克卢汉——信息化新纪元指南》,何道宽译,社会科学文献出版社 2001 年版,第 260 页。
[3] 蒋宁平:《麦克卢汉技术哲学观评析》,《重庆三峡学院学报》2008 年第 6 期。
[4] 何道宽:《天书能读:麦克卢汉的现代诠释》,《四川外国语学院学报》2003 年第 1 期。

整个思想谱系中占据着重要而独特的地位，甚至在某种意义上可以说，麦克卢汉整个思想大厦的架构，均得益于其不同于西方传统传播学主流方法——内容分析法和批判方法——的独特研究方法。法国社会学家德莫特指出："麦克卢汉将我们提升至某种特定的状态，其中方法便是一切。离开了方法，我们也就失去了麦克卢汉。"[①] 美国社会文化批评家尼尔·波兹曼认为："麦克卢汉为我们指明了一种思考媒介的方法。与其说是'媒介即信息'，不如说是'方法即信息'。"[②] 切特罗姆认为，麦克卢汉"带来了分析传播媒介的根本性的新方法"[③]。国内学者范龙亦指出，"麦克卢汉的最大贡献或许并不是在其传播学研究中发现了多少'实事'，而是为传播学研究'发现'了现象学方法"[④]。然而，一直以来，很多学者对麦克卢汉的媒介研究方法持批判态度；其他人则在多半时间里漠视他，只是偶尔对其表示尊敬[⑤]，以至于直到目前，国内外尚无探讨麦克卢汉媒介研究方法的有分量之作。另外，鉴于"我国的媒介研究多年来一直缺乏强有力的'方法'支撑，研究方法上的薄弱已经成为阻碍我国传播学发展的巨大路障"[⑥]，在本节中，笔者将对麦克卢汉的媒介研究方法做出总结和评价。在系统评述之前，我们先来看看麦克卢汉对传统传播学的两大主流方法——内容分析法和批判方法——持怎样的态度。

一、麦克卢汉对经验学派内容分析法的批判

传播学经验学派主要关注的是媒介内容对使用者和消费者的

---

① Gerald Stearn (ed.), *McLuhan: Hot & Cool*, p. 282.
② Philip Marchand, *Marshall McLuhan: The Medium and the Messenger*, p. viii.
③ 〔美〕丹尼尔·杰·切特罗姆：《传播媒介与美国人的思想：从莫尔斯到麦克卢汉》，曹静生、黄艾禾译，第 158 页。
④ 范龙：《媒介的直观》，暨南大学出版社 2009 年版，第 121 页。
⑤ 〔加〕罗伯特·洛根：《理解新媒介》，何道宽译，第 10 页。
⑥ 范龙：《媒介的直观》，第 20 页。

影响，以定量描述和实证研究为特色的内容分析法是其基本研究方法。贝雷尔森（Bernard Berelson）认为，内容分析"是一种客观、系统、能对明确的传播内容进行定量描述的研究方法"①。在罗杰斯（E. M. Rogers）那里，内容分析即"通过将信息内容分类、以便测度某些变量的途径对传播信息进行研究"②。内容分析法作为西方传播学领域的主流方法之一，发端于 18 世纪，在两次世界大战期间被大量应用于媒介实践，在 20 世纪中叶迅速发展并走向成熟。早期使用内容分析法主要是为了找出媒介信息发出者的意图；20 世纪三四十年代，内容分析法主要被用于研究新闻、戏剧、广告及娱乐节目是如何反映社会和文化的重大议题、价值观和现象本身的。③ 被后人誉为传播学"四大先驱"的哈罗德·拉斯韦尔（Harold D. Lasswell）、保罗·F. 拉扎斯菲尔德（Paul F. Lazarsfeld）、库尔特·勒温（Kurt Lewin）和卡尔·霍夫兰（Karl I. Hovland），推动了能够同系统、可控、客观并有预见性的自然研究方法相媲美的内容分析法的发展。④ 就像拉斯韦尔所说，"说明一个传播行为有一个简便的方法，就是回答下列问题：……说什么？……研究'说什么'的专家进行'内容分析'"⑤。就本质而言，内容分析是对传播内容进行系统和量化分析的研究方法，它

---

① Bernard Berelson, *Content Analysis in Communication Research*, Glencoe: Free Press, 1952, p. 18.
② 〔美〕罗杰斯：《传播学史：一种传记式的方法》，殷晓蓉译，上海译文出版社 2012 年版，第 218 页。
③ 〔英〕安德斯·汉森等：《大众传播研究方法》，崔保国等译，新华出版社 2004 年版，第 142 页。
④ 拉斯韦尔领导了宣传研究，对第一次世界大战的宣传信息进行了内容分析，"并且实际上创建了内容分析的传播研究方法"（〔美〕罗杰斯：《传播学史：一种传记式的方法》，殷晓蓉译，第 206 页）；拉扎斯菲尔德"通过收集资料的方法提出了调查方法论"（〔美〕罗杰斯：《传播学史：一种传记式的方法》，殷晓蓉译，第 318 页）；霍夫兰则"既将说服研究引入传播学，又将实验方法引入传播学"（〔美〕罗杰斯：《传播学史：一种传记式的方法》，殷晓蓉译，第 397 页）。
⑤ 〔美〕拉斯韦尔：《传播在社会中的结构和功能》，载张国良编：《二十世纪传播学经典文本》，谢金文译，复旦大学出版社 2003 年版，第 199—200 页。

提供了在系统和可靠的研究范式下如何分析和量化媒体的内容。其缺陷在于，由于它"在很大程度上要依赖销售、民意测验以及实验室研究，因此它实际上排除了涉及社会控制和美学方面的更为广泛的论述，对探索传播与社会秩序之间的关系显得力不从心"①。简单来说，它无法指明内容分析中的具体类别，亦无法解释内容分析中量化指标的更广泛的社会意义，这与麦克卢汉在媒介研究中强调媒介对于人、文化以及社会的效应的思想是相悖的。

如上节所述，麦克卢汉在媒介研究中实现了从内容分析向媒介自身及其效应研究的范式转型。②反对过分关注媒介内容的那种"技术白痴"立场，是麦克卢汉在媒介研究中采取的基本态度。这种态度早在他于曼尼托巴大学读书期间就已显现。当时，麦克卢汉经常同秉持经验主义观点的伊斯特布鲁克（Tom Easterbrook）进行辩论，因为后者总是"要求麦克卢汉为自己的观点随时提出证据——这个方法总是激怒麦克卢汉"③。自20世纪中叶起，麦克卢汉明确以对"媒介"的兴趣取代了对"主题"（subjects）的兴趣："我们必须用对媒介的兴趣取代过去对主题的兴趣，这是合乎逻辑的回答，因为媒介已经取代了昔日的世界。"④按照拉斯韦尔5W模式的理解，媒介是传播内容的载体和表现形式。麦克卢汉不同意拉斯韦尔的这一看法。在他看来，相对于媒介自身，媒介的内容不再那么重要，"从机器如何改变人际关系和人与自身的关系来看，无论机器生产的是玉米片还是凯迪拉克高级轿车，都

---

① 〔美〕丹尼尔·杰·切特罗姆：《传播媒介与美国人的思想：从莫尔斯到麦克卢汉》，曹静生、黄艾禾译，第132页。

② 这里需要说明的是，麦克卢汉并不认为媒介的内容已经失去了重要性。他对媒介形式的重视及其著名论断"媒介即信息"所着意强调的是：对于媒介内容的分析已经多得使得人们忘记了另一个具有重要意义的部分——媒介本身。甚至可以说，麦克卢汉的突出贡献正在于此：他将媒介本身的特性对于人们的意识、行为的影响以一种令人震撼的方式表达了出来。

③ 〔加〕菲利普·马尔尚：《麦克卢汉》，何道宽译，第24页。

④ Marshall McLuhan, *Essential Mcluhan*, E. Mcluhan & F. Zingrone (eds.), London: Routledge, 1995, p.262.

是无关紧要的",因为"无论铁路是在热带还是在北方寒冷的环境中运行,它都引发了这样的变化——加速并扩大人们过去的功能,创造新型的城市、工作以及闲暇。这样的变化与铁路所运输的货物或者说内容是毫无关系的"。[1] 为此,必须"纠正拉斯韦尔的 5W 模式",因为"他的公式忽略了媒介"。[2] 由此出发,在对媒介效应进行观察时,麦克卢汉反对"用常规的量化测试的观念或假设来进行"[3]。这种态度在麦克卢汉对施拉姆的《电视对儿童生活的影响》一书的评论中也可清楚看出:"施拉姆研究电视用的是研究文献的方法,他没有研究电视形象的具体性质,而偏重于测试电视的'内容'、收看时间和词汇频率。因此,他的报告极为空泛。即使倒回到公元 1500 年,用这样的方法研究印刷书籍对儿童或成人生活的影响,他也不可能发现印刷术给个人心理和社会心理带来的变化。程序分析和'内容'分析在弄清媒介的魔力或潜在威力方面,不可能提供任何线索。"[4] 也就是说,在麦克卢汉看来,媒介的"内容"只是"破门而入的盗贼用来吸引看门狗注意力的滋味鲜美的肉片"[5],偏重于电视的内容而非电视形象的具体性质,仅仅通过测定"时间"、"频率"等量化因素,无助于揭示媒介对于人的影响。或如麦克卢汉的儿子埃里克评价其父亲时所用的形象说法所言:"渔夫争论的是鱼饵,看它是好是坏,是否吸引鱼。他们开会谈论鱼饵的哲学,而完全忽略了鱼钩。但鱼钩才

---

[1] Marshall McLuhan, *Understanding Media*, Cambridge, London: The MIT Press, 1994, pp. 7-8.
[2] 〔加〕麦克卢汉:《理解新媒介研究项目报告书》,载〔加〕麦克卢汉:《理解媒介》(增订评注本),何道宽译,附录一。
[3] Marshall McLuhan, *Letters of Marshall McLuhan*, p. 438.
[4] Marshall McLuhan, *Essential McLuhan*, E. McLuhan & F. Zingrone (eds.), London: Routledge, 1995, p. 160.
[5] Marshall McLuhan, *Understanding Media*, Cambridge, London: The MIT Press, 1994, p. 19.

改变你的生活。"① 可以说，正是在对内容分析方法进行批评和拒斥的基础上，麦克卢汉在媒介研究中发展出了一套全新的观察和探索媒介的方法，并以此独特的方法最终推动了西方整个媒介研究中的范式转型。②

二、麦克卢汉对批判学派之批判方法的拒斥

相比而言，麦克卢汉与传播学批判学派的关系不似与美国经验学派那般尖锐对立，这使得国内外一些学者尝试在麦克卢汉与批判学派之间建立关联，有的甚至直接将麦克卢汉归为批判学派。比如，加拿大学者杰弗里（Liss Jeffrey）、海耶（Paul Heyer）等探讨了麦克卢汉与批判学派之间的联系，美国学者格罗斯威尔（Paul Grosswiler）认为麦克卢汉的方法是辩证的，与批判学派的理论一脉相承。在国内，申凡和戚海龙把以麦克卢汉为代表的多伦多学派称为"加拿大批判学派中最重要的流派"③，陈龙将之视作"北美最具影响的一个批判学派"④，石义彬则提醒人们"不要忽略作为传播学批判学家存在的麦克卢汉的思想"⑤。事实上，即便麦克卢汉的思想中含有某些批判的成分（突出表现在 20 世纪 40 年代的大众文化批判方面），但在媒介研究方法上，麦克卢汉与批判学派还是有着显著区别的。

---

① 郭镇之：《关于麦克卢汉的思想：与埃里克博士的一次访谈》，《现代传播》1999 年第 4 期。
② 与对以内容分析为特征的经验主义传播学的批评相对应，麦克卢汉更为强调媒介形式的重要作用。有学者将麦克卢汉对媒介形式重要性的论述归纳为三点：第一，传播媒介在形式上的特性构成了传播媒介的历史行为的功效；第二，就媒介影响人类感官这一基本功能而言，与个人感知密切相关的是媒介的形式而非其内容；第三，媒介形式决定着信息内容的清晰程度和结构方式，也决定着媒介内容的效果。参见殷晓蓉：《麦克卢汉对美国传播学的冲击及其现代文化意义》，《复旦学报》（社会科学版）1999 年第 2 期。
③ 申凡、戚海龙主编：《当代传播学》，华中科技大学出版社 2000 年版，第 45 页。
④ 陈龙编著：《现代大众传播学》，苏州大学出版社 2003 年版，第 11 页。
⑤ 石义彬：《单向度、超真实、内爆——批判视野中的当代西方传播思想研究》，武汉大学出版社 2003 年版，第 216 页。

传播学批判学派的研究方法——我们这里姑且称之为"批判方法"——不像经验学派的实证研究那样明晰和具有操作性,也几乎没有学者像对经验学派的"内容分析法"那样对"批判方法"下过精确的定义或做出相对确切的描述。尽管如此,我们仍可通过对欧洲批判学派——特别是德国的"法兰克福学派"——的梳理,对"批判方法"的基本特征有一个大致的了解。我们知道,由于历史原因,批判学派一般都反对实证主义(关于真实的、"实证的"事实可以从观察和试验中获得的信念),并对经验学派中的数据、量化倾向持批判态度。"在任何既定的发展阶段,批判理论的建构性特征都表现为创新的东西。它一开始就不仅仅是记录和综合事实。它的冲动出自它抨击事实、与恶劣的事实交锋的那种具有美好潜能的力量。"[①] 不仅仅"记录和综合事实",而是对事实予以"抨击",并与"恶劣的事实"进行"交锋",这体现的恰恰是"批判方法"的独有特性,其中包含有强烈的价值和道德评判倾向。也正是在这一点上,麦克卢汉的媒介研究表现出了与传播学批判学派之研究方法的不同。麦克卢汉在其著作中一再强调,其媒介研究不对现实好坏做出评价,不做"价值和道德上的评判",而只是通过"探索"和"洞察"去理解现实。就像麦克卢汉的"地球村"理论所宣称的:"我并不是对'地球村'表示满意或赞同,我只是说'我们生活在地球村中'。"[②] 不仅如此,麦克卢汉还曾与批判学派学者有过交锋:当批判学派学者指责他干扰人们的注意力,使大家忽视了媒介的占有与控制问题时,他对这种诘难的回应十分简单:"不知道权力的性质,又想弄懂谁挥舞权力,那是徒劳的。"[③] 从麦克卢汉的回应中,可以清楚地看出麦克卢

[①] 〔美〕赫伯特·马尔库塞:《哲学与批判理论》,李小兵译,载李小兵编选:《现代文明与人的困境——马尔库塞文集》,生活·读书·新知三联书店1989年版,第185页。

[②] W. Terrence Gordon, *McLuhan for Beginners*, Writers and Readers, 1997, p. 106.

[③] Philip Marchand, *Marshall McLuhan: The Medium and the Messenger*, p. 155.

汉与批判学派的不同：麦克卢汉尝试探索"权力的性质"，而批判学派则试着弄懂"谁在挥舞权力"。

传播学批判学派的"批判方法"之所以有着鲜明的价值和道德指向，与其在研究中所持守的逻辑推理方法是分不开的。对此，麦克卢汉将"探索方法"与"逻辑方法"相对，通过排除"观点"而将批判方法中所谓的"价值"和"道德"评判一并抛弃了："受过理性教育的文明人期待和喜欢以序列的方式去描绘和分析问题，试着通过追随论据而得出结论。'探索'（exploration）方法和这种方法相对。'逻辑方法'（logical method）对于'探索'是毫无用处的。"① 麦克卢汉声称，切斯特顿在《我们世界的问题》一文中所表现出的"直觉"而非"逻辑"的思维对其产生了深刻影响。不仅如此，麦克卢汉在其媒介研究中甚至排除了"观点"，因为"观点"仅仅提供理解现实的视角，而不能够取代对现实的理解。这种"不带观点的观察方法"与批判方法的根本差异在于，它作为对概念思维传统的反动，并不依赖于任何学说或理论，而完全以直接经验为根据："作为一名调查者，我没有固定的观点，也不束缚于任何理论——无论我自己的还是别人的。"② 或如《麦克卢汉精粹》的编者所言："麦克卢汉不去搞脱离生活环境的、以概念为基础的争辩。……他迫使我们去研究我们的感性生活是如何变化的，以便自己能够对使用的媒介做出回应。……事实上，麦克卢汉探索感性价值的范式迁移的研究方法，在一切批判理论家那里都是找不到的。"③

---

① Marshall McLuhan, *Essential McLuhan*, E. McLuhan & F. Zingrone (eds.), London: Routledge, 1995, p. 354.

② Marshall McLuhan, *Essential McLuhan*, E. McLuhan & F. Zingrone (eds.), London: Routledge, 1995, p. 225.

③ Marshall McLuhan, *Essential McLuhan*, E. McLuhan & F. Zingrone (eds.), London: Routledge, 1995, p. 5.

三、麦克卢汉"没有方法"的媒介方法论

张咏华曾撰文指出:"麦克卢汉的著作带有一些按传统学术规则来衡量属于'缺陷'的特点,一是藐视实证研究,二是轻视逻辑推理。"[①] 麦克卢汉著作中的这两个"缺陷",或者说对"实证研究"和"逻辑推理"的藐视、轻视,恰恰反映了其媒介研究方法与"经验学派"的"内容分析法"和"批判学派"以思辨色彩和道德与价值评判为特征的"批判方法"的不同。对此,麦克卢汉亦有清晰的认识。他曾自称其媒介研究方法不同于"两种基本的方法形态":一是"根据与已知东西的关系提出问题,在已接受的信条的基础上进行加减",这指的是批判学派思辨的演绎方法;二是"就问题说问题,不参照问题所处的场域,谋求发现圈定范围内的事实和规律",这指的是经验学派的归纳方法。[②] 也即是说,麦克卢汉在传播学两种主流方法之外独辟蹊径,创制了一套不同于以往传播学研究的研究方法。他运用其独创的方法旨在使人们理解:一切技术皆为媒介,一切媒介皆为延伸。

第一,探索而不做解释。"我不解释,我只探索",这是麦克卢汉为格拉德·斯特恩编辑的麦克卢汉思想"批评文集"《麦克卢汉:冷与热》[③] 所作序言中的一句话。他说,"我只是一个探索者,我就是探索,我没有观点,我绝不驻留于单一立场之上"[④]。据保罗·莱文森说,这一"经典研究方法"最早是麦克卢汉于1955年在哥伦比亚大学讲演后回答美国资深社会学家罗伯特·默

[①] 张咏华:《新形势下对麦克卢汉媒介理论的再认识》,《现代传播》2000 年第 1 期。
[②] Marshall McLuhan, *Essential McLuhan*, E. McLuhan & F. Zingrone (eds.), London: Routledge, 1995, p. 137.
[③] Gerald Stearn (ed.), *McLuhan: Hot & Cool*, New York: The Dial Press, 1967.
[④] Marshall McLuhan, "Casting my Perils before Swains", in Gerald Stearn (ed.), *McLuhan: Hot & Cool*, p. xiii.

顿（Robert K. Merton）提问时提出的。① 事实上，麦克卢汉的"探索"方法最早来自于他同卡彭特于1953年创办的《探索》杂志②。刊载于《探索》第1期上的《没有读写能力的文化》一文是麦克卢汉转向"探索"方法的标志，他在文中抛弃了之前在《机械新娘》中所持有的价值和道德评判立场。"探索"方法具体体现为以下方面：（1）强调"洞见"而非"观点"。"'洞见'不同于'观点'。我不对任何事情发表'观点'。我感兴趣的只是'模态'和'过程'。好坏、优劣的评判毫无意义且傲慢骄横。"③ "观点"与"洞见"的不同之处在于，"观点"导致分类，是一种左脑运行机制；"界面"/"洞见"是对相互影响的复杂过程的顿悟，是把各种因素加以并置而有所发现的手段，它导向模式识别，是一种右脑运行机制。（2）注重"观察"而非"实验"。麦克卢汉在《谷腾堡星系》中将其"探索"的方法称为"观察而不做实验"的方法。他说："观察就是注意现象而不干扰现象。实验与观察相反，它通过干扰或加入变因来研究现象。"④（3）重视"背景"而非"形象"。通过"背景"而非"形象"进入媒介，是麦克卢汉"探索"方法的另一体现。麦克卢汉说："我进入传播研究领域的方法是通过'背景'而不是'形象'。在任何格式塔完形中，'背景'是理所当然的事情，它夺走了研究者的全部注意力。'背景'是潜意识的，是结果而非原因的领域。"⑤ 另外，麦克卢汉有时又将其"探索"方法比作"水手逃生的方法"或者"保险柜开锁匠的方

---

① 〔美〕保罗·莱文森：《数字麦克卢汉——信息化新纪元指南》，何道宽译，第33页。
② 《探索》杂志创办于1953年，创办的目的在于突破传播研究的文学概念，超越内容分析的限制。它的基本前提是，传播中的变革改变了人类的感觉，也改变了人与人之间的关系。当时，作为美国教育和工业的基础的印刷术，正处于被电子媒介取代的边缘。麦克卢汉和卡彭特希望通过这份杂志，促使人们认识到印刷和文字在西方社会的形成中所起的作用，并探索电子媒介这一更加新型的传播体的意义。
③ Marshall McLuhan, *Letters of Marshall McLuhan*, p. 300.
④ Marshall McLuhan, *The Gutenberg Galaxy*, p. 3.
⑤ Marshall McLuhan, *Letters of Marshall McLuhan*, p. 473.

法"。"水手逃生的方法"是麦克卢汉从爱伦·坡的《身陷漩涡》（*A Descent into the Maelstorm*）中得到的启发。他在《机器新娘》序言中以此来喻指其媒介探索之法：渔船被卷入漩涡，面对全新境况，水手通过观察漩涡运行方式，顺势而行并最终逃生。[1]"爱伦·坡笔下的水手通过研究漩涡的运行并与之合作而挽救了自己。"[2] 麦克卢汉的研究策略与此类似，他以旁观者的态度观察新媒介的运行，与之合作，并试图找出能够抑制其压倒性影响的策略。水手逃生的例子告诉我们，采取新的感知和推理策略，能够让我们在"旋转的图景中心"[3] 游戏，并与置身其中的环境实现互动。1969年，在《花花公子访谈录》中，麦克卢汉又把这种"探索"方法比作开锁匠式的方法："我工作中一个比较好的方面与开锁匠的工作类似。我探索、倾听、试验、接受、抛弃。我尝试不同的程序，直到制动栓下落，保险柜的门弹开为止。"[4] 有学者认为，"不能简单地听信麦克卢汉所特别强调的'我不解释，我只探索'"，原因是"在他所谓'探索'的前前后后，以及在他冰冷的表象下面，始终涌动着他那永远炽热的人文主义情怀"。[5] 对此，笔者认为，麦克卢汉之所以一再强调"探索"方法，其真实意图主要是将媒介研究的聚焦点从过去的内容研究转移到对媒介本身及其感知效应的关注上来。这种着眼于媒介范式转换的意图，与他的"文艺媒介学"立场其实是不矛盾的。或如尤金·麦克纳马

---

[1] Marshall McLuhan, *The Mechanical Bride: Folklore of Industrial Man*, New York: The Vanguard Press, 1951, pp. v-vi.

[2] Marshall McLuhan, *The Mechanical Bride: Folklore of Industrial Man*, New York: The Vanguard Press, 1951, p. v.

[3] Marshall McLuhan, *The Mechanical Bride: Folklore of Industrial Man*, New York: The Vanguard Press, 1951, p. v.

[4] Marshall McLuhan, *Essential McLuhan*, E. McLuhan & F. Zingrone (eds.), London: Routledge, 1995, p. 225.

[5] 金惠敏：《"媒介即信息"与庄子的技术观——为纪念麦克卢汉百年诞辰而作》，《江西社会科学》2012年第6期。

拉（Eugene McNamara）所述，"麦克卢汉在媒介效应方面的探索光彩夺目，但其观察视角和内部景观完全相同，即主要是人文主义的"①。

第二，由果及因、逆向求解。与批判学派之逻辑方法的由因及果、顺向推导不同，麦克卢汉的媒介研究方法则是从结果出发，逆向回溯原因。按照麦克卢汉的说法，这种媒介研究方法是其多年研究象征派艺术的结果。他说："象征派使我懂得，在一切情况下，结果都走在原因之前。了解这个基本原理之后，我就把媒介的效应作为我的出发点。"②他还说："媒介研究不是始于其用途或其项目，而是始于其效应。"③也即是说，"媒介研究始于对媒介效应的观察"④。对麦克卢汉来说，"效应"属于形式上的因果关系，而形式上的因果关系关注的就是"结果"。可以说，"效应"既是麦克卢汉媒介研究的出发点，也是其媒介研究的独特特点，这种效应研究与过去传播学主流传统特别是传播学批判学派注重研究"概念和理论"是截然不同的。就像麦克卢汉所说，"缺乏严格训练的知识分子只研究概念和理论，而不研究效应与后果"，"我的工作则完全是研究技术的潜意识效应"。⑤麦克卢汉有时也将这种以效应或者说后果为出发点，一步步回溯原因、逆向求解的方法，等同于怀特海的"发现的方法"（the method of invention）。怀特海在其经典之作《科学与现代世界》中指出，"十九世纪最伟大的发现就是'发现的方法'这一全新方法的诞生。要想了解我们这个时代，必须忽视所有改变——比如铁路、电报、广播、纺纱机以及合成染料等的出现——的细节，而将注意力集中在'方法'

---

① Eugene McNamara, "Preface", in Marshall McLuhan, *The Interior Landscape: The Literary Criticism of Marshall McLuhan*, p. vi.
② Marshall McLuhan, *Letters of Marshall McLuhan*, p. 479.
③ Marshall McLuhan, *Letters of Marshall McLuhan*, p. 440.
④ Marshall McLuhan, *Letters of Marshall McLuhan*, p. 438.
⑤ Marshall McLuhan, *Letters of Marshall McLuhan*, p. 507.

本身"[①]。在麦克卢汉看来,怀特海所谓的"发现的方法",其实质即"由果及因、逆向求解"的方法,这种方法的要义,爱伦·坡在其《创作哲学》(*The Philosophy of Composition*,1846)中已有所阐释。用爱伦·坡的术语表述,这种从答案回溯起点的方法就是"侦探故事的方法"——侦探小说通常是将因果关系进行倒置而展开其推理的,或者说是"象征主义的方法"——象征主义总是从效应入手,然后从结果去追溯原因。事实上,麦克卢汉对"由果及因、逆向求解"方法的倡导,或者说对怀特海"发现的方法"和爱伦·坡"侦探故事的方法"、"象征主义的方法"的提倡,真实目的均在于推动媒介研究范式的转型——从内容研究转向效应研究。这在他致吉尔松的信中可以清楚地看出:"研究媒介的时候,我们面对大量的效应,对原因却了解不多,这是因为使用媒介的人均是媒介的'内容',作为'内容',我们对周围的环境几乎一无所知。……随着象征主义方法的问世,奥维德传统复活了(奥维德关心的也是理解变迁,理解可以编程的变迁)。乔伊斯、庞德、艾略特均借用了奥维德的方法。正是通过对他们的研究,我才认识到:从结果倒过来追寻原因,并去重建心态和动机,这是爱伦·坡到瓦莱里的基本文化模式。"[②] 从奥维德传统到象征主义艺术,它们的共同特点是从结果出发去回溯原因,这种方法不仅启发麦克卢汉开创了媒介研究中的"效应范式",也使得麦克卢汉的媒介研究具有了深厚的"文学根源"。

第三,形式主义/结构主义/存在主义的方法。麦克卢汉在媒介研究中采用了"形式主义的"(formalist)研究方法。他有时也将这种方法称作"结构主义的"(structuralist)方法,并将这种探索路径同他所接受的"新批评"训练及象征主义诗歌相关联。麦克卢汉

[①] A. N. Whitehead, *Science and the Modern World*, New York: Macmillan, 1926, p. 141.
[②] Marshall McLuhan, *Letters of Marshall McLuhan*, pp. 420-421.

说:"我接受的象征主义诗歌与新批评训练使我采用**形式主义**和**结构主义**的方法去研究艺术与技术。"① "我之所以在巴黎和拉美国家受人钦佩,是因为我的方法被恰当地说成是'结构主义'的。这个方法是从乔伊斯、艾略特和象征派学来的。媒介领域只有我冒险使用结构主义的或存在主义的方法,这是一种高雅的方法。"② 这里,麦克卢汉又将其"形式主义"的研究方法说成是"存在主义"的。对此应当这样理解:麦克卢汉对媒介形式的考察,就方法论而言,是一种"形而上的"或者说"本体论的"研究。就像他所说的,"我的方法是形而上的,而非社会学或辩证法的。我的形而上方法不搞价值判断。……我讲究的是形而上,感兴趣的是形式的生命及其令人惊叹的形态"③。在西方,"形而上"实即一种关乎世界本体存在的思考。法国传播学家埃里克·麦格雷(Eric Maigret)认为,麦克卢汉对于"媒介作为本体存在"的论证,构成其媒介理论对传播学的突出贡献。④ 由于对"形式"的考察,麦克卢汉还借鉴了亚里士多德"四因说"中的"形式因"概念:"我越来越认识到我研究的是'形式因'(formal causes),即结构。与此相反,关注'质料因'或'动力因',容易产生道德判断的态度。"⑤ "我研究媒介的方法完全是研究'形式因'。因为形式因是隐蔽的,是环境的东西,所以凡是进入它们环境领地的东西,它们都要用间隙和界面的手段施加结构上的压力。因为形式上的原因总是隐蔽的,然而它们推动的东西却是看得见的。"⑥ 对于形式因,麦克卢汉解释道:"所谓形式因,不是指形式的分类,而是指它们对我们的影响以及它们之间的相互

---

① Marshall McLuhan, *Letters of Marshall McLuhan*, p. 491.
② Marshall McLuhan, *Letters of Marshall McLuhan*, p. 506.
③ Marshall McLuhan, *Letters of Marshall McLuhan*, p. 413.
④ 〔法〕埃里克·麦格雷:《传播理论史:一种社会学视角》,刘芳译,中国传媒大学出版社 2009 年版,第 73 页。
⑤ Marshall McLuhan, *Letters of Marshall McLuhan*, p. 492.
⑥ Marshall McLuhan, *Letters of Marshall McLuhan*, p. 510.

作用。"①可以说，无论是对"形式因"的强调，还是他一再强调的"形式主义的"、"结构主义的"或者"存在主义的"研究方法，麦克卢汉的最终目的都是为了突出其研究方法的"价值中立"特征。在这一点上，麦克卢汉进一步彰显出了其研究方法同传播学批判学派之"批判方法"的不同。

第四，"整体场"（total field）的方法。麦克卢汉的"整体场"方法借自德国现代物理学家、量子力学的主要创始人维尔纳·海森伯（Werner Heisenberg，1901—1976）的"统一场"（unified field）概念，因此，很多时候麦克卢汉又将其"整体场"称作"统一场"。"统一场"的核心意思是：（1）统一场中各要素之间的相互作用是即时、同步的；（2）各要素相互作用的方式是有机的、神经性的；（3）这种有机性和神经性可以用"感性"来表示。②麦克卢汉常用"听觉空间"来解释海森伯的"统一场"概念："海森伯在《物理学家眼中的自然》中表明，现代物理学家习惯从'场'的角度看待事物……他们扬弃了笛卡尔和牛顿的'视觉空间'，并重新返回到非读写世界的'听觉空间'之中。……'听觉空间'就是一个充满同步关系的'整体场'。"③"听觉空间是关系的同步场，关系中空无一物，关系不处于任何东西之中。听觉空间既无边界又无中心。"④也就是说，声音不像眼睛那样需要聚焦，它可以从各个方向涌向我们，由此，听觉空间就呈现为"球状的、不连续的、非同质的、共鸣的、动力学的"⑤世界。对于麦克卢汉"整体场"方法的意义，有学者认为，麦克卢汉在媒介研究中"引

---

① Marshall McLuhan, *Letters of Marshall McLuhan*, p. 259.
② 金惠敏：《"媒介即信息"与庄子的技术观——为纪念麦克卢汉百年诞辰而作》，《江西社会科学》2012 年第 6 期。
③ Marshall McLuhan, *The Gutenberg Galaxy*, p. 29.
④ Marshall McLuhan, *Letters of Marshall McLuhan*, p. 318.
⑤ Marshall and Eric McLuhan, *Laws of Media: The New Science*, Toronto: University of Toronto Press, 1988, p. 33.

入统一场论并突出媒介影响的感性特征，实际上就是将'文学研究范式'引入媒介研究。……或者说，文学研究之奉感性为圭臬也成了他媒介研究的刻意追求"[①]。这一评价切中了麦克卢汉"整体场"方法的要害。麦克卢汉对"整体场"方法的强调，是其"媒介人本主义"思想的突出表现，这为我们下面从"文艺媒介学"或者说从媒介效应的"感性"特征去把握印刷媒介的特征与后果提供了进一步的验证。

麦克卢汉在拒斥传播学中经验学派之"内容分析法"和批判学派之"批判方法"的基础上，创制了一套独特的媒介研究方法；这种方法强调探索而不重视解释，强调从结果出发去回溯原因，重视对形式的关注，突出"整体场"。麦克卢汉在探索过程中并置而不为立论，铺陈而不予归纳，发现而不去评判，显示出他对学院派传统做法的有意疏离。当然，麦克卢汉的目的不止于此，其更深层次的意图在于：通过挖掘剑桥"新批评派"和现代派艺术的丰富资源，不仅要在既有的媒介研究中开辟出一条独特的"文艺媒介学"路向，而且要通过对"效应"的强调去实现媒介研究的范式转型。这是麦克卢汉一再强调"方法"的意义所在，也是我们将麦克卢汉的媒介研究方法纳入到考察其"文艺媒介学"和"感知效应范式"之总体框架之中的原因所在。

第三节 "印刷麦克卢汉"：麦克卢汉如何被"印刷"所界定

正如上文所说，麦克卢汉及其思想在 20 世纪 60 年代曾风行一时，但在 20 世纪 70 年代之后却渐渐淡出了人们的视野。自 20

[①] 金惠敏：《"媒介即信息"与庄子的技术观——为纪念麦克卢汉百年诞辰而作》，《江西社会科学》2012 年第 6 期。

世纪 90 年代起，随着网络生活、虚拟现实等成为日常生活必不可少的一部分，一度沉寂了近 20 年的麦克卢汉在数字时代又重新复活了。20 世纪 90 年代初，吹响网络时代号角的《连线》(Wired) 杂志将麦克卢汉尊奉为"守护神"(Patron Saint)。据不完全统计，当今的牛津英语辞典中有近 400 个参考条目指向麦克卢汉。一时之间，"媒介即信息"、"地球村"、"冷媒介—热媒介"、"视觉空间—听觉空间"、"媒介定律"、"后视镜—反环境"、"感知比率"、"背景—形象"、"图像时代"、"信息时代"、"谷腾堡星系—马可尼星系"、"陈词—原型"等一系列带着浓重的"麦克卢汉风格"的术语以惊人的频率被数字时代的人们所征引。麦克卢汉那极富魅力且充满预见性的著作，重新成为今天的高校教师、媒体工作者和大学生们关注以及研究全球传播现象、媒体理论、互联网发展的必读书目。与麦克卢汉重新回到大众视野几乎同步，以麦克卢汉及其思想为研究对象的学问——"麦学"研究——在北美迅速形成并很快成为世界范围内的一门"显学"。麦克卢汉的电子媒介思想，由于很大程度上满足了网络时代普通民众和理论界的好奇心和理论需要，得到了"麦学"研究的特别"关照"；形成鲜明对比的是，麦克卢汉前期的"文学—大众文化批评"、后期的"印刷媒介思想"及其"广告学说"等，却很少引起学界的注意和兴趣。意大利学者艾琳娜·兰伯特教授严肃而富有洞见的新著《麦克卢汉的拼接：对媒介研究之文学根源的探索》[1]，将关注的目光投向麦克卢汉的文学批评和大众文化研究对于其媒介思想的影响，一定程度上弥补了当前"麦学"研究中忽视麦克卢汉"文学—大众文化批评"的不足，开辟了"文学麦克卢汉"这一新的研究领域。尽管世界著名的传播学家丹尼斯·麦奎尔（Denis

---

[1] Elena Lamberti, *Marshall McLuhan's Mosaic: Probing the Literary Origins of Media Studies*, Toronto: University of Toronto Press, 2012.

McQuail）曾经指出，麦克卢汉的主要贡献在于"对印刷媒介兴起的后果提出了新的见解"，而"解释电子媒介对人类经验的意义的主要目标并未真正完成"①，但直到今天，作为麦克卢汉媒介思想之"半壁江山"的"印刷媒介思想"仍然没有引起学界的注意。形象地说，我们目前所认知和熟悉的麦克卢汉，只是"数字麦克卢汉"（保罗·莱文森语）这一副"面孔"，而非麦克卢汉的"整体"形象（McLuhan as a whole）。为此，本书的任务和主旨就是：通过对麦克卢汉印刷媒介思想的梳理和挖掘，在"数字麦克卢汉"之外彰显出麦克卢汉的另一副"印刷面孔"，从而为当前的"麦学"研究开拓出新的研究领域——"印刷麦克卢汉"，提供一条新的研究路径——将"文艺媒介学"和"'感知/美学—效应'范式"贯穿到对麦克卢汉媒介思想的研究之中。

本节的任务主要包括以下几个方面：第一，在对麦克卢汉关于印刷媒介的研究报告、专著、论文、访谈、演讲、书信等文献梳理的基础上，直观展示麦克卢汉论述印刷媒介的大量文献资料；第二，简要介绍麦克卢汉印刷媒介思想在推动北美媒介生态学派兴起中的积极意义和被"接着说"的大致情况；第三，介绍当前国内外有关麦克卢汉印刷媒介思想的研究现状；第四，对本书展开的主要思路和整体框架做出说明。

一、麦克卢汉论述印刷媒介的主要文献

（一）麦克卢汉印刷媒介思想的最初试验场——《理解新媒介研究项目报告书·新媒介教学大纲》

《理解新媒介研究项目报告书》②是麦克卢汉应美国广播电

---

① 〔荷兰〕丹尼斯·麦奎尔：《麦奎尔大众传播理论》，崔保国、李琨译，清华大学出版社 2006 年版，第 73 页。

② 〔加〕麦克卢汉：《理解新媒介研究项目报告书》，载〔加〕麦克卢汉：《理解媒介》（增订评注本），何道宽译，译林出版社 2011 年版。

视教育工作者协会（NAEB）主席哈里·斯科尼亚（Harry J. Skornia）邀请，为十一年级学生制定教学计划而完成的项目研究报告。出版于1960年底的报告书共分两个部分：第一部分是"赖尔森媒介实验"报告，实验的课题是教学中媒介效应的比较；第二部分是课堂教学设计的"新媒介教学大纲"。按照麦克卢汉的构想，他将"新媒介教学大纲"分作三讲：第一讲"文字"，第二讲"手稿文化"，第三讲"印刷术"。他说，"第一讲（文字）可以省略，（第二讲）手稿文化也可以省略"，因为"它们涉及的文化气候与今天学生的经验相去甚远"。[①] 也即是说，在麦克卢汉看来，在他所设计的"教学大纲"这三讲中，最为重要的部分是第三讲"印刷术"。在"印刷术"这一讲中，麦克卢汉重点关注的是印刷媒介的"突变力量、属性和效应"。该讲又分三部分讲授：第一部分"重复的信息"、第二部分"印刷术与观点"、第三部分"印刷术与产业"。其中主要涉及的是印刷术与教育、数学、科学、观点、同质连续空间、透视法、世界探险、个体主义、组织生活、民族主义、工业生产线、军队、工商业之间的关系。一句话，麦克卢汉在"新媒介教学大纲"中主要关注和探讨的是印刷术与现代世界形成之间的关系。可以说，《理解新媒介研究项目报告书》是麦克卢汉希冀将其媒介思想付诸教学实践的构想，尽管这一"实验性质的"计划最终没有实施，但它却展示出麦克卢汉关于印刷媒介的许多思考和洞见，对于我们更好地了解麦克卢汉的印刷媒介思想具有重要的文献价值。

[①]〔加〕麦克卢汉：《理解新媒介研究项目报告书》，载〔加〕麦克卢汉：《理解媒介》（增订评注本），何道宽译，第452页。

（二）麦克卢汉专论印刷媒介及其效应的专著——《谷腾堡星系：印刷人的诞生》

《谷腾堡星系：印刷人的诞生》是麦克卢汉专论印刷媒介的最重要著作，书中考察了印刷媒介对于现代西方社会各个方面如民主进程、个性主义、民族主义、私人权利、行为方式、心理特征、时空意识、诗歌与音乐分离等的形成性作用，开创了媒介研究的"感知效应范式"。[①] 该书是麦克卢汉确立其媒介理论家身份的奠基之作，也是我们勾画麦克卢汉之"印刷面相"所要仰仗的最重要文献。在由 107 节长短不一的篇章所构筑的拼贴式结构中，麦克卢汉全面翔实地展示了印刷媒介的诸种特征、面相、表现及效应。在麦克卢汉看来，印刷术具有线性、统一、重复等视觉方面的特征，它把由表音文字所开启的对眼睛和视觉的强调推向极致，并由此衍生出同质化、分割化、可视化、数量化和集中化等具体表征。或如麦克卢汉所说，一种新的主导媒介诞生之后，就会将其感知偏向强加于整个社会。印刷媒介也是如此。自 15 世纪中叶谷腾堡印刷术诞生之后，同质化、分离化、可视化、集中化、数量化等诸种视觉效应逐渐扩展至社会的方方面面。第一，印刷术视觉效应的同质化表现。在麦克卢汉那里，印刷术视觉效应的同质化最突出地表现为：印刷术以其在视觉方面强调统一和重复的特性，造成人们心灵的一致化，进而培育出同质化的个体。同质化的个体，又是现代个体主义和现代民族主义形成的前提条件。在印刷媒介的统治下，广袤的范围均能屈从于同质性实践（如民族主义、标准法、定价系统、统一的智商测试标准等）的控制。第二，印刷术视觉效应的分离化表现。麦克卢汉认为，现代社会的专业分工（division of labor）、地理大发现与新航路的开辟（the discovery of new land and new sea-lane）、波兰尼的"大

[①] 金惠敏：《"媒介即信息"与庄子的技术观——为纪念麦克卢汉百年诞辰而作》，《江西社会科学》2012 年第 6 期。

转型"(the great transformation)、诺夫乔伊的"存在巨链"(the great chain of Being)、作为社会基准的"变迁"(change)、进步观念以及莱布尼兹所谓的"可能世界当中最好的一个"(the best of all possible worlds)等均与印刷术的分离化效应有关。印刷术的分离化效应在法国社会学家涂尔干(Emile Durkheim,1858—1917)所谓的"失范"(anomie)状态出现后走向终结。[①] 第三,印刷术视觉效应的可视化表现。所谓印刷术的可视化效应,即印刷将触觉事物转译为视觉语词,使视觉在语言、艺术乃至社会以及政治的一切层面中扮演重要角色。在麦克卢汉看来,现代绘画中的"透视"(perspective)观念、视觉上的仿古主义/美学上的中世纪遗风(esthetic medievalism)、文学中的固定"视点"(point of view)、应用知识(applied knowledge)的发展,乃至"无意识"世界(the new world of the unconscious)的形成等,均与印刷术的视觉化效应有关。第四,印刷术视觉效应的集中化表现。麦克卢汉在《谷腾堡星系》中指出,印刷术的集中化效应主要表现在民族主义、统一考试和现代组织结构中。第五,印刷术视觉效应的数量化表现。麦克卢汉认为,印刷提供数量化的方式,创造出16世纪的"政治算术学"和18世纪的"幸福微积分"。印刷哲学将"确定性"作为知识的主要目的,也与印刷术的数量化效应密切相关。另外,麦克卢汉在《谷腾堡星系》中还提出了许许多多关于印刷媒介令人耳目一新的洞见,比如,印刷术使贵族阶层近乎绝迹,印刷术是终结拉丁文统治的主要原因,印刷术与结构主义相对立,印刷术的兴起与世俗世界的形成关系密切等。

[①] 渠敬东在《缺席与断裂》中讨论了涂尔干的"失范"理论。涂尔干认为,失范与集体意识相关,在集体意识所规定的社会界限不断被突破,个人欲望超出道德意识所允许的范围时,社会控制机制就会陷入瘫痪状态,整个社会就会呈现出价值真空的局面。这种社会控制机制瘫痪和价值真空局面,即涂尔干所谓的"失范"状态。参见渠敬东:《缺席与断裂:有关失范的社会学研究》,上海人民出版社1999年版,第32页。

（三）包含麦克卢汉关于印刷媒介之丰富而深刻洞见的经典著作——《理解媒介》

《理解媒介》是麦克卢汉最为重要的著作之一，以往对此书的研究多集中在麦克卢汉提出的媒介原理及其电子媒介思想上，而书中所包含的关于印刷媒介及其效应的深刻洞见，则长期以来遭到了研究者的忽视。书中专门论述印刷媒介的是第 16 章"印刷：如何进行探究"（The Print: How to Dig It）和第 18 章"印刷词：民族主义的缔造者"（The Printed Word: Architect of Nationalism）。在"印刷：如何进行探究"这一章中，麦克卢汉的印刷思想在多条战线上得到开拓：他赋予谷腾堡之前的雕版印刷术以相当的地位，认为印刷术在储存信息方面胜过口语，将印刷术置于中世纪手稿到现代报纸的发展过程中，提醒人们注意这一演化过程中将开端和末端联系起来的共同的触觉性特征。"印刷词：民族主义的缔造者"是麦克卢汉探讨印刷媒介及其效应的一篇极为重要的文献。该章内容并非如题目所标明的那样仅仅关注印刷词与民族主义的关系，而是浓缩了麦克卢汉关于印刷媒介的主要思想精华。在该章中，他将印刷媒介与现代世界的形成联系起来，进一步强化了他在《谷腾堡星系》中提出的"感知效应范式"，具体探讨了印刷术与透视法、视觉空间、现代自我、民族主义、工业主义、市场、文化普及、大众教育、感官分裂、开放社会、现代文学、组织模式、祛魅、价格体系、语言统一等现代社会诸多方面之间的互动关系。事实上，在《理解媒介》一书中，麦克卢汉不仅设立专门章节论述印刷媒介，而且其关于印刷媒介的洞见几乎散见于全书各个章节。比如，第 11 章"数字：集群的轮廓"（Number: Profile of the Crowd）提到了印刷术与无穷值观念、微积分概念以及工业生产线之间的关系，第 14 章"货币：穷人的信用卡"（Money: The Poor Man's Credit Card）论及印刷术与货币、价格体系、统一的商品、幸福微积分、开放社会之间的关系。第 15 章"时钟：时间的踪迹"（Clocks: The Scent of Time）对印刷术"重复"、"线性"的特征进行了总结，并指出其中所蕴含的工业生产线原理。第 20 章"照片：无墙妓院"（The Photograph: The Brothel-Without-Walls）再次重申了《谷腾堡星系》中提出的"印刷人"的概念。第 21 章"报纸：依靠消息走漏的体制"（Press: Government by News Leak）提出了"书籍是个人自白形式，向人们提供'观点'；报纸是群体自白形式，邀请人们'参与'"的洞见。第 22 章"汽车：机械新娘"（Motorcar: The Mechanical Bride）中点明了印刷技术与汽车之间的关系："汽车是谷腾堡技术的终极表现形式，是均匀和重复过程用于工作和生活的最高表现形式。"第 29 章"电影：胶卷上的世界"（Movies: The Reel World）提出了"谷腾堡时期社会转变的最重要说明来自文学"的观点，认为塞万提斯的《堂吉诃德》和乔伊斯的《芬尼根觉醒》等作品以不同方式描述了印刷技术转化和调和经验的方式。第 30 章《无线广播：部落鼓》（Radio: The Tribal Drum）提到了印刷技术衍生出的连续、同质、重复的特征对于生产和市场机制、法学、教育、市政规划、组织上的集中化机制等公众生活的渗透，以及印刷文化与宽容思想之间的关系。第 31 章"电视：羞怯的巨人"（Television: The Timid Giant）谈及印刷媒介的特征、作为热媒介的印刷术、印刷术对精确计量和重复性的培养等内容。第 32 章"武器：图像之战"（Weapons: War of the Icons）提出"没有由印刷术所培养的视觉空间和透视法，枪炮的使用和罗盘的发明都是不可能的"的观点。第 33 章"自动化：学会生存"（Automation: Learning a Living）则强调了印刷术所带来的信息加速对于民族主义形成的积极作用。事实上，《理解媒介》的主要意义在于它不仅仅以"媒介即信息"、"媒介即人的延伸"、"冷热媒介"、"泛媒介论"等更新了人们对于媒介的基本看法，启动了西方媒介研究中的"哥白尼式革命"；

而且也在于它全面展示了"数字麦克卢汉"和"印刷麦克卢汉"两副面孔。因此,揭示《理解媒介》中蕴含的印刷媒介思想,有助于我们更好地理解《理解媒介》,也有助于更好地认识麦克卢汉。

(四)麦克卢汉谈及印刷媒介的信件

由梅蒂·莫利纳罗(Matie Molinaro)等人编辑的《麦克卢汉书简》一书,精选了麦克卢汉一生中450余份信件。其中,很多信件论及印刷媒介,这些信件主要有:(1)1952年7月16日致庞德的信。信中谈到正在写一部题为"谷腾堡时代的终结"的著作(即后来的《谷腾堡星系》),并详细列出了主要思路和提纲。(2)1959年5月16日致爱德华·摩尔根(Edward Morgan)的信。信中提及印刷术与个体自立、自创习惯及个体主义行为之间的关系。(3)1959年10月14日致戴维·里斯曼(David Riesman)的信。信中谈到了印刷"重复性"的潜意识信息向西方思想、文化和社会领域——民族主义、科学方法、价格体系、市场组织、商业组织、教育等——的渗透。(4)1959年12月15日致彼得·德鲁克(Peter F. Drucker)的信。信中谈到文艺复兴时期视觉静态的兴起及最终获得主导地位与印刷术的影响密切相关。(5)1960年3月8日致克劳德·比塞尔(Claude Bissell)的信。信中指出了手抄与印刷两种媒介之间的异同。(6)1962年1月24日致沃尔特·翁(Walter J. Ong)的信。信中指出,印刷术所带来的视觉导向、线性排列和批量生产产生了一个迥然不同的全新环境,从而为私密感觉、个体主义、公众诞生、民族国家形成等创造了条件。(7)1969年5月6日致马利坦(Jacques Maritain)的信。信中认为,印刷术使默读、语义的一致性、正确的拼写、私密个性的幻觉和内在心灵之光的幻觉成为可能。(8)1969年7月30日致罗伯特·洛伊维尔(Robert J. Leuver)的信。信中提出,"印刷术在人的意识中强加入全新的形式上的因果关系，这种重复的快速形式，不仅使文艺复兴时期的教育发生了根本变化，而且使罗马教会实现了表音化"。（9）1970年2月4日致巴里·戴伊（Barry Day）的信。信中指出，谷腾堡技术产生谷腾堡环境，谷腾堡环境对其间的每种知觉和活动进行加工，经过加工，一切知识都成为应用知识。（10）1970年2月20日致弗兰克·希德（Frank Sheed）的信。信中提出"书籍正在过时，但过时并不意味着终结，而恰恰意味着新的开始"；麦克卢汉认为"谷腾堡技术的影响有两个方面：一是产生个人的判断；二是产生大规模的集中化的官僚主义"。（11）1970年6月17日致《环球邮报》的信。信中表明了麦克卢汉对于印刷媒介的态度："我完全站在印刷术一边。"（12）1970年4月22日致乔纳森·米勒（Jonathan Miller）的信。信中麦克卢汉声明："我个人的偏向完全是亲印刷术及其影响的。"（13）1970年2月20日致弗兰克·希德的信。麦克卢汉在信中认为，文明是一种技术现象，表音文字的印刷形式是文明的唯一基础；电气技术培养的不是文明，而是部落文化。（14）1974年12月16日致沙费尔（Murray Schafer）的信。该信明确指出："谷腾堡革命就是视觉革命。"可以说，麦克卢汉在信件中对印刷媒介的讨论，也为我们探讨麦克卢汉的印刷媒介思想提供了必要的参考资料。

（五）麦克卢汉谈及印刷媒介的论文

麦克卢汉还在公开发表的诸多论文中对印刷媒介有所涉及和探讨。这些论文主要有：（1）《缺乏读写能力的文化》[①]。麦克卢汉在文中对自己结识伊尼斯以来的思想历程做了总结，"文字的意义

[①] Marshall McLuhan, "Culture Without Literacy", *Explorations*, no. 1, December 1953, pp. 117-127.

含量和思想发现的激情空前厚重，每一句话都闪耀着若干年来思想收获的能量"①。在这篇文章中，麦克卢汉提出了"以媒介划分历史"的观念：表音文字的发明使得口语词被转换为单纯的符号或标签，人与感知在心理上拉开了距离，带来的结果是表音文字造就了逻辑分析、文牍等诸如此类的现象；在中世纪，由于手抄本形式盛行，表音文字受到一定程度的抗衡；印刷术的发明使此前的一切为之一变。与这个发明有关的一切，包括工艺流程和产品，都是抽象的、机械的和视觉的事物取得的胜利。传送带和大批量生产被用于原来的手工艺生产，这就是印刷术的工艺流程。它的产品千篇一律，前后相连地排成序列，比手抄本更加脱离清脆的口语，因为印刷书籍读起来快，而且是用来默看的。在这篇文章中，麦克卢汉断言，直到今天，印刷形态本身对我们还有催眠术的作用：由于其影响，我们还认识不到新传播媒介的影响和"语言"。(2)《媒介即艺术形式》②。这篇文章进一步阐述了麦克卢汉在《缺乏读写能力的文化》中提出的观点。他重申，任何传播媒介都极大地改变了它所传播的经验。在这篇文章中，麦克卢汉首次对电视媒介的性质做了探讨。(3)《视像，声音与狂热》③。这篇论文是麦克卢汉探讨印刷媒介及其效应的另一篇重要文献。麦克卢汉在文中谈到印刷媒介的话题有：印刷媒介与玄言诗之间的关系；印刷书籍造就了孤独的学生，建立了个人解释的规则，导致了文学与生活的分离，确立了一种全新而高度抽象的文化；印刷书籍降低了口头对话学习的重要性，拓展了书籍的阅读范围，推动了文化知识的普及；印刷术与民族主义的关系；印刷术与伊拉

---

① 〔加〕菲利普·马尔尚：《麦克卢汉》，何道宽译，第 133 页。
② Marshall McLuhan, "Media as Art Forms", *Explorations*, no. 2, April 1954, pp. 120-126.
③ Marshall McLuhan, "Sight, Sound, and the Fury", in Bernard Rosenberg and David Manning White (eds.), *Mass Culture: The Popular Arts in America*, London: Collier-Macmillan, 1957, pp. 489-495.

斯谟；印刷的活字排版是一切生产线的原型。另外，麦克卢汉论及印刷媒介的论文还有《印刷与思维》[①]以及与罗伯特·洛根合写的《作为发明之母的字母表》[②]一文。

(六) 麦克卢汉谈及印刷媒介的各类演讲与访谈

(1) 花花公子杂志社访谈[③]。这篇访谈是麦克卢汉对其思想的一次简明扼要的回顾。在这次访谈中，麦克卢汉以很大的篇幅回答了有关印刷媒介的问题，成为解麦克卢汉印刷媒介思想的一篇极为重要的文献。在访谈中，麦克卢汉有关印刷媒介的论断有：第一，印刷机是表音文字的终极延伸；第二，印刷术使得眼睛在人的感官系统中稳获霸主地位；第三，印刷术是人的急剧延伸，它塑造和改造了人的整个环境，直接导致了一系列根本不同的现象的兴起：宗教改革、工业生产线、工业革命、整个因果关系的观念、笛卡尔和牛顿的宇宙观、艺术中的透视法、文学中的叙事排列、心理学中的内省或内部指向；西方机械文化的一切方面都是由印刷术塑造的。(2) 英国广播公司电视访谈："电子时代人类的未来"（1965年1月24日）。尽管这次访谈的主题是讨论电子时代，但麦克卢汉对印刷媒介的看法特别值得重视：印刷术偏重视觉感知，加速视觉发展；印刷机造就民族主义，所谓民族主义，实即统一、同质、高度分化的阅读公众；印刷媒介创造公众，电子媒介创造大众；文人的分割、隐私观念的形成与印刷术密切相关；宗教改革是进入印刷阶段的历史后果；时间的一致性和连续性是视觉人和文字人特殊的错觉。(3) 1959年在全美高等教育学

[①] Marshall McLuhan, "Printing and the Mind", *Times Literary Supplement*, July 19, 1963, pp. 517-518.

[②] Marshall McLuhan with R. H. Logan, "Alphabet, Mother of Invention", *Et Cetera: A Review of General Semantics*, December 1977, pp. 373-383.

[③] Marshall McLuhan, "Playboy Interview: Marshall McLuhan", *Playboy*, March 1969.

会上的演讲："电子革命：新媒介的革命影响"。在这次演讲中，麦克卢汉讨论了印刷术对西方世界教育程序的重组；他指出印刷文字是西方工业生产方法的母体；印刷文字传授线性排列的分析习惯，教人把一切运动分解为静态的片段；他认为印刷术产生了稳定的生产者—消费者关系。(4)1960年在俄亥俄州立大学第三届人文学术会议上的演讲："大众文化：美国的视角"。在这次演讲中，麦克卢汉有关印刷媒介的主要思想是：文艺复兴时期的"无穷过程"观念的产生与谷腾堡技术密不可分；固定视点的习惯是阅读印刷品的产物；印刷书籍消解对话，创造全新的政治权力和个人交往模式；印刷媒介与透视法和消失点的奇迹；印刷术之线性、序列的视觉特征会对人们的生活习惯和生存状况产生影响。(5)1962年在乔治敦大学175周年校庆活动"控制论与社会研讨会"上的演讲："控制论与人类文化"。在这次演讲中，麦克卢汉提出，印刷术是一种民主的媒介。(6)1966年5月7日在考夫曼艺术馆的演讲："媒介即按摩"。在这次演讲中，麦克卢汉涉及印刷媒介的洞见有：印刷书籍创造公众；自画像是对印刷词的独特回应。另外，麦克卢汉还谈到了电子环境下"书籍的未来"命运问题。(7)1972年4月27日麦克卢汉以国际知名人士和世界级专家身份参加在英国伦敦国家影剧院召开的"书籍重要吗"辩论会上的讲话："书籍的未来"。这次演讲的主要话题是：电子环境下印刷书籍的未来发展及功能问题。对于印刷书籍的未来，麦克卢汉认为，电子服务环境正在以多种方式对图书和文字的价值构成威胁，从打字机开始，到后来的油印机，这些全新的服务改变了印刷词的使用和性质，书籍的性质在模式和使用上随之发生变化；尽管如此，由于印刷书籍始终是养成个体主动性、个人目标和目的的重要手段，在当前时代，人们要想形成或培养出那种个体主动性以及拉开距离以保持客观中立性的现代个体特征，唯一可资利用的就是印刷书籍，因此，印刷书籍并不会因电子媒介的声像冲击而退出历史舞台，而是仍然在特定的领域发挥着自己的独特作用。

二、麦克卢汉印刷媒介思想的传播与接受

麦克卢汉对印刷媒介的论述启迪了其后整个北美媒介生态学派的学者们，使得印刷媒介成为媒介生态学派关注的一个重要领域。就像阿什克罗夫特（Joseph Ashcroft）所说，"印刷媒介的效应研究几乎是促使媒介生态学兴起的最为重要的研究领域之一"[1]。尼尔·波兹曼、沃尔特·翁、伊丽莎白·爱森斯坦（Elizabeth Eisenstein）、罗伯特·洛根、约书亚·梅洛维茨（Joshua Meyrowitz）、保罗·莱文森以及罗南德·代伯特（Ronald J. Deibert）[2]等，各自或以专门论著或在论著中以较大篇幅对印刷媒介投注了极大热情。在某种程度上可以说，媒介生态学派诸学者们对于印刷媒介的探讨，多是受麦克卢汉印刷媒介思想的影响所做的延伸性研究。下面摘要论之。

（一）波兹曼：印刷文化人的典范

美国文化批评家、自称麦克卢汉私淑弟子的尼尔·波兹曼（Neil Postman，1931—2003），其媒介生态学思想受到了麦克卢汉的深刻影响。在《作为保存活动的教学》（*Teaching as a Conserving Activity*，1979）、《童年的消逝》（*The Disappearance of Childhood*，1982）、《娱乐至死：娱乐时代的公共话语》（*Amusing*

---

[1] Joseph Ashcroft, "Typography and Its Influence on Culture and Communication", in Casey Man Kong Lum (ed.), *Perspectives on Culture, Technology, and Communication: The Media Ecology Tradition*, p. 368.

[2] 罗南德·代伯特在《羊皮卷、印刷术与超媒介：世界秩序转换中的传播》一书中以四分之一的篇幅讨论了印刷术在中世纪向现代世界秩序转型中发挥的作用，参见 Ronald J. Deibert, *Parchment, Printing, and Hypermedia: Communication in World Order Transformation*, New York: Columbia University Press, 1997。

Ourselves to Death，1985)、《修建通向十八世纪的桥梁：过去如何帮助改善未来》(*Building a Bridge to the 18th Century*，1999) 等一系列著作中，波兹曼始终坚守印刷文化，并高度警惕电子文化对由印刷文化所培养的文化素养的侵蚀。波兹曼是印刷文化人的典范，他将印刷媒介视作衡量其他一切媒介的标准，并将其媒介研究的重心放到探讨印刷文化的成就之上。波兹曼通过印刷媒介与新媒介（即电视）的比较以表明其立场和态度。他同意麦克卢汉的如下观点：印刷滋养了为个体化反思和理念的形成所必需的私人空间，电子传播媒介则削弱了理性的公共领域。波兹曼认为，印刷术有助于培养理性思维、推进民主进程、提升人们向善的能力，而电视却在提供超载信息的同时，伴随着有意义信息的缺失和道义感的减弱。也就是说，在波兹曼那里，当前，印刷的逻辑世界已被电视媒介所取代，电视媒介没有能力提高理性民主的价值观念，它作为一种视觉媒介，人们几乎不需要具备什么技能来收看它，它促进的是对时尚的关注而不是对内容的关注。[①] 正是在这种比较立场中，波兹曼谋求用保存印刷文化的办法抗衡电子技术革命的影响。他提醒我们：印刷文化馈赠给我们的礼物就是利用语言天赋；他试图唤起我们注意：我们成为文明开化的人、我们走到今天这一步、我们将来怎么走，这一切均和印刷文化的馈赠密切相关。

（二）爱森斯坦：开拓印刷研究的史学维度

美国当代著名史学教授伊丽莎白·爱森斯坦（Elizabeth Eisenstein，1923—2016）认为，过去的"思想史家和文化史家始终未能在自己的断代史图表里为印刷术找到一席之地"，为此，"有必要更仔细地审视这个急遽变革本身看似矛盾的性质。我们

[①] Nick Stevenson, *Understanding Media Cultures*, London: SAGE Publications, 1995, p. 140.

不要把印刷术的出现和其他革新纠缠在一起，也不要把它当作另外一种发展的例子，我们必须把印刷术的出现当作一个事件单独挑选出来研究，它自成一体"。[1] 爱森斯坦对印刷媒介的"好奇心"受到了麦克卢汉《谷腾堡星系》一书的启发。她说，"麦克卢汉使我更清楚地认识到印刷术对于人的思想和社会所产生的影响，这是他最有价值的贡献"[2]。在《作为变革动因的印刷机》(*The Printing Press as an Agent of Change*) 这一皇皇巨著中，爱森斯坦将印刷机视为欧洲近现代变革的重要动因。她将 15 世纪中叶由谷腾堡所发明的机器印刷方式定性为一场"传播革命"，并探讨了谷腾堡印刷术在欧洲文化史上的三次重大历史事件——文艺复兴、宗教改革、科学革命——中所扮演的关键角色。她认为，正是由于印刷术自身所具有的传播、复制、保存、固化等功能，不仅使得 15 世纪的文艺复兴更加持久地延续下去，而且为宗教改革铺平了道路，确保了宗教改革的开花结果，同时，为现代科学的兴起搭建了舞台。爱森斯坦与麦克卢汉的相同点在于，他们一致将印刷术视作现代西方文化变革的重要动因；不同之处在于，爱森斯坦认为麦克卢汉在《谷腾堡星系》中的研究"不关心比例和视角的保存"、"掩盖了千差万别之多样性"、"完全摆脱历史纪年的顺序和语境"，因此，在《作为变革动因的印刷机》中，爱森斯坦采取了一种更为严格的史学研究方法和研究立场。

（三）洛根：对印刷研究之社会语境的拓展

罗伯特·洛根（Robert K. Logan，1939—）对印刷媒介的论

---

[1] Elizabeth L. Eisenstein, *The Printing Press as an Agent of Change: Communications and Cultural Transformations in Early-modern Europe*, vols. 1 & 2, Cambridge: Cambridge University Press, 1980, pp. 167-168.

[2] 〔美〕伊丽莎白·爱森斯坦：《作为变革动因的印刷机：早期近代欧洲的传播与文化变革》，何道宽译，北京大学出版社 2010 年版，第 76 页。

述主要见于其著作《字母表效应：拼音文字与西方文明》。在书中，洛根将印刷术的研究嵌入到他对西方文明史上关于"字母表效应"的探讨之中。也就是说，他并不像爱森斯坦那样把印刷术的发明视作一个独立的传播或媒介事件，而是将印刷机置入表音文字这一更大的语境和序列中去探讨印刷媒介对于西方科学、社会及文化的影响。就像洛根说的，印刷机固然具有促成统一性和规整性、视觉偏向、记录的持久性以及有助于文化普及等特性，但"印刷术到来之前，字母表就已经促成了这一切特征。印刷机通过释放出强大的新能量，提升并放大了字母表的这一切特征"，"印刷机的重大影响之一就是强化或提升了它问世时即已开始了的一种变革"。[①] 在论及印刷术与现代科学之间的关系时，他将印刷机视作科学思想的媒介，认为"印刷机在推进字母表的使用中发挥了重要的作用，它营造的环境使现代科学逻辑、分析和理性的手法能不断演进和兴旺"[②]。洛根也概略地探讨了印刷机与宗教改革、个体主义、地方语言、大众教育、资本主义、民主制、民族主义、技术开发、工业革命等之间的关系。如其所言，"我们探讨了表音文字通过印刷术而产生的广阔的社会影响。在此过程中，一个效应、影响、副产品和交叉影响的复杂模式浮现出来"[③]。

（四）梅洛维茨：对印刷媒介之行为维度的拓展

约书亚·梅洛维茨（Joshua Meyrowitz, 1949—）师出著名的美国媒介生态学家尼尔·波兹曼的门下，《消失的地域》是其媒介生态学研究取得的重要成果。梅洛维茨将麦克卢汉的媒介思想同欧文·戈夫曼的符号互动理论相结合，在他看来，在"媒介—感

[①]〔加〕罗伯特·洛根：《字母表效应》，何道宽译，复旦大学出版社2012年版，第138页。
[②]〔加〕罗伯特·洛根：《字母表效应》，何道宽译，第155页。
[③]〔加〕罗伯特·洛根：《字母表效应》，何道宽译，第166页。

官—行为"的因果链条上,麦克卢汉着重探讨了媒介与感官之间的互动关系,但在媒介与行为的关系问题上却着墨不多。后者成为梅洛维茨媒介研究的重点。他认为,媒介的变化必然导致社会环境的变化,而社会环境的变化又会导致人类行为的变化。因此,他声称其媒介理论的目的就是提供一种"研究媒介影响和社会变化的新方法",以解释和说明人类传播活动中过去的、现在的和未来的变化现象。梅洛维茨发现,印刷传播倾向于把众多分散的个体分进不同的交往场景,从而形成不同的社会群体;电子传播倾向于融合不同的交往场景,打破不同群体之间的信息壁垒,让不同交往场景之间的物质边界形同虚设。具体来说,如果说印刷术增加时空距离的话,那么"电视则有助于消除时空距离的影响,使得异质人群的异时聚会成为可能"[1]。他认为,要维持基于等级差异的社会秩序,便要求每个人都具有特定的位置感,而印刷媒介正是对此位置感的维持。

(五)莱文森:以进化论观照印刷媒介

保罗·莱文森(Paul Levinson,1947—)又被称作"数字时代的麦克卢汉"。他以其媒介进化理论树起了后麦克卢汉主义的大旗。在他看来,所有媒介均处于一个进化论的序列之中,后起媒介不是对先前媒介的替代,而是在某些方面的改进,用他的话说,"一切技术提供的都是补救手段"[2]。依此,印刷媒介就不是对书写媒介的替代,而是改进了的书写媒介,是对书写媒介的机械化复制,它使文字信息的机械化生产和大量复制成为可能。在《软利器》(*The Soft Edge*,1998)一书中,他以一章的内容探讨了

---

[1] 〔美〕马克·波斯特(Mark Poster):《信息方式》,范静哗译,商务印书馆2000年版,第63页。

[2] 〔美〕保罗·莱文森:《软利器:信息革命的自然历史与未来》,何道宽译,复旦大学出版社2011年版,第91页。

印刷术对于现代世界的催生作用。他认为，在追溯印刷机及其后果的大循环过程中，我们发现一个越来越充满动力和张力的世界，这就是现代世界，也就是说，"印刷机的后果包括：教会对信仰和知识的垄断被摧毁，民族国家的兴起，科学革命、公共教育与读写能力普及，资本主义的增长，民主的发展，国家中央权威的提高"[①]。莱文森认为，现代世界的生成是印刷媒介"无意为之"的结果，他说，"这一切要素的集合在一定意义上都是印刷机的后果。但这个后果即我们的现代世界是无意为之、意料之外的。也就是说，现代世界和我们自己都是无心插柳的最好范例，这是信息革命的首要产物"[②]。

三、彰显与遮蔽：麦克卢汉的两种面相（含"研究现状"）

通过上面展示的麦克卢汉论述印刷媒介的大量著作以及北美媒介生态学派对麦克卢汉印刷媒介思想之"接着说"所产生的重要理论成果，我们可以肯定地说，"印刷媒介思想"是麦克卢汉媒介思想体系的重要组成部分，它同麦克卢汉的"电子媒介思想"一起，构成了麦克卢汉媒介思想的主体。在很大程度上，印刷媒介思想在麦克卢汉媒介思想体系中所占的比重及重要性甚至要高于电子媒介思想在其整个媒介思想中的比重及重要性。以麦克卢汉最为重要的两部著作《谷腾堡星系》和《理解媒介》为例，一般认为，《谷腾堡星系》主要体现的是麦克卢汉的印刷媒介思想，而《理解媒介》则构成了麦克卢汉电子媒介思想的主体部分。事实上，不仅专论印刷媒介的《谷腾堡星系》在系统性和理论程度上要高于《理解媒介》，而且即使在被认为构成了麦克卢汉电子媒介思想之主体的《理解媒介》中，麦克卢汉对电子媒介（含电

---

① 〔美〕保罗·莱文森：《软利器：信息革命的自然历史与未来》，何道宽译，第28页。译文略有改动。

② 〔美〕保罗·莱文森：《软利器：信息革命的自然历史与未来》，何道宽译，第28页。

力媒介）的论述也仅涉及电报、打字机、电话、唱机、电影、广播、电视、自动化等8章（全书共33章）内容，贯穿全书的其实是麦克卢汉对其媒介基本原理的一次总结和巡礼，而非着重论述电子媒介。有鉴于此，麦克卢汉至少应当有"印刷麦克卢汉"和"数字麦克卢汉"两种面相。

长期以来，"数字麦克卢汉"这一面相在"麦克卢汉研究"中得到了极度张扬。无论是国内学者还是国外学界，皆着力于强调麦克卢汉的"数字"面相。就国内而言，无论是过去学者们所概括的麦克卢汉思想的"老三论"——媒介讯息论、媒介延伸论、媒介凉热论[①]，还是近年来译介麦克卢汉最为用力的何道宽所强调的麦克卢汉思想"新六论"——地球村论、泛媒介论、讯息论、电子媒介论、西方文化局限论、文明演进三段论，都主要是立足于《理解媒介》一书，主要侧重于强调麦克卢汉的"数字"面相。国外学界也是如此。国外介绍麦克卢汉媒介思想的著作很多，其中尤以莱文森、戈登和洛根为代表。莱文森直接以"数字麦克卢汉"来总结麦克卢汉的思想，他在同名著作《数字麦克卢汉——信息化新纪元指南》[②]（1999）中，分14个专题介绍了麦克卢汉的电子媒介思想：探索而不做解释；媒介即信息；听觉空间；无形无象人；地球村；处处皆中心，无处是边缘；光透与光照；冷热媒介；人人都出书；电子冲浪；机器使自然成为艺术品；我们没有艺术，我们把一切事情都干好；后视镜；媒介定律。这14个专题大体上勾勒出了"数字麦克卢汉"的思想全貌，然而，对麦克卢汉的印刷媒介思想、"文学—大众文化批评"以及关于广告的

---

① 国内较早将麦克卢汉的媒介理论归纳为"三论"（延伸论、凉热论、讯息论）的是李彬教授。参见李彬：《奇文共欣赏，疑义相与析——麦克卢汉媒介观之新探》，《郑州大学学报》1991年第4期；李彬：《传播学引论》，新华出版社1993年版，第155—168页。

② Paul Levinson, *Digital McLuhan: A Guide to the Information Millennium*, New York and London: Routledge, 1999. 中译本见〔美〕保罗·莱文森：《数字麦克卢汉——信息化新纪元指南》，何道宽译，社会科学文献出版社2001年版。

洞见等则几乎没有涉及。特伦斯·戈登在《理解媒介》（评注本）序言中介绍了麦克卢汉最为重要的 10 条思想：媒介即人的延伸；媒介即信息；媒介的效应在于改变人之关系与活动的形态、规模、速度；研究媒介即研究媒介的效应；媒介间的相互作用与利弊；冷热媒介；媒介的麻木效应与截除；媒介逆转；媒介的感官偏向；媒介杂交。戈登的贡献在于，对麦克卢汉有关媒介思想的"基本原理"做了精炼的概括，并很好地把握住了麦克卢汉关于"媒介效应"的思想；不足之处在于，戈登仅仅是基于《理解媒介》一书而对麦克卢汉思想所做出的概括，无法全面展示麦克卢汉的思想全貌。洛根在《理解新媒介》[①]中将麦克卢汉的主要思想和方法混融为一，提出了所谓的"三十八论"：泛媒介论；延伸论；媒介即力之漩涡；媒介影响社会模式，改变感知比率；媒介即信息；新媒介以旧媒介为内容；媒介杂交；媒介的潜意识效应；媒介的反直觉效应；媒介的逆转；社会仿效主导媒介；地球村；后视镜；媒介划史；断裂边界；听觉空间与视觉空间；从表音文字到印刷术；书面文化的分离范式；电力媒介的同步模式；集中化与非集中化；专门化与整体化；硬件与软件；冷与热、光透与光照；研究媒介即研究媒介的效应；媒介利弊同在；不做道德评判；不做价值评判；偏爱口语传统；艺术的角色；旧媒介成为艺术形式；多学科方法论；平衡媒介分析与内容分析；以界面取代观点；背景—外观；因果关系让位于"统一场论"；使用者是媒介的内容；媒介研究的人文维度；媒介定律。不得不说，相较于莱文森和戈登，洛根的确对麦克卢汉的思想把握得更为具体和全面。但洛根的总结同样是主要基于《理解媒介》一书而做出的概括。也即是说，无论国内、国外，无论是"老三论"、"新六论"，还是戈登的"十

---

① Robert K. Logan, *Understanding New Media: Extending Marshall McLuhan*, Peter Lang Publishing, 2010. 中译本参见〔加〕罗伯特·洛根:《理解新媒介：延伸麦克卢汉》，何道宽译，复旦大学出版社 2012 年版。

论"、莱文森的"十四论"乃至洛根的"三十八论",他们大体上都是在《理解媒介》一书的基础上所做出的概括,他们所聚焦的主要是麦克卢汉媒介思想的基本原理部分及其电子媒介思想(或曰数字媒介思想),他们主要勾画出的是"数字麦克卢汉"的形象。

相比而言,麦克卢汉的"印刷"面相则几乎被完全遮蔽。尽管如上文所说,麦克卢汉对印刷媒介做出系统论述之后,印刷媒介及其效应成为媒介生态学派学者们热衷的一个话题,并产生了许多有分量的论著。但是,直到今天,尚无一部系统、专门地讨论麦克卢汉的印刷媒介思想的学术著作。在评述麦克卢汉思想的各种论著中,提及麦克卢汉的印刷思想并对之做出有价值研究的亦是少之又少。目前,国外学界涉及麦克卢汉印刷媒介思想的文献主要有:第一,对《谷腾堡星系》这本专论印刷媒介的著作的简评,主要包括在国外期刊上公开发表的书评文章,主要书评作者有弗伦德(John Freund)、温格(Howard Winger)、海姆斯(Dell Hymes)、哈扎德(Patrick Hazard)、施潘夏特(F. Sparshott)、利奇(G. Leech)、阿尔瓦雷斯(Alfred Alvarez)、科莫德(Frank Kermode)、达文(Dan Davin)、威廉斯等[1];以及传记作家马尔切索、马尔尚等在麦

---

[1] 在国外期刊上公开发表的《谷腾堡星系》书评文章主要有:John Freund, "McLuhan's Galaxy", *College Composition and Communication*, vol. 14, no. 2 (May, 1963), pp. 112-116; Howard W. Winger, "Review on *The Gutenberg Galaxy*", *The Library Quarterly*, vol. 33, no. 4 (October, 1963), pp. 352-356; Dell Hymes, "Review on *The Gutenberg Galaxy*", *American Anthropologist, New Series*, vol. 65, no. 2 (April, 1963), pp. 478-479; Patrick D. Hazard, "Review on *The Gutenberg Galaxy*", *Annals of the American Academy of Political and Social Science*, vol. 356, *The Non-Western World in Higher Education* (November, 1964), pp. 219-221; F. E. Sparshott, "The Gutenberg Nebula", *Journal of Aesthetic Education*, vol. 3, no. 3, Special Issue: *Film, New Media, and Aesthetic Education* (July, 1969), pp. 135-155; G. N. Leech, "Review on *The Gutenberg Galaxy*", *The Modern Language Review*, vol. 58, no. 4 (October, 1963), pp. 542-543; Alfred Alvarez, "Evils of Literacy", *New Statesman*, December 21, 1962; Frank Kermode, "Between Two Galaxies", *Encounter*, February 1963。或参见 Gary Genosko (ed.), *Marshall McLuhan: Critical Evaluations in Cultural Theory*, vol. 1, *Fashion and Fortune*, London and New York: Routledge, 2005, pp. 85-90, 以及 Dan M. Davin、Raymond Williams 等人的评述文章(参见 Gerald Emanuel Stearn [ed.], *McLuhan: Hot & Cool*, pp. 180-189)。

克卢汉传记中对《谷腾堡星系》的评论。[①] 第二，以《理解媒介》中关于印刷媒介的相关论述为基础所做的一些概要性介绍，以阿什克罗夫特的论文《印刷术及其对文化与传播的影响》[②]为代表，文中提及麦克卢汉对于印刷媒介与民族主义兴起之间关系的论述。第三，另外一些提及麦克卢汉印刷媒介思想的则是作为对其"媒介即信息"、"地球村"以及有关电子媒介论述的附属介绍而出现的。就国内学界而言，在传播学界出版的几部涉及麦克卢汉思想的研究著作[③]中，要么侧重于介绍麦克卢汉的现象学方法，要么侧重介绍媒介生态学的基本状况，很少论及或干脆忽略麦克卢汉的印刷媒介思想。在史学领域，项翔在《近代西欧印刷媒介研究》（华东师范大学出版社 2001 年版）一书中，简单介绍了麦克卢汉有关印刷媒介与民族主义之间的关系，他的论述也是基于麦克卢汉的《理解媒介》一书所做出的评述。在学术论文方面，目前在"中国知网"上可查到的涉及麦克卢汉印刷媒介思想的只有《印刷媒介对人的影响——读麦克卢汉〈理解媒介〉笔记》（《新闻前哨》2006 年第 7 期）一篇文章，该文用不足千字的篇幅从"印刷媒介与民族"、"印刷媒介与个体"、"印刷媒介与社会"三方面介绍了麦克卢汉在《理解媒介》中对于印刷媒介的关注。

综合以上情况，我们发现，中外学界对麦克卢汉的印刷思想的研究状况，呈现出受其启发的延续性研究颇多，而对麦克卢汉印刷思想的研究极少的状况。究其原因，第一，因为麦克卢汉

[①] 麦克卢汉传记作家对《谷腾堡星系》的评论主要有：Janine Marhessault, *Marshall McLuhan: Cosmic Media*, London: SAGE Publications, pp. 109-130; Philip Marchand, *Marshall McLuhan: The Medium and the Messenger*, pp. 163-166.

[②] Joseph Ashcroft, "Typography and Its Influence on Culture and Communication", in Casey Man Kong Lum (ed.), *Perspectives on Culture, Technology, and Communication: The Media Ecology Tradition*, Cresskill: Hampton Press, 2006.

[③] 目前，国内已出版的主要以麦克卢汉及其思想为研究对象的专著（包括对麦克卢汉及其思想的分析占全书分量一半以上的著作）有：范龙的《媒介的直观》（暨南大学出版社 2009 年版）和《媒介现象学》（中国大百科全书出版社 2012 年版）、李洁的《传播技术建构共同体》（暨南大学出版社 2009 年版）、胡易容的《传媒符号学》（苏州大学出版社 2012 年版）。

一直以来被视作电子媒介时代的"先知"和"预言家",这使得人们更多地将目光投向了麦克卢汉的电子媒介思想及其对于媒介研究变革的贡献。20世纪90年代以来所谓的"重新发现麦克卢汉",其实只是发现了"数字麦克卢汉",而其"印刷"的面相则似乎随着逐渐"过时"的印刷时代而遭到严重遮蔽。第二,麦克卢汉独特的书写风格也是阻碍学界对其理解的重要因素。麦克卢汉的著作"论说成分少,模式识别多"。用梅洛维茨的话说,正是因为其研究"缺乏操作性定义、清晰的方法论,以及通过调查或实验搜集的科学数据"[①],故学界对其思想(自然包括印刷媒介思想)持拒斥或视而不见的态度。对此,我们认为,印刷媒介思想在麦克卢汉的媒介思想体系中占据着重要地位,恰当而准确地展现"印刷麦克卢汉"形象,不仅有助于全面展示麦克卢汉的思想全貌,使得电子媒介与印刷媒介相互辉映,而且更为重要的是,它更有助于帮助我们理解印刷媒介对于人类文明的馈赠,以弥补和应对电子媒介的不足及其对人类文明造成的伤害。对此,麦克卢汉自己也有强调,他曾指出,"为了抗衡电视,我们必须手握用作'解毒剂'的相关媒介,比如印刷术"[②]。研究麦克卢汉的印刷媒介思想,是"麦学"研究的题中应有之义;揭开"印刷麦克卢汉"的面纱,对于全面理解麦克卢汉亦具有重要意义。

四、研究思路和整体结构

(一)本书的基本思路

如本章第一节所述,麦克卢汉将剑桥"新批评派"的文学批

[①] 〔美〕约书亚·梅洛维茨:《经典反文本:马歇尔·麦克卢汉的〈理解媒介〉》,载〔美〕伊莱休·卡茨(Elihu Katz)等编:《媒介研究经典文本解读》,常江译,北京大学出版社2011年版,第208页。

[②] Marshall McLuhan, *Understanding Media*, Cambridge, London: The MIT Press, 1994, p. 329. or "Letter to Herbert Mitgang", October 15, 1970.

评方法、现代主义艺术家们的文学艺术思想同媒介研究相结合，开创了"文艺媒介学"的研究路径，使西方的媒介研究呈现出一种迥异于传统传播学的全新气象。因此，在对麦克卢汉印刷媒介思想进行探讨的过程中，"文艺媒介学"将成为贯穿和统摄本书的一条基本主线。同时，鉴于麦克卢汉在媒介研究中实现了从内容分析向专注于媒介自身及其感知效应的范式转型，形成了一套崭新的媒介研究范式——"感知效应范式"，故本书将以麦克卢汉媒介研究中的显著标签和关键词——"感知"、"美学"和"效应"作为考察麦克卢汉印刷媒介思想的切入点和落脚点。由此，我们对麦克卢汉印刷媒介思想的研究，就不仅仅是在传播学的意义上或主要基于传播学层面的探讨，而侧重于考察印刷媒介的"感知（或"美学"）效应"。为此，我们又可以将本项以麦克卢汉印刷媒介思想为对象的研究称作"印刷媒介的感知效应研究"或者"印刷媒介的美学效应研究"。

　　为什么要从"感知"、"美学"和"效应"的角度去考察麦克卢汉印刷媒介中蕴含的"人文主义"思想呢？这主要出于以下三个方面的考虑。第一，麦克卢汉侧重于揭示媒介对于人的"感知"的影响，这为我们从"感知"角度理解麦克卢汉的印刷媒介思想提供了可能性和现实基础；第二，从"美学"的角度去考察麦克卢汉的印刷媒介思想，有助于在现有的审美范式之外发展出一种全新的美学范式——"媒介美学"，这种全新的审美范式能够进一步加深我们对麦克卢汉印刷媒介思想的认知。第三，对媒介"效应"的强调是麦克卢汉媒介研究不同于以往媒介研究的独有特征，从媒介的"效应"而非媒介的内容或者媒介的意识形态意味、政治经济学含义出发，能够更为准确地揭示出麦克卢汉印刷媒介思想的主要特色和内容。下面，我们做进一步的具体说明。

　　第一，"感知"是麦克卢汉媒介研究的基本视角。探究媒介影响人类感知的方式，是麦克卢汉媒介研究中最为重要的内容。[1] 在西方文化语境中，"感知"（aisthesis）具有双重含义："perception"和"sensation"。"perception"侧重于颜色、声音、味道等感官属性，它为"认识"服务；"sensation"偏重于人们的情感走向，以"愉快"与否为评价尺度。[2] 在麦克卢汉那里，"感知"主要是在"perception"的意义上使用的。[3] "媒介重构感知"是麦克卢汉媒介思想的核心观念之一。在麦克卢汉看来，媒介与人类的感知之间存在着密切关系，当一种媒介上升为主导媒介之后，它就会重塑人们的感知，并使整个社会在各个层面呈现出与主导媒介相适应的特征。"任何媒介都必然涉及感官之间的某种比率"[4]，其效应"不是发生在意见和观念层面，而是毫不受阻地改变人们的感觉比率和感知模式（patterns of perception）"[5]。麦克卢汉提醒人们，主导媒介的变化带来的是感官比例的调整，最终引发的是人们感知世界的方式、能力以及思想模式的彻底改变。由此出发，麦克卢汉区分了口语、书写和电子媒介不同的传播与感知模式。文字诞生之前，人们生活在感官平衡和同步世界之中，

---

[1] 有研究者认为，"感知始终是理解麦克卢汉理论的核心范畴"（参见杨富波：《麦克卢汉媒介理论研究》，吉林大学硕士学位论文，2007年，第23页）。亦有学者认为，"感知革命"是麦克卢汉媒介技术思想的核心："麦克卢汉媒介思想的核心与其说是经济学的，或文学的，不如说是认识论的、心理学的，这一核心也就是所谓'感知革命'的观点。……麦克卢汉在其中插入了感知革命的因素，亦即探讨传播技术如何改变了人类的基本感觉。……就此而言，要解释媒介对于社会的影响，必须考虑到媒介对于心理和感觉的影响。"（参见殷晓蓉：《网络时代：麦克卢汉何以东山再起？》，《新闻大学》2003年第4期，第83—84页）

[2] 〔德〕沃尔夫冈·韦尔施（Wolfgang Welsch）：《重构美学》，陆扬、张岩冰译，上海译文出版社2002年版，第81页。

[3] 当然，麦克卢汉也经常在"sensation"的意义上使用"感知"，比如他说，"若要了解人类的感知史（the history of human sensibility），应当注意风行于威廉·布莱克（William Blake, 1757—1827）时期的哥特式浪漫在后来的罗斯金和法国象征派诗人手中变成极为认真的美学运动"。详细论述参见 Marshall McLuhan, *The Gutenberg Galaxy*, p. 266。

[4] Marshall McLuhan, *Letters of Marshall McLuhan*, p. 256.

[5] Marshall McLuhan, *Understanding Media*, Cambridge, London: The MIT Press, 1994, p. 18.

这是一个受听觉支配的口语社会，流传至今的史诗作品显著地体现了口语社会的基本特征，它们对音韵的强调以及采用的各种便于记忆的手段，都是为适应口语这一媒介而呈现出的特征。表音文字是视觉功能的强化和放大，表音文字诞生之后，对视觉和眼睛的需求大幅增加，视觉逐渐跃居感官系统的最高等级，柏拉图将诗人逐出理想国即是表音文字发明之后视觉对于口语和听觉攻击的一次集中反映。印刷术的发明使得视觉完全凌驾于其他感官之上，此时，社会文化生活的各个方面开始向视觉的特征靠拢，这在我们下面将要详细论述的"印刷个体主义"、"印刷民族主义"等章节中有着极为明显的体现。随着电报的发明，人类迈入电力时代。自此，社会的各个方面，从政治到经济、从文学到艺术、从文化到社会，又开始向电力媒介的特征靠拢。在《理解媒介》中，麦克卢汉将电视视作电力媒介的典型形式，在电视时代，社会文化的方方面面都表现出了适应电视这种新媒介的特征。今天，互联网已经渗透到我们每个人的生活之中，我们的生活在很大程度上实现了与世界的即时性的无限制联通，借用麦克卢汉的话，这是电子媒介强调同时性、参与性特征的必然结果。电子媒介不再像印刷媒介那样突出而单一地强调单一感官——视觉，而是重新向诸感官间的协调互动回归。另外，麦克卢汉的"媒介延伸论"、他对"冷热媒介"的区分以及他的"地球村"理论等也都是以感知为基础的。[①] 以"感知"的角度探讨"媒介"，构成了麦克卢汉媒介研究的基本切入点。也正是基于此，我们才有了从"感知"——"视觉感知"——的角度去理解麦克卢汉印刷媒介思

---

① 麦克卢汉的"媒介延伸论"认为，一切媒介都是人的感知（感觉和感官）的扩展和延伸：文字和印刷媒介是人的视觉能力的延伸，广播是听觉能力的延伸，电视则是视觉、听觉和触觉能力的综合延伸。"冷热"媒介以是否需要感官参与为判定标准："热媒介"传递的信息清晰明确，无须动员更多的感官就能理解，"冷媒介"提供的信息量少且较为模糊，在理解时需要多种感官的配合。麦克卢汉的"地球村"也是一个与感知密切相关的概念，他认为，"地球村"其实是一个"听觉形态和部落形态的结构"。

想的可能性。

第二,"美学"维度是麦克卢汉的媒介研究迥异于其他媒介研究的基本特色。切特罗姆认为,"在麦克卢汉的思想中,审美范畴被置于首要地位"[①],"麦克卢汉的影响逐渐使人们了解到,传播媒介环境是形成现代感性的基础力量"[②]。麦克卢汉传记作家珍妮·马尔切索亦指出,麦克卢汉"将美学带入传播研究"[③]。切特罗姆和马尔切索都是从麦克卢汉在媒介研究中突出强调媒介影响的感性特征而得出结论的。麦克卢汉对感性的强调与文学特别是现代派文学对他的深刻影响密切相关:"文学是麦克卢汉的家园……他关于媒介的大多数观点是从他研究过的比如马拉美、兰波和其他法国象征派作家,以及乔伊斯、艾略特、庞德等人的著作中自然而然地产生出来的。"[④] 正是受现代派文学的深刻影响,麦克卢汉在对媒介效应的考察中特别强调"感知"/"感性"——在词源学意义上,"美学"(aesthetics)一词源自"感性学"(aisthesis)[⑤],这使得麦克卢汉的媒介研究有了浓厚的美学意味。由此,从"美学"角度考察麦克卢汉的印刷媒介思想,关注"美学与媒介的共进关系",成为理解麦克卢汉媒介思想的又一视角。然而,对麦克卢汉媒介思想中"美学"意味的揭示,长期以来一直没有进入学人的视野。其部分原因在于:首先,就北美媒介生态学派学者而言,由于他们身处北美传播学界且"受媒介研究的社会科学性

[①] 〔美〕丹尼尔·杰·切特罗姆:《传播媒介与美国人的思想:从莫尔斯到麦克卢汉》,曹静生、黄艾禾译,第 186 页。

[②] 〔美〕丹尼尔·杰·切特罗姆:《传播媒介与美国人的思想:从莫尔斯到麦克卢汉》,曹静生、黄艾禾译,第 177 页。

[③] Janine Marchessault, *Marshall McLuhan: Cosmic Media*, pp. xii-xiii.

[④] Marshall McLuhan, *Understanding Me: Lectures and Interviews*, Stephanie McLuhan and David Staines (eds.), Cambridge, MA: The MIT Press, 2003, p. 310.

[⑤] 美学之父鲍姆加登将美定义为感性认识的完善,认为"美学"是用于研究和指导低级认识(即感性认识)的科学,这为美学这门学科开启了一个意味深长的感性传统。参见〔德〕鲍姆嘉滕(本书译作鲍姆加登):《美学》,简明、王旭晓译,文化艺术出版社 1987 年版。

质所限","无法体会到文学教授麦克卢汉媒介研究的感性的或美学的内涵"。[①] 事实上，不仅仅是媒介生态学，甚至"相当程度上脱胎于文学研究的整个传媒研究界似乎都在急急忙忙地'去美学化'"。其次，就美学界而言，到目前为止，中西方美学界"对媒介的美学意味尚未发生兴趣，其根本原因是受'学科'束缚而缺失了人文担待"[②]。为此，以探讨深受文学影响并长期担任文学教授的麦克卢汉的印刷媒介思想为契机，推动媒介研究与美学研究的结合，有助于在现有的审美范式之外发展出一种全新的美学范式——"媒介美学"。因为"美学走向社会是现实和时代的要求，而媒介的发展也需要接受美学的考量"，二者的结合"意味着相互照亮"，不仅有助于对媒介和美学之"各自本性和特点的揭示"，更为重要的是，"这将唤醒媒介研究与美学研究的社会责任意识"。[③]

第三，"效应"是麦克卢汉媒介研究的基本着眼点和落脚点。"效应"（effect，或译作"影响"、"后果"），是麦克卢汉媒介研究的另一关键词。麦克卢汉一再指出，"理解媒介必然意味着理解媒介的'效应'"[④]，"媒介研究始于对媒介效应的观察"[⑤]。麦克卢汉既不像经验学派那样关注媒介的"现实功用"，亦不似批判学派那般旨在揭示媒介对人的"操控"，而是将媒介研究的着眼点放在媒介的感知"效应"之上。由此，在与研究对象——媒介——的关系方面，麦克卢汉既不是如经验学派那样的"参与者"，亦非像批判学派那样的"对抗者"，而是以"旁观者"的身份去观察媒介。就像麦克卢汉所说，"只有站在研究对象的旁边对它进行

---

① Marshall McLuhan, *Letters of Marshall McLuhan*, p.438.
② Marshall McLuhan, *Letters of Marshall McLuhan*, p.438.
③ 金惠敏：《麦克卢汉与媒介生态学研究·主持人语》，《江西社会科学》2012年第6期。
④ Marshall McLuhan, *Essential McLuhan*, E. McLuhan & F. Zingrone (eds.), London: Routledge, 1997, p.178.
⑤ Marshall McLuhan, *Letters of Marshall McLuhan*, p.438.

整体性观察，你才能发现它的运作原理和力线（lines of force，电学术语，指为了描述电力场而想象出来的力场中的线条）"[1]。由此，当麦克卢汉说出"媒介即信息"、"媒介即按摩"这样的双关语时，其真正的潜台词其实是：媒介对人的影响或者说所产生的"效应"无处不在。麦克卢汉对感知"效应"的重视，受到了现代派艺术家们的深刻影响。他说，他们"表现的是'经验的效应'而非'经验本身'"，他们"能抢在由新技术所导致的麻木、潜意识摸索和潜意识反应之前去矫正感知的比率，以预计和避免技术所引发的创伤"[2]。突出强调媒介的"效应"，不仅构成麦克卢汉媒介研究的基本特色，也深刻地影响了由其所开创的整个北美媒介生态学派的媒介研究。由此，如果我们将美国传统传播学归入"经验范式"，将欧洲传播学划为"批判范式"的话，那么，由麦克卢汉开创并被媒介生态学派所继承并发扬光大的传播学范式就是"效应范式"。就像麦克卢汉之后媒介生态学之最著名的代表人物波兹曼所说，媒介生态学旨在考察"媒介传播如何影响人的感知、理解、情感和价值"[3]。

（二）本书的整体结构

以"文艺媒介学"作为贯穿全文的思想主线，以"感知"、"美学"、"效应"作为探讨麦克卢汉印刷媒介思想的切入点，笔者将本书的结构设计如下：

第一章"'视觉的腾飞'：从表音文字到谷腾堡印刷术"，是对麦克卢汉印刷媒介之"视觉感知效应"思想——"印刷媒介促

---

[1] Marshall McLuhan, *Essential McLuhan*, E. McLuhan & F. Zingrone (eds.), London: Routledge, 1995, p. 225.
[2] Marshall McLuhan, *Understanding Media*, Cambridge, London: The MIT Press, 1994, pp. 65-66.
[3] Neil Postman, "The Reformed English Curriculum", in A. C. Eurich (ed.), *High School 1980: The Shape of the Future in American Secondary Education*, New York: Pitman, 1970, p. 160.

成了人的'视觉腾飞'"——的总论。该章主要考察麦克卢汉的如下论题：作为印刷术之"必要序曲"的表音文字，以其音形义相分离的独有特征，开启了西方社会对于"视觉"的强调，其视觉后果主要体现在可视化效应（主要表现为："视觉空间"的出现、"文明人"诞生与精神分裂、艺术中的模仿与写实）、抽象化效应（主要表现为：抽象词汇的出现、开放社会初露端倪）、序列化效应（主要表现为：线性因果分析法出现、应用知识的产生、线性结构向日常生活的渗透）、分离化效应（主要表现为：原子论思想的提出、主客二分与发现自然）和同质化效应（主要表现为：古罗马驿道和街道的重复模式）五个方面。作为表音文字之"终极延伸"的谷腾堡印刷术发明之后，它以其对书本的规范化和标准化生产，以其"统一性、连续性和序列性"的视觉化特征以及对"完整"和"系统"的强调，重新启动并强化了西方文化史上由表音文字所发端的"视觉革命"。麦克卢汉在《谷腾堡星系》中将印刷媒介在社会上的这种视觉拓展称作"视觉的腾飞"[①]。这种视觉的"腾飞"具体表现在以下几个方面：第一，同质化。在麦克卢汉那里，印刷术的视觉效应在同质化方面的最重要表现是：印刷术以其统一和重复的特性，造成人们心灵的一致化，进而培育出同质化的个体。同质化的个体同时又是现代个体主义和民族主义形成的前提条件。在印刷媒介的统治下，广袤的范围均能屈从于同质性实践（如民族主义、标准法、定价系统、统一的智商测试标准等）的控制。第二，分离化。麦克卢汉认为，现代社会的劳动分工、波兰尼的"大转型"、地理大发现与新航路的开辟、诺夫乔伊的"存在巨链"、作为社会基准的"变迁"、进步观念以及莱布尼兹所谓的"可能世界当中最好的一个"等均与印刷术视觉效应的分离化有关。印刷术的分离化在法国社会学家涂尔干所

---

① Marshall McLuhan, *The Gutenberg Galaxy*, p. 112.

谓的"失范"状态出现后走向终结。第三，可视化。印刷术视觉效应的可视化，即印刷将触觉事物转译为视觉语词，使视觉在语言、艺术乃至社会以及政治的一切层面中扮演重要角色。在麦克卢汉看来，现代绘画中的"透视"观念、视觉上的仿古主义／美学上的中世纪遗风、文学中的固定"视点"、应用知识的发展，乃至"无意识"世界的形成等均与印刷术视觉效应的可视化表现有关。第四，集中化。麦克卢汉指出，印刷术视觉效应的集中化主要表现在民族主义、统一考试和现代组织结构中。第五，数量化。麦克卢汉认为，自 17 世纪起，印刷始将视觉量化原则强加于当时人们的心灵之中。[①] 这种视觉量化突出表现为：将原先需要依靠听觉和触觉去感知的不可见的抽象事物（如温度、重量、长度、湿度乃至人的思想品质、智力水平、爱心程度、仇恨、创造性等）转化为可见而且能够测量的数据。在《谷腾堡星系》中，麦克卢汉以"政治算术学"（political arithmetic）和"幸福微积分"（hedonistic／felicific calculus）为例，论述了印刷的视觉量化在社会科学领域的极端表现。麦克卢汉认为，印刷哲学将"确定性"作为知识的主要目的，也与印刷术视觉效应的数量化表现密切相关。

　　第二章至第五章，也即本书的主体部分，实即麦克卢汉的"文艺媒介学"思想在印刷媒介之"视觉感知效应"论中的具体体现。第二章"'印刷人的诞生'：麦克卢汉论域中的四个范例"以在手抄文化向印刷文化转化过程中那些被麦克卢汉论述较多的、一脚尚"踩在中世纪"而另一脚已"踏上印刷文化浪潮"的早期"印刷人"——伊拉斯谟（Desiderius Erasmus，1466—1536）、拉米斯（Petrus Ramus，1515—1572）、拉伯雷（Francois Rabelais，1493—1553）和培根（Francis Bacon，1561—1626）——为考察对象。通过他们，折射出印刷术的视觉感知效应在宗教、教育、文学、科

[①] Marshall McLuhan, *The Gutenberg Galaxy*, p. 246.

学等领域所发挥的作用：在伊拉斯谟那里，印刷术被应用到传统语法学和修辞学领域，推动了教育的发展和对"圣言之书"的整理；在拉米斯那里，印刷术的视觉效应在教育领域得到了最初贯彻——印刷机在使中世纪人文教育三学科中的修辞学和语法学失去强势地位的同时，使逻辑学和辩证法跃居更为突出的位置；在拉伯雷那里，源自印刷机的应用知识不仅被应用在"学习"上（推动了知识的普及和知识的民主化），更被沿用到"享乐"上（促进了消费者世界的成型）；在培根那里，印刷术所建立的齐一、连续和可重复性假设被强加于新的科学"方法"之上，并被运用到对"自然之书"的整理中。

第三章"'印刷个体主义'：印刷媒介与现代个体主义的形成"主要考察麦克卢汉关于"印刷媒介与人的个体身份"之间的关系。主要内容包括：第一，"个体主义"对于麦克卢汉的独特意味及麦克卢汉关于"印刷术是一种个体主义技术"的思想。大体来说，麦克卢汉著作中的"个体主义"一词，并不具备法国语境中那种消极或否定的含义，而是继承了北美学者关于"个体主义"的基本看法，同时兼具德国语境中"个性"概念的主要内涵。麦克卢汉从技术的角度，最早开启了印刷媒介之于个体主义的形成性作用这一现代性论题。但是，也正是由于他最早涉及这一论题，加之其"技术论"的视角，使得麦克卢汉的论述将具体媒介作为出发点，遵循的是具体化的研究路径，并没有将印刷媒介与"现代作者"之间的关系上升至哲学层面。希利斯·米勒（J. Hillis Miller）、丹尼尔·贝尔（Daniel Bell）、马克·波斯特（Mark Poster）等均不同程度地受到了麦克卢汉"印刷主体"论的影响和启发，自20世纪下半叶以来，他们延续这一话题，对印刷媒介与主体性之间的关系做了更为深入的思考和探讨。第二，麦克卢汉关于印刷媒介对于文本主体——"现代作者"——的建构作用的思想。在《谷腾堡星系》中，麦克卢汉集中探讨了印刷媒介的主体——"现代作者"的诞生这一论题。在麦克卢汉看来,"现代作者"是个体主义最为重要的表现之一,其诞生与印刷媒介有着千丝万缕的联系。"现代作者"的主体性主要体现在两个方面:其一,作为创作主体的作者有着自觉的创作意识,也就是说,创作主体对于创作行为有着明确的自觉,明确创作是作者行为的主体表现。其二,创作主体对于自我思想表达的外化形式——作品,有着明确的权属意识。简单来说,自觉创作意识和对于作品的权属意识,是作者之为"现代作者"的基本内核。麦克卢汉主要探讨了上面所说的第一个方面,而对于作为构成"现代作者"观念之另一基本内核的"权属意识",则几乎没有涉及。为此,我们对印刷术与"现代作者"观念之间关系的考察,在阐述第一个方面即"创作意识"时主要依循的是麦克卢汉的思路,而第二个方面即"权属意识"则可以算作我们对麦克卢汉论述的一个补充。

第四章"'印刷民族主义':印刷媒介与现代民族主义的形成"主要考察麦克卢汉的"印刷民族主义"这一著名论题。具体来说,其考察的是麦克卢汉"印刷民族主义"思想的形成,以及麦克卢汉关于"印刷民族主义"形成的三种路径。"印刷民族主义"是麦克卢汉印刷媒介之"视觉效应"的重要表现,即认为印刷媒介通过对视觉的强调而推进的"可视化"、"分离化"、"同质化"——在民族主义论题中具体体现为"民族语言的定型"、"自由自决的现代个体的形成"、"对信息与社会流动的加速"等,促进了西方现代民族主义的兴起和兴盛。麦克卢汉对民族主义的探讨,特别是其"印刷民族主义"思想,在西方学界有关媒介与民族主义关系的探讨中具有开创意义。他将传播因素纳入到对民族主义的讨论之中,开启了20年后本尼迪克特·安德森(Benedict Anderson)《想象的共同体》的先声。当然,麦克卢汉的"印刷民族主义"思想并非凭空想象或空穴来风,而是在加拿大浓厚的"技术民族主义"思想传统中,沿着哈罗德·伊尼斯开辟的"媒介文明论"路子，在分析了印刷媒介的诸种特征，并回答了美国历史学家、民族主义理论"奠基人"卡尔顿·海斯（Carlton Hayes）在 20 世纪 30 年代提出却无法解答的"民族主义难题"的基础上而逐渐形成的。

第五章"'应用乔伊斯'：印刷媒介与作为感知操练的文学"主要探讨麦克卢汉有关印刷时代的文学／艺术状况的思想，亦即印刷媒介在成为社会主导媒介之后，对文学／艺术的整体面貌及文学文体如诗歌的形塑作用。早在 20 世纪 60 年代初期，麦克卢汉就已经较为系统地探讨了媒介与文学之间的关系 —— 在《谷腾堡星系》（1962）中对印刷媒介与文学之间关系的考察以及在《理解媒介》（1964）中对电子媒介时代文学面貌重塑的探讨等。他甚至声称，其写作《谷腾堡星系》的目的就是为了探讨"文学规范如何受到口语、抄写和印刷形式的影响"[①]。不仅如此，麦克卢汉还多次表示，其媒介研究基本上就是"应用乔伊斯"[②]，这实际上是说，"文学研究之奉感性为圭臬是其媒介研究的刻意追求"[③]，或者说，麦克卢汉重在从感知层面探讨媒介对于文学（及社会生活的其他方面）的影响。在麦克卢汉那里，"文学"通常并不是我们狭义上所理解的"语言艺术"，而是同其经常替换使用的"艺术"概念在内涵上极为相近。"文学"，或者说"艺术"，对麦克卢汉来说，都是用于操练、培养和提升人们感知的手段。这可以从他对"文学"和"艺术"的说明中清晰地看到："文学是对感知的研究和操练"[④]；"艺术是用来提升感知的专门的人造物"[⑤]。媒介能够

[①] Marshall McLuhan, *The Gutenberg Galaxy*, p. 87.

[②] Donald Theall and Joan Theall, "Marshall McLuhan and James Joyce: Beyond Media", *Canadian Journal of Communication*, vol. 14, no. 4, 1989.

[③] 金惠敏：《"媒介即信息"与庄子的技术观 —— 为纪念麦克卢汉百年诞辰而作》，《江西社会科学》2012 年第 6 期。

[④] Marshall McLuhan, *Letters of Marshall McLuhan*, p. 304.

[⑤] Marshall McLuhan, *Letters of Marshall McLuhan*, p. 310.

重构感知，故它能够对作为"感知"之重要表现的文学艺术进行塑造和重组；然而，真正的艺术不是那些"常规的艺术"，而是"作为反环境的艺术"（art as an anti-environments）："'常规的艺术'是安抚人的催眠术，是对媒介环境单纯的重复；'作为反环境的艺术'则能够唤醒人们对于环境的感知。"[1] 麦克卢汉常以文学/艺术去验证其"媒介感知理论"，也常借助于文学/艺术去操练人们对于媒介环境的感知，就此而言，我们确实可将麦克卢汉称为"媒介艺术家"，将其丰富的关于媒介与文学/艺术关系的思想称为"麦克卢汉的'媒介文艺思想'"。

---

[1] Marshall McLuhan, *Letters of Marshall McLuhan*, p. 315.

第一章 "视觉的腾飞":从表音文字到谷腾堡印刷术

> 印刷术问世后不久,视觉经验和组织的新维度随之诞生,亦即所谓的"腾飞"阶段。
>
> ——麦克卢汉《谷腾堡星系》

前面说到,《谷腾堡星系》是麦克卢汉专论印刷媒介的最重要著作。然而,麦克卢汉在这部著作中却用大量的篇幅去讨论表音文字的特征与效果。这中间其实大有深意。在他看来,西方文明史上存在三次基本的媒介革新——表音文字的发明、谷腾堡印刷术的推广、电报的诞生。表音文字由此成为其"文明演进三段论"所不可或缺的一环。麦克卢汉赋予表音文字以重要地位,他甚至认为,"西方文明的整个观念均来源于由表音文字所创造的环境"[①]。不仅如此,或者说更重要的是,以很大的篇幅探讨表音文字的特征与后果清楚地标示出麦克卢汉对"印刷术"的独特理解。在麦克卢汉那里,"印刷术"是指 15 世纪中叶出现于德国美因兹地区的、将表音文字以机械化的方式印制出来的技术和信息处理系统。欧洲人通常将这一发明归功于德国人谷腾堡(Johannes

---

[①] Marshall McLuhan, *Essential McLuhan*, E. McLuhan & F. Zingrone (eds.), London: Routledge, 1995, p. 229.

Gutenberg，1398—1468），故包括麦克卢汉在内的许多西方学者也将这种在表音文字文化脉络中以机械化手段进行活字印刷的方式称作"谷腾堡印刷术"或"谷腾堡技术"。[①] 恰如麦克卢汉所说："谷腾堡技术代表了一个历史阶段，即由印刷术发明所决定的阶段。它指涉一种序列的而非同步的信息处理方式，亦即用表音文字排版来表示的信息处理方式。"[②] 简要地说，麦克卢汉所指称的"印刷术"，不是一项或几项技术的组合与发明，而是表音文字的延伸，是手写方式的机械化。由此，在麦克卢汉那里，"印刷术"就内在包含"表音文字"和"手写方式的机械化"两个要素。这两个要素，单就"手写方式的机械化"而言，中国古代的"活字印刷术"与西方"谷腾堡印刷术"之间仅有机械化程度上的不同而无本质上的差异；然若从"表音文字"这一要素来看，则清楚地显示出两种"活字印刷术"之间的根本区别。也就是说，在麦克卢汉看来，两种"活字印刷术"在更为根本的意义上代表的是两种文字系统——表音文字和形意文字——之间的差异以及由此所衍生出的东西方文化之间的差异。他说，"印刷表音文字和印刷表意文字完全不同。因为表意文字是比象形文字更为复杂的完形格式塔，必须同时使用所有感官才能辨识，它完全无法承受任何感官上的分离或分工，无法将音形义三者进行分离。但对表音

---

① "谷腾堡印刷术"发明的具体时间，不同学者尚持有不同看法，但可以肯定的是，到 15 世纪中叶即 1450 年，谷腾堡印刷术已经成功发明出来了。法国学者弗朗西斯·巴勒（Francis Balle）将谷腾堡成功研制印刷机的时间定为 1438 年。参见〔法〕巴勒：《传媒》，张迎旋译，中国传媒大学出版社 2007 年版，第 5 页。德国学者维尔纳·施泰因将谷腾堡首次采用金属活字进行印刷的时间定为 1445 年。参见〔德〕维尔纳·施泰因（Wener Stein）：《人类文明编年纪事·科学和技术分册》，龚荷花等译，中国对外翻译出版公司 1992 年版，第 62 页。出版于 1499 年的科隆编年史中第一次无可争议地提到了印刷术。书中写道："印刷的高贵技艺首先发明于德国的美因兹，是于 1440 年诞生的。从那时起一直到 1450 年，技艺和与之相关的一切都不断得以改进。"参见〔英〕彼得·沃森（Peter Watson）：《人类思想史：冲击权威》，姜倩等译，中央编译出版社 2011 年版，第 94 页。

② 〔加〕麦克卢汉：《麦克卢汉如是说》，何道宽译，中国人民大学出版社 2006 年版，第 43 页。

文字而言，音形义的相互独立却是关键。因此，工业和应用知识所要求的职能分离或分工，中国人根本做不到。"① 正是由于两种

---

① Marshall McLuhan, *The Gutenberg Galaxy*, pp. 34-35. 对于为什么中国最早发明了印刷术，却没有发展出类似西方那样的理性文化，麦克卢汉亦有自己的解释。他认为，在当时的中国，印刷术不是用于商务用途，而是用于魔法符咒。就像他所说的："尽管中国早在七八世纪时就发明了印刷术，但'对解放思想却没有任何帮助'。因为对中国人而言，印刷的目的不是生产统一、重复的产品以供市场和价格体系之用，而是将之当作复制魔力符咒的视觉工具，以作为对转经轮的替代。"（McLuhan, *The Gutenbery Galaxy*, p.34）就语言自身特征而言，因为"形意文字与表音文字存在着根本上的不同。表音文字是一种将视觉从听觉和意义中分离出来的纯粹抽象的记号形式，而形意文字则是一种同时涉及一切感官的复杂格式塔"（Janine Marchessault, *Marshall McLuhan: Comic Media*, London: SAGE Publications, p.127）。对于麦克卢汉来说，正是表音文字的线性和抽象结构——"一次一事"——为西方的现代性及其理性规划提供了线性和抽象结构。（Marchessault, *Marshall McLuhan: Comic Media*, p.120）如果说理性（rationality）在麦克卢汉那里，不仅仅是读写的产物，更是一种比率性（rationality）即"与感官比率有关、突出视觉"的话（Marchessault, *Marshall McLuhan: Comic Media*, p.132），那么，同时涉及全部感官的汉字显然就很难培养出线性逻辑和抽象思维形式。

在此，我们遇到的一个根本难题是：既然汉字属于同时涉及所有感官的形意文字，那么为什么现代中国使用的仍然是形意文字，却发展出了理性思维和线性逻辑了呢？这是一个非常复杂的问题，涉及社会环境的总体改变、语言自身的演变等方方面面。对此，我们仅从媒介的角度做出一种"麦克卢汉式的"回答：随着近现代以来中国逐步融入全球化体系，印刷早已不再是"转经轮的替代品"了，而成为市场经济洪流中的一个重要环节，并已经成为经济体系运行的重要组成部分。当然，这还只是非常表层的原因。更深层次的原因在于，汉字经过数千年的形象蜕变和语义发展，经由象形到指事、会意、形声、转注、假借等环节的演化，在很大程度上已经脱离了汉字形成之初以象形而指事的原则。现代汉语史上的两次重大改革——由文转白、由繁入简，更是对汉语的语言结构和汉字本身产生了深刻影响。一是近代以来的白话文运动对汉语语言结构的改变。白话文运动推行以来，西方语言中的语法、标点、词汇等大量渗入汉语文化，借助字词、语义、语法的逻辑结构构成对各类命题加以线性说明的文本，成为现代汉语进行语言组织和表达的重要形式，汉语自此转入语义化、概念化的思维轨道。二是繁体字向简体字的转变。汉字简化的历史由来已久，首次给予简体字以合法地位的是太平天国政府。当然，大规模倡导和推行汉字简化还是"五四"之后的事情。1935 年，"手头字"运动的开展和中华民国教育部对于简体字的大规模推行，对简体字在社会上的普及和推广发挥了至关重要的作用。特别是中华人民共和国成立以后对于汉字进行的大规模改革，最终确立了简体字作为"正体字"的地位。简化为简体字以后，多数汉字本身的象形结构及指事原则消失殆尽，汉字这一形意文字系统，现在变得几乎与表音文字一样，成为凭借字词所表征的概念、语义来表征对象的能指符号，这进一步加剧了对于形象思维的疏远和离异。由此，即使汉字本身仍然属于形意文字系统，但由于其自身的去象征化和简体化，由于西方语言中线性逻辑结构——语义、语法——的渗透，由汉字构成的文本逻辑，无一不是语义逻辑、概念化逻辑，汉字文本的书写及其阅读也概莫能外，贯注其中的思想主线同样是一种线性逻辑。以至于使用汉字的人们在日常阅读和书写过程中，已经极少再去关注汉字本身象形结构及其指事原则了。（此处采纳了胡潇先生的部分观点，特此致谢。参见胡潇：《媒介认识论》，人民出版社 2012 年版，第 393 页）

文字技术与感官之间的不同关系，使得它们对于社会的构形作用亦完全不同："许多世纪以来对会意文字的使用，并没有威胁中国天衣无缝的家族网络和微妙细腻的部落结构。相反，今日在非洲，只需一代人使用表音文字——正如两千年前高卢时一样——至少足以初步把个人从部落网络中脱离出来。这一事实与表音文字书写的内容无关，它是人的听觉经验和视觉经验突然分裂的结果。"[1] 既然"表音文字"是"谷腾堡印刷术"的重要组成要素，是区分中西方印刷术的根本因素，那么，探讨麦克卢汉的印刷媒介思想自当以表音文字为起点。用麦克卢汉的话说："印刷术同早先的表音文字技术关系密切，这是我们研究谷腾堡之前若干世纪的主要原因。研究谷腾堡技术，探讨表音文字是绝对必要的序曲。"[2]

麦克卢汉是一位泛媒介论者，在他那里，一切人工制造物皆为技术，或曰媒介。不同于传统媒介研究注重考察媒介的"内容"，麦克卢汉将媒介研究的重心聚焦于媒介本身及其引发的心理和社会后果。注重探索媒介的"效应"（或曰"后果"）而非其"内容"，是麦克卢汉与其前媒介研究的根本不同。按照麦克卢汉的教导，"理解媒介就必然意味着理解媒介的'效应'"[3]。他说，"在两千多年的读写文化中，西方人很少去研究或理解表音字母在创造他们的许多基本文化模式中所产生的效用"[4]。由此，在我们对作为印刷术之"序曲"的表音文字的考察中，最为重要的就是要考察表音文字这一媒介形式本身的特征及其所引发的心理和社会效应。当然，在此之前，我们需要先对西方表音文字的产生和

---

[1] Marshall McLuhan, *Understanding Media*, Cambridge, London: The MIT Press, 1994, pp. 83-84.
[2] Marshall McLuhan, *The Gutenberg Galaxy*, p. 152.
[3] Marshall McLuhan, *Essential McLuhan*, E. McLuhan & F. Zingrone (eds.), London: Routledge, 1995, p. 178.
[4] Marshall McLuhan, *Understanding Media*, Cambridge, London: The MIT Press, 1994, p. 82.

早期发展有一个简单的了解。

第一节 印刷的"序曲":表音文字及其效应

> 印刷术同早先的表音文字技术关系密切,这是我们研究谷腾堡之前若干世纪的主要原因。研究谷腾堡技术,探讨表音文字是绝对必要的序曲。
>
> ——麦克卢汉《谷腾堡星系》

麦克卢汉根据主导媒介的不同,将人类历史划分为口传、书面和信息三个传播时代。他认为,在这三个传播时代,社会经济与文化生活均受主导媒介的深刻影响。他将语言的诞生视作口传时代开始的标志,这个阶段一直延续到文字的诞生。[1] 文字的发明拉开了人类书面传播时代的帷幕,至今仍是所有科学的、社会科学的、历史研究的不可替代的独尊媒介。[2] 西方学界普遍认为,文字不仅过去是,如今仍然是人类技术发明中最为重大的发明。它不是言语的附庸,而是把言语从口耳相传的世界推进到一个全新的感知世界——视觉的世界。

---

[1] 这里需要说明的是,麦克卢汉所说的口传时代仅指口语在人类交流中占据绝对"主导"地位的人类早期历史阶段,嘴巴是这一阶段的主要信息传播手段。在他看来,文字的诞生标志着书写时代的到来和口传时代的结束。但口传时代的结束并不意味着口语或者说口头传播的结束,事实上,口语交流几乎涵盖了人类的整个传播历程。人们在日常接待、新闻发布、演讲、沟通性会议以及公务谈判中均使用口头传播。在网络传播的今天,口头传播依然应用得非常广泛。

[2] 徐坦指出,从文字发明直到今天,文字成为所有科学、学术和知识活动的基本载体,书写、印刷一直是人类学术活动得以记载和流传的唯一手段。随着视频技术的发展,记载和传播可视的言说成为家常便饭。未来,语音和可视性语言将有可能成为和文字一样重要的知识载体,这是具有重大意义的改变。何香凝美术馆 OCT 当代艺术中心编:《语词、意识与艺术:徐坦"关键词"视觉语言实验项目档案》,岭南美术出版社 2011 年版,第 3 页。

一、表音文字的诞生：书写在西方文化语境中确立的标志

人类文明史上主要存在三种不同的文字系统：形意文字、音节文字和表音文字。[①] 形意文字是用语言标记去描绘语词，以汉字为代表；音节文字是用代码去标示音节，以埃塞俄比亚的阿姆哈拉字母、日本假名和朝鲜谚文为代表；表音文字是用字母去标示语音，当今西方国家使用的文字几乎全是表音文字。在三种文字系统中，表音文字出现最晚，使用的指代符号最少，使用起来也最为方便。这是因为表音文字"直接加工语音，比其他文字略胜一筹；它把语音直接化解为对等的空间符号，而且字母是比较小的、解析性更强的、更容易管理的单位，在这一点上它又胜过音节文字（因为音节文字是一符两音，比如 ba，而表音文字是两符两音，比如 b 加 a）"[②]。

（一）表音文字的原始形态

西方历史语言学界大致认为，表音文字的最早形态为原始迦南（即古希腊人所称的"腓尼基"，今天的巴勒斯坦、叙利亚和黎巴嫩地区）文字，又称"北方闪米特文字"。目前，有根据的字母历史可以追溯到公元前 1700 年左右的碑铭文字，其中最早且已被完整解读的是发现于古代腓尼基比布罗斯（Byblos，现在黎巴嫩的祖巴依港）的、年代为公元前 11 世纪的阿希拉姆（Ahiram）墓碑文字。它是传世最为古老的腓尼基文字，又被称作"比布罗斯字母"。文字史研究专家周有光认为，以比布罗斯

[①] 德里达的《文字学》将文字分为"表音文字"和"表意文字"。他解构的是西方语言中心主义，主张建立一种类似汉语的非逻辑的、表意的四方形空间的文字。在此，德里达已经认识到两种不同语音系统对人的意识和观念塑造的影响。

[②] Walter J. Ong, *Orality and Literacy: The Technologizing of the Word*, New York: Routledge, 2002, p. 90.

字母代表的北方闪米特字母是人类字母的始祖。[①] 北方闪米特文字包含 22 个字母（皆为辅音[②]），每个字母均有名称，字母排列有先后顺序，书写采取自右向左的方式；其最主要的两个分支为迦南（Canaanite）文字和阿拉姆（Aramaic）文字，在发展过程中分别向东西两个不同方向传播。自公元前 7、8 世纪起，向东传播的阿拉姆文字成为古代近东地区的通用语言，随后成为新叙利亚帝国和波斯帝国的官方文字，今天印度、阿富汗和土耳其文字皆从阿拉姆文字发展而来。向西传播的迦南文字逐渐发展为早期希伯来字母和腓尼基字母。早期希伯来字母自公元前 11 世纪至公元前 6 世纪为犹太人使用，之后，他们放弃了这一源自迦南字母系统的文字，而改用从阿拉姆文字系统发展而来的"方形文字"（square script，即现代希伯来语的前身）。腓尼基字母（即闪米特文字）则经过古希腊人的改造，成为完备的语言记录工具。

（二）古希腊人对表音文字的改造

腓尼基字母引入古希腊之后，尽管它们能够适应闪米特人忽略元音字母的文字书写，但腓尼基文字却无法完整表达作为非闪米特民族的古希腊人的语言和语音，由此，古希腊人对腓尼基字母进行了大刀阔斧的改造。这一过程发生在约公元前 8 世纪（目前发现的最早实物证据陶器上的题献、铭文的年代大致为公元前 750 年左右）。古希腊历史学家希罗多德记载了古希腊人最初引进腓尼基文字时的情况："腓尼基文字引入之初，希腊人全盘搬用腓尼基字母，稍后他们在使用中对字母的写法略加修改，并沿用至

[①] 周有光：《世界文字发展史》，上海教育出版社 2011 年版，第 188 页。
[②] 沃尔特·翁指出，把闪米特人发明的文字视为辅音文字，这个观点不容争辩，在阅读过程中，读者很容易就补上了恰当的元音。直到今天，发端于闪米特文字的希伯来语和阿拉伯语都没有元音字母。参见 Walter J. Ong, *Orality and Literacy: The Technologizing of the Word*, New York: Routledge, 2002, pp. 88-89。

今，现在他们仍把这些字母称作'Phoenician'。"[1] 麦克卢汉以富有文学性的语词描述了这一过程："希腊神话中关于表音文字的神话是卡德摩斯王神话。卡德摩斯王将表音文字引入希腊，种下龙的牙齿，长成全副武装的士兵。同所有神话一样，卡德摩斯王神话囊括了一个长期的过程，并将此过程凝练为瞬时的洞察。"[2] 古希腊人通过改变读音和分化字形，把腓尼基字母中5个非重读不送气音（即 α、ε、ι、o、υ）变更为元音，补充了两个双元音（即 η、ω），增添了4个复合辅音（即 θ、χ、φ、ψ）。[3] 这样，改造后的腓尼基字母就和古希腊人的口语词实现了一一对应（即每个音节均由一个特殊的字母去表达），口语得以转换为精确的书面形式，第一个囊括了元音字母和辅音字母的"完整的"文字系统产生了。尽管古希腊人不是表音字母的首创者，但希腊字母却是最早系统而一致地记录元音的文字，是西方几乎所有表音文字的原型，对此，麦克卢汉指出，"西方世界——从俄国到巴斯克，从葡萄牙到秘鲁——今天使用的表音文字，均是从希腊—罗马表音文字中派生出来的"[4]。经过改造后的希腊文字不是对腓尼基字母的简单延续，而是经历了创造性改造后形成的一个独立的文字系统，标志着一场影响深远的革命的开始：从主要依靠口头交流的口传文化转变到书写成为表达思想的主要媒介的书面文化。对此，哈弗洛克（Eric Havelock）指出，古希腊人对表音文字的改造，"几乎彻底实现了语词从声音到视觉的重大转化，使他们在精神生产的

---

[1]〔古希腊〕希罗多德：《历史》，徐松岩译注，上海三联书店2007年版，第278页。

[2] Marshall McLuhan, *Understanding Media*, Cambridge, London: The MIT Press, 1994, p. 82.

[3] Leslie Threatte, "The Greek Alphabet", in Peter Daniels and William Bright (eds.), *The World's Wring Systems*, Oxford: Oxford University Press, 1996, pp. 271-280.

[4] Marshall McLuhan, *Understanding Media*, Cambridge, London: The MIT Press, 1994, p. 87.

成就上超过了其他文化"[①]。

(三) 处于"十字路口"的柏拉图

表音文字在进入古希腊社会之初,并非所有人均对此持赞成态度。这是因为,任何一种形态完备的文字从外部进入一个社会,在初期都必然只局限于一定的社会阶层,都只能产生不同程度的影响,其隐含的后果也各不相同。甚至到公元前4世纪初,书写在古希腊仍然新奇且充满争议。这在柏拉图的《斐德罗篇》(*Phaedrus*) 有着鲜明的体现。文中,苏格拉底向雅典市民斐德罗讲述了一个一再被后人所讨论和征引的故事——多才多艺的埃及神明特泰和国王赛姆斯之间的一次会面和交谈。苏格拉底提醒我们,书写以外部符号替代内部记忆,让我们面临变成浅薄思想者的危险,阻碍我们达到能够带来真正智慧和幸福的智力深度。我们可以假定柏拉图和苏格拉底均对书写心存忧虑,但柏拉图显然已认识到书写具有胜过口语的特点。这点可以从其《理想国》中看出。在该书结尾极具启迪意义的著名章节中,柏拉图让苏格拉底宣称禁止诗人进入他的理想国,并对"诗歌"极尽猛烈抨击之能事。柏拉图通过苏格拉底之口,提出了自己对于诗人的主张,其基本立场是:限制和反对口头文学传统及其所反映和鼓励的思维方式,保护和肯定书面写作及其所鼓励的逻辑的、严格的、自立的思维方式。柏拉图看到了书写能够在人类智能方面为文明带来的巨大好处——这种好处体现在他自己的写作当中。通过《斐德罗篇》和《理想国》表达出来的有关书写价值的彼此冲突的微妙观点,我们可以看到从口头文化向书面文化转型而造成紧张局面的证据。柏拉图和苏格拉底各自以其不同的方式体会到:表音

[①] Walter J. Ong, *Orality and Literacy: The Technologizing of the Word*, New York: Routledge, 2002, p. 89.

文字这一技术的发明所引发的转变，将会给我们的语言和思维带来极为深远的影响。①

二、表音文字的视觉后果：可视化、抽象化、序列化、分离化

古希腊人改造表音文字后的六七百年间是西方历史上最富有创造力的时期：古希腊人在政治、哲学、艺术、科学等诸多领域取得傲人的成就，西方文明的各种因子如民主政治、公理几何、抽象科学、形式逻辑、理性哲学等相继涌现。对此，马克斯·韦伯（Max Weber）曾发出过这样的疑问：为什么只在西方文化中才有欧几里得几何、亚里士多德逻辑、希腊雕塑、交响乐？麦克卢汉用自己的理论回答了这一问题。他将表音文字视作"西方文化的滥觞"，认为西方文化的一切特点都源自表音文字。他指出，表音文字之所以能够担当起作为文明滥觞的重任，与其自身不同于表意文字和音节文字的独特特征有密切关系。"表音文字的独特性在于，它不仅将声音和视觉分离或抽象出来，而且将意义从字母发音中抽离，只以无意义的声音表达无意义的字母。"② 简单地说，在表音文字中，音形义得到了完全分离，言语被分解成有限数量的最小语音单位，每一语音单位用一个视觉符号与之对应，这些视觉符号单独出现时不表示意义，恰当组合却可表示任何意义。当表音文字以视觉符码的形式出现并广泛应用于社会生活时，表音文字对社会的视觉重塑就逐渐显现出来——它使视觉从听—触觉互动的感官网络中分离出来，形成了视觉的主导地位；读写识字养成了行动时不必反应的能力，视觉主导的感知分离使冷静的抽象思维和理性精神由此而生；表音文字的构造和呈现方式培

---

① 〔美〕尼古拉斯·尼尔：《浅薄》，刘纯毅译，中信出版社2010年版，第59页。
② Marshall McLuhan, *The Gutenberg Galaxy*, p. 47.

养了线性思维和欧几里得几何空间。① 具体来说，表音文字的视觉效应主要体现在以下几个方面。

（一）表音文字的可视化效应

麦克卢汉强调，一切技术都是对人的肢体、器官或者中枢神经系统的延伸，其中，表音文字即是对人的视觉器官的延伸。这与表音文字音形义分离的特征密切相关。表音文字将口语的视像成分作为最重要的成分保留在书面语中，将口语中其他感官成分转换成书面形态②，这就实现了视觉和听觉的分离，并突出和强调了视觉。当口语词被表音文字书写下来时，视觉就彻底胜过了听觉。在这个意义上，麦克卢汉将"可视性"作为"表音文字的基础"。③ 表音文字的可视化效应主要表现在以下方面：

1."视觉空间"的出现

在麦克卢汉看来，表音文字出现以后，随着眼睛地位的上升以及眼睛对耳朵的取代，同步感知的听觉空间遭到削弱，序列展开的视觉空间渐趋增长。麦克卢汉说，"表音文字的效果就是将听—触觉空间转译成视觉空间，同时在物理和文学领域创造出'内容'的谬误"。④ "视觉空间"是贯穿麦克卢汉之思想始终的核心概念。麦克卢汉对"视觉空间"的思考最早见于 1954 年 12 月 18 日致温德汉姆·刘易斯（Wyndham Lewis）的信中。⑤ 刊载于 1955 年《探索》杂志并被收入 1960 年《传播学探索：文集》

---

① 张法：《麦克卢汉的媒介哲学与美学》，载金惠敏、王岳川主编：《新思潮文档·媒介哲学》，河南大学出版社 2004 年版，第 10 页。
② Marshall McLuhan, *Understanding Media*, Cambridge, London: The MIT Press, 1994, p. 160.
③ 〔加〕麦克卢汉：《麦克卢汉如是说》，何道宽译，第 204 页。
④ Marshall McLuhan, *The Gutenberg Galaxy*, p. 252.
⑤ Marshall McLuhan, *Letters of Marshall McLuhan*, p. 245.

(Explorations in Communication: An Anthology)中的《听觉空间》[1]一文，明确提出了"视觉空间"（visual space）概念。文章指出：人们惯常视为理所当然的视觉空间，其实是由技术性的人工制造物——"表音文字"——所塑造和培养的。也就是说，视觉空间是使用表音文字阅读和写作而产生的感知习惯。在《媒介定律》和《地球村》两书中，麦克卢汉进一步对视觉空间的"起源"和"应用"做了大篇幅的探讨。他说："当辅音作为无意义的抽象被发明之后，视觉从其他感官中分离出来，视觉空间形成了。"[2] "在特性上，视觉空间与听觉空间形成强烈对比。视觉空间将视觉从与其他感官的相互作用中分离出来并予以强化，它犹如一个无限的容器，具有线性、连贯、同质和齐整的特征。"[3] "视觉空间"的出现是人类空间观念史上的一次根本变革，它深刻地影响了此后人们看待事物和世界的方式。麦克卢汉将视觉空间在人类历史上的影响归纳为以下几个方面：其一，对科学家而言，通过将现象假定为视觉的，世界的多样性和不连续性被消除了，自然由此呈现为"形象的集合"。其二，借助洛克和牛顿的时间观念，视觉空间被人们所广泛接受。其三，时间具有了视觉空间的所有特性，它不仅像空间那样成为一个可以无限切分的"容器"，而且具有了抽象、同质和齐整的特征。其四，笛卡尔使得抽象、机械的物理世界与几何空间类似。其五，随着从对自然之宏伟壮丽的艳羡转向对自然之混乱和失序的沉思，浪漫主义的新感知得以孕育。[4]

---

[1] 《听觉空间》一文最初发表时，署名为卡尔·威廉姆斯。马尔尚认为，威廉姆斯的这篇文章"通篇打上了麦克卢汉的印记"，麦克卢汉通过威廉姆斯向我们讲述了视觉空间与听觉空间的观念。我们之所以将之视为麦克卢汉的观念，很大程度上是因为：经过修改后的这篇文章在《传播学探索》文集上重刊时，署名变更为麦克卢汉和卡彭特。具体参见 Explorations in Communication, edited by Edmund Carpenter and Marshall McLuhan, Boston: Beacon Press, 1960, pp. 65-70。

[2] Marshall and Eric McLuhan, *Laws of Media: The New Science*, p. 13.

[3] Marshall and Eric McLuhan, *Laws of Media: The New Science*, p. 33.

[4] Marshall and Eric McLuhan, *Laws of Media: The New Science*, pp. 23-31.

2."文明人"诞生与精神分裂

对麦克卢汉来说,文明是一个技术事件,即由表音文字这项技术所衍生出来的事件。也即是说,麦克卢汉所谓的"文明"有着特定的含义,它特指西方表音文字所产生的倚重于书面文化的文明。[①] 在麦克卢汉看来,正是借助于表音文字自身之读音、语义和视觉符号分离的特性,"部落社会"开始向"文明社会"迈进,人们也从"部落人"慢慢变成了"文明人"。麦克卢汉说:"表音文字之所以能够将个人去部落化,其力量并非来自书写,而是来自将意义从声音中抽离出来,转译为视觉符码,使人深陷在具有转换力的经验之中。象形、表意或图画的书写方式都不具备表音文字的去部落化力量"[②];"只有表音文字才是创造'文明人'的技术手段。所谓的'文明人',是在成文法典面前一律平等的所有独立的个体"[③]。从麦克卢汉的表述中,可以总结出如下几点:第一,所谓"文明人",其实就是脱离了部落社会、摆脱了部落性格并且拥有了"独立的个体身份"的"去部落化的人"。第二,并非具有书写能力的人就是"文明人","文明人"之为"文明人",不是来自于书写,而是植根于表音文字所独有的分离特性。第三,既然"文明人"植根于表音文字的分离特性,且具有了个体身份,那么他就不再是部落社会中的"整全人",而成为有着不同程度之精神分裂的"分裂人"(a split-man)。精神分裂和异化(schizophrenia and alienation)是表音书写的必然后果。[④] 第四,从"整全人"变为"分裂人"并不必然意味着是坏事,因为个体

[①]〔加〕麦克卢汉:《麦克卢汉如是说》,何道宽译,第 155 页。
[②] Marshall McLuhan, *The Gutenberg Galaxy*, p. 22.
[③] Marshall McLuhan, *Understanding Media*, Cambridge, London: The MIT Press, 1994, p. 84.
[④] Marshall McLuhan, *Essential McLuhan*, E. McLuhan & F. Zingrone (eds.), London: Routledge, 1997, p. 230. 在《谷腾堡星系》中,麦克卢汉也强调,"精神分裂或许是书写出现的必然后果。"参见 Marshall McLuhan, *The Gutenberg Galaxy*, p. 22.

在成为分裂人的同时也赢得了从家族和家庭中分裂出来的"自由"。①麦克卢汉有时也将"文明人"称作"理性人"或"视觉人"。他在致乔纳森·米勒的信中,将表音文字培育的"文明人"称为"理性人":"理性个体是从表音文字的母体中孕育出来的。"②在致沃德的信中,麦克卢汉又将"文明人"称作"视觉人":"视觉人是最为极端的抽象主义例子。通过将视觉从其他感官中分离出来,他获得了无穷的力量,得以去给知识、经验和政治制定蓝图。只有希腊—罗马人实现了视觉的奋励。"③

3. 艺术中的模仿与写实

贡布里希在《艺术方法论》中注意到,西方艺术从创造向写实的变化始于公元前5世纪的雅典。古希腊人发现了写实的快乐,他们在表现现实的时候,往往牺牲其他的感觉,而将重点放在视觉上。麦克卢汉说,"这样的表现方法与拼音文字一道兴起。在不偏向视觉并牺牲其他感知的技术出现的时空中不可能出现这样的表现方法"④。这种偏向视觉的倾向凝结为"模仿"的艺术观念。"模仿"源自德谟克里特,他认为,"在一些最重要的具有基础性的事情上,我们曾是动物的学生:从蜘蛛学会了编织缝补,从燕子学会了建造房屋,从嗓音甜美的天鹅和夜莺才有了我们对它们歌唱的模仿"⑤。印刷术出现以后,由表音文字所强化的视觉偏向所带来的艺术写实与模仿,表现为透视法在科学、艺术、文学等各个领域的渗透。当代思想家们对此做了很好的理论概括,比如:"相似性"话语(福柯)、理性原则(鲍德里亚)、形象的形式逻

---

① Marshall McLuhan, *Understanding Media*, Cambridge, London: The MIT Press, 1994, p. 88.
② Marshall McLuhan, *Letters of Marshall McLuhan*, p. 404.
③ Marshall McLuhan, *Letters of Marshall McLuhan*, p. 466.
④ Marshall McLuhan, "The Emperor's New Clothes", in *Essential McLuhan*, E. McLuhan & F. Zingrone (eds.), London: Routledge, 1995, p. 331.
⑤ 张弘昕、杨身源编著:《西方画论辑要》,江苏美术出版社2006年版,第20页。

辑（维希留）和中心透视（米尔佐夫）等。

(二) 表音文字的抽象化效应

口语词是对其所表征事物的抽象，书面文字则是对口语词的进一步抽象。麦克卢汉说，"书写最大的特点就在于它将思想的迅捷过程呈现为稳定不变的沉思与分析的力量。书写把听觉转译为视觉，在相当程度上说是思想的空间化"[①]。相较于表意文字以具象手法表现口语，表音文字具有更高的抽象性：它是对口语词在两个层次上的超越，即口语词首先被分解为无意义的音素，音素又用无意义的符号即表音字母来表示。对此，有学者指出，"声音和形象的分离使表音文字更容易通过抽象思维达到理论高度，这在一定程度上造成了表音文字语系的民族与象形文字语系的民族在思维和交往方式上的差异"[②]。表音文字的抽象化效应主要表现在以下方面：

1. 抽象词汇的出现

表音文字在古希腊定型以后，西方文明史上开始涌现出一大批表达抽象思想的词汇。在麦克卢汉看来，这很大程度上得益于表音文字自身的特征及其对经验的转译能力，即表音文字将视觉从听—触觉分离出来，并将听—触觉事物、事物之间的关系纽结等转译为视觉语词或视觉符码。生活于公元前8世纪的赫西俄德是目前已知的最早使用表音文字书写的诗人，他在长诗《田工农时》（又译《工作与时日》）中提出了休闲、公正、发展等抽象概念。到历史学家希罗多德生活的时代，诸如始基、理性、时间、空间、变化、运动、静止、量、质等表达抽象思想的范畴大量出

---

① [加]麦克卢汉：《视像，声音与狂热》，载[法]福柯、[德]哈贝马斯、[法]布尔迪厄等：《激进的美学锋芒》，周宪译，中国人民大学出版社2003年版，第336页。

② 陈力丹：《精神交往论：马克思恩格斯的传播观》，中国人民大学出版社2008年版，第82页。

现。对抽象概念的使用和探讨在柏拉图和亚里士多德那里达到顶峰。用麦克卢汉的话说,"到柏拉图时代,表音文字已经创造出一种全新的环境,这种新环境开启了使人脱离部落式习惯的进程"①。柏拉图不仅提出了存在与非存在、时间与空间、部分与整体、同一与差别、有限与无限、一与多、动与静、知识、感性、意见等一系列抽象范畴,而且探讨了范畴之间的相互关系,尤其是成对范畴之间的对立统一关系。亚里士多德的所有著作均不同程度地探讨了抽象范畴,其《形而上学》更是通过对泰勒斯以来古希腊哲学的总结,勾画出一个范畴发展的序列,其中仅第五卷就汇集了起源、原因、要素、本性、必然、一、是、实体、相同、对立、先于、质、关系、完全、界限、安排、有、遭受、持有、从所来、部分、分割、种、假、偶性等 30 个哲学范畴。②在艺术领域,古希腊人开始形成"美"的观念,并对"美"的本质做了探讨。柏拉图在《斐多篇》中已经将和谐、合理、完备等视作"美"的基本特征。在科学领域,这种抽象性表现在基于经验的埃及几何学在古希腊人手中转换为抽象的、基于公理的科学。哲学、艺术、科学诸领域表现出的抽象化倾向,在没有书面文化的口语时代是难以想象的。

2. 开放社会初露端倪

在麦克卢汉那里,"开放社会"即"功能分割以及知识和行动专门化"③的社会,赋予此社会以分割和专门化力量的正是表音文字这项抽象的技术:"促成封闭社会抽象化和开放的是表音文字,

---

① 〔加〕麦克卢汉:《理解媒介》,何道宽译,商务印书馆 2005 年版,"作者第二版序",第 25 页。
② Aristotle, *Metaphysics*, Beijing: Central Compilation & Translation Press, 2012, pp. 89-125.
③ Marshall McLuhan, *Understanding Media*, Cambridge, London: The MIT Press, 1994, p. 304.

而非其他形式的书写和技术。"[1]"开放社会"（open society）最早由法国哲学家柏格森在《道德与宗教的两个来源》（1932）一书中提出。他认为，"开放社会"即向所有人敞开的社会，它同"封闭社会"存在着本质上的区别。由此，仅仅通过扩展的方式无法实现从封闭社会向开放社会的过渡。从封闭社会向开放社会的转变需借助"杰出人物（伟大的道德家和神秘主义者）的创造行为"[2]。"开放社会"在波普尔那里得到进一步阐释。波普尔"把封闭社会描述为巫术的社会，把开放社会描述为理性的和批判性的社会"，认为只有"将讨论中的社会理想化"，才能恰当而有效地使用这两个词。波普尔认为，"开放社会基本上是通过抽象关系，例如交换或合作来运作的"，且由于开放社会丧失了有机体的性质，故"开放社会"亦可称作"抽象社会"。在波普尔看来，开放社会丧失了有机体性质，"触觉、味觉和视觉等具体的生理关系"之间不再彼此联结。[3] 波普尔这里其实已经暗示了官能之间的分离，只是没有像麦克卢汉表述得清楚罢了。麦克卢汉是在波普尔的意义上使用"开放社会"一词的。如果说波普尔将"从封闭社会向开放社会的过渡"描述为"人类所经历的一场最深刻的革命"，并将发动这场革命的启动者归于古希腊人的话，那么，麦克卢汉则更进一步，将发动这场革命的技术定位于古希腊人所改进的"表音文字"技术："表音文字革命瓦解了传统封闭式的部落社会并对之加以重构。"[4] 毋庸置疑，表音文字启动了从封闭的部落社会向开放社会迈进的进程，但这一进程在印刷术出现之前进展缓慢。只有待到作为对表音文字之延伸的印刷术出现以后，"开放社会"才得

---

[1] Marshall McLuhan, *The Gutenberg Galaxy*, p. 8.
[2] 〔法〕亨利·柏格森：《道德与宗教的两个来源》，王作虹等译，贵州人民出版社 2000 年版，第 234 页。
[3] 〔英〕卡尔·波普尔：《开放社会及其敌人》，郑一明译，中国社会科学出版社 1999 年版，第 324—328 页。
[4] Marshall McLuhan, *The Gutenberg Galaxy*, p. 8.

以最终成型。

（三）表音文字的序列化效应

序列化或者说线性结构，是表音文字视觉后果的重要表现之一。就像麦克卢汉所说，"线性结构是随着表音文字和欧几里得空间的连续形式而进入西方世界的"[1]。在表音文字中，信息的加工和组织是按照线性序列的方式展开的，即首先分析口语词的语音结构，将口语词分解为基本音素，然后用无意义的字母组合成语词，并将语词组合成句子。这种分析语音结构、组合语词并串联成句的线性行进方式，本身就是一个分析和逻辑的演进过程。这种演进过程，与将概念串联起来构成论点，论点串联起来得出结论的思维过程类似。表音文字的这种线性组合方式，深刻地影响着西方人的思维方式，并扩展至社会生活的诸多领域。由表音文字的线性组合方式所带来的序列化效应主要表现在：

1. 线性因果分析法的出现

表音文字对于信息的线性组织和加工方式，与西方理性生活中的因果关系思想密切相关。哈弗洛克很早已指出，"在偏重书面文化的西方，因果关系的思想始终是以序列和连续的方式出现的"[2]。因果关系之所以以序列和连续的方式出现，在麦克卢汉看来，正是由于表音文字的信息加工方式所引起的。他说："表音文字书写使理性生活呈现出线性结构，使我们卷入一整套相互铰接、整齐划一的现象之中。在使用表音文字的千百年里，我们一直偏重的是作为逻辑和理性记号的推理链。"[3] 麦克卢汉的这一观念，在

---

[1] Marshall McLuhan, *Understanding Media*, Cambridge, London: The MIT Press, 1994, p. 354.

[2] Eric Havelock, *Origin of Western Literacy*, Toronto: Ontario Institute for Studies in Education, 1976, p. 43.

[3] Marshall McLuhan, *Understanding Media*, Cambridge, London: The MIT Press, 1994, p. 85.

其思想继承者和理论阐发者罗伯特·洛根那里得到了明确说明：表音文字"激发或引起一种线性的因果关系分析，导致用因果关系来分析系统内元素的关系。牛顿的力学公式用力（原因）和加速度（结果）来表述，追根溯源，这是字母表的线性分析形式产生的结果"[1]。

2. 线性结构向日常生活的渗透

麦克卢汉说，"事物的组成部分是线性而同质的，这项新'发现'是表音书写系统带给希腊人感官生活的改变。希腊人获得新的视觉知觉模式之后，在各项艺术中表现出来；罗马人将线性和均匀的概念进一步扩展到军事和民众生活中，推展到拱形世界和封闭的视觉空间中……他们将线性概念拓展到帝国内部，并且对市民生活、律法和书籍实施大规模的同质化"[2]，以至于"罗马的驿道和街道所到之处，无论地形或习俗差异，皆为同模"[3]。麦克卢汉认为，"组织上的集中制建立在连续的、视觉的线性结构基础之上，这种结构是从使用表音文字的文化衍生出来的"，而"唯有使用表音文字的文化，才掌握了作为心理和社会组织普遍形式的、连续性的线性序列"[4]。

（四）表音文字的分离化效应

口语世界是一个整体的共鸣世界，口语社会的关键是面对面的交谈和记忆。面对面交往发出的声音不是断续分离的，个人的体验不会独立于讲故事者的声音、举止和体态，也不会脱离讲故事的物质环境。口语文化就活跃在这种展开的当下，并建立在过

---

[1] Robert K. Logan, *The Alphabet Effect*, Cresskill, N.J.: Hampton Press, 2004, p. 197.
[2] Marshall McLuhan, *The Gutenberg Galaxy*, p. 76.
[3] Marshall McLuhan, *Understanding Media*, New York: McGraw-Hill, 1964, p. 99.
[4] Marshall McLuhan, *Understanding Media*, Cambridge, London: The MIT Press, 1994, p. 85.

去的传统上,传统就在公众对诗歌或讲演的不断重述与重演中得到回应。[1]表音文字通过将口语词分解为一个个的音素和字母,分解了口语社会的整体性和共鸣性。麦克卢汉敏锐地洞察到表音文字的这种分离功能,他说,"唯有表音文字具有分离和切割感官的力量,具有褪尽语意复杂性的力量"[2],"表音文字发明之后,便一直有一股力量推动西方世界朝感官分离、功能分离、运作分离、情感和政治状态分离以及任务分离的路走"[3]。表音文字的分离化效应大体表现在以下两个方面:

1. 原子论思想的提出

原子论者认为,任何物体均由不同的原子组合而成,原子只有形状大小的差异,而没有质的不同。这就像每个语词均由不同的字母组合而成一样,不同的仅是字母的大小写和形状。哈弗洛克直接将古希腊人的原子论思想同表音文字相联系:"原子论和字母表一样,都是理论构造,是抽象分析能力的表现,是将感知客体转化为心理实体的能力。"[4]麦克卢汉说得更加直接:"他们(即原子论者)发现表音字母对语言的作用类似于原子的作用,于是将原子比作字母。"[5]亚里士多德的表述印证了麦克卢汉的说法。他在《形而上学》中说:"原子间的区别是生成事物的原因,这些区别有三种:即形状、次序和位置。……A 和 N 是形状的不同;AN 和 NA 是次序的不同;Z 和 N 则是位置的不同。"[6]他还说,"事物

---

[1] Bruce E. Gronbeck, "The Orality-Literacy Theorems and Media Ecology", in Casey Man Kong Lum (ed.), *Perspectives on Culture, Technology, and Communication: The Media Ecology Tradition*, p. 345.

[2] Marshall McLuhan, *Understanding Media*, Cambridge, London: The MIT Press, 1994, p. 333.

[3] Marshall McLuhan, *The Gutenberg Galaxy*, pp. 42-43.

[4] Eric Havelock, *Origin of Western Literacy*, p. 44.

[5] Marshall McLuhan, *Understanding Media*, New York: McGraw-Hill, 1964, p. 86.

[6] 〔古希腊〕亚里士多德:《形而上学》,苗力田译,中国人民大学出版社 2003 年版,第 160—161 页。

作为整体，既然是一，就应像一个完整的音节，而不是如一堆字母——音节异于字母，BA 不同于 B 与 A，肌肉也不是火与土，因为当它们分开时，整体如肌肉与音节就不复存在，而字母却存在，火与土也存在"①。直接将字母与原子相类比，暗示出表音文字与原子论思想之间的同构关系。

2. 主客二分与发现自然

表音文字产生之后，文字记录的东西和作者分离开来，它独自存在于文本之中，知识由此获得与知识提供者分离的身份。这种把主体与研究对象分离开来的观念即主客二分观念，其产生与表音文字的催生作用密不可分。麦克卢汉指出，"表音文字切断了口语与语音及体态之间的关系。借助文字，人们形成了做任何事情都抱相当疏离超脱的态度；而对于没有文字的社会，人们事事都要感情或情绪上的卷入"②。主客二分观念的形成，使得古希腊人不仅发明了"自然"的概念，而且还将自然进行了对象化，并将之视作科学研究和哲学探讨的对象。麦克卢汉说，"自柏拉图以来，哲学家和科学家都把恒常的行为模式仅仅归之于'自然'世界（the world of 'Nature'）。柏拉图、亚里士多德及他们的追随者，以及其他哲学学派，拒不承认产生自人造技术的任何能量模式。他们将'自然'作为有着严谨秩序和重复特性的世界，并且只研究和观察具有形塑和影响心灵与社会的能力的'自然的'形式"③。知识自此开始被分门别类，分割为政治学、历史学、修辞学、动物学、植物学、心理学、伦理学、物理学、美学、诗学等各式各样的研究领域。

---

① 〔古希腊〕亚里士多德：《形而上学》，吴寿彭译，商务印书馆 1981 年版，第 159 页。
② Marshall McLuhan, *Understanding Media*, New York: McGraw-Hill, 1964, p. 193.
③ Marshall McLuhan, *Essential McLuhan*, E. McLuhan & F. Zingrone (eds.), London: Routledge, 1997, p. 352.

（五）表音文字的同质化效应

文化的同质化——具体表现在艺术、军事、建筑、日常生活、道路等各个方面——是表音文字强调眼睛和视觉感知的又一表现。对此，麦克卢汉指出，"表音文字的形、音、义以及言语内容都是相互分离的，这使它成为实施文化同质化最重要的技术。所有其他形态的文字都只为一种文化服务，而只有表音文字能够用来把任何语言的语音翻译成同样一种视觉代码"[1]。下面，我们以古希腊的城邦建设为例，来看看表音文字促成一致性、规整性所带来的潜意识影响。大约从古希腊人改造腓尼基字母的公元前8世纪开始，城邦在古希腊社会形成。它表征一种标志分明的空间：它包括一些到处都一样的特定的场所，一个广场、几座神庙、几座公共建筑物，后来又有剧院和体育馆；每座城邦都再现母城邦模式，有同样的公共场所、规章制度和生活方式。这种同质化效应，不仅表现在古希腊社会，而且也反映在各种形式的罗马人的组织中。以至于麦克卢汉说："罗马的驿道和街道无论修到哪里，都是一个样子，都是重复的一个模式。它们不会根据地形或当地习俗而加以修改。"[2] 当然，由表音文字所引发的同质化和相同训练，在古代和中世纪所发挥的作用非常有限。这种同质化效应，在印刷术这一表音文字的延伸出现之后，开始向社会方方面面渗透，同质化效应达到了新的强度。就像麦克卢汉所说："直到文艺复兴时期机械化的印刷术出现之后，高度的统一和中央集权才有可能。"[3]

洛根将紧随表音文字出现的这些现象归因于由表音文字提供的分类、逻辑、序列等多重范式。事实上，这些范式皆是表音文字视觉效应的表现，它们根源于表音文字独有的音形义相分离的

---

[1] Marshall McLuhan, *Understanding Media*, Cambridge, London: The MIT Press, 1994, p. 87.
[2] Marshall McLuhan, *Understanding Media*, Cambridge, London: The MIT Press, 1994, p. 99.
[3] Marshall McLuhan, *Understanding Media*, Cambridge, London: The MIT Press, 1994, p. 96.

特征。然而，除表音文字自身特征外，承载表音文字的媒介——莎草纸、羊皮纸、中国纸、鹅毛笔等，对表音文字在文化中的扩展亦会产生重要影响。我们知道，不同书写技术带来的效应显著不同，制笔、造墨、造纸、装帧等技术工艺甚至能够决定书写的传播速度与保存时间。这可以以中国文字为例。商代刻写在青铜器上的铭文记录了汉字创立之初在建立和强化政治与社会制度、促进知识定型与传播、培育知识专家等方面的努力。东汉时期纸张的发明使得书写从青铜器、石碑、简牍中解放出来，使得手抄本成为一种代表了在书面文化形成中为了更个人化地传播书面知识而不断进行的脆弱努力。唐代时期印刷书籍的出现，扩展了文字著作的受众和内容，使它们更易于迁移和传递，对受过教育的精英和社会大众更有用。[①] 书写载体在中国这个最早发明纸张和印刷术的国家的演变，从侧面证明了麦克卢汉"媒介即信息"的合理性：同样以表音文字为内容，却由于介质不同而使得抄录时代与印刷时代差异迥然，这就是技术的效能。陈力丹形象地将抄录技术比作"有限大的碗"，他说，"文字的发明使历史得以记载下来，人类的精神交往取得了一次巨大的飞跃……精神的丰富性就像无边的大海，而装载它的手抄文字只是一只有限大的碗。条件的限制使得精神在历史继承性上总是笼罩着忘却的阴影"[②]。以手工抄录为特征的技术，使得表音文字在社会中的渗透始终是局部的、游离的，处于不稳定的状态。代表抄录文化之顶峰的亚历山大图书馆被焚毁[③]，充分说明了抄录在文化保存上的缺陷和局限。表音文字若要实现从潜在、局部、不稳定转向显在、整体、持久

---

① 〔美〕周绍明（Joseph P. McDermott）：《书籍的社会史》，何朝晖译，北京大学出版社 2009 年版，第 4 页。
② 陈力丹：《精神交往论：马克思恩格斯的传播观》，第 85 页。
③ 人们仅仅知道，整个建筑物消失了，所有的图书都被烧毁了。但从现有的文献中，不仅无法探究出整个事件的来龙去脉，而且考证出图书馆烧毁的确切日期也是不可能的。

的效力发挥，必须要有一种坚实的固化机制。这一固化机制即印刷术，印刷术的固定化、标准化和机械化机制，可以彻底消除抄录文本可能遭受的火烧、雨淋、受潮、虫蛀等危险。也正是在这一意义上，麦克卢汉在对表音文字做简要考察之后，将关注的重点转向了印刷术，并集中探讨了印刷媒介的"视觉感知效应"对于现代社会的影响，这构成了麦克卢汉媒介理论的重要维度。下面，我们就来看看麦克卢汉是如何转向考察媒介的"感知"偏向的，以及印刷媒介的视觉"感知"所产生的"效应"究竟有哪些。

第二节　印刷媒介的"视觉偏向"

如前所述，表音文字是对人之视觉官能眼睛的延伸，它通过对语言中"声音、符号和意义的分离"[1]，不仅将口语中的视像成分保留在书面语中，而且将口语中的其他感官成分转换成书面形态，从而突出并强调人的视觉。尽管如此，"字母仍只是一种支配性手段，而尚未发展为完整的社会文化形式，因为它仍然与旧的听觉文化遗产并存"[2]。只有到印刷术这种对表音文字进行全面延伸（universal extension）的技术发明之后，表音文字通过与印刷术的联姻，才从根本上重塑了西方文化的面貌。在《谷腾堡星系》中，麦克卢汉将印刷术的发明视作一场重要的媒介革命——"印刷革命"[3]，并将这场革命视作是对人之联觉互动的切断和对视觉官能的强调。他说，"感官剥离以及在触觉的联觉中切断感官之间的互动，是谷腾堡技术的效应之一"，为此，《谷腾堡星系》的任

---

[1] Marshall McLuhan, *The Gutenberg Galaxy*, p. 47.
[2] Tom Nairn, "McLuhanism: The Myth of Our Time", in Gary Genosko (ed.), *Marshall McLuhan: Critical Evaluations in Cultural Theory*, vol.1, *Fashion and Fortune*, p. 24.
[3] Marshall McLuhan, *The Gutenberg Galaxy*, p. 141.

务就是去"了解谷腾堡技术之于人之感官生活的革命性影响"。①在致沙费尔的信中,麦克卢汉说得更为直白:"谷腾堡革命就是视觉革命。"②在麦克卢汉看来,印刷术是"表音书写的终极延伸(ultimate extension)"③,它强化表音文字的视觉偏向并将其推向极致,它鼓励人们以方便印刷书页形态的方式去安排知觉,视觉经验自此向社会和个体生活的各个层面展开了全方位的扩张和渗透,"中立而工于计算的眼睛最终取得了彻底的胜利"④。麦克卢汉将这一过程称作"视觉的'腾飞'"(visual take-off):"印刷术问世后不久,视觉经验和组织的新维度随之诞生,亦即所谓的'腾飞'阶段。"⑤在本章中,我们来看看麦克卢汉是如何将伊尼斯的媒介"时空偏向论"改造为"感知偏向论"的,又是如何突出印刷媒介的视觉偏向及其视觉效应的。

一、麦克卢汉"媒介感知论"的确立

保罗·海耶尔指出,"在1950年至1975年间,北美传播理论中最有趣的部分是伊尼斯和麦克卢汉的媒介研究"⑥。伊尼斯在出版于20世纪50年代的两部传播学著作——《帝国与传播》和《传播的偏向》——中明确提出了媒介具有"偏向性"的观点。他从时空偏向的角度考察媒介,提出了媒介的"时空偏向论"。作为伊尼斯的同事且深受伊尼斯媒介思想影响的麦克卢汉,基于其深厚的文学学科背景,在借鉴伊尼斯媒介偏向思想的基础上,将媒

---

① Marshall McLuhan, *The Gutenberg Galaxy*, p. 17.
② Marshall McLuhan, *Letters of Marshall McLuhan*, p. 508.
③ Marshall McLuhan, *Essential McLuhan*, E. McLuhan & F. Zingrone (eds.), London: Routledge, 1997, p. 232.
④ Tom Nairn, "McLuhanism: The Myth of Our Time", in Gary Genosko (ed.), *Marshall McLuhan: Critical Evaluations in Cultural Theory*, vol.1, *Fashion and Fortune*, p. 25.
⑤ Marshall McLuhan, *The Gutenberg Galaxy*, p. 99.
⑥ Paul Heyer, *Harold Innis*, Lanham: Rowman & Littlefield, 2003, p. 87.

介的时空偏向改造为感知偏向，提出了"媒介感知论"思想，即不同媒介会引发不同的感知比率变化："每一种新技术都改变人们的感知偏向，以生成新的感知（perception）区域和新的麻木（blandness）区域。"①

（一）伊尼斯的时空偏向论

伊尼斯在追溯希腊、罗马、埃及等古代文明帝国历史的过程中指出，"我们不仅关心对广袤空间的控制能力，亦关心对长久时间的控制能力。我们对文明的评价，要看它发生影响的地域大小和时间长短"②，因为"时间的世界超越了记忆中的物体的范围，空间的世界超越了熟悉的地方的范围"③。由此出发，伊尼斯将媒介分作时间偏向（time bias）（有利于时间延续）的媒介和空间偏向（space bias）（有利于空间延伸）的媒介两类。当然，伊尼斯的目的不仅仅是对媒介进行分类，其最终旨归是通过对媒介的划分来探讨国家巩固、政治组织乃至整个西方文明的问题。在伊尼斯那里，石头、黏土、羊皮纸等时间偏向的媒介，耐久性好但不易生产、运输和使用，能够保证宗教的传承和帝国统治的稳固与持续，却不利于宗教的传播和帝国的扩张；莎草纸、纸张、印刷品等空间偏向的媒介，质地较轻，适合于帝国对广袤地区的治理和大范围的贸易行为，有利于帝国的扩张和宗教的传播，缺点是耐久性差、不易保存，使得以此为媒介的政治组织形式往往难以持久和稳定。为此，在考虑政治组织和文明建构时，"必须立足于空间和时间两个方面，去克服媒介的偏向，既不过分倚重时间，也

---

① Marshall McLuhan, *Letters of Marshall McLuhan*, p. 369.
② 〔加〕哈罗德·伊尼斯：《传播的偏向》，何道宽译，中国人民大学出版社 2003 年版，第 53 页。
③ 〔加〕哈罗德·伊尼斯：《帝国与传播》，何道宽译，中国人民大学出版社 2003 年版，第 7 页。

不过分倚重空间"①。伊尼斯的媒介时空偏向理论,不仅使人们注意到媒介在巩固或削弱帝国统治、宗教传播、官僚体制等方面的作用,而且开拓了传播学的研究领域,媒介的偏向性及媒介的社会文化作用成为此后媒介研究的重要主题。麦克卢汉将伊尼斯的"媒介偏向论"称作"解读技术的钥匙";他说,"凭借这把钥匙,我们可以读懂任何时代、任何地方技术的心理和社会影响"。②这对麦克卢汉转向媒介研究及其媒介理论产生了深刻影响,以至于麦克卢汉一再谦虚地表示,其作品只是伊尼斯著作的注脚:"伊尼斯最早挖掘出了隐藏在种种媒介形式背后的变迁过程,我的这本书(即《谷腾堡星系》)可以说只是其著作的注脚。"③此后,麦克卢汉沿着伊尼斯开辟的传播学路子,移用伊尼斯的"偏向性"概念并将其媒介时空偏向改造为感知偏向理论,开启了北美传播学史上的"媒介生态学派"。对此,麦克卢汉有清醒的意识,他在致伊尼斯的信中明确表示:"我认为《帝国与传播》一书中显露出一些迹象,比如,它暗示了组织起一整个学派的可能性。……我打算沿着这封信的路子,做一项传播方面的实验,提出一些把各个专门领域联系起来的建议。"④此后,麦克卢汉转向了媒介研究,并最终确立了媒介研究的"感知效应范式"。甚至可以说,麦克卢汉之后的所有著作均是对媒介的感知效应的探讨。麦克卢汉对西方传播学的意义也恰在于此:他从媒介的感知偏向出发,在媒介研究中实现了一次哥白尼式的革命,即实现了从内容分析向考察媒介本身及其感知效应的范式转型。需要说明的是,尽管麦克卢汉深受伊尼斯的影响,但他并非完全遵循伊尼斯的路子,而是

---

① 〔加〕哈罗德·伊尼斯:《帝国与传播》,何道宽译,第 4 页。
② 〔加〕麦克卢汉:《麦克卢汉序言》,载〔加〕哈罗德·伊尼斯:《帝国与传播》,何道宽译,第 9 页。
③ Marshall McLuhan, *The Gutenberg Galaxy*, p. 50.
④ Marshall McLuhan, *Letters of Marshall McLuhan*, pp. 220-223.

在媒介研究中开辟了一个全新的方向。或如道格拉斯·弗兰西斯所言，麦克卢汉"聚焦于伊尼斯著作中的某些细微观念，建立起一套全新而独特的媒介理论，这种媒介理论着力于探讨传播技术对于塑造西方文明之现代心灵的重要性"[1]。

（二）从时空偏向转为感知偏向

如果说伊尼斯将媒介研究建立在媒介的时空偏向之上的话，那么麦克卢汉则将此基础转移到媒介的感知偏向之上。也就是说，麦克卢汉借鉴并发展了伊尼斯的媒介"偏向性"概念和他所暗示的"媒介效应"范式，但并未像伊尼斯那样将兴趣主要放在探讨传播和社会组织之间的关系上，而是转向考察媒介对于人类感知的影响。具体说来，麦克卢汉的媒介感知偏向理论，是在移用伊尼斯的"偏向"概念，是在承继亚里士多德和托马斯·阿奎那感知理论的基础上形成的。亚里士多德在《论灵魂》和《论感觉及其对象》中考察了感觉的生理机制和心理现象。他将感觉分为五种三类：视觉和听觉，它们从感觉对象到感觉器官有明显的传导媒介；触觉和味觉，它们是由感觉对象直接作用于感官引起的；嗅觉，介于上述二者之间。在他看来，感觉包括三项：对象、媒介和感官。每一种感觉都有它自身的本体，研究者的任务就是要考察诸感觉的对象是什么、感知过程中有没有中介，以及感觉是如何发生的。托马斯·阿奎那接受了亚里士多德的观点，他认为，感官是在大脑这个艺术整体中相互作用的因子，它们维持微妙的平衡，以便把握世界；当媒介打破这一平衡时，灾难随即发生。麦克卢汉受到阿奎那感知理论的深刻影响，他在致大卫的信中曾声称其"传播理论就是彻头彻尾的托马斯主义"[2]。当然，麦克卢

---

[1] R. Douglas Francis, *The Technological Imperative in Canada: An Intellectual History*, Vancouver & Toronto: The University of British Columbia Press (UBC Press), 2009, p. 188.

[2] Marshall McLuhan, *Letters of Marshall McLuhan*, p. 427.

汉是通过穆勒-蒂姆和乔伊斯的中介而获得阿奎那的感知理论的。穆勒-蒂姆通过自己的中世纪研究心得,给麦克卢汉传达了人的感官如何起作用的玄奥理论。麦克卢汉吸收借鉴阿奎那的感知与交流思想,将媒介视作感知与意识的载体,并以此作为其媒介研究的基础。当然,给予麦克卢汉的感知思想以直接和最大影响的是乔伊斯。就像马尔尚所说,"乔伊斯的作品总体上加强了麦克卢汉对感知活动心理的认识"[①]。通过乔伊斯,麦克卢汉意识到感知是一种理性形式,人的一切感知活动都在理性范围内进行,它们以类比的方式在人脑中捕捉现实的形式和运动。由此出发,麦克卢汉的媒介研究从伊尼斯对时空偏向的强调转向了强调媒介的感知效应。

在麦克卢汉看来,媒介的影响"不是发生在意见和观念层面,而是深刻地改变人们的感觉比率和感知模式"[②]。在他那里,媒介即人的延伸,一种主导媒介的引入必然改变人们的感知比率。"新技术引入之后,只要对人类某一感官产生压力或优势,整个感知系统之间的比率就会发生改变。"[③]感知"比率"(ratio)是麦克卢汉的一个核心概念,它在麦克卢汉的媒介著作中反复出现[④],指的是整个感官系统中诸感觉成分或感官之间的比例关系。随着媒介对人类感知比率的改变,我们理解世界的方式、思考和行动的方式也会随之改变。或者说,媒介通过使人形成一种感知模式而成为一种认识论。"每一种文化、每一个时代都有它喜欢的感知和认知模式,它倾向于为每一个人、每一件事规定一些受宠的模式。"[⑤] 不同的媒介导致不同的感知偏向,是麦克卢汉媒介思想的核心和精

---

① 〔加〕菲利普·马尔尚:《麦克卢汉》,何道宽译,第 105 页。
② Marshall McLuhan, *Understanding Media*, Cambridge, London: The MIT Press, 1994, p. 18.
③ Marshall McLuhan, *The Gutenberg Galaxy*, p. 24.
④ 据笔者统计,感知"比率"一词在《谷腾堡星系》中出现 49 次,在《理解媒介》中出现 18 次。
⑤ Marshall McLuhan, *Understanding Media*, Cambridge, London: The MIT Press, 1994, p. 5.

髓；其全部媒介思想，包括著名的"媒介即信息"论、"媒介延伸论"、"以主导媒介划分历史"的理论以及"媒介冷热论"等，可以说都是其媒介感知偏向理论的具体表现。[①] 麦克卢汉认为，在人类诸多感官中，视觉和听觉所受影响最为突出：眼睛创造视觉空间，此空间"犹如一个无限的容器，具有线性、连贯、同质和齐整的特征"[②]；耳朵创造听觉空间，此空间"无边界、无方向、无地平线，强调内心深处、情感世界、原初直觉和恐怖。在这个黑暗的泥淖中，口语是社会的宪章"[③]。概而言之，视觉导致分离和专门化，听觉则促进参与和卷入。印刷品是眼睛的延伸，收音机是耳朵的延伸，电视机是手和耳朵的共同延伸，计算机是中枢神经系统的延伸。一切技术都是身体和神经系统的力量和速度的延伸。麦克卢汉之所以如此不遗余力地强调媒介的感知偏向，强调媒介的改变对于人的感知比率的影响，其最终目的实际是引导我们去"理解媒介"，去注意媒介所产生的效应。就像他所说的，理解媒介就必然意味着理解媒介的"效应"[④]，一切媒介都必然"对我们心理、社会价值和制度产生革命性的影响"[⑤]；或如其著名命题"媒介即信息"所揭示：媒介本身的变革，会创造一种全新的服务环境，

[①] 比如，麦克卢汉提出的"以主导媒介划分历史"的理论，主要在于强调，不同的主导媒介对于人类的感官知觉及思考路径会产生不同的影响。也即是说，一种新的主导媒介的出现，往往会使人类感官的平衡状态发生变动，不仅使某个感官特别突出，甚至会抑制其他感官的发展，塑造人类理解环境的方式，并进而触发社会组织形式的改变。麦克卢汉的"媒介延伸论"认为，一切媒介都是人的感知的扩展和延伸：文字和印刷媒介是人的视觉能力的延伸，广播是听觉能力的延伸，电视则是视觉、听觉和触觉能力的综合延伸。"媒介冷热论"则以媒介是否需要感官参与为判定标准："热媒介"传递的信息清晰明确，无须动员更多的感官就能理解，"冷媒介"提供的信息量少且较为模糊，在理解上需要多种感官的配合。

[②] Marshall and Eric McLuhan, *Laws of Media: The New Science*, p. 33.

[③] Marshall McLuhan, Quentin Fiore and Jerome Agel, *The Medium Is the Massage: An Inventory of Effects,* New York: Bantam, 1967, p. 48.

[④] Marshall McLuhan, *Essential McLuhan*, E. McLuhan & F. Zingrone (eds.), London: Routledge, 1997, p. 178.

[⑤] Marshall McLuhan, *Essential McLuhan*, E. McLuhan & F. Zingrone (eds.), London: Routledge, 1997, p. 256.

并进而规定我们对于世界的认识和认识方式，由此引发的是一切社会模式的随之调整及文化知识形态的全面变革。

麦克卢汉之后，许多西方学者从媒介对感知的影响出发，探讨了媒介对于人的思维和行为的影响。比如，沃尔特·翁在《口传与书写》(Orality and Literacy, 1982) 中认为，文字偏重于视觉导向，视觉将观察者置于被观察事物之外，使观察者与被观察者之间有了距离，造成主体与客体的疏离；口语偏重于听觉导向，易于使人产生事物环绕于周遭之感。杰克·古迪（Jack Goody）认为，文字能够使人们所说之话以视觉的方式呈现出来，透过此视觉形式，人们不仅可以掌握口语的流动，并进一步比较那些在不同时间、地点发表的言说，而且能够更加明确地分析各个文句的结构，操弄其顺序，甚而发展出三段式的推理方式。[①] 奥尔森（D. R. Olson）的看法与古迪类似，他指出，文字不是口语的复制品，而是提供一个具体可分析的视觉事物及概念，使人们可以进行抽象思维的操作。[②]

二、印刷媒介与"视觉革命"的重启

麦克卢汉将伊尼斯的"偏向性"概念从时空偏向转向感知偏向后，即以此为基点去划分历史，提出了著名的人类历史"三阶段论"，即按照主导媒介的不同将人类历史划分为口传时代、文字时代和电传时代。在口传时代，信息的传播与加工通过面对面的直接交流来完成，口、耳是交流倚重的最主要器官，经验生活由占据主导地位的听觉生活来安排，"部落人"就在这种口耳相传

[①] J. Goody, *The Domestication of the Savage Mind*, Cambridge: Cambridge University Press, 1977; *The Interface between the Written and the Oral*, New York: Cambridge University Press, 1987.

[②] D. R. Olson, *The World on Paper: The Conceptual and Cognitive Implications of Writing and Reading*, Cambridge: Cambridge University Press, 1994.

的复杂网络中发展起"由复杂情感构成的创造性的混成体"[1];文字诞生之后,以书面形式进行间接交流和沟通成为信息传播与加工的重要方式。此时,原先共鸣的听觉空间被打破,人们对于感官的倚重逐渐转向视觉,人类开始步入分割的、专门化的视觉世界之中。就像卡罗瑟所说,"语词一旦书写下来,就失去动态活力而成为静态之物,从而成为视觉世界的一部分"[2]。电报的发明,开启了人类重返同步即时的听—触觉空间的历程。出现于19世纪中叶的电能媒介(electric media)同(作为其延伸的)兴起于20世纪中叶的电子媒介(electronic media)一起,将个人和环境整合为相互依赖的、同步共时的"地球村"[3]。简单说来,在麦克卢汉看来,人类的历史就是这样一个原初强调感官参与和卷入的"部落人"被感官分离、突出视觉、强调专业化的"视觉人"所颠覆,并再次向感官深度参与的电子"部落人"回归的发展历程。具体到西方文化史,麦克卢汉认为,表音文字的诞生标志着"视觉时代"的到来,这根源于表音文字的独有特性:"它不仅将声音和视

---

[1] Marshall McLuhan, *Essential McLuhan*, E. McLuhan & F. Zingrone (eds.), London: Routledge, 1997, p. 231.

[2] J. C. Carothers, "Culture, Psychiatry and the Written Word", *Psychiatry*, 1959, p. 311.

[3] 一般认为"地球村"(global village)最早是由麦克卢汉提出的。他的儿子埃里克在探讨这个词的起源时曾回忆称:"麦克卢汉早在20世纪20年代描述收音机的效应时提出了'地球村'概念,其目的是使我们注意收音机诞生之后人们相互之间所经历的更为快捷而亲密的接触。"(Eric McLuhan, "The Source of the Term 'Global Village'", *McLuhan Studies*, issue 2, 1996)在目前所见文献中,麦克卢汉在1959年5月16日致摩尔根的信中提出了"在电子条件下,地球宛如一个小小的村落"的说法;在1960年的《理解新媒介项目报告书》中,麦克卢汉有类似表达:"人在全球范围内踏着部落鼓的节拍生活,这个行星的规模和范围不过是一个小型的村落而已。在这样的情况下,人再也不能避免那种一切同步的模式,这种模式即听觉形态和部落形态的结构";在《谷腾堡星系》中,"地球村"正式作为一个概念被提出,他说,"电磁波的发现重新为所有人类事务建立起一个同步'场域',让人类拥有活在'地球村'的条件";"电子的新相互依存为世界重新创造了一个'地球村'形象"(Marshall McLuhan, *The Gutenberg Galaxy*, p. 31)。对于"地球村",麦克卢汉曾有这样的评价:"我从不认为同一和宁静是地球村的独有特征。""我并不对地球村表示满意或者赞同,我只是说,我们生活在地球村中。"(W. Terrence Gordon: *McLuhan for Beginners*, pp. 105 - 106)

觉分离或抽象出来，而且将意义从字母发音中抽离，只以无意义的声音表达无意义的字母。"[1] 从表音文字音形义分离的特性出发，麦克卢汉得出结论："表音文字的出现，让同时动用所有感官的机会大幅减少，变成了只使用视觉符号"[2]，"表音字母的效果就是将听—触觉世界转译成视觉世界"[3]。麦克卢汉将文字时代划分为手抄和印刷两个阶段。在他看来，手抄文本很大程度上依然保留着口语的性质，由其创造的感知模式并未与口语完全决裂，此时的学习方式依旧靠大声朗读、口耳相传和深度参与。也即是说，由于泥板与刻刀、莎草纸与鹅毛笔等书写工具的落后，使得在字母技术的草创和初期阶段（即印刷术诞生之前），视觉并未完全从听—触觉当中分离出来。"只有等到大量生产的经验出现，等到单一种类的事物可以重复生产，感官才开始分离，视觉才从其他感官分离出来。"[4] 麦克卢汉这里所说的"大量生产的经验"实即印刷术能够进行大量复制的经验。印刷术生产出整齐划一和可重复的商品，"以无穷的数量和前所未有的速度复制信息，确保了眼睛在整个感官系统中的主导地位"[5]。印刷这种机械方式的兴起，强化了表音文字的视觉化趋势和效果，实现了视觉感官从诸感官中的彻底分离，使表音文字的视觉偏向强化到了全新的高度。换句话说，尽管表音文字揭开了西方文化史上的"视觉时代"，但它"只是一种支配性手段而非整全的社会文化形式，它仍与旧的听觉文化的遗存共存"[6]，只有到了作为表音文字的终极延伸——印刷

---

[1] Marshall McLuhan, *The Gutenberg Galaxy*, p. 47.
[2] Marshall McLuhan, *The Gutenberg Galaxy*, p. 45.
[3] Marshall McLuhan, *The Gutenberg Galaxy*, p. 252.
[4] Marshall McLuhan, *The Gutenberg Galaxy*, p. 54.
[5] Marshall McLuhan, *Essential McLuhan*, E. McLuhan & F. Zingrone (eds.), London: Routledge, 1997, p. 232.
[6] Tom Nairn, "McLuhanism: The Myth of Our Time", in Gary Genosko (ed.), *Marshall McLuhan: Critical Evaluations in Cultural Theory*, vol. 1, *Fashion and Fortune*, pp. 24-25.

术——发明之后，对视觉的强调才最终达至顶峰。

由此，麦克卢汉将诸如表音文字、印刷术等主导媒介的引入视作重要的媒介革命。在此之前，西方的文化史家们并不这样认为。特别是就印刷术来说，比如法国年鉴学派重要代表人物费弗尔（Lucien Febvre）和马尔坦（Henri-Jean Martin），他们只是将之视作一种新机械手段的引入，并将主要关注点置于印刷书籍的"内容"层面，进而得出"印刷问世后 200 年……印刷对于促进新理论和新知识毫无帮助"[1] 的结论。麦克卢汉认为，费弗尔和马尔坦的失误在于，他们"仅仅将关注的焦点对准了新理论的'内容'，而忽略了印刷媒介在为新理论提供模型以及印刷在形塑接受新理论的新公众方面所扮演的重要角色"[2]。由此，麦克卢汉将机印书籍和手抄文本视作两种迥异的媒介，并将印刷术的发明视作表音文字之后又一次对整个西方文化形态进行形塑的极为重要的"媒介革命"[3]。更具体地说，在麦克卢汉看来，印刷术以其对书本的规范化和标准化生产，以其"统一性、连续性和序列性"的视觉化特征以及对"完整"和"系统"的强调，重新启动并强化了西方文化史上由表音文字所发端的"视觉革命"。由此出发，麦克卢汉将"印刷文化"视作一种"视觉文化"。这一结论或许令人吃惊。人们甚至还可以引用丹尼尔·贝尔的话来反对麦克卢汉的见解："当代文化正在变成一种视觉文化，而不是一种印刷文化，这是千真万确的事实。"[4] 尽管如此，将印刷文化视作一种"视觉"文化，始终是麦克卢汉的基本观点，也是其整个媒介思想大厦的根基。这种貌似对立的理解，实质在于不同学者对"视觉文化"的理解不同：麦克卢汉所说的"视觉"与"现代性"（或者

---

[1] 转引自 Marshall McLuhan, *The Gutenberg Galaxy*, p. 142.
[2] Marshall McLuhan, *The Gutenberg Galaxy*, p. 142.
[3] Marshall McLuhan, *The Gutenberg Galaxy*, p. 141.
[4] 〔美〕丹尼尔·贝尔：《资本主义的文化矛盾》，赵一凡等译，生活·读书·新知三联书店 1989 年版，第 156 页。

说"理性")密切相关。麦克卢汉借助于印刷媒介自身所具有的"同质性、连续性和序列性"等视觉特征,将印刷媒介、视觉文化同理性观念(在他看来,理性即意味着"统一性、连续性和序列性")联系起来,通过对印刷媒介之视觉宰制的论述,重复并强调了西方文化中的"视觉—理性"传统。由此,麦克卢汉所说的"印刷文化"、"视觉文化"实可理解为一种"理性文化"。他认为,当视觉被强化之后,就会产生一种全新的"秩序",这一秩序即"理性"。这种"理性文化"在美学领域的表现即"思想的美学":"印刷时代不是没有'美学',有的是具有不同于电子时代的美学,是'思想的美学'。"[①]这一看法在马丁·杰伊(Martin Jay)那里得到了回应。杰伊认为,谷腾堡的活字印刷革命、艺术领域中的透视法以及笛卡尔哲学的确立,均强化了视觉中心的地位,使视界政体成为主体建构与社会控制的重要机器。[②]与将"视觉文化"理解为"理性文化"及"思想的美学"不同,当代文化研究领域中的"视觉文化"概念与"感性"范畴或者说"图像的美学"密切相关,确切地说是与伴随影视技术、数码影像、电子网络的出现而兴盛的影像文化联系在一起的:"电子媒介或者如波兹曼所聚焦的电视媒介,在印刷媒介所创造的'思想的美学'之后,复活了'图像的美学',在其中波兹曼突显了一个以感性或感官娱乐为主导的审美理念。"[③]历史地看,较早提出当代意义上的"视觉文化"概念的是匈牙利学者贝拉·巴拉兹(Bela Balazs)。他在《电影美学》(*Theory of the Film*, 1952)中认为,所谓"视觉文化"就是通过可见的图像或形象(image)来表达、理解和解

---

① 金惠敏:《"图像—娱乐化"或"审美—娱乐化"》,《外国文学》2010年第6期,第95页。

② Martin Jay, *Downcast Eyes: The Denigration of Vision in Twentieth-Century French Thought*, Berkley, Los Angeles, London: University of California Press, 1993, pp. 21-148.

③ 金惠敏:《"图像—娱乐化"或"审美—娱乐化"》,《外国文学》2010年第6期,第95页。

释事物的文化形态。他将电影的发明视作新视觉文化形态出现的标志："电影将在我们的文化领域里开辟一个新的方向。每晚都有成千上万的人坐在电影院中，不需要看太多的文字说明，纯粹通过视觉来体验事件、性格、感情、情绪，甚至思想。因为文字不足以说明画面的精神内容，它只是尚不完美的艺术形式的一种过渡性工具。"① 可以看出，巴拉兹提倡的"视觉文化"概念不是一般意义上的针对"视觉"或"视觉文化"的研究，而是针对"视觉性"的文化研究，是对"视觉性"的后现代质疑，是对"奇观"社会的后现代逆写。② 麦克卢汉早在1954年发表于《公共福利杂志》的《视像、声音与狂热》一文中就已注意到巴拉兹的说法。麦克卢汉写道："匈牙利电影理论家巴拉兹在其《电影理论》一书中，注意到'印刷的发现渐渐地展现了难以辨认的人脸。通过面部表情来传达意义的方法被废止不用了'。印刷的书籍取代了中世纪教堂所起的作用，变成了人们精神的载体。成千上万的书籍把……教义分裂成无数本书。可见的精神因此而转变成可读的精神。视觉文化变成了概念文化。"③ 也就是说，在麦克卢汉那里，视觉文化是一种"概念文化"，而在巴拉兹那里视觉文化则是一种"图像文化"。

有学者将两种不同的"视觉文化"视作西方文化史上两次视觉转向的不同结果。第一次转向始自古希腊，是"观看主体的心灵及视觉经历启蒙的过程，是被启蒙的主体以其自主的视觉即内

---

① 〔匈〕贝拉·巴拉兹：《电影美学》，何力译，中国电影出版社1979年版，第29页。
② 吴琼：《视觉性与视觉文化：视觉文化研究的谱系》，《文艺研究》2006年第1期，第84页。所谓"视觉性"（visuality），即隐藏在看的行为中的全部结构关系，或者说视觉对象的可见性机制。用米克·巴尔的话说，这种"视觉性"是"使物从不可见转为可见的运作的总体性。这种总体性既包括看与被看的结构关系，也包括看的主体的机器、体制、话语、比喻之间复杂的相互作用，还包括构成看与被看的结构场景的视觉场。总之，一切使看/被看得以可能的条件都应包含在这一总体性之内。因此，视觉性必定与某种'视界政体'（scopic regime）是联系在一起的"（引自吴琼：《视觉性与视觉文化：视觉文化研究的谱系》，《文艺研究》2006年第1期）。
③ 〔加〕麦克卢汉：《视像，声音与狂热》，载〔法〕福柯、〔德〕哈贝马斯、〔法〕布尔迪厄等：《激进的美学锋芒》，周宪译，第339页。

在的心灵之眼或理性之言朝向真理之光源的飞跃,是处在可见秩序中的观察者以其自治的视力对不可见性的凝视或洞识";第二次转向始自19世纪,它是"视觉在一系列机器系统的调节下获得更为广泛多样的可见性的过程,是源自一系列'技术性假肢'(technical prosthesis,保罗·维希留语)向视觉的'植入',是视觉的技术化,是视觉机器对视觉的重构和殖民"。[1]也有学者将两种不同的"视觉文化"视作视觉范式从传统向现代的转变,认为这种转变主要表现为从不可见到可见性、从相似性到自指性、从重内容到重形式、从静观到震惊、从趋近图像到被图像包围等五个方面。[2]肖伟胜的说法更为直接:"这一巨大分歧的症结,就是把'视觉'锚定为'图像'还是理解为一种'观看能力'。如果是后者,那么'视觉文化'就是一种包括书面印刷文化在内的所有以看为主导的文化形态,如此一来,关于书面印刷文化与以图像为主导进行传播的视觉文化之区别就不是根本性的,而只不过是'看的方式'(ways of seeing)发生了变化而已。而如果把'视觉'锚定为'图像',为避免称谓和逻辑上的混乱,那么'视觉文化'就理当叫作'图像文化'。"在他看来,"正是缘于'视觉'既可以锚定为'图像'又可以被理解为眼睛的'观看能力',这个语词概念的暧昧两义性似乎带来了视觉文化不仅在称谓而且在内涵上的巨大分歧和偏差"[3]。由此,要理解麦克卢汉所说的"印刷文化是一种视觉文化",以及麦克卢汉之"视觉文化"概念与当代"视觉文化"的不同,关键在于理解麦克卢汉是就西方第一次"视觉转向"或者说传统"视觉范式"而言的,它与西方文化史上长期以来形成的"视觉—理性"传统密切相关。或如有的学者所言,"书面印刷文化之所以被认为是视觉主导,而将它纳入广义的视觉

---

[1] 吴琼:《视觉机器:一个批判的机器理论》,《文艺研究》2011年第5期。
[2] 周宪:《视觉文化:从传统到现代》,《文学评论》2003年第6期。
[3] 肖伟胜:《视觉文化还是图像文化》,《社会科学战线》2011年第6期。

文化范畴，是由于麦克卢汉等人意识到，在思维观念和表达层面上图像意识与符号意识本质上具有相似性"[1]。下面，我们就来看看在西方文化传统中，视觉是如何与理性认知紧密地联系在一起的。

三、西方文化中的"视觉隐喻"与"理性传统"

西方文化中有着古老的"视觉—理性"传统。麦克卢汉指出，"理性主义以可见的必然性为基础"[2]。在他看来，西方人偏重于书面文化的理性观念，是由表音文字的序列性、同质性和可视化特征所培养，并在印刷术的作用下而得到强化的。视觉的优先地位最初出现在表音文字最终确立下来的公元前5世纪初。在古希腊时期，人们在划分感官类别和考察感官性质时，就将感官同人的认知能力联系在一起："自古典时代以来，对人类知觉的研究以5种外部感官——视觉、听觉、触觉、嗅觉和味觉为对象，我们的心灵通过它们获得有关外部世界的信息。"[3] 赫拉克利特较早认识到不同的感官对应着不同的功能，并对各官能之间的优劣做出了区分。他将视觉和听觉同理性的学习能力并置，认为视觉和听觉是有认识能力的官能。在这两种有认识能力的官能上，他又从与认知对象的关系上，认为视觉能力比听觉能力更为可靠："眼睛是比耳朵更为精确可靠的见证人"[4]，因为耳朵聆听时和事物隔了一层，而眼睛则直接与事物的表面接触。也就是说，在赫拉克利特这里，视觉和听觉开始与人的理性认知相联系；在与理性认知的紧密程度方面，视觉较听觉更为可靠。赫拉克利特的看法，标志着听觉优先向视觉优先的偏移。[5]

---

[1] 肖伟胜：《视觉文化还是图像文化》，《社会科学战线》2011年第6期。
[2] Marshall McLuhan, *The Gutenberg Galaxy*, p. 251.
[3] 〔美〕卡罗琳·考斯梅尔：《味觉》，吴琼等译，中国友谊出版公司2001年版，第4页。
[4] 北京大学哲学系外国哲学史教研室编译：《西方哲学原著选读》（上卷），商务印书馆1981年版，第26页。
[5] 〔德〕沃尔夫冈·韦尔施：《重构美学》，陆扬、张岩冰译，第214页。

柏拉图对于"视觉—理性"的看法尤其值得重视。他不仅借著名的"洞穴比喻"将视觉视作一种类似光源的高贵感官，解释了西方人渴望追求光明的理性过程，而且通过对"两种眼睛"的区分，正式启动了西方哲学史上的"视觉—理性"传统。古希腊人大体认为，眼睛是最适宜进行理性认知的感官；它作为一种实体存在，又决定了它在认知中永远无法达致理性的完善程度。也就是说，在柏拉图之前，对眼睛的考察无论侧重肉体感官还是侧重认知能力，均是在现实层面上进行的。柏拉图从其对现实世界和理念世界的划分出发，创造性地提出了"两种眼睛"的理论，即对应于现实世界的、作为器官的"肉体之眼"和对应于理念世界的、与精神相连的"心灵之眼"。"两种眼睛"的划分，使得"心灵之眼"成为认识理性的唯一工具和必由途径，甚至具有和理性同等的地位。由于"心灵之眼"既能认识理性，又在某种程度上等同于理性，因而对抽象理性的表达可以借助形象的"心灵之眼"来完成，这开启了西方形而上学中占主导地位的视觉传统。在《蒂迈欧篇》中，柏拉图还借蒂迈欧之口指出，"神发明了视觉，并把它赐予我们，使我们不仅能够看到理智在天上的过程，而且能把这一过程运用于我们与之类似的理智过程。同时，通过向它们学习和分享理性的自然真理，我们可以模仿神之绝对无误的过程，调整我们自己的错误行为"[1]。就像当代理论家乔纳森·克莱瑞（Jonathan Crary）所指出的，"在西方思想中占主导地位的视觉传统——例如，从柏拉图到现在，或从15世纪到20世纪，或无论什么时候——是连续的或在某种意义上是一直有效的"[2]。以柏拉图为起点，"存在的基本决定因素自此被称作'理

---

[1] 〔古希腊〕柏拉图：《蒂迈欧篇》，载《柏拉图全集》（第三卷），王晓朝译，人民出版社2003年版，第299页。译文稍有改动。

[2] Jonathan Crary, "Modernizing Vision", in Hall Foster (ed.) *Vision and Visuality*, New York: The New Press, 1988, p. 29.

念'，即是说，它们通过语词变成了视觉的对象。如今，人类的最高功绩变成了理论，即对这些理念的观照；人类的道路是从洞穴剪影的黑暗，通过长久的实践，最终到达光明之源——太阳——那纯粹之善的象征。因此，这道路自始至终是视觉主导的。宇宙的真理是通过视觉的语法来追索，而不是通过听觉的结构。视觉至上就这样为可见的将来奠定了基础。它将支配新柏拉图主义和中世纪光的形而上学，一如它支配启蒙的现代和现代人对光的热情一样"①。

作为古希腊哲学思想的集大成者，亚里士多德进一步开拓了感官研究的范围，并最终确立了眼睛在认知和理性方面的独特地位。亚里士多德将眼睛的认知能力与人类的求知本性相关联，认为视觉与理性最为接近。他说，"求知乃人类本性使然，我们乐于使用我们的感官即是明证。人们总爱好感觉，而在诸感觉中，尤重视觉。因为视觉能使我们认知事物，且在显明事物之差别中，以赖于视觉者为多"②。在《论灵魂》等著作中，亚里士多德也就诸种感官与认知、快感之间的关系进行了探讨，其中尤其强调视觉的认识功能。当然，亚里士多德并未否认其他感官在求知中的作用，他只是更强调视觉的重要性。在他看来，眼睛除具有肉欲外，还有其他感官所不具备的求知欲，正是具有求知欲这一特性，让眼睛能够远离肉体去接近真理。在亚里士多德这里，眼睛不仅确立了其在求知和理性方面的地位，而且成为"每一种洞见和认知的范式所在"③。

眼睛的求知特性在中世纪思想家那里得到了更充分的阐发。毫不夸张地说，中世纪的"新柏拉图主义和光的形而上学都是单纯的视觉本体论"④。奥古斯丁指出，"肉体之欲即感官之享受。然

---

① 〔德〕沃尔夫冈·韦尔施：《重构美学》，陆扬、张岩冰译，第214页。
② Aristotle, *The Metaphysics*, New York: Penguin Group, 1999, p. 1.
③ 〔德〕沃尔夫冈·韦尔施：《重构美学》，陆扬、张岩冰译，第215页。
④ 〔德〕沃尔夫冈·韦尔施：《重构美学》，陆扬、张岩冰译，第215页。

理性合流，演变为理性的代名词。另外，视觉还在两个方面确定了自身的优越性：一是视觉需要与对象保持一定距离，距离使视觉最大限度地摆脱了肉体欲望的纠缠而获得超越性；二是视觉不经过任何中介与对象直接接触，直接性保证视觉拥有最大限度的真实性。[①] 德国哲学家韦尔施（Wolfgang Welsch）通过区分听觉与视觉的不同特征，认为视觉与认知和科学相关，而听觉则更多地与信仰和宗教联系在一起。[②] 美国学者汉斯·乔纳斯（Hans Jonas）则认为，视觉是通过"呈现的同时性"、"动态的中立"、"距离"等特征来区别于其他感官的："呈现的同时性赋予人们持续的存在观念，变与不变之间、时间与永恒之间的对比观念；动态的中立赋予人们形式不同于质料、本质不同于存在以及理论不同于实践的观念。另外，距离还赋予人们无限的观念。因而，视觉所及之处，心灵必能到达。"[③]

麦克卢汉借鉴并改造伊尼斯的媒介"时空偏向"概念，不仅以媒介的"感知偏向"去划分历史，而且将其整个媒介研究都建立在感知偏向的基础之上。在他看来，正是表音文字的视觉偏向以及印刷媒介对于视觉偏向的提升和强化，使得西方文化自表音文字诞生以来就开始了对于"逼真"和"确定性"的视觉追求。就像他所说的，"书写哲学，特别是印刷哲学将'确定性'当作知识的主要目的"[④]。在他看来，无论是西方文化史上的"视觉—理性"传统，还是这种传统的文化表征——"再现"论的美学体系，都是视觉媒介——表音文字及作为其终极延伸的印刷术——的表现与后果。

[①] 高燕：《视觉隐喻与空间转向：思想史视野中的当代视觉文化》，第 73—88 页。
[②] Wolfgang Welsch, *Undoing Aesthetics*, London: SAGE Publications, 1997, pp. 157-159.
[③] Hans Jonas, "The Nobility of Sight", *Philosophy and Phenomenological Research*, vol. 14, no. 4, 1954, p. 519.
[④] Marshall McLuhan, *The Gutenberg Galaxy*, p. 156.

第三节　印刷媒介与"视觉的腾飞"

麦克卢汉将印刷术的发明视作一场哥白尼式的"媒介革命"。他认为,印刷术的出现强化了由表音文字所发端的视觉偏向;它接替手抄本这种"教学工具"而跃升为一种全新的视觉"教学机器"。当这种视觉"机器"扩散至整个社会时,社会生活的方方面面就会染上浓重的"视觉"色彩。麦克卢汉在《谷腾堡星系》中将印刷媒介在社会上的这种视觉拓展称作"视觉的腾飞":"想要了解伴随印刷术而出现的'视觉的腾飞',必须知道'腾飞'不可能发生在抄写时代,因为抄写文化相当程度保留了人类感知的听—触觉模式,它无法以抽象的视觉化方式将其他感官转译到统一而连续的图像空间之中。"[1] 在15世纪中叶谷腾堡印刷术发明之前,西欧的书籍生产全部采用手工制作的方式,由于"抄录文化以生产者为导向",为了抄写的快捷、方便,"手稿中常常充斥着大量的省略和简写"[2],这使得抄书人的誊写富有个人特色而非对文本进行完全复制。因此,在抄录文化中,不存在所谓的标准化文本。抄写的文本中缺乏帮助读者参照的标记,抄写的语词之间没有间隔,标点符号部分或者完全缺失(偶尔会用引号、点号或逗号来分开有歧义的语词)。弗雷德里克·肯扬(Frederic Kenyon)的话证实了这一点:"古代读者在阅读书籍时缺乏必要的帮助,参考文献亦十分匮乏。字与字之间没有间隙,至多偶用引号或点号隔开以避免可能出现的歧义。当时的书常常没有标点,

---

[1] Marshall McLuhan, *The Gutenberg Galaxy*, p. 112.

[2] Walter J. Ong, *Orality and Literacy: The Technologizing of the Word*, London: Methuen, 1982, pp. 122-123.

即使有也很不完整,而且缺乏系统性。"[1] 肯扬这里所说的字与字之间的"间隙"以及标点符号方面的"完整"与"系统",事实上是基于"视觉"需要而提出的标准,这在主要依靠口耳而非眼睛的手抄时代并非必需。印刷术发明之后,它不仅改变了拼写、文法、重音和字尾变化[2],而且对印刷样式、字母音值、文字缩写、标点符号、行款格式等方面的要求和规定很快出现,这是对印刷媒介之"视觉"需要的满足,其直接后果是页面及整个文本的规范和标准化。在印刷文本中,字母犹如并置的箭杆,以横排的方式整齐地出现;每一行始于相同的位置,两个整齐、笔直的空白边缘将段落夹于其间;文本中语词之间的空格距离整齐;段首缩进若干字格,使读者意识到一组新的意思的开始;阿拉伯数字使得页码标注成为惯例,前后翻检变得容易。这些做法不仅提升了印刷文本的视觉吸引力,而且使得主要凭借眼睛而非耳朵的默读成为可能。在麦克卢汉那里,主导媒介借助于对感官的影响,能够引发社会文化结构的整体转型,并使得文化形态在总体上呈现出主导媒介所强调的感官的特性。单就印刷媒介而言,在他看来,作为对人的眼睛和视觉感知的延伸,印刷媒介不仅决定着印刷文本的内容,而且使我们文化的重要方面(如文化普及、公众教育、绘画中的透视法、文学叙事方式、内省意识)、我们的机构(如工业主义、公司组织、市场形态、价格体系、市政规划等)、我们的政治形态(如民族主义、私人权利、民主进程、开放社会)等,亦呈现出印刷媒介所强化的视觉性特征。下面,我们就来看看在麦克卢汉那里,印刷术成为主导媒介之后所引发的"视觉的腾飞"。鉴于本书以下章节所论均与麦克卢汉所谓的"视觉的腾飞"密切相关,故本节仅就后面章节涉及不多但在麦克卢汉思想

---

[1] Frederic Kenyon, *Books and Readers in Ancient Greece and Rome*, Oxford: Oxford University Press, 1932, p. 65.

[2] Marshall McLuhan, *The Gutenberg Galaxy*, p. 231.

中又非常重要的四个方面——"视觉量化"原则与数字崇拜、从"封闭空间"到"文本心态"、透视法的确立与应用、机械化与现代工业主义的形成——作一简要述评。

一、"视觉量化"原则与数字崇拜：以"政治算术学"和"幸福微积分"为例

自 17 世纪起，印刷始将视觉量化原则强加于当时人们的心灵之中。[①]这种视觉量化原则突出表现为：将原先需要依靠听觉和触觉去感知的、不可见的抽象事物（如政治经济现象、温度、长度、湿度、重量、力量、能量乃至人的思想品质、智力水平、爱心程度、仇恨、痛苦、快乐、创造性等）转化为可见而能够测量的数据。印刷媒介之视觉量化原则在现实层面的贯彻，其直接后果是数字成为架构现实和判定思想的工具；极端后果是现代自然科学乃至社会科学领域中对于数字的过分依赖和盲目迷信。印刷术的"视觉量化"原则在自然科学中运用和贯彻得最为彻底。麦克卢汉指出，自然科学的核心就是"将'力'与'能'转译成视觉化的图表和实验"[②]。埃文斯（William Ivins）的表述更为直白："自然科学最有趣之处在于，它发明了通过单一感官（即视觉）获取基本数据的方法。日常生活中有许多无法用眼睛直观的事物，它们一旦进入科学领域，就不得不经过相关仪器的处理而转换成可见的数据。"[③] 莱塞尔（Stanley Joel Reiser）分析了现代医学中对于量化的极端追求，他在比较听诊器与印刷机对西方文化不同的影响后指出：现在的医务人员已不再直接同患者的经验和身体交流，而只和化验结果和测试数据打交道；医疗实践转入了完全依赖机器

[①] Marshall McLuhan, *The Gutenberg Galaxy*, p. 246.
[②] Marshall McLuhan, *The Gutenberg Galaxy*, p. 124.
[③] William Ivins, *Prints and Visual Communication*, London: Routledge and Kegan Paul, 1953, p. 54.

生成数字信息的阶段，化验和治疗机器的数量与种类成为判定医院医疗能力的标准。①

随着谷腾堡印刷术在西方社会的普及和渗透，"视觉量化"原则几乎成为判定某一学科科学与否的唯一指针。在《谷腾堡星系》中，麦克卢汉以"政治算术学"（political arithmetic）和"幸福微积分"（hedonistic / felicific calculus）为例，论述了印刷的视觉量化原则在社会科学领域的极端表现："18世纪依据视觉量化原则建构'政治算术学'的商人或根据'幸福微积分'原理思考的人，均与印刷技术之强调均匀和重复的特性有关。"②"政治算术学"即17世纪中叶出现于英国的一种以数字分析说明社会经济现象之规律的科学。威廉·配第（William Petty，1623—1687）首先发明了"政治算术学"一词。他在《政治算术学》（1676）一书中，以培根开创的经验科学方法为依据，以计量做比较，用数字作语言，对英法荷三国的国情国力做了系统的数量对比分析，为统计学的形成和发展奠定了方法论基础。"幸福微积分"即将微积分这一视觉量化工具③运用于伦理学领域，以数字去测量人们的痛苦与快乐。它的形成与英国哲学家边沁（Jeremy Bentham，1748—1832）的名字紧紧联系在一起。边沁认为，有一种程序可以测量快乐和痛苦的单位，并以此对人的行为加以预测，这种程序即"幸福微积分"。在边沁看来，运用这种计算，根据受某一行为影响的那些人的痛苦和快乐，人们就可以计算出该行为所造成的后果。配第的"政治算术学"与边沁的"幸福微积分"具有典范意义：既然可以用数字来判定政治经济现象、幸福、痛苦、快乐，那么用

---

① Stanley Joel Reiser, *Medicine and the Reign of Technology*, Cambridge: Cambridge University Press, 1978.
② Marshall McLuhan, *The Gutenberg Galaxy*, p. 211.
③ 麦克卢汉将微积分视为一种视觉量化工具："微积分作为力与空间的量化工具，主要的假设是有同质粒子存在，一如透视法假设有平面三维空间。"详细论述参见 Marshall McLuhan, *The Gutenberg Galaxy*, p. 143.

数字去判定慈悲、爱心、美好、仇恨、智力甚至人的思想品质也就变得可能。今天，我们觉得这种做法理所当然且富有意义，之所以如此，是因为我们已经习惯了由印刷术带来的视觉量化原则及其所蕴含的意识形态偏向。美国社会文化批评家波兹曼用极为形象的语言对此做了说明："在手握榔头者的眼中，任什么都是钉子。引申言之：在执笔者的眼中，任什么都是清单；在手端相机者的眼中，一切皆为图像；对使用电脑的人而言，所有的均为数据；对手握成绩单的人来说，一切全是数字。"[1] 按照波兹曼的说法，每一种工具都暗藏有意识形态偏向，它们偏好于（如癖性般）将世界建构成这样而非那样，将一物在价值上凌驾于另一物之上，放大某一感官、技能或态度而抑制其他。[2] 这同时是麦克卢汉"媒介即信息"的意思，也是马克思所谓的"技术揭示了人对待自然的方式"以及维特根斯坦在论述我们最重要的技术——语言——时所传达的意思。在"政治算术学"和"幸福微积分"中，麦克卢汉不仅使我们看到了印刷媒介的视觉量化原则在社会各领域的贯彻实施，同时向我们展示出印刷媒介所创造的一种全新的认识论。就像有学者所说，每一媒介均构成某种"新的尺度"，借助于此尺度，世界呈现出不一样的图景。[3] 印刷术作为当时兴起的一种全新媒介和文化形式，势必开创一种最为普遍的全新的认识论。而对于生活于印刷文化中的人们，只有依照这种认识论才能正确地认识世界。

二、从"封闭空间"到"文本心态"

印刷媒介促成封闭式"视觉空间"的确立，这是麦克卢汉媒

---

[1] Neil Postman, *Technology: The Surrender of Culture to Technology*, New York: Vantages Books, 1993, p. 14.
[2] Neil Postman, *Technology: The Surrender of Culture to Technology*, p. 13.
[3] 金惠敏：《"图像—娱乐化"或"审美—娱乐化"》，《外国文学》2010 年第 6 期。引文稍有改动。

介思想的核心内容之一。如上文所述,在麦克卢汉看来,"视觉空间"是表音文字的直接后果之一;然而,在印刷术诞生之前,西方的手抄文化始终羁留在口语文化的边缘:"直到文艺复兴,讲演一直是被传授得最为广泛的语言艺术形式。在讲演中,书面材料只是听觉的补充,文字只是加工知识并使之回到口语世界的工具。"[1] 印刷术的发明使视觉得到特别强化,并最终以视觉取代了听觉。由此,麦克卢汉将印刷术称作表音文字"视觉偏向"的终极延伸:表音文字将口语词进行重组并置入视觉之中,亦即,把语词从声音世界向视觉世界转移;而印刷术则最终把语词牢牢锁定在书页这一"封闭空间"之中。文本一旦被印刷,就成为一种"完成时态"而无法再行修改,这培育出"一切从文本出发"的"文本心态"。"文本心态"在主要基于印刷文本的现代文学和文艺理论中体现得非常明显。在文学方面,印刷术推动了更为封闭的语言艺术形式——"现代小说"——的形成。在谷腾堡印刷术发明之前,西方文化中唯一的线性故事情节是"戏剧"(在麦克卢汉看来,戏剧的线性情节是表音文字的必然后果):剧情在加强紧张气氛中逐渐提升至高潮,后经由某一场景或事件而陡然逆转并逐渐减弱。亚里士多德在《诗学》中对此做了精湛的阐述。他指出,戏剧在结构上必然具有单纯性,即一部剧就是一个事件的解决:"一部悲剧由'结'和'解'组成。剧外事件,经常再加上一些剧内事件,组成'结',其余的事件构成'解'。所谓'结',始于最初的部分,止于人物即将转入顺境或逆境的前一刻;所谓'解',始于变化的开始,止于剧终。"[2] 印刷术问世之后,紧凑的情节被延伸至发轫于简·奥斯汀并在随后的侦探小

---

[1] Walter J. Ong, *Orality and Literacy: The Technologizing of the Word*, London: Methuen, 1982, p. 117.

[2] 〔古希腊〕亚里士多德:《诗学》,陈中梅译注,商务印书馆1996年版,第131页。

说①中走向完善的长篇小说之中。在文学理论方面，由印刷术所促成的"封闭空间"观念和"文本心态"，推动了 20 世纪俄国形式主义、英美"新批评"和法国结构主义文论的形成，以及对整个西方思想界产生深刻影响的"文本主义者"——结构主义者格雷马斯（Algirdas Julien Greimas）、符号学家托多洛夫（Tzvetan Todorov）、哲学家雅克·德里达、社会学家米歇尔·福柯、精神分析学家雅克·拉康等——的出现。俄国形式主义、英美"新批评"和结构主义文论均受制于"文本"，认为每一语言文本都封闭在自己的空间中，这契合于印刷术所培养的"闭合空间"感；在文本主义者那里，印刷术的"封闭空间"偏向于强调"事物与口语的一一对应，以及口语同书面词的一一对应"，或者说，强调言语与意义之间自然、内在的直接关系。在这个一一对应的假设基础上，语词捕获精神世界之外的先验所指，并顺着水管似的通道将之送到精神世界。德里达把这种水管模式称作"逻各斯中心主义"，并试图通过"文字学"去破除这种"逻各斯中心主义"。德里达的"文字学"从结构上动摇了西方传统的语法学理论：传统的语法规则在语句形式安排上受制于传统逻辑，并使语言的形式与内容（语义）相对立；德里达的文字学书写则不受传统语法规则束缚，它打破文字与字义的界限，并使它们融为一体。②就此言之，麦克卢汉的"媒介即信息"论在突破传播学领域传统的"内容分析"范式方面同德里达的"文字学"可谓有异曲同工之妙。

---

① 我们这里将侦探小说作为由印刷术所培育的线性情节发展的极端表现。麦克卢汉对此持不同看法。他指出，"爱伦·坡在不少诗歌和小说中都成功使用了从结果出发回溯原因的'发现的方法'。最明显的例子是他发明的侦探小说。侦探杜宾是鉴赏家，他靠艺术感知的方式办案、破案，这个侦探故事不仅是'由果及因'的著名例子，读者也身陷其中，成为'共同作者'。……这是超越谷腾堡技术的时刻。"详细讨论参见 Marshall McLuhan, *The Gutenberg Galaxy*, p. 277。

② 尚杰：《德里达的文字学理论》，《中国社会科学院研究生院学报》1995 年第 2 期，第 33 页。

三、透视法的确立与应用

透视法是一种在平面上制造深度幻觉的方式和手段，它同主客体之间的"相对"位置关系密切相关，目的是"让物体的相对大小、形状和位置，看起来就和从某个角度观看真实空间物体一样"[①]。透视法的部分原理在古代即已出现，但时人对此并无太大兴趣；直到文艺复兴时期，需要固定视点的透视法才获得认可。其部分原因在于，"透视法出现之前，精确重复的图像表达、在图像表达中表达空间关系的逻辑语法、相对性和连续性概念，这几样事物在表面上毫无联系，对于其间的关系几乎无人考虑"[②]。或如麦克卢汉所说，"透视法强调个人立场，这在印刷文化中习以为常，手抄文化对此却并不在意。手抄本是高度触觉化的产物，当时的读者不同于十六七世纪的读者，他们无法从中将视觉和听—触觉分离开来"[③]。印刷术对固定视点和立场的强调，是透视法得以最终确立的必要条件。透视法确立以后，在几何学和绘画中的应用最为明显。在几何学领域，印刷机出现之后，几何学首次取得了自亚历山大以来的重大进步。就像麦克卢汉所说，"透视法是人类首次讲述中心投射和分段的方法。其后的发展一直是现在综合几何学（synthetic geometry）的杰出成就"[④]。在绘画领域，透视法的引入使得文艺复兴时期的艺术家们得以在二维平面上描绘三维图像，实现了绘画史上的一次根本变革。麦克卢汉借用埃文斯的话指出，"透视法不同于远近缩小法。在技术层面上，透视是用中心投射法在平面上投射出三维空间；在非技术层面言之，它是在平面上作画的技巧，让所画之物的相对大小、形状和位置看起来就和从某

---

① William Ivins, *Art and Geometry*, Cambridge: Harvard University Press, 1964, p. 41.
② William Ivins, *Art and Geometry*, pp. 23-24.
③ Marshall McLuhan, *The Gutenberg Galaxy*, p. 56.
④ William Ivins, *Art and Geometry*, p. 82.

个角度观看真实空间物体一样。我找不到任何证据显示古希腊人曾有过此'相对'概念"①。可以说,正是透视法在绘画领域的运用,使写实风格的绘画取得了长足发展,不仅在当时涌现出了佛罗伦萨、威尼斯、翁布里亚、帕多瓦等众多地方画派,而且出现了代表当时最高绘画水平的达·芬奇、米开朗基罗和拉斐尔等艺术巨匠,推动文艺复兴时期的绘画成为西方写实艺术发展的一个高峰。

四、机械化与现代工业主义的形成

表音文字诞生之后,其音形义相分离的特征不仅分解了口语社会的整体性和共鸣性,而且"推动西方世界的感官、功能、动作、情感、政治等各个方面向分离的目标迈进"②。把世界划分为诸多门类加以单独处理,把大问题划分为若干个小问题逐个加以解决,其进一步发展就是机械化社会(或者说现代工业主义)的来临。因为,"我们所谓的'机械化',就是将自然以及我们的本性转换为放大的和专门化的形式"③。"机械化的实现,靠的是将任何一个过程加以切分,并把切分的各部分排成一个序列。"④麦克卢汉将印刷术视作"复杂手工艺的首次机械化",它"创造了分布流程的分析性序列,因此成为接踵而至的一切机械化的蓝本。印刷术最重要的特征是其可重复性,这是一种可以无限生产的视觉性表述。这种可重复性成为机械原理的根源,谷腾堡以来使世界为之改观的正是这一机械原理"⑤。不仅如此,麦克卢汉认为,印刷术还产生了世界上第一种整齐划一、可重复生产的产品,造就了

---

① William Ivins, *Art and Geometry*, p. 41.
② Marshall McLuhan, *The Gutenberg Galaxy*, pp. 42-43.
③ Marshall McLuhan, *Understanding Media*, New York: McGraw-Hill, 1964, p. 56.
④ Marshall McLuhan, *Understanding Media*, New York: McGraw-Hill, 1964, pp. 11-12.
⑤ Marshall McLuhan, *Essential McLuhan*, E. McLuhan & F. Zingrone (eds.), London: Routledge, 1995, p. 234.

福特牌汽车、第一条生产线和第一次大批量生产的商品。正是在此意义上,麦克卢汉将印刷术视作"一切后继的工业开发的原型和典范(archetype and prototype)"[1]。在《理解媒介》中,麦克卢汉更是将印刷术与现代工业主义直接联系起来:"现代工业的生产线也是谷腾堡技术给予我们的馈赠。将任何过程分割为不同的侧面,并将其置入由可活动且同一的部分组成的线性序列中——用这种办法将知识转化为机械生产的功能,是印刷机的形式要素"[2];"作为手工艺的第一种完全机械化的技术,印刷术把手的运动分解为一系列具体的、可以重复的步骤。从这种分析性的序列中诞生了工业生产线的原理"[3]。印刷术的可重复性和分离化特征,为现代工业主义的形成树立了典范,没有印刷机所带来的这种"视觉性表述","现代工业主义(modern industrialism)就不可能实现"。[4] 其实,不仅如此,在麦克卢汉那里,西方的一切现代性,从经济到政治,从文化到教育,皆是表音文字和印刷术的"视觉感知"——序列化、同质性、重复性——所带来的后果,它们构成了西方一切"文明"的根基和根源。

事实上,将现代社会盛行的数字崇拜、文本心态、透视原理以及工业主义等现象直接同印刷术所强化的"视觉感知"相联系,难免会让人产生生硬和牵强之感。这也是许多人将麦克卢汉称为"媒介决定论者"并对他的思想进行诟病的原因。但无论如何,麦克卢汉以媒介划分历史的"媒介历史观"和提倡媒介塑造人们感知的"媒介感知论",已经触及了人类思想史和文化史上一直在讨论的一些重大问题。他的媒介理论,为我们打开了观看世界的

---

[1] Marshall McLuhan, *Essential McLuhan*, E. McLuhan & F. Zingrone (eds.), London: Routledge, 1995, p. 234.
[2] Marshall McLuhan, *Understanding Media*, New York: McGraw-Hill, 1964, p. 116.
[3] Marshall McLuhan, *Understanding Media*, New York: McGraw-Hill, 1964, p. 152.
[4] Marshall McLuhan, *Essential McLuhan*, E. McLuhan & F. Zingrone (eds.), London: Routledge, 1995, p. 234.

另一扇窗户，让我们得以用一种全新的眼光去审视和看待世界上已经发生的、正在发生的和即将发生的一切。他为我们提供的这种"媒介认识论"——将杂乱纷呈的世界看成是受主导媒介影响的、在整体上能够看出秩序和结构的"星系"，启发我们不仅要使用"媒介"去认识和改造世界，也要时刻思考"媒介"如何塑造了我们自身，这毫无疑问是应当加以肯定和值得褒扬的。

第二章 "印刷人的诞生": 麦克卢汉论域中的四个范例

> 麦克卢汉提出的"印刷人的诞生"的命题使我们更加清楚地认识到人的思想和社会均受到印刷术的影响。我认为,这是他最有价值的贡献。
>
> ——伊丽莎白·爱森斯坦《作为变革动因的印刷机》

在古希腊神话中,普罗米修斯和他的弟弟埃庇米修斯曾奉命创造世间的动物和人类。后知后觉的埃庇米修斯赋予每种动物以良好的本能,他将勇敢赐予狮子,把快跑的能力给了兔子,将犀利的目光赋予老鹰,创造出了拥有尖牙利爪的老虎,以及能够在水中畅游的鱼儿……,直到创造人类的时候,才发现没有剩下任何特长赋予人类以保障他们的生存,这为普罗米修斯盗取奥林匹斯山上的圣火赐予人类埋下了"祸根"。[①] 这个神话故事说明,人类存在先天不足——没有遨游于水中的蹼或鳍,没有搏击长空的双翅,也没有称霸陆地的尖牙利齿,甚至连足以御寒的毛皮都没有——因此需要使用"工具"(在上述神话中即"圣火")以存活世间。从另一角度来看,本能的缺乏使得能否使用工具成

---

① Jean-Pierre Vernant, *The Universe, the Gods, and Men*, New York: Perennial, 2002, pp. 47-65.

为人之区别于动物的根本标志。美国著名导演库布里克（Stanley Kubrick）在科幻电影《2001：太空漫游》（*2001: A Space Odyssey*, 1968）中展示了类似场景：人类原本只是在大地上游荡的猿人，他们不仅要面临大型动物带给他们的生存威胁，手中的食物也可能遭受其他猿人的抢夺。直至某天，一个猿人一时兴起捡起一块兽骨，发现它不仅可以击碎许多物品，还能用来对抗野兽或其他猿人。此时，他意识到自己握有一个强大的"工具"。当猿人兴奋地将兽骨抛向天空时，画面跳转至一架形似兽骨、遨游于太空的飞船。借助这一幕库布里克传达出：从未经加工的兽骨到先进复杂的宇宙飞船，皆为"工具"，对工具的使用成为人之为人的关键。这两个例子均说明：技术与人之间不只是"工具性"的关系，更是"存在论"的关系。这与麦克卢汉在媒介研究中所做的工作类似：从"存在论"而非"工具论"的角度出发，将媒介视为人的延伸，探讨媒介之于人的作用和效应。也就是说，在麦克卢汉那里，"那些被我们所运用着的技术、那些属于我们身体延伸的媒介，不仅仅是为我们所创造，也同时构筑了我们的生活世界，并借由认识形式的限定与精神感官的调节改变，改变了我们自身的意识与行动，进而改变了人与人之间彼此认识、相处的方式"[①]。麦克卢汉的这种看法，同海德格尔关于技术的讨论极为相似：技术与人类之间的关系并非作为达成某种目的的手段，而是技术参与了我们所面对的世界之构成。由此出发，麦克卢汉在《机器新娘》一书中探讨了"工业人"的民俗，在《谷腾堡星系》一书中探讨了"印刷人"的诞生，在《文化即产业》、《理解当代》、《地球村中的战争与和平》、《地球村》等著作中探讨了"电子人"的生存。探讨媒介与"人"——工业人、印刷人、电子人——的存在论关系，可以说是麦克卢汉"文艺媒介学"思想最为突出的表现。

---

① 曹家荣：《资讯时代的媒介、速度与爱情》，《资讯社会研究》（台湾）2005年第9期。

在本章中，我们主要探讨的是麦克卢汉在《谷腾堡星系》中提出的"印刷人"——特别是处于从手抄时代向印刷时代过渡期的早期"印刷人"——的诞生这一论题。美国著名历史学家伊丽莎白·爱森斯坦认为，这是麦克卢汉"最有价值的贡献"，因为它使我们意识到了"人的思想以及社会均会受到印刷术的影响"。[①] 所谓"印刷人"，是指受印刷术影响的、有着深刻的印刷烙印（独立、视觉、理性、量化）的现代个体。麦克卢汉有时候又将之称作"视觉人"或"理性人"。在下面的论述中，我们并不着力于宽泛地总结麦克卢汉塑造的"印刷人"的特征（这不符合麦克卢汉的本意），而是沿着麦克卢汉的思路，展示印刷术诞生之初出现的那批早期"印刷人"——在《谷腾堡星系》中，被麦克卢汉归为早期"印刷人"的有伊拉斯谟（Desiderius Erasmus，1466—1536）、阿雷蒂诺（Pietro Aretino，1492—1556）、拉米斯（Petrus Ramus，1515—1572）、拉伯雷（Francois Rabelais，1493—1553）、塞万提斯（Cervantes，1547—1616）、蒲伯（Alexander Pope，1688—1744）和培根（Francis Bacon，1561—1626）等——的形象。麦克卢汉认为，在手抄文化向印刷文化转化的过程中，这些早期"印刷人"率先以自己的行动印证了"印刷术对于人的塑造作用"，因为他们的一只脚已经"踏在了印刷文化的浪潮之上"；当然，也正是处于两种文化的激烈对抗时期，他们身上难免又有转化时期的混杂特征，用麦克卢汉的话说，他们的另一只脚还"踩在中世纪的泥淖之中"。在本书中，我们选取麦克卢汉谈及较多的伊拉斯谟、拉米斯、拉伯雷和培根这四位早期"印刷人"，以个案研究的方式探讨他们在宗教、教育、文学、科学等不同领域是如何以自己的实际行动实践并证明了诞生之初的印刷

[①] 〔美〕伊丽莎白·爱森斯坦：《作为变革动因的印刷机：早期近代欧洲的传播与文化变革》，何道宽译，第76页。

术对于人的形塑作用：拉米斯将印刷术的视觉效应贯彻到学校课堂之中，改变了中世纪人文教育三学科之间的比重——修辞学和语法学失去强势地位，逻辑学跃至更为重要的位置。伊拉斯谟将印刷术应用到传统语法学和修辞学领域，推动了人文教育的发展和"圣言之书"的整理。拉伯雷将源自印刷机的应用知识运用到"学习"之上，推动了知识的普及和民主化；运用到"享乐"之上，促进了消费者世界的成型。培根从印刷术的齐一、连续和可重复性假设中发展出全新的"方法"，从印刷强化的应用知识中提出了"百科全书"概念和整理"百科全书"——"自然现象的百科全书化"——的计划。

第一节 拉米斯：谷腾堡时代的教育先锋

拉米斯（Petrus Ramus, 1515—1572）是文艺复兴时期法国最重要的逻辑学家和教育改革者。长期以来，学界更多强调的是拉米斯对于逻辑学的贡献。"在拉米斯的带领下，古代人（修辞学家和语法学家）同现代人（辩证学家）之间展开了新一轮的较量，最终辩证'方法'胜出，修辞和语法传统过时。"[①] 不仅如此，他还直接促成了后来逻辑学上"拉米斯派"的形成。与强调拉米斯"逻辑学家"身份形成鲜明对照的是，拉米斯在教育改革方面的贡献一直没有得到应有的重视。事实上，自1546年拉米斯担任巴黎大学艺学院院长起，直到1572年逝世，在其长达26年的任职生涯中，拉米斯一直致力于推进教学和课程改革，并把教学内容的重点转向伦理学、政治学和公民学。毫不夸张地说，拉米斯就是一位"谷腾堡时代的教育先锋"（麦克卢汉语）。然而，在17世

[①] Marshall and Eric McLuhan, *Laws of Media: The New Science*, p. 125.

纪之后，拉米斯在教育改革方面的贡献被迅速遗忘。直到麦克卢汉的弟子沃尔特·翁考察拉米斯的论著面世，才揭开了其在教育改革上长期以来不为人知的另一面。麦克卢汉认为，沃尔特·翁的《拉米斯》一书使我们对催生谷腾堡星系的事件有了全新的理解。他说，"翁的近作《拉米斯》对后期经院哲学到视觉方法演变过程的研究有助于我们理解谷腾堡对事件构形的影响"①。本节的重点不在于讨论拉米斯对于逻辑学的影响，而侧重于考察他在推动"教育改革"方面所做出的贡献。当然，不可否认的是，在拉米斯那里，其教育改革与他对逻辑的改造是联系在一起的。具体地说，本节的任务在于考察，在印刷术这种全新的媒介诞生之后，在这种新的主导媒介所培育的新的媒介环境和感知模式下，拉米斯是如何"踏着谷腾堡技术的浪潮"，对当时的教学和课程做出适应印刷媒介环境的改革和调整的。

一、踏着谷腾堡浪潮的教育先锋

根据西方学者的一般看法，表音文字的诞生推动了西方文化从口语传统向书写传统的转变。埃里克·哈弗洛克、沃尔特·翁等学者对这一转变有过详尽的描绘和论述。② 或如麦克卢汉所说，在公元前5世纪表音文字大幅度地渗透于古希腊社会之前，听觉智慧是古希腊的教育体制，古希腊人教育年轻人的方式就是让年轻人背诵诗歌，这种教育是用来培养操作性智慧和审时度势智慧的，它指望青少年成为无所不知的人，因此，哈弗洛克又把这种教育称作部落百科全书式的教育。③ 表音文字在造就非部落化的过

---

① Marshall McLuhan, *The Gutenberg Galaxy*, p. 129.
② 具体论述参见 Eric Havelock, *Origin of Western Literacy*, Toronto: OISE Press, 1976; Eric Havelock, *Preface to Plato*, Harvard: Harvard University Press, 1963; Walter J. Ong, *Orality and Literacy*, London: Methuen, 1982。
③ 〔加〕麦克卢汉：《麦克卢汉如是说》，何道宽译，第35页。

程中产生了对新教育计划的需求。柏拉图是认真解决这一问题的第一人，或者说，柏拉图站在了这次教育改革的转折点上。就像尼尔·波兹曼所说的，"西方教育的第一次危机出现在公元前 5 世纪，那时雅典人经历了从口头文化到字母书写文化的变更，如果要了解其中的意义，我们应该读一读柏拉图"[①]。表音文字诞生以后，柏拉图立即紧紧抓住它并且声称，"让我们抛弃荷马，追求理性的教育"。柏拉图将诗人逐出了理想国。这里，他对诗人的战争"不是对个人的宣战，而是对教育中的口头传统宣战"。[②]

如果说表音文字使教育中的口头传统转向书写传统的话，那么，印刷术的发明则使书写教育所依托的媒介从手工誊录转向了机械印刷。对于此次转变，麦克卢汉在《谷腾堡星系》中的阐述可谓精到。中世纪时期，知识的发展和传承主要靠手抄本来维系。手抄书籍在当时属稀缺资源，且价格昂贵、购买困难，所以知识传授主要依靠口耳相传的方式。教师授课以读为主，称为读课（lecture），即由教师诵读教科书原文及其注释，由学生进行记录。讲课的一般程序是：第一步，讲述原文前，先给学生说明原文的梗概及主要思想；第二步，用简要的语言叙述本章的知识；第三步，诵读原文；第四步，复述本章内容梗概；第五步，释疑及举例。教师在讲课时，也要做出评论（commentatio）或提要（summa），目的在于加深学生对教材的理解。此外，也采用辩论（disputation）的方式。"读课"的授课方式——从"讲述"到"叙述"，从"诵读"到"复述"，从"释疑"到"评论"，以及"辩论"等——充分表明手抄书时代的教育所遵循的仍是口耳相传的传统。印刷术诞生之后，学生不仅可以靠读书继承知识，且

---

① 〔加〕尼尔·波兹曼：《娱乐至死》，章艳译，广西师范大学出版社 2004 年版，第 189 页。

② 〔加〕麦克卢汉：《麦克卢汉如是说》，何道宽译，第 155 页。

自学效率亦高于聆听长者教诲的效率,在爱森斯坦看来,"这是虽被人忽视却意义重大的学习刺激,是激励人们了解古今人之争的学习方式"①。麦克卢汉认为,以伊拉斯谟、阿雷蒂诺、拉米斯、拉伯雷、塞万提斯、蒲伯、培根等为代表的一批"印刷人"就站在了此次文化转折的关节点上。然若单就教育变革而言,站在此次教育改革关口的当推法国教育改革家拉米斯。就像麦克卢汉所说,"16世纪教育改革的伟大人物是法国的拉米斯,他是踏着谷腾堡浪潮的'教育先锋'。"②在很大程度上可以说,拉米斯与近两千年前的柏拉图在不同的时代扮演了相似的角色。

这里需特别说明的是,"教育"在拉米斯那里、在他那个时代有着特殊含义,这是我们理解拉米斯以"教育先锋"身份推动教育变革的根本前提和关键。拉米斯及他那个时代所指称的"教育"与我们今天理解的"教育"有着霄壤之别。当时的"教育"是指以"七艺"为主要课程的传统"人文教育"(liberal education)。当时承担着教育重任的是教堂和刚刚出现的公共学校,它们均采用相同的三学科制(修辞、语法、辩证法)③,既有男生也有女生,但一般只有男生可以升入大学学习四学科(算术、几何、天文、音乐)。"人文教育"通过"人文学科"(liberal studies)而达成,"我们称那些对自由人有价值的学科为'人文学科',通过这些学科,我们能获致美德和智慧,并成为美德和智慧的躬行者。人文教育唤起、训练和发展那些蕴含于人身心之中的最高才能,正是

---

① 〔美〕伊丽莎白·爱森斯坦:《作为变革动因的印刷机:早期近代欧洲的传播与文化变革》,何道宽译,第150页。
② Marshall McLuhan, The Gutenberg Galaxy, p. 144.
③ 中世纪的三学科指的是:语法(语文研究)、辩证法(逻辑和辩难)和修辞(用语言形式劝说读者或听众)。自西塞罗之前开始到19世纪后期美国大学采纳德国教育的分科结构模式为止,三学科一直是西方高等教育的基础。这种三合一的教育传统也是麦克卢汉在博士论文(1943)中研究英格兰启蒙时代作家托马斯·纳什(Thomas Nashe)的基础。对麦克卢汉而言,从古至今,这样的教育体制都是正确的道统,这和他的宗教信仰是一致的。

这些才能使人变得高贵"[①]。也就是说，拉米斯所说的"教育"主要侧重于"人文教育"三学科——修辞学（用语言形式劝说读者和听众）、语法学（语文研究）、辩证法（逻辑和辩难）——之间的比例关系，而我们今天所说的"教育"，则主要指19世纪由德国大学的知识观念所确立的教育分科结构模式。由此，作为谷腾堡时代的"教育先锋"，拉米斯对于"教育改革"的最大动作其实就是为适应印刷这一全新媒介而对人文教育三学科之间比例所进行的重新分配和调整。具体来说就是为适应印刷媒介所塑造的全新的感知模式，"拉米斯把觅材取材、构思布局划归逻辑学，把词源和句法划归语法，而只把文体风格、记忆和讲演技巧认作是修辞的研究内容"[②]，从而使传统的修辞学和语法学失去强势地位，使逻辑学与辩证法跃居突出的位置。拉米斯的《逻辑学》一书甚至成为当时广泛流行的教科书，他以内容代替形式，以简明的逻辑"方法"代替亚里士多德的逻辑"体系"，把逻辑变成人文学科的学习指南。赵敦华认为，拉米斯这种简明的逻辑方法之于人文学科的意义"犹如亚里士多德的形式逻辑之于经院哲学的作用"[③]。

事实上，古典人文三学科之间的比例关系，是麦克卢汉很早就关注的一个研究课题，也构成其《谷腾堡星系》一书的"次要主题"[④]。麦克卢汉对这一问题的关注，始于20世纪40年代初他在剑桥攻读博士学位时期。在当时的阅读和写作过程中，麦克卢汉"越来越兴奋地意识到，几乎整个西方文化史都可以这样来解读：它是三学科（语法、逻辑学、修辞学）之间持续不断的隐蔽战

[①] William Harrison Woodward, *Vittorino da Feltre and Other Humanist Educators*, Cambridge: Cambridge University Press, 1905, p. 102.
[②] 从莱庭、徐鲁亚编著：《西方修辞学》，上海外语教育出版社2007年版，第42页。
[③] 赵敦华：《基督教哲学1500年》，人民出版社1994年，第554页。
[④] 〔加〕菲利普·马尔尚：《麦克卢汉》，何道宽译，第170页。

争，是古希腊、古罗马和中世纪七学科之间的战争"，以至于尽管"表面上纳什还是其论文的主题，实际上由于麦克卢汉发现了三学科的重要性，托马斯·纳什（Thomas Nashe）在他论文中反而变得黯然失色了"。[①] 在他看来，纳什当时所卷入的争论，事实上是遵循西塞罗以来修辞传统的文艺复兴学者同中世纪遵循逻辑智慧传统的"经院哲学家"之间的争论；论辩的根源在于对作为辩证法家的苏格拉底的蔑视和对作为修辞学家的诡辩论者的支持。麦克卢汉认为，三学科代表了看待世界的三种不同方式，要想理解西方文明，关键在于把握语法、修辞和逻辑三者之间的关系。可以说，正是在其博士论文中，麦克卢汉开始了尝试通过改编古代的教育理想（突出表现为文法、修辞和语言三学科），以使其成为适应新的传播和艺术表现形式的现实观照方式。或如特沃尔（Donald Theall）、马尔尚、维姆特（Glenn Willmott）、马尔切索、卡维尔（Richard Cavell）在各自著作中所论述的那样，古代语法、修辞和逻辑是麦克卢汉媒介探索的基础。[②] 麦克卢汉的传记作家马尔尚曾粗线条地勾勒出了三者在不同时期的关系，这有助于我们换一种角度（或者说从麦克卢汉的角度）去理解西方文明的发展进程："在中世纪时，经院哲学家强调辩证法，使逻辑学的发展盛极一时，因而对其他学科构成了威胁。到文艺复习时期，修辞学和语法杀了个回马枪。到十七世纪，笛卡尔再一次打破了三学科之间的平衡，他强调的是逻辑——因而走向另一极端。在笛卡尔的哲学中，世界实际上被转写成一套数学方程式。到二十世纪，语法重新得宠，受宠的标志是新批评的来临，因为新批评强调的是对文

---

① 〔加〕菲利普·马尔尚：《麦克卢汉》，何道宽译，第62页。
② Donald Theall, *The Medium Is the Rear-View Mirror*, Montreal: McGill-Queen's University Press, 1971; Philip Marchand, *Marshall McLuhan*, New York: Ticknor & Fields, 1989; Glenn Willmott, *McLuhan, or Modernism in Reverse*, Toronto: University of Toronto Press, 1996; Janine Marchessault, *Marshall McLuhan: Comic Media*, London: SAGE Publications, 2005; Richard Cavell, *McLuhan in Space*, Toronto: University of Toronto Press, 2003.

本的语词分析。"① 可以说，麦克卢汉对拉米斯的关注和讨论，实质上延续的正是发端于其博士论文时期的一个重要主题。他借拉米斯对人文教育三学科之间关系的重新划配，实际上强调的是印刷术在社会中的渗透及其所培养的视觉感知模式对于古典三学科所产生的影响。

对于拉米斯的教育改革，麦克卢汉有两个基本的结论：第一，"拉米斯来自后期经院哲学体系，却设计了视觉化的教学方法，提供以印刷为导向的新课堂之用。印刷书籍使得所有学生都能获得，它作为新的视觉化辅助手段，使过去的教育方式过时"②。第二，"拉米斯坚持主张印刷书籍在课堂上的至高地位，这点完全正确。因为唯有如此，印刷媒介的同质效应才能强加在年轻生命之上。印刷技术熏陶出来的学生，会将各种问题和经验统统转译成新的线性视觉顺序"③。在理解了"教育"在拉米斯那里的含义，以及麦克卢汉对古典人文三学科的基本看法之后，我们对麦克卢汉的这两个结论就可以有较为透彻的理解了。下面，我们就从这两个方面，来看看拉米斯借助于"修辞学革命"而对当时"教育改革"的推进。

二、视觉化教学方法的提出

如上所述，表音文字的效应之一是将口语传播的听觉偏向转换为书面语的视觉偏向。表音文字用在口语词丛结上，其实就是将言说转译为可统一传输的视觉符号。④ 或如凯勒斯（J. C. Carothers）所说，"语词一旦被书写下来，就成为视觉世界的一部

---

① 〔加〕菲利普·马尔尚：《麦克卢汉》，何道宽译，第63页。
② Marshall McLuhan, *The Gutenberg Galaxy*, pp. 144-145.
③ Marshall McLuhan, *The Gutenberg Galaxy*, p. 146.
④ Marshall McLuhan, *The Gutenberg Galaxy*, p. 160.

分，同时也就失去了动态活力而成为静态之物"①。这个过程因作为表音文字之终极延伸的印刷术的发明而获得新的动力。伊尼斯指出，"十五世纪中叶印刷术的发明意味着一个回归的开始。我们再次回到眼睛而非耳朵占据主导地位的文明"②。印刷术诞生以后，词语之间的分离排印、标点符号系统化、文本的规整化、拼写和语法的标准化等得以实现，它们提升了文本的视觉吸引力，强化了字母表书写的视觉偏向。在麦克卢汉看来，由印刷术所强化的这种视觉偏向，使文艺复兴时期的教育发生了急剧变化，"印刷术在人的意识之中强加入全新的形式上的因果关系。这种重复的快速形式，使文艺复兴时期的教育发生了天翻地覆的革命"③。这催生出拉米斯视觉化的项目分类法。这一视觉化的项目分类法"易于让人直接联想到印刷过程，因此能在任何主题上强加结构，就像把文字框进印刷工人的字模里一样，只要将主题想成由空间中固定的部分所组成的就可以了"④。麦克卢汉说，"我们希望找出，印刷借分离、分隔和不断视觉化的方式来组织应用知识的各种方法"，而拉米斯所设计的教学方法就是对于知识的"视觉呈现"。⑤

印刷术诞生以后，由于它能够把相同的课本放在任何数量的学生或读者面前，很快就结束了口头论辩的经院哲学的统治。⑥ 中世纪经院哲学的对话，无论单向讲演或双向对话，都不再适合由印刷媒介所培养的文化模式："因为经院哲学采取的是同步拼贴法则，它要求同时清楚处理意义的诸层次和面向，这不再适合新的线性世界。为此必须用'强调每次只处理一个问题'的新方

---

① J. C. Carothers, "Culture, Psychiatry and the Written Word", *Psychiatry*, 1959, p. 311.
② Harold Innis, *The Bias of Communication*, Toronto: University of Toronto Press, 1951, p. 138.
③ Marshall McLuhan, *Letters of Marshall McLuhan*, p. 385.
④ Walter J. Ong, "Ramist Method and the Commercial Mind", *Studies in the Renaissance*, vol. 8, 1961, p. 167.
⑤ Marshall McLuhan, *The Gutenberg Galaxy*, p. 175.
⑥ Marshall McLuhan, *Understanding Media*, New York: McGraw-Hill, 1964, p. 174.

法来取代旧式的对话。"[1] 拉米斯敏锐地把握到了这一点。所以尽管"拉米斯来自后期经院哲学",他却能够设计出视觉化的教学方法,供以印刷为导向的新式课堂之用。在麦克卢汉看来,拉米斯之所以有此实践,关键在于他"贴近于当时由印刷媒介所培育的新的感知模式"[2]。也就是说,拉米斯敏锐地觉察到了新诞生的印刷术对视觉的强调,并将这种视觉化倾向贯彻于当时的"教育"之上。这在拉米斯那里,突出地表现为他对逻辑的改造。在他编写的那本广泛流传的逻辑教科书《辩证法》中,他以对相关学科的论题的内容分析代替了逻辑学中长期以来惯有的对定义、命题、推理、规则的形式规定,以一个简明的逻辑方法代替了亚里士多德的逻辑体系,从而把逻辑变为人文学科的学习指南。在拉米斯那里,"方法"是一个得自实际的"配置在正确序列上的正确的技艺"[3],它显示出思维按其论据的级进行排列,并据一些实践准则得到真理。可以说,拉米斯对近似科学方法的"方法"的论述,在当时学术界堪称独步。他认为,辩证法的先驱不是亚里士多德而是西塞罗、昆提利安(Marcus Fabius Quintilianus)和波爱修(Boethius);辩证法的目的不在于必然性而在于最大程度的或然性(即可信性);判断辩证法命题是否为真的标准不是形式逻辑而是语法规则。不仅如此,拉米斯还对主宰了课程设置的三学科之间的重复性和模糊性感到不满。在他看来,修辞学只是一种词语的修饰。为此,他积极倡导所谓的"修辞学革命",把修辞学中传统的"五艺"(即构思取材、谋篇布局、文体风格、演讲技巧和记忆)在逻辑学和修辞学之间进行了重新分配。他把构思取材和谋篇布局置于逻辑规则之下,而只为修辞学保留了文体风格和演讲技巧。这种分类方法便于教学,因而在教育系统中维持了

---

[1] Marshall McLuhan, *The Gutenberg Galaxy*, p. 129.
[2] Marshall McLuhan, *The Gutenberg Galaxy*, p. 175.
[3] 转引自杨百顺:《西方逻辑史》,四川人民出版社 1984 年版,第 298 页。

很长时间。在拉米斯的影响下，修辞学的威望蒙受了巨大损失，其后的修辞学研究倾向于文体和修饰，修辞学作为一门话语艺术，其在通过论辩解决重大问题方面的功能大都消失了。

事实上，拉米斯所倡导的"修辞学革命"——对修辞学中的"五艺"在修辞学与逻辑学之间进行重新分配以及对逻辑的改造——适应了印刷媒介的视觉化需求，并最终使偏重口头传统的修辞学从属于改造后的、偏重于视觉化传统的逻辑学。这印证了麦克卢汉的判断：拉米斯不仅设计了视觉化的教学方法供以印刷为导向的新课堂使用，而且借助于印刷媒介这一新的视觉化辅助手段使过去的教育方式过时了。他这样写道："在长达一千五百多年的时间里，多半的西方历史、西塞罗的教育计划以及它所继承的希腊教育体制，是德育教育和基督教人道主义的基础。由于谷腾堡发明了机械印刷，偏重视觉的表音字母的地位进一步上升。在法国辨证学家拉米斯的率领下，现代人（辩证学家）与古人（修辞学家和语法学家）之间展开了新的较量，辩证'方法'胜出，古人的传统过时了。"[①]

三、开创学校"教科书"的编写范式

在麦克卢汉看来，印刷术促成了一种封闭空间的感觉，即付印的文本是完成的、终极的形式。这种封闭空间，在文学方面促成了具象诗的形成、现代小说的诞生以及"原创性"、"创造性"之类的富有浪漫色彩的概念；在文学理论方面，则导致了形式主义和"新批评"的诞生，这两种理论均相信，每一个语言文本都封闭在自己的空间中。不仅如此，由印刷术所促成的这种封闭空间的感觉还推动了问答教学法和"教科书"的来临。而在这一过程中发挥了重要作用并开创了所有学科之"教科书"范式的正是

---

① Marshall and Eric McLuhan, *Laws of Media: The New Science*, pp. 124-125.

法国教育学家拉米斯。就像沃尔特·翁所指出的,拉米斯开创了一切学科(辩证法、逻辑、修辞、语法、算术等)教材的范式:"首先是冷冰冰的学科定义和分类,由此再引导出进一步的定义和分类,直到该学科的每一个细枝末节都解剖殆尽,处理完毕。拉米斯式的教材不指明它和该书之外任何东西的互动关系。书中不会讲棘手的困难,'对手'不会出现。根据拉米斯方法论推出的教材不会遭遇困难:如果你恰当地定义、恰当地分门别类,书中的一切自然会不言自明,教材本身就会圆满无缺、自给自足。拉米斯把困难的问题和同对手的辩难分派到不同的'讲授范畴'中,使之分别进入辩证法、修辞、语法、逻辑、算术等领域。这些'讲授范畴'处在自我封闭的'学科'之外。再者,拉米斯教材中的素材可以用印制得规整的提纲和图标来展示,清楚显示出它们在书中和脑子里的组织情况。每一门学科和其他学科区分得清清楚楚,就像相邻的空间开放的房子彼此分离一样。"[1] 拉米斯将不同的内容划入到相应的学科,然后用教科书这一封闭空间的形式将学科内容进行框定,从而推动了西方学校史上"教科书"范式的确立。

四、坚持印刷课本在课堂上的至高地位

拉米斯不仅认识到了印刷术的视觉化效应,提出了视觉化的教学方法并贯彻到教学实践之中,而且也确立了西方学校教材的编写范式。同时,他还敏锐地注意到了印刷术的同质化力量,以及这种同质化力量对于个体的形塑作用。印刷术发明之前的手抄本不具有这种同质化的力量。麦克卢汉有一个形象的比喻,他将过去的手抄本称作粗糙的"教学工具",而将印刷课本称作精致

---

[1] 〔美〕沃尔特·翁:《口语文化与书面文化》,何道宽译,北京大学出版社2008年版,第102页。

的"教学机器":"印刷书籍以印刷术在视觉秩序上的均匀性和重复性为基础,它成为最早的教学机器。"[1] 拉米斯将印刷课本这种"教学机器"置于课堂之最高地位,目的就在于将印刷媒介的同质化效应强加于每一个在校读书的个体之上。通过这种潜移默化的强加,由印刷书籍所熏陶出来的学生才会将各种问题和经验转译成新的线性视觉秩序。印刷术借助于课堂所培育出来的这种全新的个体,即麦克卢汉所谓的"印刷人"(typographic man)。可以说,拉米斯正是通过对与印刷媒介相适应的逻辑学的强调和推重,使得印刷媒介的同质化效应在课堂中得到了贯彻实施,并培养出了"理性的"、能够将各种经验转译为线性、视觉秩序的现代个体。而这种现代个体,在麦克卢汉看来,对于个体主义和民族主义有着重要的意义:这种"新的'印刷人'因印刷而特出,稍后更因同个体主义和民族主义的关联而备受关注"[2]。因为倘若没有一定的读写能力,人力资源优势就难以得到发挥。麦克卢汉以拿破仑训练农夫和半文盲的例子说明了这一点。由于农夫和半文盲缺乏由印刷课本所强加的视觉化和线性思维,所以尽管拿破仑用 18 英寸长的绳子教他们精确、齐一和可重复的概念,但效果并不显著。这足以见出将印刷书本置于课堂之至高地位的重要作用。因此,"任何民族主义国家,若要最大限度地开发利用其人力资源,并将其投入到商务、金融、生产和营销等公共事务之中,都必须强迫施行这一方法"[3]。麦克卢汉指出,"印刷成为习以为常的事物之后,就倾向于创造出如活字版般齐整划一的公民"[4],这种"如活字版般齐整划一的公民"即威廉·科贝

---

[1] Marshall McLuhan, *Understanding Media*, New York: McGraw-Hill, 1964, p. 174.
[2] Marshall McLuhan, *The Gutenberg Galaxy*, p. 175.
[3] Marshall McLuhan, *The Gutenberg Galaxy*, p. 146.
[4] Marshall McLuhan, *The Gutenberg Galaxy*, p. 219.

特（William Cobbett，1762—1835）所说的"新型人类"（new man）。他敏锐地观察到，印刷的"书本文化在美国创造出了新型人类，他们'心中装着'印刷术传递的信息，身上穿着'精纺的人性罩衣'。这种新型人类就像李尔王那般，不断地拆解自己，直到实现赫胥黎（Aldous Leonard Huxley，1894—1963，英国作家，1932年创作的《美丽新世界》让他名留青史）的教育理想为止"①。所谓"赫胥黎的教育理想"，是指借助于自由主义教育培育这样的公民："他接受的是自由主义教育，年少时身体便经过锻炼以便为服从其意志做准备，只要从事的是能力所及的工作，均如机器般轻松愉快。他神智清晰，冷静而富有逻辑，所有元件都一样强劲，依序运作，过程顺畅有如蒸汽引擎，蓄势待发以备从事任何工作。"②当然，印刷术之同质力量在教育中的彻底贯彻并最终培育出同质化的"新型人类"，不是一蹴而就的，而是一个缓慢渐进的过程。就像麦克卢汉指出的那样，"借由印刷术所培育的读写能力去开发人力资源，并将印刷术这种同质化效应全面应用于商业和工业领域，并拓展至学习、工作和娱乐的各个层面，则已经是19世纪的事情了"③。

拉米斯的突出贡献在于，他将印刷术的视觉效应贯彻到学校课堂之中，不仅提出了视觉化的教学方法，开创了"教科书"的编写范式，而且通过将印刷的课本这种"教学机器"置于课堂最高位置，塑造出了同质的新型人类，为现代个体主义和民族主义的形成创造了条件。也正是在此意义上，麦克卢汉将拉米斯称为"踏着谷腾堡浪潮的教育先锋"。

---

① Marshall McLuhan, *The Gutenberg Galaxy*, p. 172.
② Marshall McLuhan, *The Mechanical Bride: Folklore of Industiral Man*, New York: The Vanguard Press, 1951, p. 108.
③ Marshall McLuhan, *The Gutenberg Galaxy*, p. 146.

第二节　拉伯雷：从知识民主到消费者的天堂

拉伯雷是文艺复兴时期法国伟大的人文主义者。他同西班牙小说家塞万提斯均是印刷术诞生之后成长起来的第一代人，同为欧洲长篇小说的奠基人。但在塞万提斯之前，拉伯雷即已为印刷术的丛结创造出一个地道的神话，即法国文学史上第一部长篇小说《巨人传》(Gargantua and Pantagruel)。[1] 对于拉伯雷，麦克卢汉有两个著名的论断：第一，"拉伯雷想象中的未来印刷文化，是应用知识下的消费天堂"[2]，这说的是拉伯雷与印刷术的投合，以及受印刷媒介的影响，拉伯雷对于巨型化和未来消费者天堂的想象；第二，"拉伯雷作品中表现出的粗俗感，是没落的手抄文化的余波"[3]，这说的是由于拉伯雷生活在两种文化的边缘，故其身上及其作品《巨人传》中有着浓厚的"中世纪风格"。下面，我们从麦克卢汉的这两个论断出发，来探讨印刷术对于拉伯雷的影响——拉伯雷与印刷术的投合及其身上的中世纪"手抄文化的余波"。

一、拉伯雷与印刷术的投合

麦克卢汉说，在拉伯雷那里，"源自印刷机的应用知识，不仅应用在学习上，最后更应用到舒适上"[4]。也就是说，拉伯雷对于印刷文化的肯定与想象，主要表现在"学习"(learning)——由印刷机大量印刷书籍所导致的知识民主化——以及"舒适"

---

[1] Marshall McLuhan, *The Gutenberg Galaxy*, p. 146.
[2] Marshall McLuhan, *The Gutenberg Galaxy*, p. 146.
[3] Marshall McLuhan, *The Gutenberg Galaxy*, p. 149.
[4] Marshall McLuhan, *The Gutenberg Galaxy*, p. 147.

（comfort）——消费者的天堂——两个方面。

（一）印刷术与知识的民主化

拉伯雷对于书写和印刷是持肯定态度的。他在《巨人传》序言中一本正经地"告诫"读者："一个明智的正人君子，对于别人告诉他的，特别是写在书上的东西，应该深信不疑。"在书中，他又借高康大之口，大力赞扬印刷术对于知识普及的作用："如今，印刷术是如此的优雅和正确，比之更好的状况已经很难想象了。……全世界都是学富五车的人们和为数众多的图书馆。在我看来，无论是在柏拉图、西塞罗还是帕比尼安生活的时代，学习和研究都不如现在这般便利……现在的劫匪、刽子手、强盗、酒吧服务员以及马夫之流，都比当时的医生和传道士有学问。"[1] 拉伯雷在这里强调的就是印刷术所带来的最为直接的社会后果——知识的普及化和民主化。对此，麦克卢汉总结道："拉伯雷所关切的，正是印刷机酿制出的大量'美酒'所导致的知识民主化。"[2]

在抄录阶段，书籍属稀缺产品，拥有书本是修道院和大学的专利，知识被垄断在教会和大学之中。尽管 15 世纪中叶以前文艺复兴运动已经通过抄写拯救了不少古老的著作，但只有等到印刷术发明之后，"知识爆炸"的时代才真正降临。自 15 世纪中叶起，印刷媒介开始向手抄文化发起攻击，它借助于机械的方式，生产出大量相同的复本，书籍变得方便易得，印刷文本彻底摆脱了手抄孤本的限制而达到一种"远程在场"（teletopie，维利里奥 [Paul Virilio] 语）[3]，知识垄断被打破，整个社会成为一个"没有围墙的图书馆"——"印刷书籍打破了图书馆对书籍的垄断

---

[1] Francis Rabelais, *The Works of Mr. Francis Rabelais*, tran. by. Thomas Urquhart, p. 204.
[2] Marshall McLuhan, *The Gutenberg Galaxy*, p. 147.
[3] 〔法〕保罗·维利里奥：《解放的速度》，陆元昶译，江苏人民出版社 2004 年版，第 14 页。

局面"①,或如有学者所说,"感谢印刷和文本复制,书本不再是昂贵的物品,不再只能在图书馆阅读"②。自此,知识传播有了全新的途径,人们获得书本的数量和种类急剧增加③,获取知识的成本大大下降。印刷术造就的博学者亦非手抄时代的博学者所能比。毫不夸张地说,13世纪的百科全书式人物罗吉尔·培根(Roger Bacon)对于古典著作的感受是无法与拉伯雷这样的16世纪的人文主义者相提并论的。

拉伯雷较早认识到印刷媒介本身的作用而不仅仅注重"媒介的内容"。这也是麦克卢汉特别看重拉伯雷的原因所在。不可否认,印刷术发明之初所传播的几乎全是旧的知识和思想文化传统,在印刷的生产和消费规模不大的情况下,印刷媒介所能承载的新思想极为有限。以至于连费弗尔和马尔坦也不得不承认,"印刷肇始之初,并未带来骤然或彻底的转变,至少就一般性特征而言,当时的文化开始时几乎未受影响"④。在他们看来,对于谷腾堡时代的人来说,印刷"只是借助某种力量以复制最迫切需要文本的方法"⑤。然而,拉伯雷所看重的并不是印刷机所带来的那些新的思想和知识,而在于从印刷机中源源流出的、数量惊人的"印刷美酒"。就像麦克卢汉特别强调的,那些认为早期印刷媒介对于新知识传播并不乐观的看法,源自于他们关注的仅仅是媒介传输的

---

① Marshall McLuhan, *The Gutenberg Galaxy*, p. 206.
② Lucien Febvre and Henri-Jean Martin, *The Coming of the Book: The Impact of Printing 1450-1800*, tran. by David Gerad, London: NLB, 1976, p.126.
③ 就印刷书籍的数量而言,据估计,在1500到1600年间印制的书籍,应有15万到20万种不同的版本,整个16世纪出版的书本总额,达到1.5亿到2亿册。可以说,16世纪出产的印刷书籍,其数额之多足以让所有识字的人都有机会读到书。就种类而言,除大量的宗教著作和古典主义著作外,成文法规、地理、医学、自然科学、历史故事、文学作品等也得到了大量推行,满足了不同读者的需求。参见〔法〕费夫贺(本书译为费弗尔)、马尔坦:《印刷书的诞生》,李鸿志译,广西师范大学出版社2006年版,第八章"印刷书:变革的推手"。
④ 〔法〕费夫贺、马尔坦:《印刷书的诞生》,李鸿志译,第261页。
⑤ 〔法〕费夫贺、马尔坦:《印刷书的诞生》,李鸿志译,第248页。

"内容",而忽视了印刷媒介为新理论所提供的全新的传播模型。他说:"要真正掌握印刷的效应或本质,就必须仔细研究文艺复兴时期的印刷和当时的新科学模型。"[1] 拉伯雷敏锐地把握到了这一点,麦克卢汉对此可谓心有戚戚焉。

然而,有一点需要特别注意,即晚期的拉伯雷对印刷术的效果已经有所反思:他在其身后出版的《巨人传》第五卷第三十章中引入了一个"道听途说"的比喻。所谓"道听途说",是一个弯腰驼背、又瞎又瘫的老头。这个老头有7个舌头,头上和身上到处都是耳朵。他所有的舌头都在说话,所有的耳朵都在聆听,四周贪婪的听众也都呆呆地听着,不鉴别,不检查,不审核,不批评,对杂七杂八的知识一概收揽,而且还拿着图书和杂志。"都是道听途说来的。"——这句话反复出现,像是莫里哀喜剧中反复出现的台词,也很有拉伯雷的特色。事实上,拉伯雷这里是对由印刷术所激发的整理知识的狂热进行的反思。他认识到,当时出版的书籍几乎囊括了整个有生命的大自然;但人们仅仅只是在编纂,他们没有规划、没有批判,而只有盲从。他写道,"他们手中一无所有:没有武器,没有工具,也没有一张总的平面图;他们只有热切的愿望,而且仅仅是愿望"[2]。

(二)"庞大固埃口中的世界"

麦克卢汉指出,在拉伯雷的想象中,印刷术的形象就像《巨人传》中主人公庞大固埃"口中的世界"。[3] 这里所谓的"庞大固埃口中的世界",主要表现为印刷术的同质化效应以及印刷术对

---

[1] Marshall McLuhan, *The Gutenberg Galaxy*, p. 142.
[2] 〔法〕吕西安·费弗尔:《十六世纪的无信仰问题》,闫素伟译,商务印书馆 2012 年版,第 523—524 页。
[3] 〔加〕麦克卢汉:《理解新媒介研究项目报告书》,载〔加〕麦克卢汉:《理解媒介》(增订评注本),何道宽译,第 447 页。

于消费者世界形成的影响两个方面。

第一，印刷术的同质化效应。麦克卢汉认为，印刷术让人类感知的所有面向开始同质化，借用拉伯雷的术语，形象的说法就是："整个世界都在庞大固埃口中"。在麦克卢汉看来，人们与物质的同质化是谷腾堡时代的重大工程，也是财富和权力的重要来源。这种同质化效应只存在于谷腾堡时代，且除印刷术之外没有其他技术拥有如此效果。[1] 由印刷术所带来的同质化效应突出表现在以下方面：其一，自然现象的百科全书化。麦克卢汉指出，"印刷术造成自然现象的百科全书化"[2]，而弗朗西斯·培根（Francis Bacon，1561—1626）的"方法"便是从中延伸而来的。培根的实验方法就是将整个自然放进"庞大固埃的口中"。其二，个体的同质化。拉伯雷表示，印刷让个人和才能开始同质化。对此，麦克卢汉指出，印刷术的统一和重复特性，造成人们心灵的一致化，培育出同质的人民。这种同质化个体是由印刷媒介在教育中的贯彻而培育出来的。这让我们想到了拉米斯的方法。拉米斯坚持认为，印刷书籍在课堂上拥有最高地位。因为唯有如此，印刷这一全新媒介的同质效应才能强加在年轻生命之上。印刷技术熏陶出来的学生，会将各种问题和经验统统转译成新的线性视觉顺序。而任何民族主义国家若想尽可能利用人力，投入金融、商务、生产和市场营销，也就必须强迫施行这种教学方法。[3] 麦克卢汉认为，现代军人的出现也是由印刷术所培养的个体同质化的结果。在他看来，国民军不仅是印刷书页的翻版，和生产线也有异曲同工之妙。其中，克伦威尔和拿破仑的国民军就是印刷这项技术的完美展现。[4] 其三，地方语的固定和标准化。印刷机在欧洲产生了许多戏剧性的后果，其中之一是地方语被确认

---

[1] Marshall McLuhan, *The Gutenberg Galaxy*, p. 127.
[2] Marshall McLuhan, *The Gutenberg Galaxy*, p. 148.
[3] Marshall McLuhan, *The Gutenberg Galaxy*, p. 146.
[4] Marshall McLuhan, *The Gutenberg Galaxy*, p. 223.

为规范的语言。单一的地方民族语言之所以能够在相当辽阔的疆域内确立地位并畅行无阻，相当程度上是拜印刷所赐。"印刷术使语言的变化得以固定，丰富了地方语，并使之标准化，为欧洲主要语言更深刻的净化和标准化奠定了基础。"① 斯泰因伯格（S. Steinberg）也说，"在 16 世纪，如果没有产生自己的文学语言，立陶宛语、拉脱维亚语、爱沙尼亚语和芬兰语就可能被德语、波兰语和瑞典语吞没了；如果没有用印刷品保存下来，就像普鲁士人、波美拉尼亚人、库尔兰人等部落的语言消亡一样，这些民族语也可能被同化而不复存在了"②。究其原因，是因为"印刷这个热媒介让人们第一次'看到'自己的民族语言，并开始用地方语作为联结，去想象国家的权力和统一"③。由此，由印刷术之固化所带来的民族语言的确立，为民族主义的形成创造了条件。在此意义上，麦克卢汉又将印刷术视为"民族主义的缔造师"。其四，由印刷所导致的同质化效应，最后扩展至社会的各个层面。到 16 世纪，同质化已开始侵入艺术、科学、工艺和政治等领域。④ 用麦克卢汉的话说，从印刷页面引申出的同质重复的假设一旦扩展至生活的各个层面，就会导致全新的生产和社会组织模式的诞生。不仅西方人从中得到了许多满足，而且西方社会绝大多数的特征也源于斯。⑤

第二，印刷术对于消费者世界形成的作用。我们已经指出，印刷造成了人和态度的一致化。而同这种一致化密不可分的，是对消费品的普遍关切。麦克卢汉直白地指出，"拉伯雷想象中的未来印刷文化是应用知识下的消费者天堂"，其《巨人传》是大量复制的冗长娱乐，其对于巨型化和未来消费者天堂的想象亦是相

---

① H. Chaytor, *From Script to Print*, Cambridge: Cambridge University Press, 1945, p. 1.
② S. Steinberg, *Five Hundred Years of Printing*, Middlesex, UK: Penguin Books, 1955, pp. 121-122.
③ Marshall McLuhan, *The Gutenberg Galaxy*, p. 138.
④ Marshall McLuhan, *The Gutenberg Galaxy*, p. 135.
⑤ Marshall McLuhan, *The Gutenberg Galaxy*, p. 144.

当地真确。① 这里，麦克卢汉其实是以拉伯雷的例子来说明印刷术对消费者世界形成的作用，也就是拉伯雷所敏锐地捕捉到的"未来消费者天堂"。印刷术的这种作用主要表现在以下几个方面：其一，印刷的本质就是将语言改造为商品，或者说，"印刷本身就是商品，就是一种新的自然资源，它教导我们如何汲取并利用其他一切资源的潜力，包括我们自己的潜力"②。麦克卢汉指出，"就本质而言，印刷是将共享的对话论述转译成段落的信息，变成方便携带的商品"③。他还说，"印刷倾向于改造语言，并将语言从知觉和探索的工具转变成可以携带的商品"④。其二，印刷创造出世界上最早的重复、一致的商品——印刷书籍。麦克卢汉借用沃尔特·翁的话说，"印刷书籍是世界上最早可以大量生产的齐一、可重复的物件，为16、17世纪齐一化的商品文化提供了典范"⑤。这种典范作用表现在，作为一种商品，印刷书籍本身不仅成为一种消费媒介，而且也教导人类如何在系统化、直线化的基础上组织所有活动，更具体地说，就是创造出现代市场和价格体系。就像麦克卢汉所指出的那样，书籍"在齐一化且可以大批量复制之前，手抄本的价格常常会因为讨价还价和上下调节而波动；而印刷书籍则以其一致性和可重复性，创造了现代市场和价格体系"⑥。其三，印刷书籍满足了对于书本之方便易得及便于携带的需求，刺激了消费市场的不断成长。印刷术诞生以后，随着印刷文本的增加，书本不再只是深藏于图书馆中待人查阅的物件；更多的人不仅希望把书籍带在身边，还要讲求携运方便，以便于随时翻阅和查询，这促成了"随身版"书籍的诞生和风行。"随身版"丛书最

---

① Marshall McLuhan, *The Gutenberg Galaxy*, p. 146.
② Marshall McLuhan, *The Gutenberg Galaxy*, p. 164.
③ Marshall McLuhan, *The Gutenberg Galaxy*, p. 164.
④ Marshall McLuhan, *The Gutenberg Galaxy*, p. 161.
⑤ Marshall McLuhan, *The Gutenberg Galaxy*, p. 163.
⑥ Marshall McLuhan, *The Gutenberg Galaxy*, p. 164.

早由"阿尔都斯家族"于 15 世纪末出版,这种格式起初只有少数人文主义者接受;到 16 世纪初期,以此为格式印刷的书籍越来越多。"不多时,新的文学作品,多半特意以小开本出版,以达携带方便、查阅轻松之效。人文主义者(如马罗、拉伯雷、那瓦尔王后玛格丽特等)的拉丁诗作、七星诗派的作品、伊拉斯谟的《箴言》,以及马丁·路德及其他宗教改革者的书籍,也都以小版本印行。"① 用麦克卢汉的话说,当时书籍版式的选择和流通,暗示了"一个新的消费者世界正在成型"②。其四,与消费者世界的成型相应的是,一种新的"消费者哲学观"开始形成。麦克卢汉指出,自 17 世纪开始,印刷强加在我们心灵里的二元对立和视觉量化,显然具有消费者"体系"哲学的特征。③ 这种哲学观在笛卡尔的笔下得到最信实的反映。麦克卢汉说,"这种哲学体系可以很简单说个概要,但多亏印刷的催眠能力才让它占据数个世代的人类心灵。笛卡尔以降哲学彼此分化的程度,就跟蒸汽机和汽柴机引擎不同的程度相当。柏格森虽然试图终结这类哲学,其实和对手笛卡尔一样机械化,只不过他自己的体系所偏好的是宇宙能量而已"④。

二、手抄文化的余波

拉伯雷的作品中还带有深刻而清晰的中世纪烙印。就像麦克卢汉说的,"拉伯雷处于两种文化的边缘,其最大特点就是竭力夸张触感,几乎到了让触感和其他感官分离的程度。他这种极度触觉化的倾向,除了宣扬自己的仿中世纪风格外,也有意识地将之泼洒在印刷文化兴起的视觉墙上"⑤。米兰·昆德拉说得更为形象:

---

① 〔法〕费夫贺、马尔坦:《印刷书的诞生》,李鸿志译,第 73 页。
② Marshall McLuhan, *The Gutenberg Galaxy*, p. 207.
③ Marshall McLuhan, *The Gutenberg Galaxy*, p. 246.
④ Marshall McLuhan, *The Gutenberg Galaxy*, p. 246.
⑤ Marshall McLuhan, *The Gutenberg Galaxy*, p. 149.

"幸运的拉伯雷时代,小说之幼蝶飞了起来,身上却还带着蛹壳的残片。庞大固埃以其巨人的外表仍然属于过去的神怪故事,而巴奴日则已经悄然到达了小说的尚且陌生的未来。"[①]在麦克卢汉看来,拉伯雷身上的这种"手抄文化的余波",或者说"中世纪的烙印",主要表现在拉伯雷小说中对于并置、拼贴手法的运用以及对于粗俗触感的极度夸张两个方面。

（一）并置—拼贴手法的运用

拉伯雷惯于连用多个意义相近的词语去描写一个动作或表达一个概念。这样的例子在《巨人传》中不胜枚举。第二十五章在描述糕饼贩子咒骂羊倌儿的情景时,拉伯雷一口气用了29个词:"下流东西、豁齿巴、红毛猪、癞皮狗、王八羔子、笨猪、兔崽子、尿炕的、二流子、没齿锯子、浪荡汉、馋嘴狼、酒鬼、牛皮桶子、贱骨头、粗胚、叫花子、泼皮、吃闲饭的、浮尸、穷小子、饭桶、猪猡、臭丘八、瘪三、流氓、小孙子、放屁汉子、吃屎和尚。"[②]在第二十六章中,拉伯雷为突出全军士卒"乱乱哄哄,既无秩序,也无纪律",不厌其烦地列举了他们的劫掠行为:"他们牵走了公牛、母牛、水牛、小牛、母猪、羔羊、绵羊、山羊、公羊、公鸡、母鸡、小鸡、禽鸟、公鹅、母鹅、公猪、彘豚;砍倒了胡桃树;摘走了葡萄枝;拔倒了葡萄棚;摇落了树上一切果实。"[③]拉伯雷在第二十七章形容隐修士安当莫尔时,说他"年富力强、风流蕴藉、敏捷灵巧、活泼快乐,有胆量、不怕事、有计谋,长着高瘦个儿、一只好嘴巴、好鼻子,祈祷室里的快手、弥撒班上的

---

① 〔捷克〕米兰·昆德拉:《被背叛的遗嘱》,余中先译,上海译文出版社2003年版,第3页。
② 〔法〕拉伯雷:《巨人传》,鲍文蔚译,人民文学出版社2004年版,第83页。
③ 〔法〕拉伯雷:《巨人传》,鲍文蔚译,第86页。

长才、瞻礼队里的能人"①。米什莱认为，这是拉伯雷从"古老的方言、俗语、谚语、学生开玩笑的习惯语等民间习俗中，从傻瓜和小丑的嘴中"获取的智慧。麦克卢汉将拉伯雷获取智慧的这种并置方法称为"经院哲学式的"。麦克卢汉以"界面"来概括拉伯雷将经院哲学的混杂法同印刷术带来的新个人观点并置的现象。他认为，"界面性"（interficiality）是文艺复兴时期的发展关键，也是20世纪的发展关键。他指出，拉伯雷就像口语经院哲学家和诠释者的综合体，突然闯进宣扬个体主义和民族主义的视觉新世界。两个世界并不一致，却在拉伯雷的语言里杂糅混合，反而让我们觉得拉伯雷生活的世界与我们有关。因为，"拉伯雷和我们一样，矛盾地生活在两种分离而迥异的文化之中。两种文化就像宇宙中的星系，擦身而过却不曾碰撞，也不曾改变各自的构形"②。

（二）对粗俗触感的极度夸张

在《巨人传》中，拉伯雷将两个巨人的言行举止描述得直率、粗俗且感官化。"触感"（tactility），或者说生活中的物质—肉体因素，如身体本身、饮食、排泄、性生活的形象不仅占据着压倒性地位，而且还以极度夸张的方式出现。这与文艺复兴时期绝大多数作品以时尚文雅和贵族化的语言为主的特色相比，显得格格不入。由于其作品中过多粗俗甚至低俗的描写以及所体现出的不符合近代资产阶级审美理想的民间诙谐文化形式，致使长期以来学界对其作品或直接无视，或评价不高：有人称拉伯雷是描绘"肉体"和"肚子"的诗人（雨果），有人指责他是"粗野的生理主义"、"生物主义"、"自然主义"等。数个世纪以来，"欧洲资产阶级的艺术创作和意识形态思想沿着几条大路和老路发展，但

---

① 〔法〕拉伯雷：《巨人传》，鲍文蔚译，第87页。
② Marshall McLuhan, *The Gutenberg Galaxy*, p. 149.

哪一条都不可能使我们贴近于他,时代将他和我们分隔开来"①。这使得长期以来研究和关注拉伯雷的学者不多,研究界对于拉伯雷的研究和理解仍存在欠缺,甚至误解和轻视。

对此,麦克卢汉不以为然。他认为,拉伯雷作品中对于"触感"的极力强调,同经院哲学和哥特式建筑一样,都是中世纪的遗产——民间诙谐文化——对于听—触觉的强调。他指出,"中世纪手抄文化有着强烈的听—触觉品格,手抄世界在任何感官之中都添加一份同情和参与"②。他补充道,"触感不是肌肤的接触,而是感官之间的互动,是触觉与视觉、听觉、动觉的互动或接触。这种形象入侵我们的生活时,我们突然发现,我们渴望在周围环境和日常生活中寻求新的秩序"③。可以说,拉伯雷正是借由单向的听—触觉模式来获得顽皮、"土气"的效果的。事实上,早在麦克卢汉之前,巴赫金就对拉伯雷这种竭力夸张粗俗触感的风格进行了理论阐释和概括。他的论述为我们理解麦克卢汉所谓的"拉伯雷著名的粗俗触感,是没落的中世纪抄写文化的余波"提供了一个有益的补充。巴赫金将拉伯雷的语言风格定性为狂欢诗学,在他看来,拉伯雷作品中的触感——"物质—肉体因素的形象"——是中世纪民间诙谐文化的遗产,是关于存在的特殊审美观念的遗产。巴赫金将这种审美观念称为"怪诞现实主义"。他指出,在怪诞现实主义中,物质—肉体的因素具有包罗万象和全民性的性质;它不是现代意义上的身体和生理,它还没有彻底个体化,还没有同外界分离。④巴赫金进一步以"狂欢化"理论来总结拉伯雷的创作风格。在他看来,狂欢化的本质就是把人的存在归结到交配、生殖、排泄等身体的下层。在所有这些物质—肉体

---

① 〔苏〕巴赫金:《拉伯雷研究》,李兆林等译,河北教育出版社 1998 年版,第 3 页。
② Marshall McLuhan, *The Gutenberg Galaxy*, p. 28.
③ Marshall McLuhan, *Letters of Marshall McLuhan*, p. 287.
④ 〔苏〕巴赫金:《拉伯雷研究》,李兆林等译,第 23 页。

生活的形象中，主导因素都是丰裕、生长和情感洋溢。它表现为宇宙万物，包括社会、人的肉身，浑然一体。巴赫金认为，文艺复兴时期狂欢化的潮流"席卷了正宗文学的几乎一切体裁"①，薄伽丘的《十日谈》、塞万提斯的《堂吉诃德》、莎士比亚剧作中的小丑和哈姆雷特无不抹上了浓重的狂欢化色彩，只是拉伯雷的作品里表现得特别全面而深刻。巴赫金的"狂欢化"、"怪诞现实主义"实即麦克卢汉所谓的"极度触觉化倾向"、"触感夸张"。二者使用的术语不同，却以不同的方式对同一种社会与文学现象做出了肯定式的理论总结和概括。

第三节　伊拉斯谟：新神学与新教育的铺路人

伊拉斯谟（Desiderius Erasmus, 1466—1536）是16世纪早期北欧人文主义的杰出代表和教育理论家，曾被誉为"现代精神的先驱"、"思想之王"、"世界明灯"等。这样一位在当时曾享有无上荣耀的学者，今天已很少有人再去翻阅他的著作，伊拉斯谟"如今只是一个普通的名字，这已是无可否认的事实"②。部分原因是，他那浩瀚的论著全是用现在已经废弃了的拉丁文写就。另外，其个性和语调同稍晚时候那些气势非凡的宗教改革家们别若泥云：那个时代需要的似乎是"路德那种橡树般坚韧的力量、加尔文钢铁般的意志以及罗耀拉白热化的激情"，而非"伊拉斯谟这种紫罗兰似的柔软"。③

---

① 〔苏〕巴赫金：《诗学与访谈》，白春仁、顾亚铃等译，河北教育出版社1998年版，第171页。
② 〔奥〕茨威格：《一个古老的梦：伊拉斯谟传》，姜瑞璋、廖绽胜译，辽宁教育出版社1998年版，第1页。
③ 〔荷〕约翰·赫伊津哈（Johan Huizinga）：《伊拉斯谟传：伊拉斯谟与宗教改革》，何道宽译，广西师范大学出版社2008年版，第192页。

对中古时期三学科以及文艺复兴时期的学术状况有着透彻理解的麦克卢汉,对于伊拉斯谟这样一位与印刷术一起成长的学者有着自己的独特理解。麦克卢汉认为,伊拉斯谟在态度、身份乃至思想上的复杂性和矛盾性,与当时的文化转型密切相关,具体地说,与从手抄文化向印刷文化的转变有关。由此,理解伊拉斯谟之复杂性和矛盾性的关键,就在于理解两种不同的主导媒介之间的更替、变迁,特别是要理解印刷术这种全新媒介的到来对于伊拉斯谟在思想、行为和心理等方面造成的冲击。就像麦克卢汉所说,"伊拉斯谟将印刷文本视作中世纪与现代世界的桥梁"[1]。曾为伊拉斯谟作传的赫伊津哈(Johan Huizinga)印证了麦克卢汉的看法。他说:"伊拉斯谟那代人和充满青春活力的印刷术一道成长。对时人而言,印刷书籍犹如崭新的人体器官,拥有它就如掌握了一种'近乎神圣的工具',人们就会觉得富有、强大、幸福。"[2]

麦克卢汉对伊拉斯谟有两个基本判断,这构成了本节的基本思路。第一个判断:"伊拉斯谟将新问世的印刷术运用到传统语法学和修辞学领域之中,以整理《圣经》中的章句。"[3]这包含了两层意思:其一,伊拉斯谟将印刷术运用到神学领域,推动了圣经学研究的发展,并无意中开启了一门新的神学;其二,伊拉斯谟重视印刷术在传统语法学和修辞学领域的作用,这与稍晚于他的法国教育改革家拉米斯形成了鲜明对比。麦克卢汉对伊拉斯谟的第二个判断:"伊拉斯谟是最先把握并利用印刷出版作为教育之新力量的人。"[4]这一判断是指,伊拉斯谟在自己的出版实践中敏锐地意识到了印刷这种"近乎神圣的工具"的巨大威力,他将之运用于

---

[1] Marshall McLuhan, *The Gutenberg Galaxy*, p. 185.
[2] 〔荷〕约翰·赫伊津哈:《伊拉斯谟传:伊拉斯谟与宗教改革》,何道宽译,第66页。
[3] Marshall McLuhan, *The Gutenberg Galaxy*, p. 185.
[4] 〔加〕麦克卢汉:《视像,声音与狂热》,载〔法〕福柯、〔德〕哈贝马斯、〔法〕布尔迪厄:《激进的美学锋芒》,周宪译,第338页。

教育领域，并希冀借教育以实现其社会变革的理想。下面，我们循着麦克卢汉的思路来探讨印刷术对伊拉斯谟的刻写以及伊拉斯谟对于印刷的运用。

一、伊拉斯谟与印刷媒介的结缘

1500 年，也就是印刷术在德国诞生不到半个世纪，由伊拉斯谟编辑的拉丁语本《格言集》（*Apophthegmatum Opus*）顺利出版并获得巨大成功，这使他尝到了印刷的甜头，并深刻地认识到了印刷术的巨大威力。从此，伊拉斯谟与印刷媒介结下了终生之缘。茨威格形象而精到地描述了伊拉斯谟对印刷书本的重视以及印刷的书籍在伊拉斯谟一生中所扮演的重要角色："谷腾堡的印刷品是他唯一认可的艺术，是唯一使他有亲属感的缪斯，因为他自己是一位十分精细的学者，对于他来说，文学，只有文学，才是理解世界内涵的途径。他接触现实世界的唯一途径就是书卷，他同书卷的交往肯定比他同女人的交欢来得多。他十分喜爱书，因为书不出声，不会骑在你头上，'愚笨的大众'看不懂，在一个特权已经不再起作用的时代，书却是只有受过教育的人才能享受到的特权。他生性节俭，但在对待书籍方面，却十分慷慨大方；他写题献来挣钱，完全是为了想买书，买越来越多的书，买拉丁和希腊古典著作。他对书籍的喜爱，不单纯是为书的内容，同时也为书籍本身的物质存在，他是第一位地道的图书收藏家。他喜爱书的外形，喜欢摆弄书籍，欣赏书中的艺术表现。他最快乐的时刻是在威尼斯的阿尔杜斯印刷所，或在巴塞尔的弗罗本印刷所，站在天花板很低的印刷车间里，从印刷工人手中接过刚印出来、油墨未干的毛样；和排印师傅一起排字体清秀优美的头几个铅字；飞快地挥动纤细的羽毛笔，像一个老练的猎手那样追踪最难发现的印刷错误，熟练地修改一个臃肿的短语。置身于书卷之中，同书籍打交道，编书写书——这些似乎就是他最自然的生活方式。"① 印刷是伊拉斯谟"唯一认可的艺术",是"唯一使他有亲属感的缪斯",是他"接触现实的唯一途径";他"生性节俭"却对书"慷慨大方",他既喜欢书中的"艺术表现"又珍惜书的"外形",他同书的"交往"多于同女人的"交欢";"置身于印刷所中"是他"最快乐的时刻","同书籍打交道"是他"最自然的生活方式"。如此多的"唯一"和"最",足以看出伊拉斯谟与印刷的"亲热",以至于在几乎所有伊拉斯谟的肖像画中,都会发现他与书籍为伴:"画面上的伊拉斯谟常置身于书丛之中。杜雷尔画笔下的伊拉斯谟在书稿信卷旁右手执笔,左手持墨水瓶;霍尔拜因曾在一幅画上画伊拉斯谟手按书卷,并给此画起了一个象征性的题名:'大力神的硕果'。"②

二、以印刷整理神圣之书

麦克卢汉认识到了伊拉斯谟借助于印刷去整理"神圣之书"及以印刷推动新神学的发展方面发挥的重要作用。在他那里,如果说培根将印刷术当作整理"自然之书"的工具的话,那么,伊拉斯谟则将新问世的印刷术挪用到传统的语法学和修辞学领域,用以整理《圣经》中的章句。③ 伊拉斯谟是诗人气质和理想主义的神学家,他自称其思想是把学问与虔诚融为一体的"基督哲学"。在伊拉斯谟这里,"基督哲学"与中世纪经院哲学相对立。他说,在这种哲学中,心灵的意向比三段论推理更为真实,生活不仅仅是争论,激励比解说更可取,转变比理智思索更重要。虽然有学问的人只是极少数,但所有人都能够成为基督徒,都可以是虔诚者。④ 伊拉斯谟的理想是用"基督哲学"去改造神学,为此,他以

---

① 〔奥〕茨威格:《一个古老的梦:伊拉斯谟传》,姜瑞璋、廖缲胜译,第 27—28 页。
② 〔奥〕茨威格:《一个古老的梦:伊拉斯谟传》,姜瑞璋、廖缲胜译,第 33 页。
③ Marshall McLuhan, *The Gutenberg Galaxy*, p. 185.
④ 转引自赵敦华:《基督教哲学 1500 年》,第 584 页。引文稍有改动。

纯洁基督教神学为己任，主张回到未遭教条玷污前的圣洁状态中去求实，强调回归基督教元典，主张《圣经》应该进入普通信徒的日常生活，认为《圣经》是最关键、最重要的著作——这是在马丁·路德进入这一领域之前15年发生的事情。伊拉斯谟的这些主张，与他童年时期在"共同生活兄弟会"接受教育的经历密切相关——"共同生活兄弟会"十分重视《圣经》在信仰生活中的地位。伊拉斯谟在走向新神学——"以印刷整理自然之书"——的路上，圣保罗学校的创始人约翰·科利特（John Colet，1467—1519）和意大利神学家劳伦佐·瓦拉（Lorenzo Valla，1407—1457）对伊拉斯谟产生了深刻影响，使他决意"竭尽全力探讨与《圣经》有关的文献"，把"全部余生"奉献给《圣经》研究工作。伊拉斯谟"以印刷整理自然之书"的伟大工程，具体表现为两大步骤：第一，印刷瓦拉的手稿《新约评注》，强调以历史主义的方式整理《圣经》。瓦拉是伊拉斯谟步入批判神学领域的标兵和前哨。1504年，伊拉斯谟在普雷蒙特雷修道院藏书室发现了瓦拉用拉丁文写就的《新约评注》。这些手稿批注了《新约》中的《福音书》、《使徒书》和《启示录》。1505年，伊拉斯谟的首批研究成果问世——巴黎的巴迪乌斯为伊拉斯谟印制了瓦拉的《新约评注》。伊拉斯谟在印刷本"导言"中不仅解释了瓦拉所做工作的重要性，还把人文学誉为神学的侍女，并声称"翻译《圣经》的所有工作都是文法学者的任务"[①]。正是受瓦拉的影响，伊拉斯谟认识到应该用历史主义的方式去研究神学。所谓"历史主义方式"，实即一种人文主义的方法，即通过订正、校勘现有《圣经》文字的错译、误解之处，追索《圣经》的本意和本源，进而对基督教的起源与发展做出符合历史的客观解释。第二，对《圣

[①]〔英〕昆廷·斯金纳：《现代政治思想的基础》，段胜武译，求实出版社1989年版，第220—221页。

经》进行勘误、校订、重译，通过出版希腊—拉丁双语本《圣经》新译本，使《圣经》首次得到了较为系统的整理和"净化"。我们知道，早在13世纪，罗马就承认拉丁文《圣经》的文字并非毫无瑕疵。修会和一些教士致力于改善其文本，但直到伊拉斯谟之前，纯化《圣经》的努力并未取得显著成就。伊拉斯谟通过比照希腊文本发现，在当时天主教钦定的唯一文本——拉丁语《圣经》中，拙劣的错误俯拾皆是，许多段落含混不清，单在语言方面就有许多值得商榷的地方。为此，他着手对《新约》进行艰巨的拉丁语重译工作。在重译过程中，他校正了通俗拉丁语《新约》的舛误之处，校订了前人出版的希腊文《圣经》，并附上自己的评析，以阐明原译中的理解错误和不符之处。1516年初（即宗教改革的前一年），由伊拉斯谟编订的这部希腊文、拉丁文对照的双语本《新约》新译本在巴塞尔出版。其中，希腊语本是经他净化并加上注释的文本，拉丁语本是经他修订、重译并和原来拉丁语本迥然有别的文本。在此新译本中，除"启示录"一章外，伊拉斯谟对《新约》从头到尾进行了解释。可以说，正是在伊拉斯谟那里，《圣经》首次得到了较为系统的勘误和校订，这部"神圣之书"借助于印刷和伊拉斯谟之手，得到了重新整理和"净化"，并成为其后英文、德文、法文本《圣经》的基本蓝本。此后，伊拉斯谟接着推动并参与了古代教父系列作品的出版，圣哲罗姆（Saint Jerome）、奥利金（Origen）、安布罗斯（Ambrose）、奥古斯丁（Aurelius Augustinus）、克里索斯托（Saint John Chrysostom）等著名教父的作品相继问世。这些古典著作成为新的权威文本，它们聚集了深厚的宗教动力，不仅加深了人们对于基督教的理解，而且也成为宗教改革家们在经院哲学之外可以引用的权威文献。路德、加尔文的著作都大量地引述这些古典文献，来论证宗教改革的正当性。

三、作为教育之新力量的印刷

麦克卢汉说:"伊拉斯谟是最先把握并利用印刷出版作为教育之新力量的人。"[①] 在人文主义者看来,培养人道主义的唯一出路就是教育。伊拉斯谟以及与他持相同观点的人均主张通过对书籍的印刷出版来推行教育,以使人们变得更加仁慈。在印刷术诞生并最初成长的那个年代,伊拉斯谟就敏锐地意识到印刷术的威力,并把它运用到教学实践以实现其教育理想。

(一)编写学生教材,推动课堂教学

麦克卢汉说,"1500 年是革命性的,伊拉斯谟也许是最先把握到以下事实的人:革命首先在教室里出现。他致力于教材的制作和创建语法学校。印刷书籍很快就结束了两千年手工抄写文化的历史。它造就了孤独的学生,建立了与大众议论相悖的个人解释的规则,导致了'文学与生活'的分离。由于它本身是一种机械化的文化形式,所以它确立了一种新的、高度抽象的文化"[②]。这里,麦克卢汉不仅对伊拉斯谟将印刷媒介用于课堂实践的事实有所体察,而且对印刷书籍相比手抄文本对于学生所产生的不同后果有了清楚的认识。1500 年确实是革命性的一年。在这一年,伊拉斯谟对教育产生了浓厚兴趣,他编写并出版了他生命中第一部作品,即以后被广泛用作教材的《格言集》。这是一部古代作家的格言汇编,全书用拉丁文写成,书中收录了 818 条适用但鲜为人知的古典谚语,并穿插有动人的评论和新鲜的轶事。当时正值拉丁语的黄金时期,以文人自居的人均要在写信、授课或谈话时用到拉丁语,以显示自己

[①] 〔加〕麦克卢汉:《视像,声音与狂热》,载〔法〕福柯、〔德〕哈贝马斯、〔法〕布尔迪厄等:《激进的美学锋芒》,周宪译,第 338 页。

[②] 〔加〕麦克卢汉:《视像,声音与狂热》,载〔法〕福柯、〔德〕哈贝马斯、〔法〕布尔迪厄等:《激进的美学锋芒》,周宪译,第 335 页。

受过良好的教育。《格言集》的出版迎合了当时知识界这种炫耀学识的风气，因而获得了极大的成功。《格言集》出版后被多次重印，并被学校广泛用作教材，伊拉斯谟也因此享誉欧洲。《格言集》的成功，使伊拉斯谟发现了印刷的威力。自此，他开始借用印刷术这一武器，为实现其教育理想——建立一个道德的、充满基督教虔诚精神的新社会——而笔耕不辍、努力奋斗。

印刷术在伊拉斯谟手中成为真正的"武器"，他接下来出版的两本学生用教科书均获得了很大成功。伊拉斯谟的第二本教科书是为作文教学而编写的《词语的丰富》，该书于 1511 年出版于巴塞尔。这是一本为学生编写的语法书，书中引用了大量经典作家用过的句子，主要讨论了在写作和演说中的遣词造句。《词语的丰富》出版以后备受欢迎，第一版后的 50 年内重印达 30 余版次。第三本教科书是出版于 1518 年的《对话集》。这是一部闪烁着作者才华的拉丁语对话体作品，写作的最初目的是为了向学生讲授拉丁语中的礼貌用语及其表达方式，后来竟成为未来几十年无数儿童的拉丁语课本。伊拉斯谟希望通过实际的对话训练来提高拉丁文的教学水平。这本书在教育界大受欢迎，出版后一年半就重印 7 次之多。1522 年出修订版后，10 年之内印了 100 余次，对欧洲学校的拉丁语教学产生了深远影响。

伊拉斯谟编写、出版的这三本被广泛用作学校教材的书籍，全部用拉丁文写就。事实上，印刷出版是伊拉斯谟发挥其拉丁文长处的工具，拉丁文则是联结伊拉斯谟和印刷出版的纽带，拉丁文和印刷术成就了伊拉斯谟这位 16 世纪伟大的北欧人文主义者和教育家。除编写教材之外，伊拉斯谟还在教法上进行了大量的探索和实践，下面，我们就来看看伊拉斯谟是如何借助于印刷出版的力量，通过培养学生的交谈、演说能力和语法、阅读能力，来推进拉丁文的使用和普及的。

（二）借助印刷力量，推动拉丁文普及

伊拉斯谟有着浓厚的道德理想主义色彩，在他看来，道德问题是社会问题的核心，古典人文教育则是社会改革的前提。此前，人文主义者在一定程度上垄断了古典文化，目的是炫耀大众所匮乏的知识，以成为令人惊奇的饱学文雅之士。伊拉斯谟渴望打开古典之书，以推动教育普及。伊拉斯谟和与他有同样思维方式的人们真心实意地认为：通过普及教育，个人和社会都可以提高文化素养，其中写作、学习和书籍起着决定性的作用。[1]

印刷术的诞生恰逢其时，它为伊拉斯谟实现其教育理想提供了"工具"。伊拉斯谟深谙印刷术的威力，他知道印制得一模一样的书籍会进入到读者的手中，这是前无古人的成就。伊拉斯谟和印刷出版的纽带是拉丁文。他不把拉丁语仅仅视为一种学术性的语言，而意在使之成为一种用于交流的活语言。印刷术推动了拉丁文的使用，因为拉丁文书籍在当时世界上广泛流通，唯有印刷拉丁文书籍能够保证出版商的成功和大量的销售。"他将当时超越民族的拉丁语变为更为正式、更加灵活的工具，用以传播思想、促进理解，从而为欧洲各民族创造了一种表达手段，使它们在人类发展史上的一个转折点得以超越彼此的边界，紧密地联系在一种和谐的学术氛围之中。这的确是令人难以忘怀的成就。"[2]

伊拉斯谟借助于印刷的力量来推动拉丁文的使用和普及，主要是通过培养学生的拉丁语交谈与演说能力以及加强拉丁语的语法教学这两个方面来实现的。这一定程度上即麦克卢汉所谓的"伊拉斯谟将新问世的印刷术挪用到传统的语法学和修辞学领域"的具体体现。第一，注重对学生拉丁语实际使用能力的培养。既然伊拉斯谟将拉丁语视为一种活的语言，他自然特别注重对学生

---

[1] 〔奥〕茨威格：《一个古老的梦：伊拉斯谟传》，姜瑞璋、廖绖胜译，第5页。
[2] 〔奥〕茨威格：《一个古老的梦：伊拉斯谟传》，姜瑞璋、廖绖胜译，第5页。

进行拉丁语的交谈和演说能力的培养。他要求父母与子女在家庭中，教师与学生、学生与学生在课堂上都要用拉丁语进行交流和沟通。不仅如此，学生还要学会用拉丁语进行演讲，他说，"没有比具有丰富思想内容和流利的语词的演讲更令人羡慕和美妙的事了。因此，毫无疑义，人们要不惜一切为之奋斗"。对于拉丁语的演讲，伊拉斯谟有一套完备的训练方法。在他看来，演讲用词要简练，做到言简意赅，要"用尽量少的词语概括事物的实质而无遗漏"，"毫无识别地把空洞、过量的语言堆积在一起，只能使演讲主题含混不清，并为可怜的听众增加负担"；为正确恰切地表达自己的思想，演讲中应注意措辞，使人感到雅致恰当；演讲还应避免重复，避免始终用一种语调，"重复同样的词语或表达是演讲中最忌讳的恶习。这种恶习不仅不合礼仪而且令人生厌"；另外，在演讲中总是使用同一种语调则比重复更加糟糕。[①]正如昆提利安所说，"演讲自始至终采用同一语调，没有充满魅力的变化，就会使演讲单调、乏味和沉闷。即使最有耐心的听众也无法忍受自始至终毫无变化的、平板单调的演讲，哪怕这演讲很短也是不行的。不断变化语调的演讲有极大的力量，甚至可以使一般化的演讲也变得似乎不那么粗糙了"[②]。第二，重视拉丁文语法教学，注重语法学习同作品阅读的结合。语法教学是古典语言教学中的重点内容，在教会学校，语法最重要的功能就是确保口语表达的信实。哈伊纳尔（István Hajnal，1892—1956）表示，"在唱诗班或教会学校中，学生学习阅读拉丁文的同时必须学习语法，以便能够正确引述或复诵拉丁文本"[③]。基于同样的原因，伊拉斯谟特别重视语法教学，要求将语法学习与阅读作品结合起来，使语法规则服务于对作品内容的理解，在一定的语言情境中学习语法。

---

① 吴元训编：《中世纪教育文选》，人民教育出版社1989年版，第98—106页。
② 吴元训编：《中世纪教育文选》，第98—106页。
③ Marshall McLuhan, *The Gutenberg Galaxy*, p. 94.

他的《格言集》和《对话集》就是本着通过阅读和对话去学习语言及语法规则的精神而编写的。伊拉斯谟反对孤立地学习语法，他在《论教学的正确方法》中说："我必须阐明我的信念，即语法、句法规则知识虽然对每个学生都是非常必要的，但还应当尽可能少些、简明些，并精心加以组织。……我们的语言能力不是靠学习规则，而是靠同习惯于用准确精练语言表达思想的那些人的日常交往，靠大量阅读优秀作家的作品来获得。"[①] 在阅读古典著作之前，伊拉斯谟要求教师给学生讲述作者的生平，这样益于加深学生对作品的理解；在阅读过程中，阅读者应留意词语的古典和现代用法、句子的构成、段落的结构，以及各种各样的修辞方法等。

可以说，伊拉斯谟正是以其渊博的知识和卓越的才能，利用印刷术这一"神圣的工具"，推动了欧洲教育的发展，尤其为中等教育的人文主义化做出了贡献。德国教育史家鲍尔生（Friedrich Paulsen）在评价伊拉斯谟时曾说，他是"具有世界眼光的驰名的教育代表人物"，他在当时的地位恰如200年后启蒙运动学者伏尔泰。事实上，伊拉斯谟关于教育的思想和信念，正好预示了一个稍晚的时代。在16和17世纪，他这些思想形成了一股潜流；到18世纪，他释放的信息开花结果了。在这方面，他无疑是现代思想的先驱和铺路人。

第四节 培根：以印刷整理"自然之书"

在《谷腾堡星系》中，麦克卢汉勾画了一大批处于手抄文化向印刷文化转型时期的人物的肖像。在这批刚刚崛起的"印刷

---

① 〔英〕博伊德、金：《西方教育史》，任宝祥、吴元训主译，人民教育出版社1985年版，第175页。

人"中,麦克卢汉最为重视、着墨最多的当数英国学者培根了。他甚至在第七十三节"'现代'的代言人培根,其实双脚还踩在中世纪"中说,"本书到目前为止所阐述的一切,可以说都是在为培根做导言"①。培根是 17 世纪英国哲学家、政治家,是一位在哲学、教育学、法学、心理学、历史学等方面皆有建树的著名学者。他给予世人以最大影响且使其名垂史册的,是其作为哲学家的历史贡献。马克思誉之为"英国唯物主义和整个现代实验科学的真正始祖"②,费尔巴哈称其为"现代自然科学直接的或感性的缔造者"③。对这位"现代"的代言人,麦克卢汉有一个基本的判断:"培根的个人形象向来充满矛盾,他是现代科学的发声筒,但双脚却牢牢踩在中世纪。"④ 也就是说,培根身上有着浓厚的中世纪习性,其提倡的以观察和实验为基础的科学"方法"和他的"自然之书"的概念均源自中世纪;然而,培根却同时赋予它们一种全新的面貌和解释,也就是说,使它们具有了"现代"风貌。麦克卢汉认为,要理解培根身上的这种矛盾性、复杂性,关键在于把握印刷术的诞生及其所催生的将视觉从其他感官中分离出来的驱力:"从古代直到培根,向科学迈进的驱力就是将视觉从其他感官中分离出来的驱力,这股驱力同抄写文化及印刷文化的发展密不可分。"⑤ 培根曾指出,印刷术改变了"世界的面貌和状况"。他忠告人们"要注意印刷术的威力和效应"⑥。在培根那里,印刷术的威力和效应就体现在他对其所推重的科学"方法"以及对"自然之书"的改造中。

---

① Marshall McLuhan, *The Gutenberg Galaxy*, p. 183.
② 〔德〕马克思、恩格斯:《神圣家族》,载《马克思恩格斯全集》(第 2 卷),人民出版社 1957 年版,第 163 页。
③ 〔德〕费尔巴哈:《费尔巴哈哲学史著作选》,商务印书馆 1978 年版,第 22 页。
④ Marshall McLuhan, *The Gutenberg Galaxy*, p. 183.
⑤ Marshall McLuhan, *The Gutenberg Galaxy*, p. 184.
⑥ 〔英〕培根:《新工具》,许宝骙译,商务印书馆 1984 年版,第 103 页。

一、培根对"方法"的改造

培根在《新工具》中倡导一种新的科学研究方法。他认为，新的科学研究应该使用以观察和实验为基础的归纳法。这种方法从观察和实验的事实材料出发，通过排斥法来发现周围现实之各种现象间的因果关系。

（一）并不"新颖"的科学方法

培根的"方法"源自中世纪，它并不新颖。就像麦克卢汉所说，"师法塞涅卡的培根在很多方面都称得上是一位经院哲学家。他后来提出的科学'方法'就直接来自中世纪的语法学"[①]。这实际上是说，培根以观察和实验为基础的研究"方法"孕育于过去数个世纪的英国唯物主义传统。早在13至14世纪，在唯名论与唯实论的论争中，英国就一直作为唯名论（nominalism）[②]思潮的重要阵地而闻名于世。罗吉尔·培根（Roger Bacon，1214—1294）、邓斯·司各脱（Duns Scotus，1265—1308）、奥卡姆的威廉（William of Occam，1285—1349）等中世纪唯名论的代表人物均为英国人。如恩格斯所说，"唯名论——唯物主义的最初形式，主要存在于英国经院哲学家中间"[③]。英国这批经院哲学家在认识论上均有着明显的唯物主义感觉论倾向，他们反对盲目崇拜权威，注意观察实验，要求发展实验科学。比如，罗吉尔·培根就强调只有实验科学才能解决自然之谜，为此，他还亲自动手做过许多

---

① Marshall McLuhan, *The Gutenberg Galaxy*, p. 103.
② 唯名论是中古欧洲经院哲学家发展出的一种哲学立场。它不承认普遍概念所指的意义存在于形而下的事物之中，因此也不承认普遍概念所指的意义存在于思想中。历史资料显示，唯名论是一个模糊不清的名词，但几乎所有采"经验导向"批判法的现代思想均赞同唯名论的主张。
③ 〔德〕恩格斯：《社会主义从空想到科学的发展》，载《马克思恩格斯选集》（第3卷），人民出版社1995年版，第382页。

自然科学实验。他曾经说过：真正的学者，应当靠实验来弄懂自然科学、医学等一切天上地下的事物。他强调以具体事物为科学认识对象，重视实验科学、技术科学的思想和实践，这对弗朗西斯·培根科学"方法"的提出产生了深刻的影响。

（二）培根"方法"的新颖之处

上面说过，培根的"方法"实即以观察和实验为基础的归纳法。麦克卢汉认为，培根所坚持的"观察和实验方法并不新奇"，因为它们是直接来自于中世纪的；在他看来，培根"方法"的新颖之处实际上在于他对"可感觉的、可重复的和可视化的证据的坚持"。[①] 培根在《新工具》第二卷中以近三分之一的篇幅论述了优先权的 27 种事例，从中即可看出他对可视化、可感觉、可重复的证据的重视。下面，我们以培根列举的"门户的事例"、"传票的事例"以及其"实验方法"为例来分别加以说明。第一，"门户的事例"（instances of the door or gate）。"门户的事例"是"为视觉谋取帮助"的，因为"在一切感官之中，显然视觉在供给消息方面负有主要任务"。[②] 在此，培根提出了增强视觉能力的三种手段，以帮助人们克服视觉感官的局限性：一是通过放大镜、显微镜等，"把物体的尺寸放大很多，从而显出其隐秘不可见的细情以及潜藏的结构和运动"；二是借助于望远镜，"人们对于天体的交接变得较近且可以进行了。它使我们看到，银河乃是一群或一堆完全分离、各有分别的小星"；三是借助于测量竿、观象仪等工具，"对视觉加以校正和予以指导"。[③] 在"门户的事例"中，培根以其特有的敏锐，对当时的科学仪器在扩大和改进感官、作为感官延伸的认识作用方面给予了肯定。在此，我们看到了培

---

① Marshall McLuhan, *The Gutenberg Galaxy*, p. 184.
② 〔英〕培根：《新工具》，许宝骙译，第 217 页。
③ 〔英〕培根：《新工具》，许宝骙译，第 217—220 页。

根对于可视化证据的倚重。第二,"传票的事例"(summoning instances)。"传票的事例"体现的是培根对可感觉证据的重视。培根之所以在这里借用法庭的名词,意在说明这种事例"能把原来不出现在当前的对象传唤出现。这也就是说,这种事例能把不可感觉的对象变现为可感觉的对象;办法则是借着能够直接觉知的事物来把不能直接觉知的事物显示出来"。培根认为,一个对象之逃离人们的感官,不外乎以下原因:距离太远,有中间物隔挡,不适于在感官上做出印象,数量过少,时间过短,所产生印象感官不能耐受,感官被其他对象占据而没有余地容纳新的运动。① 根据不同的原因,培根提出了许多具体的、不同的方法。总之,就是通过各种测量转换,使不可见之物变得可见,使不可直观的运动形式变得可感(即能够被看见和触摸)。在"传票的事例"中,我们看到了培根对"可感觉"证据的重视。第三,"实验的方法"。培根认为,感官的欺骗不是单凭上述仪器测量转换的方法就可解决的,也需要用"理性和普遍哲学来救济它"。这里所谓的"理性和普遍哲学"主要是指"实验的方法"。实验最根本的特点就在于其可重复性。在培根看来,由于实验是在人为的条件下进行的,它可以使同一现象在相同或相异的情况下多次重复出现,因此,实验观察比一般观察更精确、更可靠。在培根的"实验的方法"中,体现的则是他对"可重复"证据的重视。

　　这种对可见性、可感觉性和可重复性的坚持,在麦克卢汉看来,正是由印刷媒介将其齐一、连续和可重复性假设强加于科学研究之上的结果。麦克卢汉说,"印刷术用一百多年时间建立了齐一、连续和可重复性的假设"②。在此之前,人们对可视化、可感觉的证据并不重视。约翰·奈夫(John U. Nef)以威廉·吉尔伯

---

① 〔英〕培根:《新工具》,许宝骙译,第220—221页。
② Marshall McLuhan, *The Gutenberg Galaxy*, p. 184.

特（William Gilbert）为例进行了说明："对可感觉证据的坚持在吉尔伯特之前几乎闻所未闻。尽管他在《磁体》一书中强调书中所有解释和描述均是他'亲眼'反复查证过的。然而，在印刷术建立起一致、连续和重复的假设之前，吉尔伯特所感受到的驱力和他给的可视化'证据'几乎无人问津。"① 到培根生活的时代，印刷媒介已逐渐建立起关于齐一、连续和可重复性的假设，并将此假设强加于科学研究之上。培根敏锐地把握到了印刷术的这种威力，就像他在《新工具》中所强调"要注意印刷术的威力、效应和后果"② 那样。他对可见的、可感觉的、可重复的"证据"的坚持，体现了他对印刷术的威力的把握，并因而体现出其在科学方法上的新颖之处。培根又把科学方法喻为"心灵的工具"。在他看来，科学的方法如同燃烧着的灯烛，只有借其光亮，才能给人指明道路，帮助人们在经验的森林中前进，并最终抵达公理的敞地。③ 正是在此意义上，麦克卢汉才说，直到培根时代，我们才进入全新的心灵世界之中。这种全新的心灵世界，如本雅明·法灵顿（Benjamin Farrington）所说，其特质"不在科学进展，而在于一个有充分根据的信念，即人的生活能够因科学而改变"④。

二、以印刷整理"自然之书"

麦克卢汉说，"由于培根完全接受'自然之书'的概念，故其显得既非常'中世纪'，又非常'现代'"⑤。麦克卢汉将这种兼具矛盾两方面的现象称作"双边界效应"⑥。他认为，"双边界效应"

---

① John U. Nef, *Cultural Foundations of Industrial Civilization*, Cambridge: Cambridge University Press, 1958, p. 27.
② 〔英〕培根：《新工具》，许宝骙译，第 103 页。
③ 余丽嫦：《培根及其哲学》，人民出版社 1987 年版，第 248 页。
④ Benjamin Farrington, *Francis Bacon: Philosopher of Industrial Science*, London: Lawrence and Wishart, 1951, p. 141.
⑤ Marshall McLuhan, *The Gutenberg Galaxy*, p. 185.
⑥ 〔加〕麦克卢汉：《麦克卢汉如是说》，何道宽译，第 88 页。

是一种多维感知，它可以帮助我们同时看到事物的不同面向。培根对"自然之书"的态度体现的就是这种"双边界效应"：他生活在双重性世界中，把一切知识都纳入自己的范围是很自然的，这是当时许多人的特征。他阅读"自然之书"，却把《圣经》这样的"神圣之书"也纳入自己的知识范围。用麦克卢汉的话说，"仔细检视培根的观点，就能化解其论点中的相互矛盾，并阐明从中世纪到现代的演进过程"[①]。

（一）对中世纪"自然之书"的接受

在古希腊罗马时代，尚不存在以书本比喻自然的做法。因为，书本是"借由基督信仰才获得其神圣地位的"[②]。大约在公元12世纪，随着纸张的问世和书籍数量的增加，以书本比喻自然逐渐流行起来。恩斯特·库尔提乌斯（Ernst R. Curtius）在《欧洲文学与拉丁中世纪》一书中谈到"自然之书"时说："将自然或世界比作书本，这种说法其实源自拉丁中世纪。比如艾伦就谈到所谓的'经验之书'。艾伦之后的作者特别是布道者们，都把'创世法则'和'自然之书'看作同义词。在布道者眼中，自然之书和《圣经》一样都是布道的素材。"[③] 约翰·奈夫补充道，中世纪几乎所有的欧洲人均认为，"自然之书"由神写成，而神则透过耶稣显出他自身。[④] 简单来说，"将自然和世界看成一本'书'，起初来自于基督教的传教士，其后为中世纪经院哲学所采纳，最终成为日常惯用的说法"[⑤]。这种关于自然的书本比喻，被文艺复兴时期的学者们所接受，这其中自然也包括培根。

[①] Marshall McLuhan, *The Gutenberg Galaxy*, p. 185.
[②] Ernst R. Curtius, *European Literature and the Latin Middle Ages*, London: Routledge and Kegan Paul, 1953, p. 130.
[③] Ernst R. Curtius, *European Literature and the Latin Middle Ages*, pp. 319-320.
[④] John U. Nef, *Cultural Foundations of Industrial Civilization*, p. 33.
[⑤] Ernst R. Curtius, *European Literature and the Latin Middle Ages*, p. 321.

培根的"自然之书"有着浓厚的中世纪色彩,其关于"自然之书"的看法与"圣言之书"——《圣经》——存在着密切关系。我们从培根终生孜孜以求的科学之"伟大复兴"的理想中,能看到他身上浓重的宗教神学色彩和《圣经》的深刻烙印。培根认为,人的始祖曾经对宇宙万物有过控制权;只是人在原始堕落时,把它丧失了。他由此相信,借着科学和技术,可以重新获得对宇宙的统治权。这就是培根"伟大的复兴"的含义,亦即通过科学和技术恢复人在失掉乐园时失去的驾驭自然的能力。他在《伟大的复兴》、《自然与实验的历史》等著作中一再强调,要进入科学的天国,就如进入神之天国一样,人人须如儿童般纯真,摒弃虚妄,摆脱自傲,老老实实地坚持上帝"自然之书"。也就是说,在培根看来,人类要摆脱始祖自负聪明的罪恶,就要顺应事物之天性,在上帝"自然之书"中寻求物性。在此,我们可以清楚地看出培根"自然之书"中"非常中世纪"的一面:其"伟大的复兴"除科学依据外,亦有来自《圣经》方面的原因。

(二)"自然之书"的转换

尽管培根的"自然之书"中包含着浓厚的中世纪因素,但在培根这里,"自然之书"已与中世纪有很大的不同。在麦克卢汉看来,培根显得非常"现代",是因为他从印刷中学到了"应用知识"的概念。麦克卢汉认为,"应用知识"的技巧在于分离和分割的过程,其原理就是将动作和能量之类的非视觉事物加以视觉化;印刷术的发明证明、拓展了应用知识的这种视觉化倾向,并将此倾向扩展至书写、语言以及各种学习方法的编纂和传播之上。[①] 麦克卢汉指出,印刷术对应用知识之视觉化拓展的影响,给培根留

---

① Marshall McLuhan, *The Gutenberg Galaxy*, p. 155.

下了深刻的印象，在其心中产生的震撼不下于拉伯雷。①

我们在上面已经讲到，拉伯雷将源自印刷机的"应用知识"应用在学习和舒适上，促进了知识的民主化和消费社会的形成。下面，我们来看看培根从印刷强化的"应用知识"中发展出的"百科全书"概念，以及整理这部"百科全书"的计划。"培根从印刷术中学到的是：人类现在能用更新更好的方法将自然誊录下来。于是，'百科全书'概念开始成型。"② "百科全书"在培根那里有着不同的称谓，如"自然史"（《工作计划》）、"自然与实验的历史"（"给詹姆士的献词"）、"基本历史"（《自然与实验历史的准备》）、"母亲史"（《自然与实验历史的准备》）等。名称虽然不一，但均指"包括了宇宙各种现象"和"一切经验"的学术和技艺的百科全书。提到"百科全书"概念，人们一般会想到赫赫有名的狄德罗和达朗伯等人，很少会有人将其与培根联系到一起。实际上，培根才是现代知识史上最早提出编纂百科全书的人。1604年，培根在《论人类的知识》中提到，假如我们要想有一个比较纯粹的自然哲学，其基础必须建立在坚实的自然史之上。此时，他认为自己尚无能力去建立新的哲学体系的规律，但可以为建立这些新规律准备基础，即向人们举荐一部有益的、权威的自然史。在出版于1605年的《学术的进步》中，培根提出了完整而详尽的百科全书提纲。然而，培根此时仍未明确提出编纂百科全书的计划。真正把编纂百科全书提上日程的是在《伟大的复兴》（"工作计划"部分）以及"致詹姆士的献词"中。在《伟大的复兴》里，培根明确把百科全书视作建立真正新哲学的唯一基础，编纂百科全书的目的就是"为仍在吃乳的哲学提供基本的食料"。此后，他在《新工具》中再次提及此事："我们必须备妥一部自然

---

① Marshall McLuhan, *The Gutenberg Galaxy*, p. 185.
② Marshall McLuhan, *The Gutenberg Galaxy*, p. 185.

和实验的历史,要充分还要好。这是一切的基础;因为我们不是要去想象或假定,而是要去发现自然在做什么或我们可以叫它去做什么。"① 在《自然与实验历史的准备》一文中,培根对编纂百科全书进行了集中而系统的表述。文中,培根不仅明确了百科全书编纂的宗旨、方针、内容及编辑要求等,而且还具体草拟了一个包括130个题目的百科全书专题目录。培根强调,科学是一个统一的知识体系,"知识的各个部分,只可当作全体的线索同脉络,不可当作各不相谋的片段同个体",强调"要把知识的连续性与整个性永久保存起来"。② 为此,他根据自己的科学分类原则,把整个科学分为三大部分:第一部分是关于人类以外的自然界的,分为三类——第一类是天文学、气象学、地理学,第二类是物质史,第三类是物种史,共包括40个具体的子目;第二部分是关于人类自身的,主要是从解剖学、生理学的角度来研究人体的构造、性情、生育、寿命及生死等,共包括18个子目;第三部分培根没有概括出一个具体的类别名称,大体是把人与环境联系起来加以考察,共包括72个子目,主要涉及技术工艺方面的内容,比如研究医药医术、饮食烹饪、身体护理、纺织及其制品、金属及其制品、建筑及其材料、印刷及书籍、手工制品、农林渔副、军事航海、体育运动等。培根制定的这个百科全书目录可谓包罗万象,对当时的科学而言,的确包括了"一切现象"和"一切经验"。从这个目录中,我们可以具体领悟到培根关于百科全书内容方面的要求。对自然界从笼统的直观到分门别类的研究,这毫无疑问是人类认识和科学发展的一个重大进展。

尽管培根最终没有编纂出自己倡导的百科全书,但他所阐明的科学分类以及由此建立起来的科学知识体系,对全部人类知识

---

① 〔英〕培根:《新工具》,许宝骙译,第127—128页。
② 〔英〕培根:《崇学论》,关文运译,商务印书馆1938年版,第142页。

做出了系统的划分，提供了科学百科全书的蓝图，成为现代科学分类的先导。黑格尔将之视作培根的功绩，认为培根为人们"摆出了一幅人们没有想到的有条有理的全图"，"是很重要的"，"在当时无疑引起了重视"。[①] 同时，培根对百科全书重要性的深邃认识，他所制定的百科全书的编纂计划，包括方针、要求、大纲、目录等，对后世学者编纂百科全书，包括英国伊弗雷姆·钱伯斯（Ephraim Chambers，1680—1740）的《百科全书》（该书在英国先后出了7版；在意大利出了9卷本的意大利文版）、法国皮埃尔·培尔（Pierre Bayle，1647—1706）的《历史批判词典》（这是一本有关历史和圣经人物的辞书，对18世纪法国思想特别是法国百科全书派产生了深远影响），特别是狄德罗、达朗伯主编的卷帙浩繁的《百科全书》（*Encyclopedia*，1751—1765）等，均产生了巨大的启迪和提示作用。后来，法国的狄德罗、达朗伯在编纂百科全书时，不仅采用了培根的科学分类原则，而且基本上接纳了培根所设计的整个科学体系结构。就像本雅明·法灵顿所说，狄德罗和达朗伯主编的《百科全书》，其实就是培根所拟定的百科全书计划的近代化身。

三、培根的"格言式书写"

麦克卢汉说："'现代'代言人培根，其实双脚还踩在中世纪里。"[②] 培根这种双脚踩在中世纪的表现，除了我们上面说的其"方法"来自于中世纪，其"百科全书"概念有着深厚的宗教神学烙印外，在麦克卢汉看来，还表现为培根对格言式书写方式的采用。当然，说培根双脚踩在中世纪，不能视为贬义的说法，相反，麦克卢汉从踩在中世纪的培根那里学到了很多东西。其中，培根格

---

① 〔德〕黑格尔：《哲学史讲演录》（第4卷），贺麟、王太庆等译，商务印书馆1987年版，第22页。

② Marshall McLuhan, *The Gutenberg Galaxy*, p. 183.

言式的书写方法就直接影响了 400 年后的麦克卢汉。

格言式的书写传统与中世纪密切相关。就像麦克卢汉所说，"经院哲学和塞涅卡学派一样，都与格言式学习的口头传统直接相关"[①]。对培根而言，敏锐的分析和说服公众的演说之间的差别，不在方法，而在格言式书写。培根的《学术的进步》本身就是以公众演说的体裁写成的。他在书中表示，基于智性的理由，他对学院派格言式方法的喜欢胜过西塞罗那种以连续散文清楚列出所有信息的方式："另一种方法效果绝佳，就是用格言的方式传播知识……格言书写有许多绝妙的好处，这些好处是西塞罗条理式的书写所无法企及的。这种好处至少表现在三个方面。第一，格言书写可以看出作者是肤浅或真才实学。因为格言警句只是乍看荒谬，其实必须出自科学的精义和神髓。因为格言不能用图示话语，不能举例，不能描述实践的过程，只剩下够分量的观察。因此，唯有理据充足的人，才会、才敢撰写格言警句。第二，条理比较适合赢取赞同或信仰，而非行动导向。然而，个别具体的事物却四散各处，莫衷一是。第三，格言会打破既有的知识，激发人们更深入地去探索；条理却因为必须阐述全部事理，反而让人安心，以为自己已经抵达终点。"[②]

麦克卢汉的著作普遍采用了培根的这种格言式的"拼贴"书写。《机械新娘》以 59 篇短小精悍的文字（每篇配有图片）犀利地剖析了广告传播现象；《谷腾堡星系》是由 107 节长短不一的篇章所构筑的拼贴式结构；《理解媒介》分析了从古到今的 26 种媒介；《媒介即按摩》、《理解当代》、《文化即产业》等著作更像是剪切拼贴而成的"报纸"书。麦克卢汉曾提出，希望他的读者不要用阅读传统书籍的方式去阅读他的著作："读者无须依赖传

[①] Marshall McLuhan, *The Gutenberg Galaxy*, p. 102.
[②] Marshall McLuhan, *The Gutenberg Galaxy*, pp. 102-103.

统书本的线性结构并受到它的束缚。"[1] 这是麦克卢汉基于社会主导媒介的变化而做出的判断。他认为,当前正处于两个星系——"谷腾堡星系"和"马可尼星系"——进行重组的"双边界"时代,此时,印刷书籍开始变得"过时",报纸、电视成为社会的主导媒介。报纸和电视不像阅读印刷书籍那样要求从头至尾的线性阅读,观众可以在任何时候打开电视,从任何节目开始观看下去,或翻开报纸的任意一页进行浏览。也就是说,在报纸和电视作为主导媒介的电力时代,它们迫使人们接受的是"拼贴式"的思想观念。用马尔切索的话说,麦克卢汉之所以采用这种方法,是因为"不同时期的认识型在形式上是不同的;而我们同培根一样,都生活在感知模式发生根本转变的时代"[2]。意大利学者艾琳娜认为,"拼贴"使麦克卢汉的著作看上去具备一种中世纪手稿的特质,它在形式上不仅类似于中世纪手稿的听——触觉和马赛克品质,而且完美地适用于超文本这种电子时代的文本形式。[3] 麦克卢汉采用培根式的"拼贴"手法,当然与他生活在"感知模式发生根本转变的时代"有关,其著作也确实"适用于超文本这种电子时代的文本形式",然而,麦克卢汉在此处其实另有深意:他期望用独特的书写方式提醒人们,注意媒介自身及其效应而非仅仅关注媒介的"内容"。在某种意义上说,麦克卢汉对培根的强调,一方面是为了让我们注意印刷媒介的视觉效应对于早期"印刷人"的塑造作用,另一方面,其更深层次的目的其实在于推动西方媒介研究的范式转型。

---

[1] Marshall McLuhan, *The Mechanical Bride:Folklore of Industrial Man*, London: Routledge, 1967, p. 4.
[2] Janine Marchessault, *Marshall McLuhan: Comic Media*, p. 117.
[3] Janine Marchessault, *Marshall McLuhan: Comic Media*, p. 119.

第三章 "印刷个体主义":印刷媒介与现代个体主义的形成

> 印刷术是个体主义的技术,是促成个体主义和自我表现的工具。它为个体主义和自我表现提供了时机。
>
> ——麦克卢汉《谷腾堡星系》

20世纪60年代初,麦克卢汉在其《谷腾堡星系》中集中探讨了"印刷人的诞生"的话题。在上一章"'印刷人'的诞生"中,我们考察了印刷媒介对早期"印刷人"这一处于"双边界"处境中的主体的建构作用。事实上,麦克卢汉关于印刷媒介之主体建构的讨论非常丰富,本章我们将继续就这一话题展开讨论。本章我们将着重考察以下两个话题:第一,讨论"个体主义"在麦克卢汉著作中的独特含义以及麦克卢汉是在何种意义上说"印刷术是一种个体主义的技术"的。第二,探讨麦克卢汉关于印刷媒介对于文本主体——"现代作者"——的建构性作用。

第一节 作为"个体主义技术"的印刷术

麦克卢汉在《谷腾堡星系》中将印刷术视为一项"个体主义

的技术"[①]。在西方文化语境中,"个体主义"(individualism)是一个语义极为含混、内涵极为复杂的概念。尽管人们在不同场合以不同方式频繁地使用着这一术语,但关于此概念的每一种用法与内涵均可能与其他用法与内涵相异。比如,特勒尔奇(Ernst Troeltsch)将个体主义与早期基督教相联系;布克哈特(Jacob Burckhardt)把个体主义与意大利文艺复兴相联系;马克斯·韦伯将个体主义同新教和资本主义的兴起联系在一起;梅内克(Friedrich Meinecke)把个体主义与浪漫主义的兴起联系起来;哈耶克(Friedrich August von Hayek)则坚持将个体主义从新古典经济学家追溯到古典经济学家,最后追溯到荷兰哲学家伯纳德·曼德维尔(Bernard Mandeville)。凡此种种,任何熟悉这一主题的人都不应感到惊讶。有鉴于此,我们有必要澄清个体主义在不同文化语境中的不同用法、"个体主义"在麦克卢汉著作中的含义以及在何种意义上麦克卢汉将印刷术视作一种"个体主义的技术"。

一、个体主义的基本内涵

沙纳汉(Daniel Shanahan)在其名著《通向个体主义的系谱学》(1992)中认为,"个体主义"打开了意义的迷宫,并远远超越了纯粹的正面或负面含义的分歧。我们不必像沙纳汉那样详尽地展示"个体主义"这座"系谱学"的迷宫,这显然不是本书的主要任务。然而,若要更好地理解和把握麦克卢汉关于"个体主义"的基本含义,我们仍有必要对"个体主义"在西方文化语境,特别是在欧洲大陆和北美大陆之文化语境中的不同用法做一简单梳理。

根据英国皇家学院院士史蒂文·卢克斯(Steven Lukes)教授的研究,"个体主义"的最早形式是法语词"individualisme",

---

[①] Marshall McLuhan, *The Gutenberg Galaxy*, p. 158.

它来自于欧洲人对法国大革命及其思想根源——启蒙运动思想——的普遍反应。[1] 在法国文化语境中，"个体主义"通常被赋予一种消极的或否定的含义，它常常被置于"集体主义"的对立面，认为个体主义意味着无政府状态和社会的原子化，坚信个体主义是对社会内聚力的威胁，这种看法甚至直到今天依然如此。与"个体主义"在法国语境中的含义不同，在德国语境中，"个体主义"与法国所谓的"个性"一词在内涵上较为接近，甚至在很多时候成为浪漫主义的"个性"概念——强调个人的独特性、创造性和自我实现——的同义词。德国语境中的这种用法起源于洪堡特（Humboldt）、诺瓦利斯（Novalis）、施莱格尔（Friedrich Schlegel）和施莱尔马赫（Schleiermacher）等人的著作。[2] 德国社会学家齐美尔（Georg Simmel）将这种"个性"含义的"个体主义"称作"新个体主义"，在这种"新个体主义"中，个体成为"特定的、不可替代的既定个体"，"需要或注定去实现他自己特有的形象"。[3] 个体主义在德国经历了一个递进式的演变过程。早期浪漫主义的私人"个体主义"很快演变成一种有机的和民族主义的共同体理论。这种从个人的个性到民族和国家的个性的思想发展，也出现在其他的 19 世纪德国思想家那里，尤其是费希特、谢林、施莱尔马赫，甚至黑格尔。由此，简要地说，法国人所谓"个体主义"的含义是消极的，标示着个人的孤立和社会的分裂；德国人的理解则是积极的，意味着个人的自我完成和个人与社会的有机统一。这是"个体主义"在欧洲大陆文化语境中的两种基本用法。

---

[1]〔英〕史蒂文·卢克斯：《个人主义》，阎克文译，江苏人民出版社 2001 年版，第 2 页。

[2]〔英〕史蒂文·卢克斯：《个人主义》，阎克文译，第 15—16 页。

[3] Georg Simmel, "Individual and Society in Eighteenth and Nineteenth Century Views of Life" (1917), in *The Sociology of Georg Simmel*, tran. and ed. by K. H. Wolff, Glencoe, III., 1950, pp. 78-83.

在美国,"个体主义"有着不同于欧洲大陆的含义,它最初是唱着对资本主义和自由主义民主的颂歌而出现的。它作为一种包含有强烈意识形态意味的象征性口号,表达了包括在天赋权利学说、自由企业的信念和美国之梦中的不同时代的所有理想。[1] 在美国,"个体主义"不像法国那样涉及社会分裂的根源,或者向未来和谐社会秩序的痛苦过渡,也不像德国那样涉及培育人们的特立独行精神或有机的共同体。詹姆斯·布赖斯（James Bryce）对美国"个体主义"的含义的概括较为贴切,他认为:"个体主义,对事业的热爱,对个人自由的自豪,不仅已被美国人视为最佳选择,也是他们的祈求;他们已经接受了资本主义文化的这一经济美德。"[2]

二、麦克卢汉的"个体主义"含义

无论在用词还是行文方面,作为文学教授出身的麦克卢汉都不是一个追求前后一贯性和逻辑性的学者。这在其对"个体主义"这一术语的运用上表现得非常明显。大体来说,麦克卢汉著作中的"个体主义"一词,并不具备法国语境中那种消极或否定的含义,而是大体继承了北美学者关于"个体主义"的基本看法,同时兼具德国语境中"个性"概念的主要内涵。

（一）与"集体主义"概念相对

将个体主义置于集体主义的对立面,认为个体主义反抗权威和所有试图控制个人的行动,尤其是反抗那些由国家或社会所施加的压迫性力量的看法,是"个体主义"最为寻常的含义之一。麦克卢汉在其著作中曾一度在此意义上使用过这一概念,具体表现在"个体主义"同"集体主义"或类似概念的对举式运用上。

---

[1] 〔英〕史蒂文·卢克斯:《个人主义》,阎克文译,第24页。
[2] James Bryce, *The American Commonwealth*, London and New York: Kessinger Publishing, 1888, vol. 2, p. 404.

比如，在《谷腾堡星系》序言中，麦克卢汉说："伊丽莎白时代是由中世纪的集体主义过渡到现代的个体主义，我们的时代却刚好相反，电子技术让个体主义濒临瓦解，集体依存再度成为时代的铁律。"[①] 在《理解媒介》中，麦克卢汉也说，"广播是人类非部落化的力量——它几乎瞬间就使个体主义逆转为集体主义的力量"[②]。将个体主义与集体主义对举，视个体主义为集体主义的对立面，对于"个体主义"的这种理解是典型的美国式用法，亦即，将个体主义视作一种道德的、政治的和社会的哲学意识形态，认为个人利益应是决定行为的最主要因素，强调个人的自由与个体的重要性，以及"自我独立的美德"和"个人独立"等。当然，麦克卢汉在这种意义上使用"个体主义"并不多，并不具有鲜明的"麦克卢汉特色"。

（二）个体主义即自我表现（个性）

麦克卢汉将个体主义分为"消极个体主义"和"积极个体主义"两种。他认为，在"消极个体主义"中，"个人好比训练有素、穿着制服的单兵"；"积极个体主义"则"强调个人规划和自我表现"。[③] 麦克卢汉从未如法国传统那般将"个体主义"视作贬义词，相反，在他那里，"个体主义"常常与"自我表现"、"内省"、"个性"等术语并列使用，用麦克卢汉的话说，这种个体主义即"积极个体主义"。在此意义上，麦克卢汉的"个体主义"概念明显受到了德国浪漫主义传统的影响。这种用法是典型的麦克卢汉式的用法，在其著作中运用得最为普遍。比如，在《谷腾堡星系》中，他将"个体主义"和"自我表现"并列使用。他说，"印刷术既是促成'个体主义'和'自我表现'的工具，又为'个

---

① Marshall McLuhan, *The Gutenberg Galaxy*, p. 1.
② Marshall McLuhan, *Understanding Media*, Cambridge, London: The MIT Press, 1994, p. 304.
③ Marshall McLuhan, *The Gutenberg Galaxy*, p. 209.

体主义'和'自我表现'提供时机"①。这里，麦克卢汉将"个体主义"视作"自我表现"的同义词。在《理解媒介》中，他又将"个体主义"与"内省"放到了一起："书写的发展和视觉化的生活组织方式，使得'个体主义'和'内省'成为可能。"② 在致摩尔根的信中，麦克卢汉又将个体主义理解为一种"高度个性化的行为方式"。他说，"现在，我们正在回到古老的部落模式，正在放弃西方世界高度个性化的行为方式；这种变化我们早已感觉到了。当然，西方人之所以获得这种个体主义的行为方式，是因为他们使用文字和印刷术，以至于养成了自立和自创的习惯，养成了独自阅读和书写的习惯"③。这里，麦克卢汉不仅将个体主义理解为个性、自立、自创等，而且将这种特征的形成归因于西方人对表音文字及其延伸——印刷术——的使用，这是典型的麦克卢汉式表述。不仅如此，他还引用罗文塔（Leo Lowenthal）的话来佐证自己的看法："文艺复兴以来，人类天性说成为主流，其所依据的概念就是人人都是'特例，其存在主要有赖于面对社会的限制和统一化的压力，尽力展现个人人格'。"④ 可以说，麦克卢汉的"个体主义"，主要就是在此意义上进行理解和运用的。把握个体主义的这一含义，有助于更好地理解麦克卢汉对印刷媒介与个体主义之形成性关系的相关论述。

（三）个人与社会的有机统一

一般来说，个体主义强调个人进入社会的目的是为了追求自身利益，或者至少有权为其自身利益着想而无须考量社会、集体

---

① Marshall McLuhan, *The Gutenberg Galaxy*, p. 131.
② Marshall McLuhan, *Understanding Media*, Cambridge, London: The MIT Press, 1994, p. 45.
③ Marshall McLuhan, *Letters of Marshall McLuhan*, p. 254.
④ Marshall McLuhan, *The Gutenberg Galaxy*, p. 209.

的利益。然而，麦克卢汉对"个体主义"的使用却与此不同，他在很多时候并没有将个体利益置于公众利益的对立面，相反，他甚至表达出个人的自我实现要与集体和社会有机融合的看法。这种看法属于典型的德国式思想，突出表现在德国思想家费希特、谢林、施莱尔马赫等人的著作中。麦克卢汉通过分析托马斯（William I. Thomas）和兹纳涅茨基（Florian Znaniecki）的巨著《身处欧美的波兰农民》表达了其对于个体主义的这种看法。他强调，"对于任何想要认真分析印刷文化对农民文化冲击的人，《身处欧美的波兰农民》都是不可或缺的参考书"[①]。在这部著作中，托马斯和兹纳涅茨基描绘的是经历了从波兰的乡土生活到美国芝加哥的都市生活这样重大变迁的波兰农民在社会态度与社会行为方面的变化。两位学者关心的并不是特定个体对特定事件的特定反应，而是组成群体生活的每一位成员所普遍采取的态度。他们富有创见地提出，只有把个人的态度和社会文化的价值观综合起来考虑，才能充分理解个人的行为。毫无疑问，麦克卢汉对这一看法持认同态度。

（四）个体主义的具体化："现代作者"

麦克卢汉常将"个体主义"与印刷术放到一起讨论，提出了诸如"印刷术是个体主义的技术"、"印刷术增强个体主义倾向"[②]等断语。在这些叙述中，个体主义常常被具体化为文本的作者。这是麦克卢汉关于"个体主义"叙述的一个显著特点，也是他讨论媒介技术与个体主义关系的具体表现。《谷腾堡星系》中的一段话形象地体现了这一点："从艾瑞提诺（Aretino）到帖木儿（Tamburlaine），文艺复兴时期的自大狂绝大多数都是印刷术的子

---

① Marshall McLuhan, *The Gutenberg Galaxy*, p. 176.
② Marshall McLuhan, *The Gutenberg Galaxy*, p. 176.

嗣。原因在于印刷术为现代作者提供了拓展个人时空维度的物质条件。"① 不仅如此，麦克卢汉还将印刷术与现代作者的著作权以及不朽的名望直接联系起来。他说，"中世纪的人们不知道后来印刷时代'个体作者'的意义"。② "印刷术不仅催生了所有权、隐私以及各式各样的封闭形态，而且还是作者获致声名和永久记忆的直接工具。"③ 鉴于探讨印刷术与"现代作者"观念之间的关系是下一节讨论的重点，此处只做一简要说明。

三、印刷与个体主义的形成

经历了 20 世纪后半叶以来后现代主义文化思潮的洗礼，主体性问题已经被中外学者们从各个层面进行过透彻的分析。当前，每当我们提及印刷媒体与个体主义或者说主体性生成之间的关系，我们首先想到的可能是马克·波斯特、乔纳森·米勒、丹尼尔·贝尔等人的著名论述。事实上，最早启动这一话题并对此话题做出讨论的，正是加拿大媒介理论家麦克卢汉。早在在 20 世纪五六十年代，他就从媒介技术的角度入手，着重分析了印刷术与个体主义形成之间的关系。他的探讨的重点是具体分析印刷术与"现代作者"的形成的关系。下面，我们仅讨论麦克卢汉关于印刷术与个体主义之间关系的一般论述，至于印刷术与"现代作者"的形成的关系，我们将在下一节专门予以探讨。

（一）印刷的分离化与个体独立

表音文字通过将口语词分解成单个的音素和字母，分解了口语社会的整体性和共鸣性。麦克卢汉敏锐地洞察到表音文字的分

---

① Marshall McLuhan, *The Gutenberg Galaxy*, p. 131.
② Marshall McLuhan, *The Gutenberg Galaxy*, p. 132.
③ Marshall McLuhan, *The Gutenberg Galaxy*, p. 131.

离特征。他说,"只有表音文字具有对感官进行分离、切割以及褪尽语意复杂性的力量"①,"表音文字发明之后,便一直有一股力量推动着西方世界朝感官分离、功能分离、运作分离、情感和政治状态分离以及任务分离的路走"②。这种分离化趋势在印刷机出现之后得到进一步强化。麦克卢汉认为,个体的出现与作为表音文字之终极延伸的印刷媒介密切相关。表音文字和作为其延伸的印刷媒介的分离性特征,不仅使个体从原来的部落群体中独立出来,而且还进一步使得独立出来的个体人发生心脑分裂,形成了新型人类——"印刷人"。就像麦克卢汉所说,"印刷导致区隔化的强度和数量增加,并带领个人进入动态化、区隔化的世界,"在这个动态化、区隔化的世界中,"人的心脑发生分裂,并进而诞生出新型的人类,即印刷人"。③就哲学层面而言,这种"印刷人"实即笛卡尔的"我思"、"自我",这正是西方"现代"哲学的开端。现代哲学的突出之处就是笛卡尔开启的哲学"向内转"——转向"我思",问题于是就成为:不是事物实即如何,而是一个人认为它们如何。由此,笛卡尔的"自我",或者说麦克卢汉的"印刷人",成为划分古代哲学与现代哲学的标志。当然,这并不是说在笛卡尔之前就没有自我,而是自我的观念尚未定义整个哲学活动,如它在笛卡尔对之进行了革命性思考之后在哲学中的地位,直至转向语言逐渐取代了转向自我。④

(二) 印刷的视觉化与现代个体

麦克卢汉认为,一切媒介/技术皆是对于人体的延伸。具体

---

① Marshall McLuhan, *Understanding Media*, Cambridge, London: The MIT Press, 1994, p. 333.
② Marshall McLuhan, *The Gutenberg Galaxy*, p. 43.
③ Marshall McLuhan, *The Gutenberg Galaxy*, p. 241.
④ 〔美〕阿瑟·丹托:《艺术的终结之后》,王春辰译,江苏人民出版社 2007 年版,第 8 页。

到西方表音文字文化中的两项关键技术——表音文字和印刷术，在麦克卢汉看来，它们都是对于人之视觉器官眼睛的延伸。这与表音文字自身所特有的音形义分离的特征密切相关。表音文字将口语词中的视觉要素作为最重要的成分保留下来，并将口语词中的其他感官层面转换成视觉形式[1]，从而实现了视觉和听觉的分离，并突出和强调了视觉。当口语词被表音文字书写下来时，视觉就彻底胜过了听觉。在这个意义上，麦克卢汉将可视性视作表音文字的基础。[2] 麦克卢汉一再强调表音文字的视觉偏向，在他看来，视觉化是表音文字最直接也是最显著的效应。而当表音文字抽象的视觉程度被推向高峰时，就成为印刷术。麦克卢汉认为，正是借助于表音文字自身之读音、语义和视觉符号分离的特性，"部落社会"开始向"文明社会"迈进，人们也从"部落人"慢慢变成了"文明人"。他说，"'文明人'是指在成文法典面前独立平等的个体"[3]。麦克卢汉有时也将"文明人"称作"理性人"或"视觉人"。他在致乔纳森·米勒的信中说："理性个体是从表音文字的母体中孕育出来的。"[4]

（三）印刷的便携性与现代个体

麦克卢汉在分析了媒介技术本身的内在特征对于个体主义形成的作用外，还从印刷书籍的便携性入手，认为"印刷书籍如画架画般的便携性特征，对于个体主义的发展具有推动作用"[5]。他说，"画架画让绘画走出户外，印刷书籍则打破图书馆的垄断局面"。费弗尔和马尔坦曾指出，印刷问世的第一个百年，印行最

---

[1] Marshall McLuhan, *Understanding Media*, Cambridge, London: The MIT Press, 1994, p. 160.
[2] 〔加〕麦克卢汉：《麦克卢汉如是说》，何道宽译，第 204 页。
[3] Marshall McLuhan, *Understanding Media*, Cambridge, London: The MIT Press, 1994, p. 84.
[4] Marshall McLuhan, *Letters of Marshall McLuhan*, p. 404.
[5] Marshall McLuhan, *The Gutenberg Galaxy*, p. 206.

多的书籍是口袋版的奉献书和时祷书:"感谢印刷和文本复制,书本不再是昂贵的物品,不再是只能在图书馆阅读:当时的人越来越需要随身携带书籍,以便参考或随时阅读。"[1]

麦克卢汉从技术的角度,最早开启了印刷媒介之于个体主义的形成性作用这一现代性论题。但是,也正是由于他最早涉及这一论题,加之其"技术论"的视角,使得麦克卢汉的论述将媒介/技术作为论述的出发点,遵循的是具体化的研究路径,并没有将印刷媒介与"现代作者"之间的关系上升至哲学层面。在此之后的二三十年中,这一主题被希利斯·米勒、丹尼尔·贝尔、马克·波斯特等学者继承和放大,并被清晰地表述为"印刷媒介与主体性"之间的关系。他们从哲学层面进行了论述,并使这一论题成为现代性领域中最为重要的论题之一。

四、对麦克卢汉"印刷主体"的延伸

米勒、贝尔、波斯特均不同程度地受到麦克卢汉"印刷主体论"的启发。20世纪下半叶以来,他们对印刷媒介与主体性的关系做了更为深入的探讨。米勒认为,印刷业的发展"鼓励并强化了主客体分离的假想、自我裂变的整体与自治,以及作者的权威"。在他看来,随着电信时代的来临,"建立在印刷技术、报纸,以及印发《宣言》的地下印刷机和出版商的基础之上"的文化现代性要素如主体开始走向终结:"自我裂变为多元的自我……从笛卡尔到胡塞尔的哲学所赖以存在的主客体之间的二元对立也被极大地削弱了。"[2] 贝尔认为,印刷媒介通过提升概念思维,树立了主体自我的形象:"印刷媒介在理解一场辩论或思考一

---

[1] Marshall McLuhan, *The Gutenberg Galaxy*, p. 207.
[2] 〔美〕希利斯·米勒:《全球化时代文学研究还会继续存在吗?》,国荣译,《文学评论》2001年第1期。

个形象时允许自己调整速度，允许对话。印刷不仅强调认识性和象征性的东西，更重要的是强调概念思维的必要方式。"[①] 秉承了麦克卢汉媒介史观的波斯特，在论述媒介与主体建构方面最为用力。他的论述有助于我们更好地理解印刷媒介在促进现代主体形成方面所发挥的独特作用。

第一，印刷媒介将自我建构为一个行动者。受麦克卢汉"以主导媒介划分历史"的观念影响，波斯特也根据媒介的不同将历史划分为口述时期、印刷时期和电子书写时期。在他看来，不同媒介时代语言构型的不同决定着当时主体的形态："语言构型中的变化改变着主体将意符转化为意义的方式。因而，当语言从口述和印刷转换到电子时，主体与世界的关系也就被重新构型"，"在从印刷到电子书写的转变过程中，主体和文本被重置"。[②] 对于印刷时代的主体建构，波斯特认为，"印刷文字把主体建构为理性的自律自我，构建成文化的可靠阐释者，他们在彼此隔绝的情形下能在线性象征符号之中找到合乎逻辑的联系"，或者可以说，"在印刷传播阶段，自我被构建成一个行为者（agent），处于理性/想象的自律性的中心"。[③] 他指出，"无论在读者还是作者的情形中，印刷文化都将个体构建为一个主体，一个对客体透明的主体，一个有稳定和固定身份的主体，简言之，将个体构建成一个有所依据的本质实体。而印刷文化的这一特征与现代制度下的主体型像是同系的（homologous），这些制度包括资本主义市场及其富于占有欲的个体、法律体制及其'理性的人'、代议制民主政体及其秘密选票和对个人自利原则的假设、科层体制及其工具理性、工厂及其泰勒式工资制、教育体制及其单独进行的考试和

[①] 〔美〕丹尼尔·贝尔：《资本主义的文化矛盾》，赵一凡等译，第156—157页。
[②] 〔美〕马克·波斯特：《信息方式》，范静哗译，第134页。
[③] 〔美〕马克·波斯特：《信息方式》，范静哗译，第13页。

成绩记录"①。

　　第二，印刷拉大语言空白，使个体得以冷静思考。波斯特认为，印刷媒介之所以能够将主体建构为自主、理性、稳定的主体，其原因在于，"印刷拉大了语言所固有的空白，从而容许言说者与听话人之间插入一段距离，这种空白便使得个体能够思考并冷静地判断他人的言辞，而不会受到他或她在场时的那种令人慑服的影响。印刷文化的理论家们阐述那段空白时认为，它能增强理性的力量，促成个体的自律。换言之，印刷文化的拥护者把语言中的这种空白与处于理性中心的主体联系起来"②。波斯特指出，自从印刷术培育出现代理性主体以来，自从笛卡尔对主体的构型加以阐发以来，自从这一构型在启蒙思维中广为散播以来，自从其被刻写入代议制民主政体、资本主义经济、科层社会组织以及世俗教育的主要机构中以来，这一理性主体就成为"西方文化的基础"。③

　　第三，自律主体从对印刷文本的阅读中增强批判意识。波斯特指出："启蒙主义的自律理性个体理论从阅读印刷作品这种实践中汲取了许多营养并得到强劲的巩固。……句子的线性排列、页面上的文字的稳定性、白纸黑字系统有序的间隔，出版物的这种空间物质性使读者能够远离作者。出版物的这些特征促进了具有批判意识的个体的意识形态，这种个体站在政治、宗教相关因素的网络之外独立阅读、独立思考。以页面文字的物质性与口述言词的瞬即性相比，印刷文化以一种相反但又互补的方式提升了作者、知识分子和理论家的权威，进而把读者造就成批评家，把作者造就成权威，这在表面上是对立或矛盾的，实际上却是现代社会的交往中非常典型

---

　　①〔美〕马克·波斯特：《第二媒介时代》，范静哗译，南京大学出版社2000年版，第61页。
　　②〔美〕马克·波斯特：《第二媒介时代》，范静哗译，第62页。
　　③〔美〕马克·波斯特：《第二媒介时代》，范静哗译，第80页。

的支配互振。"[1] 对此，柯南（Alvin Kernan）教授关于阅读和谈话如何构造不同主体的论述，对于波斯特的论述是一个有益的增补。他指出："在谈话过程中，交谈双方是面对面的、互动的，他们在不停地进行调整以确保彼此之间的理解。在公众场合，每一听众的理解都被演讲者以及其他听众所牵引，这种情况往往排斥离心性的和个人性的反应，而接纳较为规范的回应。但就阅读而言，其本性在于有利于形成私人性的和内向性的自我，形成那些构成现代社会之'孤独人群'的独立个体。概而言之，口语强化社会和公共的生活，偏爱友好的性格，促进社群的协同；阅读则推动由独立个体所组成的现代社会的生成。"[2] 通过这种语言内部（书面与口头）的比较可以看出，虽然不可否认口语也可以滋养理性主体（因为它同样遵循语言的再现法则），但阅读活动所面对的无声的印刷文字——作为对象的符号——更加突出了语言与现实之间的距离，从而在从语言到现实的转换过程中对于理性主体提出了更为迫切的需要。

第四，印刷媒介的革新有助于个体文化身份的形成。波斯特指出，"技术革新中最为关键的不是信息内部交换效率的增加，而是身份构建方式以及文化中更广泛而全面的变化"[3]，由此出发，他概述了从口述时代到电子时代人们文化身份的变化。在口述时代，"贵族的荣誉准则产生于面对面的交际情境中，（人们的文化身份主要）基于对他人言语的信任和相互依赖的等级制约束"。在印刷时代，新的商人身份被建构起来，他们连贯稳定的个性所赖以立足的是个体独立自主的认知能力——这是现代社会形成的文化基础，其中，印刷媒介促进并散播着这些城市性的身份形式。20世纪的电子媒介也在促成一种同样深刻的文化身份转型。"如果说

---

[1] 〔美〕马克·波斯特：《第二媒介时代》，范静晔译，第60页。
[2] Alvin Kernan, *The Death of Literature*, New Haven & London: Yale University Press, 1990, p.131.
[3] 〔美〕马克·波斯特：《第二媒介时代》，范静晔译，第25页。

现代社会强化的是理性、自律、中心化和稳定的个体（如法律上'理智的人'、代议制民主社会中受过教育的'市民'、资本主义制度下善于算计的'经济人'、公共教育制度中按分数评定等级的'学生'等），那么，也许一个后现代社会正在产生，该社会所培育的身份形式与现代社会中的身份形式存在着差异，甚至对立。"①

毋庸置疑，波斯特所谓的创造理性主体的"语言"之主要形态就是印刷文字；也正是在对印刷文字的指称上，德里达（也包括米勒）将印刷术、文学与现代民主形式联系起来，对他们而言，印刷纸媒为电子媒介所取代当然就可能是文学在体制上的末日。②

第二节 印刷与"现代作者"的创生

麦克卢汉常将"个体主义"和"印刷术"放到一起加以讨论，而"个体主义"又常被具体化为"文本作者"。在《谷腾堡星系》中，麦克卢汉集中探讨了印刷媒介的主体——"现代作者"——的诞生这一论题。在他看来，"现代作者"是个体主义最为重要的表现之一，其诞生与印刷媒介有着千丝万缕的联系。他说过"手抄时代没有作者"，这暗示我们：作者是印刷时代的产物。麦克卢汉此处所说的"作者"是指现代语境中的作者。为论述之便，我们将印刷术发明之前那种代神立言、自我意识不明确的创作者称为"传统作者"，将印刷术诞生之后有着明确的创作意识和权属观念的创作者称作"现代作者"。比较印刷术发明前后不同时代的创作主体，有助于更好地理解印刷之于"现代作者"形成的

---

① 〔美〕马克·波斯特:《第二媒介时代》，范静哗译，第25—26页。
② 金惠敏:《图像增殖与文学的当前危机》，《中国社会科学》2004年第5期。

独特作用。有鉴于此,在阐明印刷术与"现代作者"的关系之前,我们有必要先考察一下印刷术诞生之前的"传统作者"观念。

一、印刷术发明之前的"传统作者"

现代意义上的"作者"一词往往含有原创之意。相比而言,"传统作者"则要么代神立言,扮演着对神赋灵感进行"模仿"的角色;要么受托做事,所担工作与"工匠"无异。就书籍生产而言,印刷产生之前的手抄时代,书籍生产者们主要承担的是抄写、修改、翻译或撰写等数种角色中之一种,拥有的是集体"制作"而非个体"创作"的集体身份。

(一)口传时代"表演的歌者"

在书写被普遍用作保存和传播手段之前,人类文明主要靠口耳相传的方式来传承。口头传统不像书本时代那样可以借助于书写和墨迹以长期保存他们的文化,口传时代传承文明和存储知识的方式主要是记忆,这也就是为什么在口头传统占主导的社会形态中讲究格律、格式固定、便于诵读、易于记忆的诗歌和韵文最为发达的主要原因。这可以以口头创作的典型代表《荷马史诗》为例。洛德(Albert B. Lord)在对比分析《荷马史诗》与南斯拉夫诗歌的特征后得出结论:"荷马史诗是口述记录的文本"[1],而"荷马只是他那个时代的许多歌手中的一个";因为这些歌手有着"大体相同的程式化技法","以同样的诗学法则来运作","这就是众所周知的口头创作的最确定无疑的证明。在此基础上,我们应该确信《荷马史诗》是口头创作的结论"[2]。对此,沃尔特·翁指出,正是由于《荷马史诗》中许多话语成分与书写方式有着根本区别,才使得《荷马

---

[1] 〔美〕阿尔伯特·贝茨·洛德:《故事的歌手》,尹虎彬译,中华书局2004年版,第214页。

[2] 〔美〕阿尔伯特·贝茨·洛德:《故事的歌手》,尹虎彬译,第208页。

史诗》能够在行吟诗人中流传并保存下来。在口传时代,主要的文化传承者正是这些"行吟诗人"或者说"表演的歌者",因为"对口头诗人来说,创作的那一刻就是表演。创作和表演是同一时刻的两个方面。一部口头诗歌不是为了表演,而是以表演的形式来创作"[1]。现存的前苏格拉底时代的著述均以诗体和韵文形式"写"成,这基本上可以表明前苏格拉底时期是口头传统占主流的时代。随着文字的流通和书写的普及,书写成为较口传更有优势的知识记录手段:它更易传播、更易保存、便于查证。自此,"空口无凭,立字为证"成为通行的手段,口头诗歌的真理性和权威性逐渐被书面文字所取代。在古代希腊,柏拉图恰好处于从口传转向书写的关口。他开启了用散文书写的传统,并把诗人驱逐出了"理想国"。麦克卢汉就此评价道:文字诞生之前,"听觉智慧是希腊的教育体制,有教养的希腊人是那些能够记住并在竖琴伴奏中吟诵《荷马史诗》的人。文字诞生以后,柏拉图紧紧抓住文字并且声称:'让我们抛弃荷马,去追求理性的教育'"[2]。可以说,柏拉图在这里对(以荷马为代表的行吟)诗人的宣战,实质是对长期以来的口头传统的宣战。自此,诗人赖以安身立命并获得荣耀和权威的口头传统渐成绝响,取而代之的是书写文明。随着从口传向书写的转变,作品的生产主体也开始由"口述者"转向"书写者"。

(二)代神立言的"传统作者"

"传统作者"观念并不把作者与"原创"概念相联系,而倾向于将作者视作"神的代言人"。在古希腊和罗马时代,作为作品意义之终极根源的作者并不存在,作者之于作品的作用远不如今天这般突出和重要,作者与作品之间尚未在特殊的话语体系中

---

[1] 〔美〕阿尔伯特·贝茨·洛德:《故事的歌手》,尹虎彬译,第17页。
[2] 〔加〕麦克卢汉:《麦克卢汉如是说》,何道宽译,第155页。

建立联系。虽然有些学者如美国文学批评家艾布拉姆斯（M. H. Abrams）对此持怀疑态度，但总体而言，将作者视作神之代言人的看法无论在当时还是现在都非常普遍。柏拉图在《伊安篇》中对此做了探讨和总结。被描述为古希腊杰出职业吟诵者的伊安在诗歌朗诵比赛中获奖并颇为得意，在归途中却被苏格拉底说服，并相信其灵感和成就均来自于神灵。神性就如"赫拉克勒斯"磁石，而诗人只不过是挂在磁石下面的一连串"铁环"。诗人不是自我意识的"艺术家"，而是在一种"灵感"的状态中创作，在这种状态中，他们"超越自我"并且像"预言家"或酒神崇拜者，暂时由一个更高的力量所"支配"，他们不过是这一力量的不知不觉的代言人。[①] 也就是说，在柏拉图看来，一切创作皆源于神赋的灵感，皆是模仿"理式"而代神立言。[②] 神才是知识的所有者，诗人只是将神赐的礼物——知识——加以传达而不能将之据为己有。在这样的知识所有观念之下，古希腊和罗马时代的作者观念也必然与之一致。在古希腊—罗马传统中，诗人并不被认为是艺术家（artist），而只是借助其灵敏原始的感觉去领悟神旨的先知者（seer）。[③] 或如柏拉图所说，"自荷马起，一切诗人都只是模仿者，无论是模仿德行，还是模仿他们所写的一切题材，都只得到影像，并不曾抓住真理"[④]。亚里士多德虽不如其老师那般尖刻，然其亦认为"诗人的情感与欲望作为阐释诗歌的主题或形式的方式，是不值得讨论的"[⑤]。柏拉图和亚里士多德关于艺术"模仿"的学说，对后世产生了消极影响，这种影响贯穿于整个欧洲

---

　　① 〔英〕泰勒：《柏拉图——生平及其著作》，谢随知、苗力田、徐鹏译，山东人民出版社 1991 年版，第 64 页。
　　② 宋占海、罗文敏编著：《西方文论史纲》，甘肃人民美术出版社 2007 年版，第 6 页。
　　③ Andrew Bennett, *The Author*, London: Routledge, 2005, p. 35.
　　④ 柏拉图：《柏拉图文艺对话集》，朱光潜译，人民文学出版社 1963 年版，第 76 页。译文稍有改动。
　　⑤ Christopher Aide, "A More Comprehensive Soul", 48 U. Toronto Fac. L. Rev. 211 (1990).

中世纪。[①] 对于模仿说，哈里森（Jane E. Harrison）教授批评道："可以说，整个模仿说理论都误入歧途了。因为它对一种广泛存在的人类的动机做出了错误的解释。也许正是这一错误又促使另外一些学者将艺术视为理想化的手段。这种观点认为，人类天生就怀有某种莫名其妙的乐观主义念头，希望把大自然改变得更加美好。"[②]

（三）中世纪的"作者"观念

对于中世纪的"作者"观念，当时方济各修士圣波拿温图拉（St. Bonaventura）的概括最为典型。他将文本生产者分为抄写员、编纂者、评注者和作者四种类型："一个人抄写其他人撰著的材料，不增加和改变任何东西，这个人仅仅是'抄写员'（scriptor）；另一个人写的也是其他人撰著的东西，把它们汇集在一起，但不加入任何自己的东西，这个人被称为'编纂者'（compilator）；又有一个人所写的材料既有别人撰著的，也有他自己的，但他人撰著的部分最为重要，他自己添加的内容是为了使之更为明晰，这个人被称作'评注者'（commentator）；还有一个人所写的内容既有自己撰著的，也有他人撰著的，他自己的部分最重要，把其他人的材料包括进来是为了进一步证实自己的观点，这个人一定要称作'作者'（auctor）。"[③] 在此，所谓的"作者"，与我们今天所看重的东西——富有创造性和想象力，有着丰富的信息和理性的解释等——几乎毫不相关，相反，"作者"在此只是"制书"之人，他用笔写书，就像鞋匠制造皮鞋、瓦匠盖房加瓦一样。也就是说，在圣波拿温图拉的分类中，我们看不到现代意义上的"作者"。或

[①] M. H. Abrams, *The Mirror and the Lamp*, New York: Oxford University Press, 1953, p. 12.
[②] 〔英〕哈里森：《古代艺术与仪式》，刘宗迪译，生活·读书·新知三联书店2008年版，第11页。
[③] Alistair Minnis, *Medieval Theory of Authorship*, Aldershot: The Scolar Press, 1988, p. 94.

者说，中世纪的作者身份，正如一部中世纪英国文学理论文选编者所指出的，"更倾向于被理解为一种思想和道德的权威传统的参与者，在这个传统中……一个作者可能承担抄写、修改、翻译或撰写等几种角色当中的一种"[1]。具体地说，中世纪的"作者"被看作是对材料进行重新塑造的人，他们的创作是对同一思想领域中的其他材料进行注解，并与这些材料紧密关联。他们不是浪漫主义时代具有创造性的"作者"，因为很多情况下他们对所处理的文本没有最终所有权。就像洛根所说，"在贯穿中世纪的手抄书时代，抄书人、编纂者、评注人或手稿作者的概念并不重要。人们对于自己所读书籍的作者是谁亦不如现在这般重视；当时，几乎无人讨论作者问题，也很少有人有兴趣去确定文本的作者或抄写者，甚至连书名也懒得去辨认"[2]。由于当时的人们不去追问书籍的作者，所以对于书中传达的知识，也就不会认为是"个人人格和意见的表现"[3]，而是认为其归圣人所有，属于浩瀚知识的一部分。就像麦克卢汉转引戈德施密特（Ernst Philip Goldschmidt）的话所说，"我们倘若认为，中世纪学生觉得自己所读书本内容是在表达某个人的人格或意见，肯定犯了时代错位的错误。当时的学生认为自己读到的是浩瀚知识的一部分，是'全知作者的知识'，这些知识过去归圣人所有。读到一本可敬的好书，他们不会认为这是某人的说法，而会将之视为代代相传的久远知识的一部分"[4]。

文本作者如此，其他领域的艺术家也是如此。艺术家们不是独立的个体，而是属于某个行会的无名成员。"独特的艺术表达方

---

[1] Jocelyn Wogan-Browne, Nicholas Watson, Andrew Taylor and Ruth Evans (eds.), *The Idea of the Vernacular: An Anthology of Middle English Literary Theory 1280-1520*, Exeter: University of Exeter Press, 1999, pp. 4-5.

[2] 〔加〕罗伯特·洛根：《字母表效应》，何道宽译，第157页。

[3] Ernst Goldschmidt, *Medieval Texts and Their First Appearance in Print*, New York: Biblo & Tannen Booksellers & Publisher, 1943, p. 113.

[4] Ernst Goldschmidt, *Medieval Texts and Their First Appearance in Print*, p. 114.

式通常并非由其所首创。他的一切工作和劳动都是被动地按照委托人的指示和要求而进行的。"[1] 在中世纪,画家、雕塑家、建筑师等被我们今天视为艺术家的职业,在当时往往同木匠、瓦匠等同属一个行会。也就是说,中世纪的艺术家与工匠无异,他们与其他行当中的工匠一样,为了谋生而不得不为社团、教会以及贵族们工作,他们对自己的作品并无署名权可言。当艺术家的劳动被看作与工匠的工作类似时,是不可能产生真正的"创作"观念的,作者对作品享有著作权的主张也就难以得到社会的承认。

二、印刷时代的"作者"观念

现代的"作者"的主体性主要体现在两个方面:其一,作为创作主体的作者有着自觉的**创作意识**,也就是说,创作主体对于创作行为有着明确的自觉,明确创作是作者行为的主体表现。其二,创作主体对于自我思想表达的外化形式——作品,有着明确的**权属意识**。简单来说,自觉创作意识和对于作品的权属意识,是作者之为"现代"作者的基本内核。在麦克卢汉的著作中,他主要关注的是我们这里所说的第一个方面,对于作为构成"现代作者"观念之另一基本内核的"权属意识",麦克卢汉很少涉及。[2] 为此,我们下面对印刷术与"现代作者"观念形成之间关系的考察,在阐述第一个方面即"创作意识"时主要依循的是麦克卢汉的思路,而第二个方面即"权属意识"则可以算作我们对麦克卢汉论述的一个补充。

---

[1] Dan Rosen, "Artists' Moral Rights", *Cardoz-Arts & Entertainment*, 1983, p. 164.

[2] 麦克卢汉在这方面的论述不成系统,从目前掌握的资料看,他在《媒介即按摩》中曾提及"版权观念是印刷的产物",认为它培养了"把精神劳动当作私有财产的习惯"。参见 Marshall McLuhan, Quentin Fiore and Jerome Agel, *The Medium Is the Massage: An Inventory of Effects*, p. 122。

(一)自觉创作意识的形成

一般来说,自觉创作意识在文本中的突出表现是表达特定观点的第一人称"我"的出现。尽管中世纪许多叙事作品中已使用了"我"的称谓,但在麦克卢汉看来,这些作品中的"我"只用于表现即时效果,并不代表特定观点。他以乔叟为例做了说明:乔叟在叙事时称呼自己的人称代词并无前后一致的位格(persona)[1],原因在于"当时尚无'自我表现'的观念"[2]。麦克卢汉说,个体主义的驱力在中世纪抄写模式下隐而不彰,因为手抄本是高度触觉化的产物;印刷术的诞生,为个体主义和自我表现提供了工具和时机。[3]这种自我表现突出表现在对作品进行冠名、寻求身份认可、追求文学声望等方面。毫不夸张地说,明确承认个人的发明,宣示自己的发明、发现和创造,是印刷术发明之后的事情。正如费弗尔和马尔坦指出的,中世纪的作者对于把名字加于作品之上毫无兴趣,而印刷者则需要找出或已经找到他们所印作品的真实作者。[4]爱森斯坦在《作为变革动因的印刷机》中将作者的署名从书籍出版扩展至几乎一切能够署名的领域,并将这种署名现象同印刷术联系在一起。她不仅指出,"发明人姓名的确定和作者个人身份明确的现象是同时出现的,是同一过程的产物",而且认为,"人体器官的命名、月球上环形山的命名等都说明,有名有姓的'发现'是印刷术以后才出现的现象"。[5]与之相符合的是,艺术家们也开始在自己的作品上盖章、署名,这在贝纳佐·戈佐利(Benozzo Gozzoli)的《三贤之旅》(*Procession*

---

[1] Marshall McLuhan, *The Gutenberg Galaxy*, p. 136.
[2] Marshall McLuhan, *The Gutenberg Galaxy*, p. 203.
[3] Marshall McLuhan, *The Gutenberg Galaxy*, p. 131.
[4] 〔法〕费夫贺、马尔坦:《印刷书的诞生》,李鸿志译,第237页。
[5] 〔美〕伊丽莎白·爱森斯坦:《作为变革动因的印刷机:早期近代欧洲的传播与文化变革》,何道宽译,第71页。

of the Magi，1459）和波提切利的《贤士来朝》（*Adoration of the Magi*，约 1472—1475）中都有清楚的体现。把名字加于文本之上的结果是获得评价、认可，有时还会带来名气的增长。它使得一些人利用著作来追求名声的兴趣和愿望越来越强烈。费弗尔和马尔坦说："这种新的刺激是一个新时代的标志，艺术家们开始在作品上签名，作者身份有了一种全新的重要性。"① 这也是爱森斯坦所反复申述的观点，"'追逐名誉'这件事本身"，她赞同地说，"可能受到了印刷术能使人不朽的影响"。② 或如麦克卢汉所说，"印刷术是获致名声和永久记忆的直接工具，……它塑造出了'伟大'这一概念"③。与之相应，艺术家的地位正在发生显著变化，原来被视作匠人身份的艺术家们，有的已到政府中担任要职，比如吉贝尔蒂（Ghiberti）和布鲁内莱斯基（Brunelleschi）；公众对艺术家的尊崇也开始增加；到 16 世纪，当"非凡"这一形容词被加诸米开朗基罗身上时，几乎可以认为是一种奉承。就像艺术史家阿诺德·豪泽尔（Arnold Hauser）所说，"文艺复兴中艺术概念的根本元素是天才的发现。这是一个之前不为人知的概念，这在中世纪世界观中是难以想象的，而中世纪世界观中，人们认为那些天才的创新性和自发性没有任何价值，他们只承认模仿，许可剽窃行为，而忽视智力的竞争"④。印刷术之所以能够为自我表现提供工具，刺激作者或发明人去追求认同和名声，根源在于印刷术本身所特有的固化功能。显然，将自己的作品印刷成书，或者说使自己的姓名永远固定在印制的卡片档案和文档记录之中，与手写

---

① Lucien Febvre and Henri-Jean Martin, *The Coming of the Book: The Impact of Printing 1450-1800*, p. 261.

② Elizabeth Eisenstein, *The Printing Press as an Agent of Change: Communications and Cultural Transformations in Early Modern Europe*, vol. 1, Cambridge: Cambridge University Press, 1979, p. 121.

③ Marshall McLuhan, *The Gutenberg Galaxy*, p. 131.

④ 〔英〕彼得·沃森：《人类思想史：冲击权威》，姜倩等译，第 118 页。

的效果是截然不同的。因为手写的文字无法永久保存，既可能湮灭，也可能会在手写过程中走样。而印刷出来的文本，基本上与其他同一版本的书籍完全一致，这样就能够使知识跨越时空进行有实效、有效率的传播；这种对文本的固定赋予"作者"以"信任感"，甚至带给人们"永恒不朽"的体验。尽管这种体验在麦克卢汉看来，根本就是虚假的。他引用福斯特的话说，"印刷机当时虽只有百年历史，却被世人误以为是创造永恒的工具，因此急着在印刷上投注行为和热情"[1]。他还指出，处于20世纪的今天，这种"永恒"的概念反而带有嘲讽的味道。[2] 在此，麦克卢汉的眼光可谓狠辣。单就这点而言，延续其印刷术论题的爱森斯坦，在洞察深度上就要稍逊一筹。

不同于先前手抄式的书籍生产方式，印刷术发明之后，印刷者通过与文本生产者的结合，破坏了长期以来形成的集体著作观念。由印刷术所培养的这种个人创作的原则也同样被其他媒体作品的作者所采纳。例如1500年底，随着伦敦剧坛的职业化，英国剧作家们得益于繁荣的剧本印刷市场：其结果即剧作的商品化，而剧作的商品化反过来又鼓励和强化了"对个人创作行为的强烈关注"[3]。印刷商觉察到剧本印刷在商业上的潜力，这些剧本体现了一个"作者"的"存在"，若文本被证实是出自作者的"权威文本"，就能够提升它们的市场价值。这些活动凸显了近代早期印刷如何改变环境，使得作者行为被视为一种个人行为，正如罗斯所评论的，完成了"从中世纪作者到文艺复兴的作者的转型"[4]。

---

[1] Edward Morgan Forster, *Abinger Harvest*, Fort Washington: Harvest Books, 1950, p. 190.
[2] Marshall McLuhan, *The Gutenberg Galaxy*, p. 203.
[3] Douglas Brooks, "From Playhouse to Printing House: Drama and Authorship in Early Modern England", in *Cambridge Studies in Renaissance Literature and Culture* (36), Cambridge: Cambridge University Press, 2000, p. xiv.
[4] Mark Rose, *Authors and Owners: The Invention of Copyright*, Cambridge, Mass.: Harvard University Press, 1993, p. 18.

(二) 作品权属意识的培育

印刷术诞生以后,作者的权属意识主要是通过当权者出于管控书籍而对作者予以确认、作者自己权利意识的觉醒以及著作权私法化对于作者权益的明确三个方面来实现的。下面分别做简要论述。

第一,当权者出于管控书籍的目的而对作者责任的追溯。在著作权私法化之前,当权者——教会、王权、议会——出于掌控、管制书籍的出版发行而对作者地位的肯定,客观上促进了作者对其作品的权属意识的形成。在英国,尽管印刷所兴起初期英国国王曾颁布诏令对印刷出版予以鼓励,但自16世纪亨利八世时期起,英国王室开始通过审查、垄断专利以及枢密院、星法院(Star Chamber)的命令,来控制印刷出版业。[①] 在法国,两个有据可查的案例发生在1504年。一是巴黎医生库普于1504年3月成功地使政府颁布禁令,禁止一名图书销售商在未经其本人授权的情况下印刷发行其编纂的一部年鉴作品。这一禁令的意义在于,它以官方的姿态承认了作者对于其作品的正当权利。罗斯指出,"库普赢得的不仅仅是对于文本的权利,也是使用其姓名的权利"[②]。两个月后,当一名印刷商企图在未经授权的情况下翻印诗人安德烈·德拉维涅的诗歌作品集时,德拉维涅以类似的手段保护

[①] 1529年,英国王室发表英国历史上第一份禁止出版的"异端和猥亵"书单。1538年,英国国王制订了对英国所有书籍的审查系统:未经王室任命的审查官同意,任何书籍的发行皆属违法。1557年,王室委托"书文公司"行使这一职能。该公司官员对国内媒介具有全盘控制权力,所有出版商都必须从书文公司获得许可,所有报社必须在书文公司登记;除非属于书文公司成员或经由皇家特许,一切出版都受到查禁。"光荣革命"之后,对出版的控制权力从王室转移到议会。1689年《权利法案》以后,议会逐步放松了对出版的审查。1694年,议会拒绝延长对"书文公司"的垄断特权,使出版控制从特许审查转变为征税。详情可参见雷波:《18世纪英国出版管制研究》,河南大学硕士学位论文,2010年,第7—8页。

[②] Mark Rose, *Authors and Owners: The Invention of Copyright*, pp. 18-20.

了印刷和销售其著作的权利。正如布朗所说，这样的案例显示出商业环境下作者对于作品归属观念的转变，以及文本生产模式的重要转变。1642年法国议会一项命令明确要求：自1632年以来出现的图书在印刷时必须附加作者的姓名及其同意的说明。[1] 对此，有学者指出，当时处于萌芽阶段的作品所有权概念与当权者对作者的确认有关。[2] 事实上，通过这种途径获得的作者权利，更多的是当权者出于对自身统治的巩固而对于作者责任的追溯，它类似于责任归咎原则的采用，要求作者必须署名确认，以便于当权者对书籍出版的控制。

第二，作者权利意识的觉醒。随着当权者对印刷出版的过度控制以及盗版活动的猖獗，出版自由观念和反盗版意识逐渐萌生，这极大地推动了作者权利意识的形成。在提倡出版自由方面，英国诗人弥尔顿（John Milton）针对英国国会颁布的《出版管制令》（1643）所做的经典性辩论《论出版自由》最为典型。其观点包括：第一，言论出版自由是人民与生俱来的权利，是一切自由中最为重要的自由权利；第二，限制言论出版自由，既是对理性的蔑视，也是对人权的践踏；第三，提出"观点的公开市场"和"自我的修正过程"的概念，即认为只有让真理与谬误在市场上进行"自由而公平"的较量，人们才会不断增强判断力、免疫力和鉴赏力。另外2部有关出版自由的论著是詹姆斯·密尔的《论出版自由》（1811）及其儿子约翰·密尔的《论自由》（1859）。[3] 这3

---

[1] Mark Rose, *Authors and Owners: The Invention of Copyright*, p. 22.

[2] Elizabeth Eisenstein, *The Printing Press as an Agent of Change: Communications and Cultural Transformations in Early Modern Europe*, vol. 1, p. 120; Mark Rose, *Authors and Owners: The Invention of Copyright*, pp. 16-18; Cynthia J. Brown, *Poets, Patrons, and Printers: Crisis of Authority in Late Medieval France*, Ithaca: Cornell University Press, 1995, pp. 1-8.

[3] 目前，这三部论著均已出版了中文译本，参见〔英〕约翰·弥尔顿：《论出版自由》，商务印书馆2010年版；〔英〕詹姆斯·密尔：《论出版自由》，上海交通大学出版社2008年版；〔英〕约翰·密尔：《论自由》，商务印书馆1959年版。

篇论著构成了人类关于印刷与出版自由的基本思想。它们作为言论自由的一种早期形态，不仅使更多的人关注到了印刷出版这一新兴的自由类型，而且为作者权利的萌兴和确认提供了思想源泉。在反对盗版行为、维护作者权利方面，以英国小说家笛福（Daniel Defoe）对作者权利的阐述最有特色。他在《论出版管制》（1704）中认为，盗版行为是对作者权利的践踏，必须通过一部管制出版的法案，在调整控制出版行业秩序的同时保障作者的权力；作者有义务将他们的姓名列于其所著的书上，法令应确认作者享有对其作品毫无争议的所有权。[1] 在其后的一段时间，以笛福为代表的作者们一再斥责盗版行为，积极倡导作者权利观念。他们的倡导逐渐使作者们意识到，作者和其他公民都应该享有和印刷商一样的权利，作者也应当享有公开和出版自己作品的天赋权利。

第三，著作权私法化对作者权益的明确。在漫长的前版权时代，作者观念始终没有得到明确的肯定。甚至直到 16 世纪末叶之前，"把自己的手稿托付给书商，委其出版、从中获利，再向书商领取稿酬，仍然不是普遍的做法"[2]。伊拉斯谟的例子印证了这一点：他曾向出版商索要稿酬，却招来政敌的挞伐，于是愤慨反驳，自言著作馈赠友人，从未索取超出对方能力范围的报酬。尽管弥尔顿在 1667 年将《失乐园》出售给西门斯时得到承诺，只要第一版售完 1300 本，将另行支付 5 英镑；若印刷第二版、第三版，且均顺利售完，则会追加同额的报酬。[3] 然而，当时对作者的额外报酬只存在于少数知名作家身上，且这种额外报酬的支付只是作为作者出卖手稿的补充形式，并非某种固定的尊重方式。也就是说，在通过获得报酬而得到确认方面，著作权私法化之前几乎没有固定的实现形式。

---

[1] Daniel Defoe, *An Essay on the Regulation of the Press*, Oxford: Blackwell, 1958, p. 27.
[2] 〔法〕费夫贺、马尔坦：《印刷书的诞生》，李鸿志译，第 153—154 页。
[3] 〔法〕费夫贺、马尔坦：《印刷书的诞生》，李鸿志译，第 157 页。

17世纪末，由于支持书商公会垄断地位的许可法令被废除，书商公会对于图书贸易垄断的合法性受到挑战，试图寻求重新颁布图书印刷管理法令的做法在当时亦不受欢迎。书商公会意识到，必须改变策略以获取图书贸易的正当性基础。为此，他们试图借助作者这一尚需依附于他们的群体，来实现保护和维护书商传统享有的垄断权利。他们将书商版权的传统形式包装为当时流行的财产权形式，将对于图书印刷贸易的管理规则习惯转化为对人类智慧的推崇和尊重。这一策略的直接结果是1710年《安妮女王法》的制定。该法"确认了作者作为著作权的首要权利主体，提升了作者在法律规范中的主体地位"[1]。在《安妮女王法》中，"作者"权利明确体现为三个方面。首先，以法律的形式宣示"作者"成为法令调整的对象，使"作者"首次成为法律制度的主体要件。其次，"序言"部分对法令宗旨和立法目的的说明，肯定了法令保护和促进作者创作之间的因果关系，明确了作者基于创作行为而获得利益保护的正当性和必要性。最后，明确规定作者在两种时期内分别享有的权利期限，以及作者在有生之年享有的续展期限，保障了作者的著作权利。

著作权立法使作者作为文本的创造者和拥有者的法定权利得到承认，它成为18世纪呈指数增长的新职业和新产业的基础。至18世纪后期，随着文学、艺术领域中浪漫主义及丹尼尔·笛福在《鲁滨孙漂流记》中所宣扬的个体主义进入鼎盛时期，"作家"这一概念中又注入了"首创性、灵感及想象力"等新的内涵。[2]"作家"（author）和"创作者"（creator）逐渐成为同义词，其工作、劳动亦相应地变成了"创作活动"（creative activities），其结果是文学生产的社会和文化网络发生了变化，为19世纪作者成为一种

---

[1] 肖尤丹：《英国早期司法判例中的作者权利》，《中国政法大学学报》2010年第1期，第72页。

[2] Peter Jaszi, "Toward a Theory of Copyright", *Duke Law Journal*, 1991, p. 471.

让人尊敬和收益颇丰的成熟职业奠定了基础。"作家这种职业,就是这样一点一滴地建立起来的。他们历经缓慢的演变,终于认清自己有权从著作中得利并支配自己的知识产权,同时让外界承认这些权利。"①

---

① 〔法〕费夫贺、马尔坦:《印刷书的诞生》,李鸿志译,第 159 页。

第四章 "印刷民族主义"：印刷媒介与现代民族主义的形成

在印刷术之诸多无法预期的后果当中，民族主义的兴起最为人所熟知。……没有将地方语言印刷出来的经验，就没有民族主义的诞生。

——麦克卢汉《理解媒介》第十八章"印刷词：民族主义的缔造师"

在人文社会科学领域，有关民族主义的话题一直是近几十年来的一个热门话题。探讨这一问题的学者主要集中在哲学、历史、经济和社会学领域，关注的重点主要是民族和民族运动在历史发展进程中所发挥的作用和扮演的角色。[①] 麦克卢汉在其著作中不仅辟出专门章节对此话题做了集中探讨，如《谷腾堡星系：印刷人的诞生》中堪称典范的"民族主义四节"（第87—90节）和《理

---

① 第二次世界大战之后（20世纪60—80年代）出现了关于民族和民族主义的第一次研究热潮，代表人物有米洛斯拉夫·罗奇（Miroslav Hroch）、本尼迪克特·安德森（Benedict Anderson）、阿姆斯特朗（John Armstrong）、布勒伊（John Breuilly）、厄内斯特·盖尔纳（Ernest Gellner）、埃里克·霍布斯鲍姆（Eric J. Hobsbawm）、安东尼·史密斯（Anthony D. Smith）、埃里·凯杜里（Elie Kedourie）、休·塞顿-沃特森（Hugh Seton-Watson）等。随着冷战结束前后世界民族主义浪潮的再次兴起，新一轮的研究高潮随之而来，最主要的代表人物是安东尼·史密斯和厄内斯特·盖尔纳。有关详情可参见叶江：《西方民族主义研究现状及历史刍议》，《国际观察》2006年第4期；花永兰：《国内外民族主义问题研究现状》，《国际资料信息》2005年第11期。

解媒介：人的延伸》的第十八章"印刷词：民族主义的缔造师"，而且有关此话题的许多真知灼见也散见于著作的其他章节、通信及各类访谈之中。他从传播学的角度对印刷媒介在民族主义兴起中的作用进行的考察，对于此后学界（比如本尼迪克特·安德森）关注媒介在民族主义的形成与发展中所扮演的重要角色的研究具有开创意义。直到20年之后，安德森才在其名著《想象的共同体》（1983）中表达了类似的看法。[1] 在此，尽管我们无法具体指出安德森受到了麦克卢汉多大的影响，但有证据表明安德森曾参考过麦克卢汉专论印刷媒介的《谷腾堡星系》一书。他在第二章"文化根源"的"注释第58条"中说，"这是麦克卢汉在他那本异想天开的《谷腾堡星系》中提出的一个扎实的观点。我们也许可以补充说，虽然书籍市场和其他商品的市场相较是小巫见大巫，但是它在传播观念过程中扮演的战略性角色却对现代欧洲的发展具有无比的重要性"。当然，麦克卢汉并不是单纯为考察民族主义的形成而讨论民族主义的，他的目的在于探讨媒介"将自身的假设潜移默化地强加于人的'建构力'"和"记录媒介与文化的互动"[2]。或者说，他对民族主义形成的考察，是为了验证其媒介研究的"感知效应范式"而进行的。麦克卢汉提出，由印刷媒介所培育的三个因素——欧洲民族语言的定型、现代主体的塑造、信息与社会流动的加速——对西方现代民族主义的形成起了积极推动作用：民族语言定型是印刷的"视觉效应"在"标准化"方面

---

[1] 本尼迪克特·安德森在出版于1983年的《想象的共同体》第三章"民族意识的起源"中探讨了类似的问题。安德森指出，资本主义创造了可以用机器复制、并且通过市场扩散的印刷语言，它们以三种不同的方式奠定了民族意识的基础。第一，印刷语言在拉丁文之下、口语方言之上创造了统一的交流与传播的领域；第二，印刷资本主义赋予语言一种新的固定性，这种固定性在经过长时间之后，为语言塑造出对"主观的民族理念"而言是极为关键的古老形象；第三，印刷资本主义创造了和旧的行政方言不同的权力语言。参见英文本 Benedict Anderson, *Imagined Communities*, London and New York: Verso, 1983 或中译本〔美〕本尼迪克特·安德森：《想象的共同体》（增订版），吴叡人译，上海人民出版社2011年版。

[2] Marshall McLuhan, *The Gutenberg Galaxy*, p. 216.

的体现，现代主体的同质化与印刷"视觉效应"在"分离化"和"同质化"方面的体现有关，而信息与社会流动的加速则是印刷"视觉效应"在复制功能和"数量化"方面的体现。

当然，不得不说，在印刷术与民族主义兴起这一问题上，麦克卢汉多是以格言警句的方式提醒我们注意印刷术的这一深远后果。就像艾琳娜教授所论证的那样，"拼接"而非系统阐述是作为文学教授之麦克卢汉的叙述策略[①]，其目的在于唤起人们对媒介与其感知效应之间关联的注意，至于其间之幽冥玄妙，则需要我们自己去体会和构建。由此，循着麦克卢汉的思路去建构印刷媒介与民族主义兴起之间的关系就成为本章的核心任务。另外，需要特别指出的是，印刷术的确在民族主义的兴起中扮演了重要角色，但它并非民族主义兴起的唯一原因，在建构二者关系的过程中，必须时刻警惕和克服技术决定论可能带来的负面影响。

第一节　从"技术民族主义"到"海斯难题"

20世纪50年代末至60年代初，麦克卢汉提出了著名的"印刷民族主义"思想。"印刷民族主义"是麦克卢汉印刷媒介之"视觉效应"的重要表现，即认为印刷媒介通过对视觉的强调而推进的"可视化"、"分离化"、"同质化"——在民族主义论题中具体体现为"民族语言的定型"、"自由自决的现代个体的形成"、"对信息与社会流动的加速"等，促进了西方现代民族主义的兴起和兴盛。麦克卢汉明确将"印刷词语"视作"民族主义的缔造师"[②]，他认为，

[①] Elena Lamberti, *Marshall McLuhan's Mosaic: Probing the Literary Origins of Media Studies*, p. 47.

[②] Marshall McLuhan, *Understanding Media*, Cambridge, London: The MIT Press, 1994, p. 170.

"在印刷术引发的诸多无法预期的后果当中,民族主义的兴起最为人所熟知"[1],在他看来,"没有将地方语言印刷出来的经验,就没有民族主义的诞生"[2]。麦克卢汉对民族主义的探讨,特别是其"印刷民族主义"思想,在西方学界有关媒介与民族主义关系的探讨中具有开创意义。他将传播因素纳入到对民族主义的讨论之中,开启了20年后本尼迪克特·安德森《想象的共同体》的先声。当然,麦克卢汉的"印刷民族主义"思想并非空穴来风,而是在加拿大浓厚的"技术民族主义"[3]思想传统中,沿着伊尼斯开辟的"媒介文明论"路子,在分析了印刷媒介的诸种特征,并回答了美国史学家、民族主义理论奠基人卡尔顿·海斯在20世纪30年代提出却无法解答的"民族主义难题"的基础上而逐渐形成的。

一、加拿大的"技术民族主义"传统

麦克卢汉"印刷民族主义"理论的形成,与加拿大长期以来积淀而成的"技术民族主义"思想传统密切相关。加拿大辽阔的疆土、稀少的人口以及建国之后联邦式的政治体制决定了其政治历程和社会文化的演变必然与传播技术(尤其是铁路运输和通信技术)的发展紧密联结。加拿大广播电视委员会主席哈利·波义耳(Harry Boyle)直言,加拿大是一个"因传播而存在"的国家,或如罗伯特·福尔福特(Robert Fulford)所说,"传播影响了所有的社会,加拿大尤其是借助传播系统形成并由此获得国家意义的"[4]。

---

[1] Marshall McLuhan, *Understanding Media*, Cambridge, London: The MIT Press, 1994, pp. 176-177.
[2] Marshall McLuhan, *The Gutenberg Galaxy*, p. 218.
[3] 莫里斯·查兰德认为,在加拿大"民族"想象与构建的过程中技术发挥了重要的作用。由此,他将这一传统称作"技术民族主义"。参见 Maurice Charland, "Technological Nationalism", *Canadian Journal of Political and Social Theory*, X (1986), pp. 196-220。
[4] 〔加〕玛丽·威庞德:《传媒的历史与分析》,郭镇之译,北京广播学院出版社2003年版,第3页。

加拿大森林茂密、地貌多样、地区分散，涵盖近千万平方公里土地，横跨 6 个时区。在广袤的疆域之中，许多地区地形复杂、气候恶劣、人烟稀少，四分之三的人口生活在从东到西的狭长地带。仅此狭长地带，又分为几个明显不同的地区和人口稀少的巨大沟壑。由于其独特的地理因素及早期发展的历史原因，加拿大联邦体系高度分散。这一系列因素使得加拿大成为一个"不易确认、不易管理、不易想象的国家"。因此，要加强和实现民族统一，主要措施就是建设传播网络，其中最早修建的就是太平洋铁路（CPR）。自此，"传播技术"成为确认实质上的或神话中的加拿大民族的中心特征。就像崴庞德（Mary Vipond）所指出的，"加拿大的政治家、学者、诗人甚至包括企业家们持续不断地、有时是绝望地寻找加拿大人共同的纽带，他们都对这一思想（或者说神话）做出了贡献，即认为加拿大是一个建立于并且仍将依赖于传播媒介和传播技术的国家。远航客轮、加拿大太平洋铁路、加拿大广播公司、横穿加拿大的公路以及阿尼克卫星，都是那个神话的主要部分"[1]。从崴庞德的叙述中可以看出，加拿大民族"神话"的构建，主要得益于铁路运输和通信技术等传播系统的高度发展。

第一，铁路的修建。19 世纪 50 年代之前，为加拿大经济发展提供交通运输动脉的主要是圣劳伦斯河、大湖区及其他朝西和朝北的河流系统。然而，在加拿大这种一年数月冰冻的气候条件下，河流及 19 世纪 20 年代之后修建的辅助运河系统显得捉襟见肘，铁路交通的修建此时显得尤为迫切。自 19 世纪 50 年代起，加拿大各殖民地开始聘请美国工程师推进铁路建设，"建成铁路总长从 1850 年的 66 英里剧增至 1860 年的 2065 英里"[2]。特别是随着 1867 年加拿大联邦自治领的成立，修建一个连接各省、横贯大陆

---

[1] 〔加〕玛丽·崴庞德：《传媒的历史与分析》，郭镇之译，第 4 页。
[2] 洪邮生：《加拿大：追寻主权和民族特性》，四川人民出版社 2003 年版，第 150 页。

的太平洋铁路被许多加拿大人视作民族巩固、国家统一的标志和走向新世界的保障。这种思想在加拿大建国初期那批政治家那里表现得尤为突出。加拿大之父、首任首相麦克唐纳认为，加拿大"国家梦"的实现需要一条这样的铁路，"只有当太平洋铁路完工，我们的自治领才将不仅仅是一个地理上的措辞"①。铁路不仅使得货物运输更为便利，同时也有助于加速不同地区之间人们的交流与沟通，这些政治、经济、文化、思想上的交流，构成为加拿大民族赖以产生的关键因素。

第二，通信技术的发展。与铁路修建几乎同时或稍早，加拿大的通信技术也开始起步并得到快速发展。1844 年，在塞缪尔·莫尔斯（Samuel Morse）成功架设从华盛顿至巴尔的摩的电报线两年多之后，他又将蒙特利尔与多伦多、波特兰与底特律相贯通。1847 年，胡夫·艾伦创建蒙特利尔电报公司，不久就着手铺建大西洋电缆。到 1850 年，电报线路在加拿大东部所有主要城市之间贯通起来，以此为基础的报纸使得政治和商业信息变得更为全面和及时。于 1844 年创办加拿大第一家现代报纸——多伦多《环球报》——的乔治·布朗（George Brown）运用新的电报线路，通过增加刊期、增辟版面、增发周刊、采用新式印刷设备等措施，使报纸发行量从原先的 18000 份猛增至 45000 份。1866 年，穿越北大西洋的海底电缆铺设完工；1876 年，贝尔在安大略架设了第一条电话线，此后，电话线和电报线跟随着太平洋铁路穿越了广袤的西部，直达温哥华。随后，加拿大创办了世界上首家广播电台（XWA），建立了世界上最长的电视网，发射了世界上第一颗国内通信卫星（阿尼克 A-1 号）。就像加拿大前总理本内特所说，"一个公共广播公司可以成为与太平洋铁路一样重要的交通网络，可以利用最先进的技术将整个国家连接起来，而这是

---

① Pierre Berton, *The National Dream*, Toronto: McClelland and Stewart Limited, 1970, p. 1.

加拿大盼望已久的"①。加拿大前日报（La Presse）的编辑和社会活动家佩尔提埃（Gerard Pelletier）也曾指出，"加拿大作为一个政治和社会实体的存在，在很大程度上归结于有效的东西部传播系统"②。可以说，正是通信技术的发展，为加拿大的国家独立、民族认同提供了原先不曾梦想过的机会。

从建设太平洋铁路起，加拿大的政策文献和社会舆论就开始强调传播技术（铁路、电台、电视广播、电话等）是创造和维持加拿大社会进步和国家稳定的至关重要的因素。诺斯诺普·弗莱指出，传播技术与国家统一的联系如此紧密，以至于"传播机械模式，令人难以置信的、遥远且耗费巨资的铁路、桥梁还有运河，均得到了比创造行为或媒介内容更多的关注"③。或如有学者所言，"交通与通信技术为加拿大人带来了持续不断的心理冲击和生活变化，拓展了他们的社会领域，将国家理念与经济一体化、中央与地方关系、民族梦想与个体生活等种种问题推到了加拿大人面前，并从此奠定了加拿大'技术民族主义'思想的基石"④。可以说，加拿大从走向独立国家到建国后对"国家梦"的巩固，始终是与铁路交通和通信技术领域的革命相伴而生的。这种依靠传播技术托起的"国家梦"，使得这个国家自诞生之初就在思想文化中扎下了浓厚的"技术民族主义"传统。而我们的主人公麦克卢汉，其独特的"印刷民族主义"思想就是在这种思想传统的熏染下成长起来的。当然，麦克卢汉所受的这种思想传统的熏染，更多的是经由伊尼斯这位加拿大传播学之父而获得的。对此，麦克卢汉常

---

① 〔加〕玛丽·威庞德：《传媒的历史与分析》，郭镇之译，第 47 页。
② Robert E. Babe, *Telecommunications in Canada*, Toronto: University of Toronto Press, 1990, p. 5.
③ Robert E. Babe, *Canadian Communication Thought*, Toronto: University of Toronto Press, 2000, p. 25.
④ 李洁：《传播技术建构共同体——从英尼斯到麦克卢汉》，暨南大学出版社 2009 年版，第 33 页。

有提及，他在为伊尼斯的传播学著作《传播的偏向》所作序言及在《谷腾堡星系》一书中曾一再表示，其关于民族主义与印刷的论述只是对伊尼斯思想的"注脚"。剥掉麦克卢汉的谦虚说辞，这至少说明，麦克卢汉对印刷与民族主义的论述受到了伊尼斯的影响。

二、哈罗德·伊尼斯思想的"注脚"

在加拿大这种特殊的"技术民族主义"思想文化传统中，一种不同于美国主流传播学传统的全新的传播观念逐渐孕育并在20世纪40年代开始萌生。对加拿大传播学起奠基作用的是哈罗德·伊尼斯（Harold Adams Innis, 1894—1952）。伊尼斯最早关注传播是在芝加哥大学攻读博士学位期间，当时他师从美国著名社会学家、芝加哥学派主要代表人物罗伯特·帕克（Robert Ezra Park，1864—1944）做加拿大太平洋铁路史的研究。之后作为政治经济学和经济史家的伊尼斯，在考察皮革贸易和鳕鱼业是如何塑造加拿大经济、政治和社会的过程中明白这样一个道理：对一些不起眼商品的追求也能改变一个社会。沿着这一思路，伊尼斯开始转向媒介研究。麦克卢汉将伊尼斯在研究对象上的改变称作"头脑中的商路"的转向。[1] 伊尼斯关注历史上的制度是如何抓住各种媒介，利用这些媒介来打造自己的知识垄断的。他把历史上的主要冲突看作是制度的斗争，不同的制度驾驭不同的媒介。[2] 他重视传播在文明进程中的重要作用，认为西方文明的发展受到传播的深刻影响。就像他说的，"在政治的组织和实施中，传播占有关键的一席；在历代各国和西方文明中，传播也占有关键的一席"[3]。

---

[1] Marshall McLuhan, "The Later Innis", *Queen's Quarterly*, Autumn 1953, pp. 384-385.
[2] 〔加〕菲利普·马尔尚：《麦克卢汉》，何道宽译，第126页。
[3] 〔加〕哈罗德·伊尼斯：《帝国与传播》，何道宽译，第3页。

在伊尼斯的两部传播学论著——《帝国与传播》和《传播的偏向》中，伊尼斯处理传播技术的方法与他之前研究经济大宗货品的方法类似：他重视的不是媒介的内容而是媒介的形式，媒介技术本身而非媒介内容对社会制度、文化和社会变迁具有更为重要的作用。在伊尼斯看来，媒介不是中性的，一切媒介皆有偏向，由此，他将媒介分为时间偏向的媒介和空间偏向的媒介两种。对于使用具有时间偏向媒介的文明而言，注重的是传统、社群、秩序、仪式、等级；对于使用空间偏向媒介的文明而言，强调的则是扩张、帝国、现时感和世俗权威等。对伊尼斯来说，人类文明的历史就处于时间偏向和空间偏向的不断循环之中，只有在两种力量大致均衡的状态下才能保持社会稳定："在西方文明中，稳定的社会需要这样一种知识：时间观念和空间观念维持恰当的平衡。"[1] 由此，历史变动的关键就是控制传播体系的冲突。伊尼斯不仅以传播功能的观点打开了民族主义意识形态的大门，而且把加拿大民族主义思想的根源定位在传播问题上。他深刻地指出：加拿大对美国的传播依附已经到了惊人的程度。向纽约和芝加哥出口的大量纸浆只是为了再以充斥美国世界观的报纸形式把它买回来。[2] 忧心于美国传播技术和文化内容对加拿大思想意识、生活方式和价值观的影响，伊尼斯向加拿大人发出警告，"美国印刷刊物中的广告和商业主义的强大效果的有害影响毫无疑问已经蔓延到加拿大人生活的方方面面，传播体系的帮凶们处心积虑破坏对不列颠的余留情感……这是对加拿大文化生活核心的冲击"[3]。这里，伊尼斯弹唱的是技术悲观主义的论调，就像他在致朋友的信中所说，"在加拿大，我们所能做的仅是对《时代》、《读者文摘》等

---

[1] 〔加〕哈罗德·伊尼斯：《传播的偏向》，何道宽译，第53页。
[2] 〔加〕玛丽·崴庞德：《传媒的历史与分析》，郭镇之译，第139页。
[3] Donald Creighton, *Harold Adams Innis: Portrait of a Scholar*, Toronto: University of Toronto Press, 1957, p. 143.

表示抗议。我们非常不喜欢它们，但我们对此毫无办法"①。从伊尼斯的分析中可以看出，其思想的深刻之处在于，他看到了传播技术之于政治巩固、经济形式、社会制度的作用，并为深入思考传播技术之于民族主义在两方面的影响提供了理论基础：传播技术如何作为双刃剑，既促进了我们民族的统一，同时又成为高速公路，为另一个民族的文化快车驶入我们的家园创造了便利条件。②

伊尼斯的传播学研究，使迫切需要找到一种新理论切入点的麦克卢汉找到了新的研究领域。就像马尔尚所说，伊尼斯给麦克卢汉留下许多空间去填补，同时又给他留下了极其珍贵的提示，说明如何去构建一种新的文化理论。③ 多年之后，麦克卢汉在致朋友的信中还说，伊尼斯给了他"特别的激励"，推动他进入媒介研究的领域。就像上文所说，伊尼斯在传播学研究中提出的媒介偏向理论和媒介后果范式，对麦克卢汉的媒介研究产生了深刻影响。不仅如此，伊尼斯将民族主义与传播进行勾连的思路，也极大地启发了麦克卢汉。伊尼斯把传播媒介置于政治经济学分析的核心位置，着眼于将传播因素纳入到对加拿大民族主义巩固和消解的现实关怀层面之上。这对麦克卢汉将媒介与民族主义关联起来产生了影响。对此，麦克卢汉毫不避讳，他甚至声称其"《谷腾堡星系》对于民族主义和印刷的探讨，可以算作是伊尼斯作品的注脚"④。当然，仔细分析麦克卢汉关于此论题的考察，可以看出这其实只是他的谦虚之辞。麦克卢汉并没有沿着伊尼斯的路子前行，而是将着眼点置放于其探讨"媒介后果"的研究序列之中。也就是说，从伊尼斯那里，麦克卢汉认识到可以将民族主义和传

---

① Carl Berger, *The Writing of Canadian History*, Toronto: Oxford University Press, 1976, pp. 102-103.

② Caplan-Sauvageau Report, *Report of the Task Force in Broadcasting Policy*, Ottawa: Minister of Supply and Services, 1986, p. 76.

③ 〔加〕菲利普·马尔尚：《麦克卢汉》，何道宽译，第126页。

④ Marshall McLuhan, *The Gutenberg Galaxy*, p. 216.

播因素联系到一起去考察，至于传播与民族主义兴起之间存在着怎样的关系，这不是伊尼斯关注的重点。事实上，麦克卢汉的"印刷民族主义"思想，是在伊尼斯有关媒介与民族主义关联的启发下，在回答美国历史学家卡尔顿·海斯提出但没有解答的"民族主义难题"的基础上才最终形成的。

三、对海斯"民族主义难题"的解答

卡尔顿·海斯（Carlton Hayes，1882—1964）教授是美国著名历史学家、民族主义研究的先驱，他在其名著《现代民族主义演进史》（*The Historical Evolution of Modern Nationalism*，1931）中详尽分析了自启蒙运动以来民族主义发展的五个阶段，以及到作者写作此书时民族主义的发展程度。他指出，启蒙运动以来技术工艺上的发展、物质享受上的进步，以及智能与美学方面的多数成绩，都成为民族主义的工具了；工业革命大半已经民族主义化了；现代学问多半拥护民族主义；基督教、自由主义、马克思主义和黑格尔、孔德、尼采哲学等原本非民族主义甚至反民族主义的理论，也常被曲解为民族主义理论，并被拿去完成民族主义的目的；雕塑、音乐、文学等原本具有普遍性的东西，日益成为民族爱国志士的炫耀品了。由此，民族主义在当今世界已成为"一桩极为平常的事情"，以至于很多人认为民族主义是"理所当然、始终存在的东西"。海斯认为，这只是不假思索的结论。在他看来，民族主义是现代的产物，"只有在部落主义消沉之后，至十八世纪期间，爱国心才和民族的意识混合起来，产生真正的民族主义"[1]。由此，海斯引出了他所谓的"民族主义难题"："民族主义何以在现代如此盛行？这是我们对此种最重要的现象应该提出的

---

[1] 〔美〕海斯：《现代民族主义演进史》，帕米尔译，华东师范大学出版社2005年版，第5页。

第一个主要问题。"①

针对此问题，海斯并没有从正面做出解答。海斯认为，第一，不能将民族主义的盛行认定为是由任何理论家造成的，因为他们只是"把许多人心里模糊含混的东西清楚地陈述和表现出来，他们自身只是他们所讨论现象的结果而非原因"。为此，他提醒我们，要想找到这一问题的答案，"最好不要去注意理论家本身或他们的思想体系，而应当去研究'现代的根本趋向'，因为民众间的民族主义及理论家间的民族主义都是现代产生出来的"②。第二，针对有人认为人类心中先天具有民族主义的意识并在适当时候会表现出来的说法，海斯认为这种说法是错误的，"因为我们不能十分确定地说，民族主义也是古代农民和奴隶们所共有的"③。第三，现代民族主义的勃兴也不是由某一国家的"大众"所直接促成的。他以18世纪前半叶欧美亚民众的情况反驳了这一点。第四，在海斯看来，经济的因素也不可能造成民族主义，因为经济因素"仅是促进一种因其他原因正在发展着的政治趋势或智能趋势"④。另外，在海斯看来，将政治民主主义、社会民主主义、宗教以及"国家能够帮助而且应当帮助人类的进步"的信仰等视作"现代的根本趋向"也是不正确的。在否定完这些因素之后，海斯的答案是：对此问题，"我们委实不知道。……以现在的情形论，我们只好以假想和建议为满足"⑤。麦克卢汉对民族主义的探讨，正是从回答海斯提出的"民族主义难题"开始的。

麦克卢汉发现，海斯在否定了诸如理论家因素、先天观念、普通大众、现代经济发展、政治民主主义、宗教及信仰因素之后，

---

① 〔美〕海斯：《现代民族主义演进史》，帕米尔译，第228页。
② 〔美〕海斯：《现代民族主义演进史》，帕米尔译，第228—229页。
③ 〔美〕海斯：《现代民族主义演进史》，帕米尔译，第230页。
④ 〔美〕海斯：《现代民族主义演进史》，帕米尔译，第234页。
⑤ 〔美〕海斯：《现代民族主义演进史》，帕米尔译，第238页。

第四章 "印刷民族主义"：印刷媒介与现代民族主义的形成 | 215

并没有否定或者考虑到传播因素在民族主义形成和兴盛中的作用。伊尼斯将传播与民族主义联系在一起，恰恰为麦克卢汉解答海斯提出的"民族主义问题"提供了钥匙。麦克卢汉在《谷腾堡星系》中指出，卡尔顿·海斯虽然知道早在 16 世纪欧洲现代国家体制就已经出现，在此之前并没有现在所谓的民族主义。但是，他却"始终无法解释这股发于理论之先的激情"。对此，麦克卢汉认为，这是因为海斯没有将印刷媒介这种传播因素，更确切地说，是因为没有把印刷媒介的视觉效应考虑进来，他"不清楚中世纪末期的视觉量化风潮，以及 16 世纪印刷的视觉效果对民族主义的影响"[1]。在这一点上，麦克卢汉认为海斯的见识尚不如 19 世纪的法国政治思想家托克维尔。因为"从《旧制度与大革命》中可以发现，托克维尔比海斯更清楚民族主义的起因和效果。印刷变成惯常事物之后，不但更易于创造出同质的人民，就连法国的政治教育也改由读书识字的人来推动"[2]。基于同样的原因，麦克卢汉指出，法国大革命的军事狂热也是印刷媒介的效应："同理，法国人对于视觉量化的集体狂热也造成了法国大革命的军事狂热。齐一和同质的叠合在此处最为明显。现代军人其实就跟活字一样，是可被取代的单元，这是最典型的谷腾堡效应。"[3] 也就是说，在麦克卢汉看来，要解释民族主义何以在现代兴起和兴盛，必须将传播因素考虑进去，具体地说，就是要特别注意印刷媒介的视觉效应对于民族主义的形塑作用。

麦克卢汉将印刷媒介与民族主义的兴起联系起来，亦同他对民族主义的理解有直接关系。在他看来，所谓"民族主义"，其实就是由同质化"公众"组成的具有同质性特征的视觉秩序。这表现在麦克卢汉对民族主义的几处界定中：第一，在 1959 年 10

---

[1] Marshall McLuhan, *The Gutenberg Galaxy*, p. 218.
[2] Marshall McLuhan, *The Gutenberg Galaxy*, p. 219.
[3] Marshall McLuhan, *The Gutenberg Galaxy*, p. 219.

月14日致里斯曼的信中，麦克卢汉将民族主义界定为"统一的视觉秩序"。他指出，"印刷术的'重复性'使我们能够把人和资源调动起来，统摄在一个统一的视觉秩序之下。我们把这个统一的视觉秩序叫作民族主义"①。第二，在《理解媒介》中，麦克卢汉将民族主义定义为"同质化空间的延续与角逐"②。第三，在1965年1月24日英国广播公司的《箴言》电视访谈节目中，麦克卢汉认为"民族主义实际上是一个公众——统一、同质的阅读的公众，高度分化的公众"③。麦克卢汉将同质化视作民族主义最根本的特征，而同质化正是印刷媒介"视觉效应"的突出表现。循此思路，麦克卢汉把从伊尼斯那里受到的启发——可以将传播因素与民族主义相联系，成功地转用到对现代民族主义兴起的考察中，进而解答了海斯提出的"民族主义难题"。可以说，麦克卢汉的创新之处并不在于将民族主义视作现代的产物，而在于将印刷媒介视作民族主义在现代兴起的重要因素，并对二者之间的关系做了具体勾连。

麦克卢汉在发现印刷媒介是促进现代民族主义兴起的重要因素之后，先后在《谷腾堡星系：印刷人的诞生》（1962）、《理解媒介：人的延伸》（1964）、《〈花花公子〉访谈录》（1969）等论著和访谈中对印刷媒介推动民族主义兴起的主要路径进行了深入的探讨和思考。这既可以看作是麦克卢汉对海斯提出的民族主义难题所做出的回应，也构成为麦克卢汉"印刷民族主义"思想的核心内容。在麦克卢汉那里，"印刷民族主义"实现的路径主要包括以下三个方面：第一，印刷术的保存能力和对标准化的强调促进了地方语言的统一，使地方口语成为大众媒介，人们得以借

---

① Marshall McLuhan, *Letters of Marshall McLuhan*, p. 258.
② Marshall McLuhan, *Understanding Media*, Cambridge, London: The MIT Press, 1994, p. 177.
③ 〔加〕麦克卢汉：《麦克卢汉如是说》，何道宽译，第41页。

助口语和语言集团去想象和实现国家在政治上的权力和统一。第二，印刷术把个人从传统群体（即靠血缘关系维系的家庭、宗族、部落）中解放出来，并倾向于创造出独立自主、自由自决、如活字般整齐划一的同质个体/公民，由这种经过相似训练的个体所组成的群体，就是民族主义的雏形。麦克卢汉指出，"印刷成为习以为常的事物之后，就倾向于创造出如活字版齐整划一的公民"[1]。第三，由印刷的机械复制功能所引起的信息和社会流动的加速运动，也是民族主义兴起的重要条件之一。它不仅促成了不同地区货币、市场和运输的同质化，造成了政治和经济的统一，并且引发了民族主义生机勃勃、集中化的能量，为民族主义的形成提供了动力保障。对此，麦克卢汉指出，"民族主义有赖于印刷术问世之前未曾有过的信息运动速度"[2]，"由于印刷术创造出之前难以想象的信息流动，谷腾堡革命由此产生了一种视觉的、集中化的新型国家实体。它逐渐与商业扩张融为一体，直至欧洲成为一个国家网络"[3]。当然，麦克卢汉在书中只是以警句的方式和毋庸置疑的口气提示我们注意印刷媒介的这一深远后果，却并未对二者之间的勾连做出详细阐述。对于印刷媒介与民族主义之形成的具体关系，需要我们循着麦克卢汉的思路做一番钩沉和构建。

第二节 "印刷民族主义"形成的主要路径

作为现代性之重要表征的民族主义，麦克卢汉认为，其兴

---

[1] Marshall McLuhan, *The Gutenberg Galaxy*, p. 219.
[2] Marshall McLuhan, *Understanding Media*, Cambridge, London: The MIT Press, 1994, p. 177.
[3] Marshall McLuhan, *Essential McLuhan*, E. McLuhan & F. Zingrone (eds.), London: Routledge, 1995, p. 233.

起之酝酿及整个兴盛过程均与传播因素——具体地说，印刷媒介——有着密不可分的关系。这就是麦克卢汉"印刷民族主义"的基本思想内涵。上文已经指出，麦克卢汉"印刷民族主义"思想是在加拿大"传播民族主义"文化传统的熏染中，在伊尼斯关于媒介与民族主义之间存在关联的触发下，在回答卡尔顿·海斯提出的"民族主义难题"基础上而最终形成的。下面，我们来看看麦克卢汉"印刷民族主义"思想的核心部分——印刷媒介——对于视觉感知的培育在促进现代民族主义兴起中的三种主要路径。麦克卢汉关于此三条路径的观点主要见于《谷腾堡星系》、《理解媒介》和《〈花花公子〉访谈录》之中。接下来，我们逐一进行介绍、评述和增补。

一、印刷术与民族语言的定型

在民族主义形成过程中，民族语言不只是经典文学或知识分子用于表现自我的工具，也不仅仅具有方便国家行政或沟通的功能。它在很多时候甚至是唯一能使人们成为某国国民的凭据，并可借此导出深厚的民族认同。为此，一些学者将语言与民族主义问题合并思考，名之曰"语言民族主义"。语言民族主义者致力于探讨如何用民族语言来控制国家，或至少为其语言赢得官方认同的地位。在他们那里，与语言相关的是权力、地位、政治以及意识形态等，语言的沟通作用及其文化意义反倒显得无足轻重。赫尔德将语言纯粹与否视作衡量一个民族之力量与品质的重要尺度。稍晚于赫尔德的思想家洪堡特，从语言与民族的角度思考人类语言的差异和人类精神之间的关系，他指出，"一个民族的精神特性和语言形成这两方面的关系极为密切，无论我们从哪方面入手，皆可从中推出另一方面。语言仿佛是民族精神的外在表现；民族的语言即民族的精神，民族的精神即民族的语言，二者的同

第四章 "印刷民族主义"：印刷媒介与现代民族主义的形成 | 219

一程度超出人们的任何想象"①。在他看来，只有语言适合于表述民族精神和民族特性最隐蔽的秘密。施莱尔马赫也认为，"语言是一种独特生活的表达，这种独特生活将一种语言共同体包括在内，并使这种语言共同体通过它得以发展"②。他们的论述说明：语言是一个民族区别于另一民族的主要标志，是一个民族被承认生存和拥有建立自己国家和权利所依据的重要标准。语言是民族文化的主要载体，也是民族共同心理素质赖以造就的构筑材料。

与"语言民族主义"者的观点类似，麦克卢汉也将语言的定型视为判定民族主义形成的重要标准。在他看来，印刷术通过对地方语言的固定化和标准化，推动了欧洲现代语言的定型，为欧洲现代民族主义的兴起奠定了基础。或者说，印刷术之于民族主义兴起的一个重要途径是通过地方语这一中介来发挥作用的。麦克卢汉将印刷与民族主义之间的关系视作"价值论的（axiological）、同位的（co-ordinate）"，二者之搭配是由于"一群人借助于印刷书籍第一次看到他们自己；由印刷术塑造的高视觉解析度的地方语言提供了一种全新的视野，让人们窥见根据地方语言的使用范围去界定单一社会的可能性"。③ 在此，印刷出来的语言晋升为一种共同的媒介，原本口操不同方言、彼此之间可能难以或根本无法交谈的人们，通过印刷字体和纸张的中介变得能够理解了。"在这个过程中，他们逐渐感觉到那些在他们的特殊语言领域里数以十万计，甚至百万计的人的存在，而与此同时，他们也逐渐感觉到只有那些数以十万计或百万计的人们属于这个特殊的语言领域。这些被印刷品所联结的'读者同胞们'，在其

---

① 〔德〕威廉·冯·洪堡特：《论人类语言结构的差异及其对人类精神发展的影响》，姚小平译，商务印书馆1997年版，第50页。
② 转引自〔美〕埃里·凯杜里：《民族主义》，张明明译，中央编译出版社2002年版，第57—58页。
③ Marshall McLuhan, *The Gutenberg Galaxy*, p. 217.

世俗的、特殊的和'可见之不可见'当中，形成了民族想象的共同体的胚胎。"① 彼得·伯克（Peter Burke）的说法与麦克卢汉类似："标准语言显然符合印刷业的节约逻辑，它需要将相同的文本出售给数量最大化的读者。"② 可以说，正是标准化的印刷对于语言的传播作用，为民族语言的形成并走向规范铺平了道路，在此基础上，使用相同语言的人们就易于产生某种特定的民族归属感。

书面语言的定型对于民族主义形成的意义时常被人强调，但印刷术在语言定型中所扮演的战略角色却常常遭到忽视。美国历史学家亨利·修斯在其著作中强调了本地语言的固化与民族主义、民族国家之间的关系③，但对印刷术在语言定型中的作用却闭口不谈。单一的书写语言能够在广阔的疆界内确立、定型并畅通无阻，是不断整合的结果，印刷之固化功能在其中发挥的作用功不可没。印刷术出现之前，西欧各国的民族语言始终随口语变化而持续演化。原因在于，"抄写文化无法固定语言，也无法将本地语言转变成促成民族统一的大众媒介"④。此时，地方语言在拼写上的差异并不妨碍人们之间的交流，操同一语言的人在数量极其有限的手抄本条件下感受不到方言分歧带来的压力。印刷术发明之后，由于印刷术自身特有的保存威力和标准化效应，方言的演变逐渐停止。一旦印刷人接替抄书人的工作，文本中各种随意的拼法、简化以及方言中的惯用语汇，便逐渐消失。托马斯·杰斐逊对印刷术的保存威力深有体会："自从印刷术复制并传播相同副本以来，还有任何文稿湮灭的情况发生吗？这使得我们得出一个结论：保存法

---

① 〔美〕本尼迪克特·安德森：《想象的共同体》（增订版），吴叡人译，第43页。
② 〔英〕彼得·伯克：《语言的文化史》，李霄翔、李鲁、杨豫译，北京大学出版社2007年版，第129页。
③ Henry Hughes, *History as Art and as Science: Twin Vistas on the Past*, New York: Harper & Row, 1964, pp. 38-40.
④ Marshall McLuhan, *The Gutenberg Galaxy*, p. 229.

第四章 "印刷民族主义"：印刷媒介与现代民族主义的形成 | 221

律遗存的唯一手段是用印刷机复制许多相同的副本。"① 那些口操种类繁多的各式法语、英语或者西班牙语，原本可能难以或根本无法彼此交谈的人们，通过印刷字体和纸张的中介，变得能够相互理解了。对此，刘易斯·芒福德（Lewis Umford）指出，"印刷机是帮助语言逐步取得一致，并由此使思想也逐步取得一致的有力工具，标准化、规模生产皆随印刷机而诞生"②。至17世纪，法语、英语、意大利语和德语的拼写逐渐完成标准化，欧洲多数民族语言的样貌已与今天大同小异。著名印刷史家斯坦因伯格（Sigfrid H. Steinberg）道出了印刷术对语言的固化作用同民族主义产生之间的关系："印刷术强化了语言群体之间的壁垒，导致了语言的同质化。地方语言的保存常常有赖于如下因素：数种本地语启蒙读物、问答式小册子或《圣经》是否有机会在16世纪得到印行。若这些读物得以出版，'民族的'书面文化随之扩张；若没有出版的机会，萌动的'民族'意识的先决条件便化为乌有。"③ 由此，在探讨民族主义兴起的过程中，"我们不妨将更多的篇幅给予印刷术。它抑制了语言的偏离，丰富了通俗语并使之标准化，为欧洲主要语言的进一步纯洁化和典范化铺平了道路。人们的'母语'意识进一步强化，语言之根和他们在国土上的根基由此扎得更深"④。

欧洲各民族语言的形成是以拉丁文作为神圣语言之地位的丧失为前提的，印刷术在拉丁文神圣地位丧失的过程中也发挥了关键作用。在中世纪欧洲，拉丁文是教廷和宫廷使用的官方语言。

---

① Julian Boyd, "These Precious Monuments of … Our History", *The American Archivist* XXII, 2 (1959), p. 176.
② 〔美〕刘易斯·芒福德：《技术与文明》，陈允明等译，中国建筑工业出版社2009年版，第78页。
③ S. H. Steinberg, *Five Hundred Years of Printing*, Bristol: Penguin Books, 1961, pp. 125-126.
④ Elizabeth Eisenstein, *The Printing Press as an Agent of Change: Communications and Cultural Transformations in Early Modern Europe*, vol. 1, p. 116.

此，雅各宾党人决心铲除各地地方语和外语，强迫所有法国人学习并使用法语"①。

　　印刷术的语言统合能力对民族语言的成形贡献卓著，这点在德语的形成过程中表现得非常明显。15世纪后半叶，在印刷术的影响尚未全面展现之时，一套标准的文体与拼写原则已在德国出现，并得到德国知识分子圈内重要团体的认可。尽管如此，路德仍在印刷术的帮助下，对德国语言的发展起到了关键作用。路德之前，一方面由于教会对《圣经》解释的垄断以及禁止一般民众持有《圣经》②，另一方面由于印刷术尚未出现，在羊皮纸上抄写篇幅巨大的《圣经》费时且价格昂贵，加之《圣经》由拉丁文写就，共同使得普通民众几乎没有接触和阅读《圣经》的机会。对此，马丁·路德积极翻译并推广通俗版《圣经》，借助印刷术推动宗教改革，使得越来越多的普通民众加入到《圣经》阅读的行列之中。据路德称，他希望自己的理念"能够同时为北德和南德民众所理解"，这促使他拟定出一整套原则去构筑德意志民族的书面语言。③另外，路德的论著和译作均富有文学色彩，加之其《圣经》译本又被支持者赋予神圣地位，这使得路德成为"德语规则的起草者"。特别是经其翻译出版的德语本《圣经》，更是在促进德语定型中扮演了重要角色。1522年《新约》译本上市，10周时间便销售一空；两年之内，仅威滕堡就推出14个翻印版，巴塞尔亦是七度付印，以至科克拉乌斯（Johannes Cochlaeus）感慨"路德的《圣经》译本人人阅读，人们达到了滚瓜烂熟的程度"。1523年问世的《旧约》译本，其流行程度丝毫不亚于《新约》译本。据马尔坦估计，16世纪上半叶的路德本《圣经》印刷总额可能达百万

---

① Marshall McLuhan, *The Gutenberg Galaxy*, p. 224.
② 如1299年的宗教会议就规定："非神职人员只能用诗篇，只能参加礼拜仪式，不能拥有《圣经》，不能用俗语唱诗，不能用俗语做礼拜。"
③ 〔法〕费夫贺、马尔坦：《印刷书的诞生》，李鸿志译，第328页。

册之多，且接下来的 50 年印量更多。事实上，《圣经》译本只是路德作品的一部分，在此之外他还撰写了大量售价更低、更易读懂的讲道词、议论文（诸如《告日耳曼民族贵胄基督徒书》）、教理问答等，此类著述的印刷量较《圣经》译本则更胜一筹。[1] 受马丁·路德的影响，以德文写成的书籍得到大量印刷。不过，仅以路德作品为模板，很快就显得捉襟见肘，且要想更有方法地学习德文，语法亦不可或缺。大约在 1526 年起算的四分之一个世纪中，德文语法这个先前几乎无人钻研的课题开始浮出水面，其中最为有名的德文语法书是于 1578 年在莱比锡出版的《路德译本圣经的德语语法及相关书选》。[2] 在 16 世纪的最后 25 年里，书面德语的语法形成常规。[3] 自此，受路德影响的书面语言逐渐散播于各地新教圈子，德国民族语言逐渐走向标准化和系统化。

德国之外的其他国家也同样借着对地方语言的大量印刷，促进了民族语言的进步与系统化。一些学者认为，乔叟和威克里夫作品的广泛流传，为英国民族语言的确立创造了条件。事实上，直到 15 世纪末卡克斯顿（Caxton）将印刷术引入英国之后，以伦敦英语为基础的标准英语才逐渐确立下来。[4] 与德国类似，发生于英国的宗教改革使《圣经》英译本得以出版，其语言成为影响现代英语定型的重要力量。1525 年，牛津学者丁道尔在德国印刷商的鼓动下翻译了第一个英译本《圣经》。一年之后，其英译本获得亨利八世许可并在全国范围内发行，很快，"所有教区都被鼓励

---

[1] 〔法〕费夫贺、马尔坦：《印刷书的诞生》，李鸿志译，第 302 页。
[2] 〔法〕费夫贺、马尔坦：《印刷书的诞生》，李鸿志译，第 329 页。
[3] 〔法〕费夫贺、马尔坦：《印刷书的诞生》，李鸿志译，第 334 页。
[4] 1476 年，卡克斯顿在伦敦开设印刷所，并印刷发行了许多书籍。由于当时英国民族语言尚处于形成过程中，卡克斯顿在许多词的书写和语法形式的选择上常常感到困惑。由于受中古英语抄写传统影响，卡克斯顿所印书籍中个别词的拼写和语法形式可能落后于当时英语发展的实际情况，但可以肯定，卡克斯顿所印书籍中使用的英语基本上能够代表当时的伦敦英语。可以说，正是由于他所印行书籍在全国范围内的广为流布，以伦敦英语为基础的标准书写英语才逐渐被全英国的人民所接受和采用。

为其民众预备一本英文圣经"①。此后,《圣经》的其他英译本承袭了丁道尔首开先例的志业。1611 年,"钦定"本英文《圣经》(又称"詹姆斯王"本)问世,它以严谨的语言、令人难忘的节奏、恰当的词汇和明晰的意义,仅用一代人的时间就取代了其他译本。借助于印刷术,这些译本有了数以万计的复本,进而固定了英文的样貌。在西班牙方面,德内布里亚在 1493 年出版了他的《卡斯提尔语法》,成为现代西班牙语确立的重要基石,并驱使整个西班牙接纳了源自卡斯提尔的语言传统。② 可以说,正是由印刷术所促进的现代民族语言的定型,为欧洲现代民族主义的兴起奠定了语言基础。

二、从个体独立到民族自觉

上面论述了麦克卢汉关于印刷媒介经由"语言"这一中介而实现"语言民族主义"的有关思想。下面,我们来看看麦克卢汉对印刷经由"个体"中介而促进西欧现代民族主义形成和兴盛的路径。这一路径也可称作"个体民族主义"。麦克卢汉说,"印刷术粉碎了束缚部落人的枷锁,使之爆炸为具有个性的个体;部落由于印刷术的出现而爆裂,取而代之的是经过相似训练的个体组合而成的群体"③。麦克卢汉这里所说的"个体",不再是有着血缘关系的"部落人",而是"具有个性的"独立的现代主体;那个由相似个体所组合而成的"群体",也不再是原来由血缘关系构成的"部落—家族"形式,而是由独立个体所凝聚成的一股"强大力量"或个人集合体,即民族和民族国家。也就是说,在麦克

---

① 〔美〕斯蒂芬·米勒、罗伯特·休伯:《圣经的历史:〈圣经〉成书过程及历史影响》,黄剑波、艾菊红译,中央编译出版社 2008 年版,第 282 页。
② 〔法〕费夫贺、马尔坦:《印刷书的诞生》,李鸿志译,第 334 页。
③ Marshall McLuhan, *Understanding Media*, Cambridge, London: The MIT Press, 1994, p. 177.

卢汉那里,印刷术经由"个体"中介而通达"个体民族主义"的路径主要是借助于两个步骤展开的:第一步,印刷术把个体从传统靠血缘关系维系的家庭、宗族、部落中解放出来,使之成为自由、独立的个体,在此发挥作用的是延伸了表音文字技术的印刷媒介的分离化效应;第二步,独立自由的个体通过接受强加于其身上的课堂训练,而成为如活字般齐整划一的个体。这种由经过相似训练的同质化个体所组成的群体,在麦克卢汉看来,即民族主义的雏形。

(一)个体分离与独立

在麦克卢汉看来,个体之所以能够从部落中分离出来并拥有独立的身份,与表音文字及作为其终极延伸的印刷术的分离化效应密切相关。在表音文字诞生之前,古希腊没有"个人"的概念,这在作为口语文化之典范的《荷马史诗》中可以清楚地看出。不仅《荷马史诗》中从未提及荷马自己,城邦在《荷马史诗》中也仅指一种血缘集团(直到公元前8世纪,城邦才具有政治意义,成为一种特殊形式的国家组织)。在荷马时代,人皆属于部落群体,他只是"部落人"而非"个体人"。表音文字诞生以后,个人开始从部落中分离出来,并具有了个体身份。就像麦克卢汉所说,"表音文字最奇特的隐性后果之一就是个体身份的诞生"[1]。主要标志之一是作品中第一人称的出现。赫西俄德生活的时代正是表音文字刚刚诞生的时间,他的作品中出现了个人为自己说话的现象,他不仅在诗中详细披露了自己的经历,而且用第一人称向读者提出了忠告。对此,麦克卢汉进一步指出,"在西方,个人身份问题最初出现在俄狄浦斯王身上,他经历了非部落化的危机,失去了在部落团队里参与的机会。对古代希腊人来说,发现个人

---

[1] 〔加〕麦克卢汉:《麦克卢汉如是说》,何道宽译,第155页。

身份是震撼人心且令人恐怖的事情。这个发现与视觉空间和切割分类的发现是同时发生的"①。表音文字将口语词分解为一个个的音素和字母,分解了口语社会的整体性和共鸣性,"推动西方世界朝感官、功能、运作、情感、政治、任务等各个方面向分离的方向前行"②。这种趋势随着印刷机的来临而进一步强化。"印刷加剧了分离化的程度,并带领个人进入动态化、区隔化的世界",在此动态化、区隔化的世界中,"人的心与脑发生分裂,并进而诞生出新型人类,即'印刷人'"。③也就是说,正是由于印刷媒介对于分离化趋势的进一步加强,使得已经从部落群体中分离出来的"表音文字人"经过心与脑的再次分裂而形成新的"印刷人"。麦克卢汉有时又将"印刷人"称作"文明人"、"视觉人"或"理性个体"。对他来说,无论是"印刷人"、"文明人",还是"视觉人"、"理性人",他们都是指"在成文法典面前独立平等的个体"④。

(二)个体成为同质化个体

麦克卢汉认为,印刷术的同质化效应与印刷的"复制"功能相关。用麦克卢汉的话说,"印刷品的最重要特性是可以清楚而无限地加以重复,可重复性是主宰我们世界的机械原理的核心"⑤。在抄录条件下,不可能生产出完全相同的文本;复制完全相同的副本只有在印刷条件下才能实现。手抄本在麦克卢汉看来只是粗糙的"教学工具",它是以生产者为导向的,其中有太多的随意性,

---

① Marshall McLuhan, *Essential McLuhan*, E. McLuhan & F. Zingrone (eds.), London: Routledge, 1995, p. 342.
② Marshall McLuhan, *The Gutenberg Galaxy*, pp. 42-43.
③ Marshall McLuhan, *The Gutenberg Galaxy*, p. 241.
④ Marshall McLuhan, *Understanding Media*, Cambridge, London: The MIT Press, 1994, p. 84.
⑤ Marshall McLuhan, *Understanding Media*, Cambridge, London: The MIT Press, 1994, p. 160.

加之其数量奇缺，在用作教学工具时难以产生如活字般的同质化效应。所以在手抄时代，教育基本上属于口语性质的精英教育。在这种模式下，大范围地塑造同质个体是无法实现的。印刷术普及之后，大量可重复的书籍变得方便易得，印刷媒介同质化效应的施加才变得可能。就像麦克卢汉所说，"印刷术诞生以后，由于它能够把同样的教本放在任何数量的学生或读者面前，很快就结束了口头论辩的经院哲学的统治"①。中世纪经院哲学的对话，在印刷术发明之后不再适合由印刷媒介所培养的文化模式："因为经院哲学采取同步拼贴法则，要求同时清楚处理意义的诸层次和面向，不再适合新的线性世界。"② 由此，麦克卢汉将印刷的课本视作精致的"教学机器"："印刷书籍以印刷术在视觉秩序上的均匀性和重复性为基础，它成为最早的教学机器。"③ 在《谷腾堡星系》中，麦克卢汉以拉米斯的例子说明了早期"印刷人"是如何将印刷课本贯彻到课堂之中，并施加于每个学生之上的。麦克卢汉说过，"印刷成为习以为常的事物之后，就倾向于创造出如活字般齐整划一的公民"④。其实，这种如活字般整齐划一的公民，正是在接受了由印刷课本统治课堂的现代教育条件下，才可能实现。

印刷术的机械复制机制不仅使生产变得容易和便利，而且其他通俗读物和书本也变得方便易得。当书本不再是收藏品的时候，大众教育就更容易获得普及。此时，随着人们知识水平的提高，印刷书籍的同质化效应就可以从课堂向社会扩散。此时，无论是经过课堂训练还是自学成才，使用的都是"印刷的"书籍。所有的"知识人"此时都是"印刷人"——被"印刷"的潜意识模式

---

① Marshall McLuhan, *Understanding Media*, New York: McGraw-Hill, 1964, p. 174.
② Marshall McLuhan, *The Gutenberg Galaxy*, p. 129.
③ Marshall McLuhan, *Understanding Media*, New York: McGraw-Hill, 1964, p. 174.
④ Marshall McLuhan, *The Gutenberg Galaxy*, p. 219.

塑造的人。他们有着类似的思维方式、共同的意识模式和认识方式，这有助于国家或地区的同质化。麦克卢汉以拿破仑训练农夫和半文盲的例子对此做了说明。由于农夫和半文盲缺乏由印刷课本所强加的视觉化和线性思维，所以尽管拿破仑用 18 英寸长的绳子教他们精确、齐一和可重复的概念，但效果并不显著。这足以看出印刷品在塑造同质个体方面发挥的重要作用。当然，印刷术之同质力量在教育中的彻底贯彻并最终培育出同质化的"新型人类"，不是一蹴而就的，而是一个渐进的过程。就像麦克卢汉所说，"借由印刷术所培育的读写能力去开发人力资源，并将印刷术这种同质化效应全面应用于商业和工业领域，并拓展至学习、工作和娱乐的各个层面，则已经是 19 世纪的事情了"[①]。

（三）从个体自决到民族自觉

由同质化个体组成的群体即民族主义的雏形，麦克卢汉关于"个体民族主义"的讨论即止步于此。对于同质化的个体是如何组合成整体的，麦克卢汉没有做进一步探讨。英国学者埃里·凯杜里（Elie Kedourie）和以赛亚·伯林（Isaiah Berlin）的有关论述，填补了麦克卢汉"个体民族主义"链条中缺失的环节。凯杜里系统地阐明了康德哲学中的"自决"观念与民族主义之间的关系，并率先将民族主义的起源追溯到现代理性主体的确立。他说，"民族主义对个人提出的全部要求源于对他的自由的关系。真正的自由是意志的一种独特状态，这种状态一旦达到，便确保个人的永久实现和他的幸福。政治是实现这一超人想象力的一种方式，是满足这种形而上学的渴求的一种方式"[②]。伯林亦将康德的自由观念视作"几不为人知的民族主义之源"。他说，"康德的（主体）观

[①] Marshall McLuhan, *The Gutenberg Galaxy*, p. 146.
[②] 〔英〕埃里·凯杜里：《民族主义》，张明明译，中央编译出版社 2002 年版，第 79 页。

念与民族主义兴起之间存在着某种联系。在我看来,这不仅是一条可追溯的影响路线,而且是一条重要的和核心的路线"①。在他们看来,自由自决的现代个体是民族主义产生的思想源头。但是,要从个体自决推进到民族自决,从个体自由发展为民族自由,康德自由学说的逻辑需要被进一步推导。这一推进过程至少需要以下两步。"首先,当我按照某些价值的指引行动和生活时,不是因为这些价值是由存在于所有充分发展的人之中的理性所制造或发现,而是因为它们是我自己的,表达了我独特的内在本质,并属于我的特殊的世界观;其次,甚至更为关键的,是关于选择者的新概念——选择者的自我。"② 事实上,这种使主体观念"具有广泛政治意义的拓展"以及所"需要走的两步"正是由康德的后继者费希特所完成的。费希特从先验自我的超绝性从而也就是与自在之物在性质上的相通性发现了走出康德困境的希望,并推导出一个能动的、创造性的"纯粹自我"。用费希特的话说,一切事物都牢固地悬于这一"单独的环节上,这个环节未系于任何事物,只是靠它自身的力量来维持自己和整个体系的运转"。正是从康德对自治的价值以及决定自己道德行为的强调出发,费希特将康德的思想向社会实践领域和政治哲学的方向大大推进了。因为在康德那里,尽管自我赋予了道德意志超越时空的先验地位,但自我仍然是个人。而在费希特那里,自我变成了永恒的、先验的活动,变成了"纯粹自我"和"一种超验的、无限的世界精神"。"在费希特的学说里,自我的观念有另一种发展,先是法国革命军队,后是拿破仑对德意志土地的入侵,这种观点在由它激发的莱茵河东部许多欧洲土地上的狂热暴乱和爱国主义反抗中表现得

---

① Isaiah Berlin, *The Sense of Reality: Studies in Ideas and Their History*, London: Pimlico, 1997, p. 233.

② Isaiah Berlin, *The Sense of Reality: Studies in Ideas and Their History*, pp. 241-242.

尤为明显。"①也就是说，费希特所宣称的真正的自我根本不是个人，而是集体、民族，乃至政治国家；个人只是国家、集体的元素，其意义只能从它和那个体系、组织、整体的联系中获得。用费希特的话说，世界"是一个有机整体，没有其余组成部分的存在，这个整体的任何组成部分也不存在；它不能逐渐产生，但是只要它存在，无论何时，它必定完整地出现"。由此，作为自我实现的个人自由在于使他自身与整体一致，完全的自由意味着全部融入整体，人的自由的故事在于为达此目的的持续不断的斗争。从根本上说，费希特的民族图景即是其哲学思想的扩大。梅尼克（Friedrich Meinecke）指出，费希特的哲学自始就是精神自由王国，"他在最高层与最具精神的意义上去理解这种自由，将之视作世界上的一条发展路径。他经常涉及的国家与民族关系的变动是达到其理想的终极目标——将人类从感性的吸引中拯救出来，并将之提升到自由的更高世界中，提升到人类的上帝源头——的合适方式的转变轨迹"②。正是这种集体性的自我产生了个人生活方式，并且赋予其所有成员以意义和目的；它创造了它们的价值和这些价值得以体现的制度，因此是永恒的、无限的精神的具体化，一个无须诉诸其他东西的权威。③从这一形而上学中，新康德主义者推演出国家理论。人的目的是自由，自由是自我实现，自我实现完全融于普遍的意识。当这种自由观念与政治相遇时，个人意志自由与自主逐步演化为民族和各种群体的自由与自主。至此，由印刷术所塑造的现代主体，到费希特这里，完成了从个人自决到民族自决的逻辑进程。

---

① Isaiah Berlin, *The Sense of Reality: Studies in Ideas and Their History*, p. 242.
② 〔德〕弗里德里希·梅尼克：《世界主义与民族国家》，孟钟捷译，上海三联书店2007年版，第73页。
③ Isaiah Berlin, *The Sense of Reality: Studies in Ideas and Their History*, p. 243.

三、印刷术与信息、社会流动的加速

中世纪西欧,由于基督教在信仰、文化乃至精神领域的绝对主导地位,使得人们的忠诚具有普世主义特征。也即是说,中世纪西欧人所生活于其中的是宗教共同体,人们在这种共同体中寻求身份的认同、日常生活的意义和政治活动的根据。这种宗教共同体到 16 世纪已经变得面目全非了,并逐渐被一种民族共同体所取代。丹尼斯·海将 16 世纪早期西欧社会的特征概括为四个方面,即君主政府的加强和反君主势力的日趋衰亡;出现了以王朝统治为基础的国际关系模式;教会内部的日益不稳和教会失去普遍的威信;崭新的精神状态(包括世俗的和宗教的)的发展。[1] 其实,这四个特征共同指向了宗教共同体的衰亡和民族共同体的形成。在此过程中,由印刷媒介所催生的信息与社会加速运动起到了关键作用。这种作用主要表现在两个方面。第一,印刷术的机械复制功能带来了信息和知识传播在速度和广度上的拓展。第二,印刷术推动资本主义发展并同资本主义一道带来了社会流动的加快。信息流动和社会流动的加快,共同为现代民族主义的兴起和兴盛创造了条件。

（一）信息加速运动对宗教共同体的瓦解

西欧中世纪的宗教共同体建立在以口语媒介和文字媒介(即拉丁文手抄本)为载体的宗教思想之上。由于当时谷腾堡印刷术尚未在西欧出现,文字媒介使用起来仍极为不便,这造成了书籍的奇缺,信息和知识传播主要靠口语媒介,教会为教徒们提供的教化几乎完全以口语为基础。就像克劳雷对中世纪后期所描绘的那样:"绝大多数居民接受不到外界的任何信息。很多消息被口头

---

[1] 〔英〕丹尼斯·海:《第一章 导言》,载〔英〕G. R. 波特编:《新编剑桥世界近代史》(第一卷:文艺复兴,1493—1520 年),中国社会科学院世界历史研究所组译,中国社会科学出版社 1988 年版,第 7 页。

转述之后变成了流言。人们所了解的除自身经验外，就是一些带有个人感情色彩的听说来的事情了。……对讲方言的文盲居民而言，教堂是信息的主要来源。世界上的新闻，不论是宗教的还是民事的，都是从讲坛上听来的。……为便于管理，城镇被划分为几个大大小小的区，法律和习俗都是由口头传述的。甚至在法庭上，一个活的证人也比羊皮纸文件上的话更值得信赖。"[1] 口语媒介在中世纪后期的知识传播活动中发挥了重要作用。但口语传递的即时性和无法保存性决定了它在信息传递上的缺陷。而抄写文本在同一时间的某一地点只能供一个人来阅读，其低下的生产能力和不易保存的特性，也决定了信息传递的落后。在此条件下，宗教共同体对人们来说就变得极为神圣、神秘乃至不可触及。纸的到来，特别是谷腾堡印刷术的发明，使得长期主导人们信仰、思想、精神和心灵世界的宗教共同体开始瓦解。可以说，活字印刷正是以其对于信息快捷而又大量的复制与传播，开创了机械复制的信息时代，书本变得方便易得，知识获得了前所未有的传播，这不仅突破了拉丁中世纪手抄本时代知识的神圣化和神秘性，而且也为宗教改革的到来创造了条件。鉴于由印刷术推动的语言定型推动拉丁文之作为神圣语言地位的丧失在上文已有论述，这里我们主要考察印刷的机械复制机制所带来的信息加速运动在推动宗教改革、瓦解基督教共同体方面发挥的积极作用。

印刷术对宗教共同体的瓦解与印刷术所推动的宗教改革是密不可分的。印刷术问世以后，书本变得易于获得，知识和学问在教会和大学校园之外得到了传播，教会对书面文化的控制难以为继，识字的教徒很快就对基于口语的教会思想提出挑战。人类大规模社会改革运动第一次开始用上了大众传媒的力量，路德也成

---

[1] David Crowley & Paul Heyer, *Communication in History: Technology, Culture, Society*, New York & London: Longman Publishing Group, 1991, p. 68.

了印刷媒介时代的首位传播大师。"传媒是路德宗教改革成功的源泉，16世纪初的德国在历史上第一次成为受到大众传媒影响的国家。"①事实上，早在路德之前，对教会的挑战从未停息。但在印刷机发明之前，宗教改革那种大规模革命的历史条件和后勤保障是不存在的。正是借助于宗教改革，路德将地方语的《圣经》送到众多新教徒手中。可以说，正是借助于印刷机的力量，宗教改革和通俗语印刷品一起推动了民族主义的兴起和发展，并使基督教共同体遭受了重创。尽管这种以神圣语言（拉丁语）为基础的宗教共同体曾享有崇高威望，但随着印刷术的问世、通俗语的大范围流行以及神圣语言地位的逐渐式微，到18世纪，宗教信仰逐渐退潮，用安德森的话说，"这个时代所亟须的是，通过世俗的形式，重新将宿命转化为连续，将偶然转化为意义。……（在此过程中，）很少有东西比民族这个概念更适宜于完成这一使命了"②。如果没有印刷术，新教的主张可能只能限于某些地区，而不会发展成为一个国际性的重要运动，无法结束教士们对学术的垄断，无法促成西欧社会早日脱离"黑暗时代"。也正是在此意义上，麦克卢汉说，"民族主义这场革命的完成，几乎完全依靠的是同质的、可移动的活字所带来的信息加速运动"③。

事实上，对于印刷术与宗教改革之间的关系，麦克卢汉几乎没有怎么论及。他在其全部著作中只有几处略带提及。比如，麦克卢汉在1965年英国广播公司的《箴言》电视访谈节目上曾经提到，"宗教改革是我们进入印刷术这个历史阶段的结果"④。在《〈花花公子〉访谈录》中，他指出，"印刷术直接导致了一系列

---

① 〔法〕弗雷德里克·巴比耶：《书籍的历史》，刘阳等译，广西师范大学出版社2005年版，第170页。
② 〔法〕本尼迪克特·安德森：《想象的共同体》（增订版），吴叡人译，第10—11页。
③ Marshall McLuhan, *Understanding Media*, Cambridge, London: The MIT Press, 1994, p. 353.
④ 〔加〕麦克卢汉：《麦克卢汉如是说》，何道宽译，第41页。

互不相干的现象兴起：民族主义、宗教改革、生产线及其后代、工业革命、因果观念、笛卡尔和牛顿式的世界观、艺术中的透视法、文学中的叙事编年、内省的心理模式等"①。早于麦克卢汉论及印刷媒介与宗教改革关系的是费弗尔和马尔坦。他们在《印刷书的诞生》②中以非常翔实的数据说明了印刷术在宗教改革特别是新教阵营中所扮演的关键角色。麦克卢汉对作为印刷媒介后果之一的宗教改革着墨不多，主要原因可能在于，在他看来，宗教改革与他强调的印刷媒介的视觉偏向之间的关系不太紧密。尽管如此，由他所开启的"媒介生态学派"还是接过了这一话题，并做出了翔实而令人信服的论述。其中，最具有代表性的是伊丽莎白·爱森斯坦和罗伯特·洛根。阿什克罗夫特甚至认为，"到今天为止，她的著作（《作为变革动因的印刷机》）仍被广泛地认为是分析印刷文化的效应，特别是分析印刷与宗教改革兴起之间关系的最重要的著作"③。

（二）社会流动加快与民族意识的强化

印刷术推动了资本主义的兴起，并与资本主义一起，带来了社会流动的加快。在此过程中，传统的社会结构被摧毁，人们逐渐摆脱了原先狭隘的空间概念，大大拓展了人们交往的范围和个人经验。一定区域内的人们"异质"成分缩小，"同质"成分日益

---

① Marshall McLuhan, *Essential McLuhan*, E. McLuhan & F. Zingrone (eds.), London: Routledge, 1995, p. 233.

② Lucien Febvre and Henri-Jean Martin, *L'apparition du Livre*, Paris: Albin Michel, 1958; 英译本参见 *The Coming of the Book: The Impact of Printing 1450-1800*, tran. by David Gerard, London: NLB, 1976. 由法国年鉴学派创始人费弗尔和马尔坦合著的这一著作，以筚路蓝缕之功催生了欧美史学界对印刷术的研究热潮。此书自1958年出版后，已成为西方文化史研究者和人文学者的必读书。

③ Joseph Ashcroft, "Typography and Its Influence on Culture and Communication", in Casey Man Kong Lum (ed.), *Perspectives on Culture, Technology, and Communication: The Media Ecology Tradition*, p. 376.

增加，社会成员的团结感和连带感明显增加，从而使人们日渐意识到自己是有着共同血缘、语言、文化、情感和利益的共同体。[1]或如麦克卢汉所说，"不同地区的逐渐同质化，使整个地区的力量、能量和攻击性显著增长，我们将这种增长同新兴的民族主义联系在一起"[2]。对于印刷通过资本主义的中介促进民族主义的发展，麦克卢汉在《〈花花公子〉访谈录》中说得更为直白："新近被印刷术同质化的个体把民族观念看作群体命运和身份的热情而有趣的形象。有了印刷术，货币、市场和运输的同质化首次成为可能，由此造成了政治和经济的统一，引发了当代民族主义充满生机的集中化能量。由于印刷术产生了之前难以想象的信息流动，谷腾堡革命因此产生了一种视觉的、集中性的新型国家实体。它与商业扩张融为一体，直至欧洲成为一个国家网络。"[3]

麦克卢汉从印刷媒介的角度来观照西方现代民族主义的形成，弥补了卡尔顿·海斯忽视的媒介因素，从传播学的角度解答了海斯提出的"民族主义难题"。当然，我们今天以"后视"的眼光看麦克卢汉的论述时，会觉得麦克卢汉对民族主义的论述还非常稚嫩，且常常是点到为止。这一方面与麦克卢汉的书写风格有密切关系，同时也与当时整个学界对民族主义的理论探讨还非常匮乏有关。当然，不能忽视的是，"印刷民族主义"还是麦克卢汉验证其印刷视觉效应的一个例证。有人认为，麦克卢汉对民族主义的论述没有考虑到其他政治的、经济的因素，并据此认为他的探讨是有严重缺陷的。这样的评论有失公允。因为，麦克卢汉对民族主义的论述是对卡尔顿·海斯"民族主义难题"的回应和补充。

---

[1] 项翔：《近代西欧印刷媒介研究：从古腾堡到启蒙运动》，华东师范大学出版社2001年版，第99页.

[2] Marshall McLuhan, *Understanding Media*, Cambridge, London: The MIT Press, 1994, p. 175.

[3] Marshall McLuhan, *Essential McLuhan*, E. McLuhan & F. Zingrone (eds.), London: Routledge, 1995, p. 233.

既然海斯在其著作中已经否定了经济的、政治的因素，故在麦克卢汉看来，显然也就没有必要再去探讨经济和政治的因素了。况且，这也不是麦克卢汉媒介研究的重点所在。

民族主义是文化现代性的产物。由印刷术所推进的民族语言的定型和对现代理性主体的塑造，为西方现代民族主义的兴起奠定了基础。当今，随着以大众消费主义和电子媒介为基础的后现代社会的来临，很多学者声称，由印刷媒介所支撑的民族主义开始走向衰弱。他们的理由是：大众消费主义的"文化帝国主义"稀释了民族文化的差异，并将其简化为包装物和民间传说；在由电子媒介所形塑的全球文化中，单一的、世界主义的和科学的文化逐渐涵盖全球，民族文化存在的合法性地位开始遭到消解。以霍布斯鲍姆（Eric J. Hobsbawm）、麦克尼尔（William H. McNeill）、吉登斯（Anthony Giddens）、汤姆林森（John Tomlinson）、霍米·巴巴（Homik Bhabha）等为代表的西方思想家们已或多或少地意识到这一点。在他们看来，民族和民族主义属于现代化时期，在大众传播、世界主义和混合文化的时代，民族和民族主义不再与我们有关。用霍布斯鲍姆的话说，今天的民族主义已经失去其先前造就国家和组织经济的功能，它已"不再是历史发展的主要向量"，其在历史上的重要性已逐渐西斜。① 事实上，早在这些学者抛出"民族主义消亡论"之前，麦克卢汉就已经意识到了电子媒介对于"民族国家"的销蚀作用："在电速条件下，学科主权的消失同民族主权的消亡一样快。沉溺于从中心到边缘的机械而单向的扩张这样一些更陈旧的型式，与我们所处的光电世界已经格格不入。光电不是使事物集中化，而是使事物非集中化。"② 甚至，我们也可以将这当作麦克卢汉"印刷民族主义"在逻辑上的必然推

---

① 〔英〕埃里克·霍布斯鲍姆：《民族与民族主义》，李金梅译，上海人民出版社2006年版，第183页。
② Marshall McLuhan, *Understanding Media*, London: Routledge, 1994, pp. 35-36.

第四章 "印刷民族主义"：印刷媒介与现代民族主义的形成 | 239

论。媒介生态学派代表人物、深受麦克卢汉媒介思想影响的罗伯特·洛根将麦克卢汉的这一暗示明确并具体化了。他说，"互联网使民族疆界进一步冰消雪融，因为知识和信息跨越国界和学科边界畅通无阻，在全球层次上产生了兴趣和实践的社会共同体。印刷机产生了民族主义和民族国家，互联网产生了世界共同体。不仅联合国及其工作是世界共同体的象征，而且其他世界性机构如世界银行、国际货币基金组织、海牙战争罪行法庭、京都议定书、世界卫生组织和国际原子能机构等也是这样的象征"[1]。对此，我们的看法是，在电子媒介条件下，民族主义仍然会继续存在，因为构成其基础的"印刷媒介"只是"过时"而非"终结"；然而，民族主义在推动社会发展进程方面可能要扮演更为次要或辅助性的角色，就像印刷书籍在电子时代的命运一样，尽管印制的文本并未减少，但占据主控地位的媒介已被置换为电子媒介。印刷术和民族主义已经各自完成了它们的历史使命，它们在全球化时代正在变得"过时"[2]。

---

[1] 〔加〕罗伯特·洛根：《理解新媒介》，何道宽译，第39页。
[2] 这里的"过时"是在麦克卢汉的意义上使用的。在他看来，"过时"并不意味着"终结"，而是意味着一个新的"开始"。参见 Marshall McLuhan, *Letters of Marshall McLuhan*, p. 398。

第五章 "应用乔伊斯": 印刷媒介与作为感知操练的文学

> 文学是对感知的研究与操练。
>
> ——麦克卢汉致迈克尔·沃尔夫的信
>
> 麦克卢汉已经证明,作为一种"功能"而不仅仅是一门"学科",文学有助于我们理解知识及其发展中的媒介图景。作为一位文学教授,他教导我们通过文学去观察、聆听和知觉全新的媒介世界。
>
> ——艾琳娜·兰伯特《麦克卢汉的拼接:对媒介研究之文学根源的探索》

20世纪70年代以后,印刷媒介与文学的关系问题成为西方理论界关注的热门话题之一,许多声名卓著的学者如希利斯·米勒、雅克·德里达、让-弗朗索瓦·利奥塔、尤尔根·哈贝马斯、安东尼·吉登斯(Anthony Giddens)、伊恩·瓦特(Ian Watt)、玛丽·伊万丝(Mary Evans)、马克·波斯特等对此话题均表现出较高的理论兴趣并发表了各自的看法。米勒认为,"西方文学属于印刷书籍以及其他印刷形式的时代"[①],"新的电信时代正在通过改变

---

① 〔美〕希利斯·米勒(Hillis Miller):《文学死了吗》,秦立彦译,广西师范大学出版社2007年版,第9页。

文学存在的前提和共生因素而把它引向终结"[1]。吉登斯指出,"无论人们怎样评价,印刷术对于塑造现代性的重要作用都不可低估。印刷术是向通讯机械化迈出的第一大步,它使得公文与文本广泛普及,因而在物质、智力与艺术领域启动了欧洲文化脱离模仿造像的过程"[2]。波斯特侧重于探讨媒介与文本主体构建之间的关系,在他看来,印刷媒介"促使文化作品转变为不朽之作,并促成作者向权威的提升";电子媒介则颠覆了印刷文化,它不仅"使文本从固定语域转向无定性的语域",而且"易于导致文本的多重作者性"。[3] 在利奥塔那里,技术本身与现代叙事完全是同谋的。哈贝马斯认为印刷媒介在文学公共领域的形成中扮演了重要角色:"一般的阅读公众主要由学者群及城市居民和市民阶层构成,他们的阅读范围已经超出了为数不多的经典著作,他们的阅读兴趣主要集中在当时的最新出版物上。随着这样一个阅读公众的产生,一个相对密切的公共交往网络从私人领域内部形成了。读者数量急遽上升,与之相应,书籍、杂志、报纸的产量猛增,作家、出版社和书店的数量与日俱增,借书铺、阅览室,尤其是作为新阅读文化之社会枢纽的读书会也建立了起来。"[4] 对于印刷媒介与文学之间的关系,学者们的总体看法是:印刷媒介与文学现代性之间存在着紧密关联,"现代"意义上的文学是印刷时代的产物;随着电子时代的来临,电信技术正在改变文学存在的前提,文学这一依托于印刷技术的"现代"概念正在走向终结。

事实上,早在 20 世纪 60 年代初期,麦克卢汉就已经较为系

---

[1] 〔美〕希利斯·米勒:《全球化时代文学研究还会继续存在吗?》,国荣译,《文学评论》2001 年第 1 期。
[2] 〔美〕安东尼·吉登斯:《民族—国家与暴力》,胡宗泽等译,生活·读书·新知三联书店 1998 年版,第 219—220 页。
[3] 〔美〕马克·波斯特:《第二媒介时代》,范静哗译,第 70—71 页。
[4] 〔德〕哈贝马斯:《公共领域的结构转型》,曹卫东等译,学林出版社 1999 年版,"序言",第 3 页。

统地探讨了媒介与文学之间的关系，例如在《谷腾堡星系》（1962）中对印刷媒介与文学之间关系的考察以及在《理解媒介》（1964）中对电子媒介时代文学面貌重塑的探讨等。他甚至声称，其写作《谷腾堡星系》的目的，就是为了探讨"文学规范如何受到口语、抄写和印刷形式的影响"[1]。不仅如此，麦克卢汉还多次表示，其媒介研究基本上就是"应用乔伊斯"[2]，这实际上是说，"文学研究之奉感性为圭臬是其媒介研究的刻意追求"[3]，或者说，麦克卢汉重在从感知层面探讨媒介对于文学（及社会生活的其他方面）的影响。

在麦克卢汉那里，"文学"通常并不是我们狭义上所理解的"语言艺术"，而同其经常替换使用的"艺术"概念在内涵上极为相近。"文学"，或者说"艺术"，对麦克卢汉来说，都是用于操练、培养和提升人们感知的手段。这可以从他对"文学"和"艺术"的说明中清晰地看到："文学是对感知的研究和操练"[4]；"艺术是派送到感官系统中营养不良之处的一整套关爱"[5]；"艺术是用来提升感知的专门的人造物"[6]；"艺术作为反环境是一种必不可少的感知手段"[7]；"艺术的功能是向人们传授如何感知外部环境"[8]；"艺术操练和调节我们的感知，提升我们的感知能力"[9]。在此，文学／艺术不再只是一门"学科"，它更是一种"功能"，它无法被传授，"你只能在其中培养敏锐的感知"[10]。艾琳娜教授对此

---

[1] Marshall McLuhan, *The Gutenberg Galaxy*, p. 87.
[2] Donald Theall and Joan Theall, "Marshall McLuhan and James Joyce: Beyond Media", *Canadian Journal of Communication*, vol. 14, no. 4, 1989.
[3] 金惠敏：《"媒介即信息"与庄子的技术观——为纪念麦克卢汉百年诞辰而作》，《江西社会科学》2012年第6期。
[4] Marshall McLuhan, *Letters of Marshall McLuhan*, p. 304.
[5] Marshall McLuhan, *Letters of Marshall McLuhan*, p. 299.
[6] Marshall McLuhan, *Letters of Marshall McLuhan*, p. 310.
[7] Marshall McLuhan, "The Emperor's Old Clothes", in Eric and Marshall McLuhan, *Theories of Communication*, New York: Peter Lang, 2011, p. 121.
[8] 〔加〕麦克卢汉：《麦克卢汉如是说》，何道宽译，第64页。
[9] 〔加〕麦克卢汉：《麦克卢汉如是说》，何道宽译，第142页。
[10] Marshall McLuhan, *Letters of Marshall McLuhan*, p. 187.

评论道："麦克卢汉已经证明，作为一种功能而不只是一门'学科'，文学有助于我们理解知识发展中的媒介图景。作为一位文学教授，他教导我们通过文学去观察、聆听和感知全新的媒介世界。文学依然重要，它在帮助我们适应当下媒介环境和现代世界方面仍将继续担当重要角色。"[1] 下面，我们来看看在麦克卢汉那里，媒介（特别是印刷媒介）是怎样对文学感知模式进行塑造的，以及我们应当如何通过文学去观察、聆听和感知发展中的媒介图景。

第一节 "感知操练"：麦克卢汉的媒介文艺思想

20世纪60年代，加拿大媒介思想家马歇尔·麦克卢汉被美国庞大的宣传机器打造成一颗耀眼的文化明星。汤姆·沃尔夫更是在《纽约先驱论坛报》上刊文称其为"继牛顿、达尔文、弗洛伊德、爱因斯坦和巴甫洛夫之后最为重要的思想家"[2]。作为一名起家于文学并长期从事文学研究的学者，麦克卢汉对待媒介的态度"完全是人文主义的"；探讨媒介与人的关系，是麦克卢汉著作一以贯之的主题：他在《机器新娘》中探讨了"工业人"的民俗，在《谷腾堡星系》中考察了"印刷人"的诞生，在《文化即产业》、《理解当代》、《地球村》等著作中探析了"电子人"的生存状况。麦克卢汉的"媒介人文主义"，或者说他对媒介与人的关系的关注，是以"感知"为切入点的；在媒介环境中操练和提升人们的"感知"是麦克卢汉媒介研究的出发点和落脚点。或如麦

---

[1] Elena Lamberti, *Marshall McLuhan's Mosaic: Probing the Literary Origins of Media Studies*, Toronto: University of Toronto Press, 2012, p.5.

[2] Tom Wolfe, "Suppose He Is What He Sounds Like", in Gerald Stearn (ed.), *McLuhan: Hot & Cool*, p.31.

克卢汉传记作家特伦斯·戈登所说,"总结麦克卢汉的一生,'感知操练'这一表述实在是再恰当不过了"①。麦克卢汉的全部媒介思想,包括其著名的"媒介信息论"、"媒介延伸论"、"媒介冷热论"以及"根据主导媒介划分历史"的媒介史观等,可以说都是其媒介感知理论的具体体现。②反映在文艺观念上,麦克卢汉将文艺视为用于操练、培养和提升人们感知当前媒介环境的方式与手段。他常以文艺发展史上的具体现象去验证其"媒介感知理论",也常借助文艺实践去操练人们对于媒介环境的感知,就此言之,我们实可将麦克卢汉称为"媒介艺术家",将其丰富的关于媒介与文学／艺术关系的思想称为"麦克卢汉的'媒介文艺思想'"③。

一、媒介感知理论与作为"感知操练"的文艺

在西方文化语境中,源自拉丁语的"感知"(aisthesis)一词具有"perception"和"sensation"双重含义:"perception"侧重于强调颜色、声音、味道等感官方面的属性,它为"认识"服务;"sensation"偏重于人们的情感走向,它以"愉快"与否为评价尺

---

① 〔加〕麦克卢汉:《理解媒介》,何道宽译,"戈登序",第2页。
② 比如,麦克卢汉提出的"以主导媒介划分历史"的理论,主要在于强调,不同的主导媒介对于人类的感官知觉及思考路径会产生不同的影响。也即是说,一种新的主导媒介的出现,往往会使人类感官的平衡状态发生变动,不仅使某个感官特别突出,甚至会抑制其他感官的发展,塑造人类理解环境的方式,并进而触发社会组织形式的改变。麦克卢汉的"媒介延伸论"认为,一切媒介都是人的感知的扩展和延伸:文字和印刷媒介是人的视觉能力的延伸,广播是听觉能力的延伸,电视则是视觉、听觉和触觉能力的综合延伸。"媒介冷热论"则以媒介是否需要感官参与为判定标准:"热媒介"传递的信息清晰明确,无须动员更多的感官就能理解,"冷媒介"提供的信息量少且较为模糊,在理解上需要多种感官的配合。
③ 对于麦克卢汉关于媒介与文学／艺术关系的思想,有学者将之称作"媒介美学"(参见金惠敏:《"媒介即信息"与庄子的技术观——为纪念麦克卢汉百年诞辰而作》,《江西社会科学》2012年第6期);有学者将之称之作"环境主义的文艺观"、"生态艺术思想"(参见李中华:《麦克卢汉媒介理论的接受与新世纪中国文学批评的发展》,湖南师范大学博士论文,2013年,第29、38页)。鉴于麦克卢汉论述的主要是媒介与文学艺术之间的关系,笔者在文中将之称作"麦克卢汉的'媒介文艺思想'"。

度。①麦克卢汉主要是在"perception"的意义上使用"感知"一词的,在他看来,媒介与人类感官之间存在着密切关系,"任何媒介都必然涉及感官之间的某种比率",其效应"不是发生在意见和观念层面,而是毫不受阻地改变着人们的感觉比率和感知模式"。②中世纪天主教思想家托马斯·阿奎那的感知理论和加拿大媒介思想家哈罗德·伊尼斯的媒介"偏向"概念对麦克卢汉媒介感知理论的形成产生了重要影响。受奥古斯丁道成肉身论的吸引,阿奎那面对的一个基本问题是:人类如何才能获得上帝的再次拯救以重返伊甸园?在他看来,人类因被赶出伊甸园而丧失了与上帝直接意识交流的能力。因此,要想重返伊甸园,恢复与上帝的直接意识交流,需要实现感官和认知模式的重新完整化。阿奎那的这一思想成为自称是"最后一名托马斯主义者"的麦克卢汉媒介思考的起点。他从阿奎那的感官和交流思想中汲取灵感并加以发挥,视媒介为感知与意识的载体,并以此作为其媒介研究的基础。麦克卢汉在致大卫的信中曾直言,其"传播理论就是彻头彻尾的托马斯主义"③。当然,给予麦克卢汉媒介感知思想以最直接影响的是其在多伦多大学的同事哈罗德·伊尼斯。在出版于20世纪50年代的两部著作(即《传播与帝国》和《传播的偏向》)中,伊尼斯通过对希腊、罗马、埃及等古代文明帝国历史进程的追溯,提出了著名的媒介偏向概念。在他看来,石头、黏土、羊皮纸等是时间偏向的媒介,它们耐久性好但不易生产和运输,能够保证宗教的传承和帝国统治的稳固与持续,却不利于宗教的传播和帝国的扩张;莎草纸、纸张、印刷品等是空间偏向的媒介,它们质地较轻,适合于帝国对广袤地区的治理和大范围的贸易行为,有

---

① 〔德〕沃尔夫冈·韦尔施:《重构美学》,陆扬、张岩冰译,第81页。
② Marshall McLuhan, *Understanding Media*, Cambridge, London: The MIT Press, 1994, p. 18.
③ Marshall McLuhan, *Letters of Marshall McLuhan*, p. 427.

利于帝国的扩张和宗教的传播，缺点是耐久性差且不易保存，使得以此为媒介的政治组织形式往往难以持久和稳定。为此，"必须从空间和时间两个方面去克服媒介的偏向，既不过分倚重于时间媒介，也不过分倚重于空间媒介"①。麦克卢汉将伊尼斯的媒介偏向概念称为"解读技术的钥匙"，"凭借这把钥匙，我们可以读懂存在于任何时代、任何地方之技术的心理影响和社会效应"。②伊尼斯的媒介偏向概念对麦克卢汉转向媒介研究并开辟出新的媒介研究方向提供了重要启发，以致麦克卢汉一再谦虚地表示，其媒介理论只是伊尼斯著作的注脚。③当然，麦克卢汉并未遵循伊尼斯侧重于强调传播与社会组织之间关系的研究路子，而是借用其媒介"偏向"概念，并将之与阿奎那的"感知"理论相嫁接，建立起一套强调"媒介自身"及其"感知效应"的全新的媒介感知理论。或如学者道格拉斯·弗兰西斯所言，麦克卢汉"聚焦于伊尼斯著作中的某些细微观念，建立起一套全新而独特的媒介理论，这种媒介理论着力于探讨传播技术对于塑造西方文明之现代心灵的重要性"④。

我们知道，20世纪70年代以后，随着电视的广泛普及和新媒介的不断涌现，探讨媒介与文学／艺术之间的关系——譬如，正在"过时"的印刷媒介如何促进了现代文学的诞生，新近产生的电子媒介对现代文艺带来了怎样的冲击——成为西方学界的热门话题，许多声名卓著的学者如希利斯·米勒、雅克·德里达、让-弗朗索瓦·利奥塔、安东尼·吉登斯、尤尔根·哈贝马斯、伊恩·瓦特、玛丽·伊万丝、马克·波斯特等均对此表现出较高的理论兴趣并发表了各自的看法。如前所述，事实上，早在20世

---

① 〔加〕哈罗德·伊尼斯：《帝国与传播》，何道宽译，第4页。
② 〔加〕麦克卢汉：《麦克卢汉序言》，载〔加〕哈罗德·伊尼斯：《帝国与传播》，何道宽译，第9页。
③ Marshall McLuhan, *The Gutenberg Galaxy*, p. 50.
④ R. Douglas Francis, *The Technological Imperative in Canada: An Intellectual History*, p. 188.

纪 60 年代初，麦克卢汉就较为系统地探讨了媒介与文艺之间的关系，例如在《谷腾堡星系》(1962)中对印刷媒介与文艺之间关系的考察以及在《理解媒介》(1964)中对电子媒介时代文艺面貌重塑问题的探讨等。他甚至声称，其写作《谷腾堡星系》的目的，就是为了探讨"口语、抄写和印刷形式对文艺规范的影响"[1]。麦克卢汉的逻辑推导是这样的：一种新媒介的引入会导致一个全新环境的产生，环境的效应是使人的感知麻木，所以新环境总是难以察觉的（麦克卢汉将之称作"皇帝的新装"[2]），因此，在大多数情况下，人们总处在类似于希腊神话人物那喀索斯那样的麻木状态；要对付、矫正或者说帮助人们摆脱"麻木状态"，就需要对人们的感知进行操练，而文学/艺术在操练、培养和提升人们的感知方面能够发挥独到的作用。由此，麦克卢汉将文艺视为用于"感知操练"的方式和手段："文学是对感知的研究和操练"[3]；"艺术是用来提升感知的专门的人造物"[4]；"艺术操练和调节我们的感知，提升我们的感知能力"[5]。在此，文学/艺术不再是狭义上的"学科"类型，它从"学科"概念转向"功能"定位，"你只能在其中培养敏锐的感知"。[6] 罗伯特·艾琳娜就此评论道："麦克卢汉已经证明，作为一种'功能'而不只是一门'学科'，文学有助于我们理解发展中的媒介图景。作为一位文学教授，他教导我们通过文学去观察、聆听和感知全新的媒介世界。"[7] 下面，我们来看看，在麦克卢汉那里，媒介是怎样塑造文艺感知模式的，以及

---

[1] Marshall McLuhan, *The Gutenberg Galaxy*, p. 87.
[2] Marshall McLuhan, "The Emperor's New Clothes", in Eric and Marshall McLuhan, *Theories of Communication*, p. 129.
[3] Marshall McLuhan, *Letters of Marshall McLuhan*, p. 304.
[4] Marshall McLuhan, *Letters of Marshall McLuhan*, p. 310.
[5] 〔加〕麦克卢汉：《麦克卢汉如是说》，何道宽译，第 142 页。
[6] Marshall McLuhan, *Letters of Marshall McLuhan*, p. 187.
[7] Elena Lamberti, *Marshall McLuhan's Mosaic: Probing the Literary Origins of Media Studies*, p. 5.

我们应当如何通过文艺去观察和感知发展中的媒介图景。

二、"媒介史观"与文艺形态变革

在麦克卢汉的媒介感知理论中，最为著名也最富阐释力的是他用主导媒介重新划分人类历史的"媒介史观"。麦克卢汉一再提醒我们，媒介与人类感知之间存在着密切关系，当一种媒介上升为主导媒介之后，它就会重塑人们的感知，并使整个社会在各个层面呈现出与主导媒介相适应的特征，它最终引发的是人们感知世界的方式、能力以及思维模式的整体转变。由此出发，麦克卢汉根据主导媒介的不同，将人类历史重新划定为口传时代、书写时代和电媒时代三个阶段。在口传时代，信息的传播与加工通过面对面的直接交流来完成，口和耳是交流倚重的最主要器官，经验生活由占据主导地位的听觉生活来安排，"部落人"在这种口耳相传的复杂网络中发展起"由复杂情感构成的创造性混成体"[①]。文字诞生之后，以书面形式进行间接交流和沟通成为信息传播与加工的重要方式。此时，先前具有共鸣特征的"听觉空间"被打破，人们对感官的倚重逐渐转向视觉，人类开始步入分割的、专门化的视觉世界之中。具体到西方文化史，麦克卢汉将表音文字的诞生视作"视觉时代"到来的标志，他认为这与表音文字自身的独特性有关："表音文字不仅将声音同视觉相分离，而且将意义同字母发音相分离，只以无意义的声音去表达无意义的字母。"[②] 从表音文字音形义分离的特性出发，麦克卢汉得出结论："表音文字的出现，让同时动用所有感官的机会大幅减少，变成了只使用视觉符号。"[③] 麦克卢汉又将书写时代划分为手抄和印刷两个阶段。在

[①] Marshall McLuhan, *Essential McLuhan*, E. McLuhan & F. Zingrone (eds.), London: Routledge, 1997, p. 231.

[②] Marshall McLuhan, *The Gutenberg Galaxy*, p. 47.

[③] Marshall McLuhan, *The Gutenberg Galaxy*, p. 45.

他看来，手抄阶段的学习方式仍需大声朗读、口耳相传和深度参与，手抄文本依然保留着浓厚的口语特征，由其创造的感知模式亦并未同口语完全决裂。也即是说，由于莎草纸与鹅毛笔等书写工具的落后，视觉并未与听一触觉完全分离，"只有等到大量生产的经验出现，等到单一种类的事物可以重复生产，视觉才能够从其他感官中分离出来"①。麦克卢汉所说的"大量生产的经验"，实即印刷术的复制特性，它"以无穷的数量和前所未有的速度复制信息，确保了眼睛在整个感官系统中的主导地位"②。印刷这种机械方式的兴起，强化了表音文字的视觉化趋势，实现了眼睛从诸感官中的彻底分离，使表音文字的视觉偏向强化到全新的高度。换句话说，在麦克卢汉看来，尽管表音文字揭开了西方文化史上的"视觉时代"，但它"只是一种支配性手段而非整全的社会文化形式，它仍与旧的听觉文化遗存共存"③，只有到作为表音文字的终极延伸的印刷术发明之后，对视觉的强调才达至顶峰。或者说，印刷术以其对书本的标准化生产，以其"统一性、连续性和序列性"的视觉化特征以及对"完整"和"系统"的强调，强化了西方文化史上由表音文字所发端的"视觉革命"。电报的发明标志着西方电媒时代的来临，它打破了视觉的一统局面，开启了人类重返同步、即时的听一触觉世界的历程。简单说来，在麦克卢汉那里，人类历史就是这样一个从强调诸感官之共同参与的整体感知平衡的口传时代，经过感知分裂、突出视觉且强调专业化的书写时代，向诸感官深度参与回归的电媒时代演进的发展历程。

麦克卢汉将媒介同感官相联系，将"媒介塑造感知"同作为

---

① Marshall McLuhan, *The Gutenberg Galaxy*, p. 54.
② Marshall McLuhan, *Essential McLuhan*, E. McLuhan & F. Zingrone (eds.), London: Routledge, 1997, p. 232.
③ Tom Nairn, "McLuhanism: The Myth of Our Time", in Gary Genosko (ed.), *Marshall McLuhan: Critical Evaluations in Cultural Theory*, vol.1, *Fashion and Fortune*, pp. 24-25.

"感知操练"的文学艺术相联结,并将之置于对西方文艺发展史的考察之中,带给我们一种观看文艺发展演变的全新方式。根据其"媒介史观",麦克卢汉将文艺发展史划分为口传时代的听—触觉形态、书写时代的视觉形态以及电媒时代向听—触觉形态的回归三个阶段。在口语时代,占据主导地位的文艺类型是诗歌,它们以口口相传的方式流布和传播。即使口语时代的诗歌被结集之后,它们的口语化特征依然十分明显。流传至今的《荷马史诗》堪称典范,其口语化倾向不仅表现为对口头艺术表现技巧——夸张、烘托、比喻、固定修饰语、套语——的大量运用,也表现在诗歌本身所采取的独特韵律——六步格诗行等方面。表音文字诞生以后,过去完全依靠口传的诗歌体制逐渐崩溃,柏拉图将诗人逐出理想国即是表音文字发明之后视觉对口语和听觉进行攻击的一次集中反映。麦克卢汉对此进行了详细说明:"《荷马史诗》是听觉智慧的组成部分,文字文化把荷马一笔勾销。在此之前,听觉智慧就是希腊的教育体制,有教养的希腊人就是能够记住《荷马史诗》并且能够在竖琴的伴奏中吟诵《荷马史诗》的人。表音文字诞生以后,柏拉图立即抓住它并且说,'让我们抛弃荷马,追求理性的教育'。可以说,柏拉图对诗人的战争,不是对个人的宣战,而是对教育中口头传统的宣战。"[①] 也就是说,在文字诞生之前,诗歌是口与耳的互动,以此为基础建立起来的教育体制自然是听觉智慧的体现。表音文字诞生之后,部落式的口头传统在书写的挤迫下逐渐衰退,口语化特色随之减弱,对眼睛和视觉的强调开始超出对耳朵和听觉的重视,表现在艺术之中就是"再现性"文艺类型的出现:"被表音文字延伸的视觉感官培育出在形式生活中感知单一方面的分析习惯。视觉使我们能够在时空中将单一事件孤立出来,一如'再现艺术'(representational art) 所为:它从视觉

[①] 〔加〕麦克卢汉:《麦克卢汉如是说》,何道宽译,第 155 页。

上表现人或物时，总是将人或物的某一状态、时刻、侧面从众多状态、时刻和侧面中孤立出来。"[1] 作为表音文字之终极延伸的印刷术，进一步"促使艺术家尽其所能地把一切表现形式压缩到印刷文字那单一描述性和记叙性的平面之上"[2]。这在诗歌中表现为"词与乐的分离"和"向更为抽象的视觉效果的转化"（麦克卢汉以伊丽莎白时期出现的"无韵诗"和17世纪的玄学派诗歌进行了分别说明）[3]；在小说及其他叙事性作品中表现为"内视角"、"外视角"的兴起以及对过去"全知视角"主导局面的突破；在绘画中表现为"透视法"和"灭点"理论的兴起以及画家在画布中对于叙述性平面的"逼真"展示。进入电媒时代以后，人们观看事物的方式再次发生改变。"如果说书页像文艺复兴绘画那样模仿视觉透视，将事实和观念按照比例排列以产生客体世界的三维光学影像的话，那么不受约束的新闻界和广告业则放弃了写实特性，它们通过使用尺寸与颜色的动态结构方法，把语词和图片带回一种富有创造力并饱含意义的联系之上。"[4] 也就是说，在文艺复兴时期，文艺按照由印刷媒介塑造的透视法建构三维幻觉空间，以对现实的"模仿"和"逼真"展示为目标；到电媒时代，由于电讯报和广告中的所有内容均按照版面价格和新闻的重要性而排列，它们带来的观看方式的变化，使得艺术类型从强调视觉逼真的"再现艺术"转向强调整体通感的"图像艺术"（iconographic art）："'图像艺术'寻求创造一个由人或物之许多时刻、阶段和面向所

---

[1] Marshall McLuhan, *Understanding Media*, Cambridge, London: The MIT Press, 1994, p. 334.
[2] Marshall McLuhan, *Understanding Media*, Cambridge, London: The MIT Press, 1994, p. 54.
[3] Marshall McLuhan, *Essential McLuhan*, E. McLuhan & F. Zingrone (eds.), London: Routledge, 1995, p. 294.
[4] Marshall McLuhan, *Essential McLuhan*, E. McLuhan & F. Zingrone (eds.), London: Routledge, 1995, p. 298.

组成的包容性形象；'图像模式'不再是视觉再现，而是整体性的、通感的，它涉及所有的感官。"[1]麦克卢汉将塞尚以来的现代主义艺术，包括毕加索的立体派绘画、法国的象征主义诗歌和乔伊斯的文学创作等视作强调整体感知而非视觉再现的"图像艺术"的代表。在他看来，正是受电讯报的影响，"塞尚以来的艺术家们痴迷于对触觉的探索，一百多年来，他们赋予触觉将其他感官统一起来的神经系统的角色，以迎接电媒时代的挑战"[2]。毕加索受益于塞尚，开启了立体派多重视点的实验："立体派以同时展现物体的各个侧面取代了透视幻觉的单个侧面。它不表现画布上的三维幻象，而是表现各种平面的相互作用及各种模式、光线、质感的矛盾或剧烈冲突。换言之，立体派在二维平面上画出客体的里外、上下、前后等各个侧面。它放弃透视的幻觉，偏好对整体的迅疾的感性知觉。"[3]这同时也是法国象征主义诗歌和现代主义作家乔伊斯的艺术表现手法："法国象征派和乔伊斯看到，现代报纸的排版中有一个全世界通用的新型艺术形式。"[4]

德国哲学家韦尔施从文化史的角度对麦克卢汉以媒介感知划分文艺形态的做法进行了回应。他指出，西方文化最初是一种听觉文化，到公元前5世纪初，视觉的主导地位开始在古希腊出现并主要集中在哲学、科学和艺术领域；到柏拉图时期，社会已完全盛行视觉模式。在此后的2000多年里，西方文化一直被视觉所主导，直到近几十年电子媒介的兴起，视觉至上才成为学者们批

---

[1] Marshall McLuhan, *Understanding Media*, Cambridge, London: The MIT Press, 1994, p. 334.

[2] Marshall McLuhan, *Understanding Media*, Cambridge, London: The MIT Press, 1994, p. 107.

[3] Marshall McLuhan, *Understanding Media*, Cambridge, London: The MIT Press, 1994, pp. 12-13.

[4] 〔加〕麦克卢汉：《机器新娘：工业人的民俗》，何道宽译，中国人民大学出版社2004年版，第4页。

判的众矢之的，视觉文化遂逐渐向听觉文化转型："当代听觉文化的兴起是电子媒介一路畅行的必然结果，它没有视觉文化的延续性和同质性，却具有电子世界的共时性和流动性。"① 不仅如此，韦尔施认为，我们的文化只有以听觉为基本模式时才有出路，因为"在科技化的现代性中，视觉的一统天下把我们一股脑儿赶向灾难，唯有听觉与世界那种以接受为主、不那么咄咄逼人的'交流'关系，才有力挽狂澜的希望"②。在此，我们看到了阿奎那感知与交流理论的影子以及韦尔施对麦克卢汉"媒介感知理论"的呼应。

三、从"后视镜"到"反环境"：陌生化诗学的新发展

在麦克卢汉的媒介感知理论中，"后视镜"和"反环境"是与文学艺术密切相关的两个重要概念。麦克卢汉以"后视镜"概念阐明的是：一种新媒介的产生总会创造出一套全新的环境，此时，原先的旧环境成为新环境的"内容"；由于新环境总是作为"背景"（ground）存在而难以察觉，所以人们能够感知的只是原先的旧环境，这就需要借助于"后视镜"去理解现实。反映在艺术上，表现为艺术家们在艺术创作中对过去的不断"回望"："诗人、音乐人和艺术家们总是不断地回到存放着弃用陈词的'破布烂骨店'中去寻找灵感。"③ "反环境"概念指的是艺术家们通过自己的艺术创作，"创造性地损坏习以为常的、标准的东西"，"瓦解'常备的反应'，创造一种升华了的意识"，"最终设计出一种'新'的现实以代替我们已经继承的而且习惯了的现实"。④ 麦克卢汉以此阐明的是：尽管原先的旧环境成为新环境的"内容"而显得"过

---

① 〔德〕沃尔夫冈·韦尔施：《重构美学》，陆扬、张岩冰译，"译者前言"，第8页。
② 〔德〕沃尔夫冈·韦尔施：《重构美学》，陆扬、张岩冰译，"译者前言"，第9页。
③ Marshall McLuhan, *Essential McLuhan*, E. McLuhan & F. Zingrone (eds.), London: Routledge, 1995, p. 373.
④ 〔英〕特伦斯·霍克斯：《结构主义与符号学》，瞿铁鹏译，上海译文出版社1987年版，第61—62页。

时",但"'过时'并非'终结',而是'审美之始'"①。

"我们总是透过'后视镜'洞察现在,倒退着进入未来。"②为此,麦克卢汉以文艺史上的例子分别说明了文艺复兴时期艺术家们对中世纪的回望、工业时代对文艺复兴时期的"后视",以及20世纪电媒时代对于机械工业时代的"向后看"。莎士比亚的剧作代表了文艺复兴时期人们"后视"中世纪的情况。莎士比亚生活于文艺复兴时期,但其政治思想以及世界观却是中世纪的表征,就像有学者所说,"且不论莎士比亚对以托勒密学说为基础的中世纪宗教神学的天人对应说相信到什么程度,或者莎士比亚对旧秩序究竟持怎样的态度,但就秩序观念来讲,却不能不承认这是时代思想给他打下的烙印"③。莎士比亚的戏剧不仅在内容上是"中世纪的","他的政治思想和世界观表现的也是中世纪的图景。这些剧本死死地回望着即将退出舞台的各种中世纪形式"④。步入工业社会以后,艺术家们又开始回望文艺复兴时期:"到19世纪,文艺复兴已经以完全充分的图景展现在人们眼前,它成为工业时代人们思考的内容。铁路和工厂问世之后,原有的农业世界成为这个新工业和机械环境的内容,对旧的农业世界的向往即田园世界的意识随之高涨。对这个即将退出历史舞台的时代的发现,就是所谓的'浪漫主义运动'。"⑤在浪漫主义艺术中,农业世界成为一种艺术形式,自然界成为一件艺术品,田园牧野成为艺术家们的重要主题:英国画家康斯塔伯在户外画了上百幅油画草稿,试图

---

① Marshall and Eric McLuhan, *Laws of Media: The New Science*, p. 100.
② Marshall McLuhan, Quentin Fiore and Jerome Agel, *The Medium Is the Massage: An Inventory of Effects*, p. 72.
③ 张泗洋、徐斌、张晓阳:《莎士比亚引论》,中国戏剧出版社1989年版,第103页。
④ Marshall McLuhan, *Essential McLuhan*, E. McLuhan & F. Zingrone (eds.), London: Routledge, 1995, p. 212.
⑤ Marshall McLuhan, *Essential McLuhan*, E. McLuhan & F. Zingrone (eds.), London: Routledge, 1995, p. 212.

通过云影、光线的变化去感受大自然的景致；透纳则经常以夕阳、港口、海景作为其绘画的主题。或如文艺史家勃兰兑斯（Georg M. C. Brandes）所说，"新时代的儿童把创造、把自然的本来面目看作最高的形式"[①]。电能技术兴起之后，"电路把机械环境包裹起来，机器（因成为新环境的内容而）变成艺术品"[②]。20世纪荷兰风格派艺术领导人特奥·凡·杜斯伯格将"机械美学"视作时代的美学代表，其绘画作品仅由基本色块和线条组成，以维持机械制造的性格。[③] 未来主义艺术家们更是将机械工业时代的场景直接挪用到艺术创作领域。他们最爱的题材是火车与汽车的疾驰、飞机的穿梭以及车站和节庆的喧闹等："我们要歌颂夜晚在电月亮的强烈光线下船坞和建筑工地的激荡，歌颂被缕缕黑烟悬挂于云端的工厂，歌颂如健将之跃横跨在阳光闪烁、如刀剪般的河流之上的桥梁，歌颂在天边航行的轮船，歌颂像缰绳长曳的钢铁巨马般在铁轨上敞胸奔驰的火车，歌颂来往飞翔的飞机，它们的螺旋桨像旗帜在迎风作响。"[④] 对此，杜尚曾形象地将未来主义绘画称作是"机器世界的印象派"。整个20世纪现代派的艺术作品，在麦克卢汉看来，几乎表现的都是对于已经过去的工业时代之速度和机械的赞美，它们代表着电媒时代对机械工业时代的"回望"，机械与机械效果进入电媒时代的艺术领地，并被纳入审美范畴之中。

麦克卢汉将艺术史上这种通过反观过去而与当下环境保持疏离并在这种疏离中唤起对当下环境感知的艺术称作"作为反环境

[①] 〔丹麦〕勃兰兑斯：《十九世纪文学主流》（第五分册），人民文学出版社1982年版，第10页。

[②] Marshall McLuhan, *Essential McLuhan*, E. McLuhan & F. Zingrone (eds.), London: Routledge, 1995, p. 340.

[③] Pam Meecham and Julie Sheldon：《最新现代艺术批判》（*Modern Art: A Critical Introduction*），王秀满译，台北韦伯文化国际出版有限公司2006年版，第109页。

[④] 转引自河清：《现代与后现代：西方艺术文化小史》，中国美术学院出版社1997年版，第13页。

的艺术"，以与"常规性艺术"相区别。在他看来，真正的艺术是"作为反环境的艺术"，而非"常规性艺术"："'常规性艺术'是安抚人的催眠术，是对媒介环境单纯的重复；只有'作为反环境的艺术'能够唤醒人们对于环境的感知。"[1] 也即是说，对真正的艺术家而言，他们"拥有辨识当前环境的能力"[2]，他们能够通过创造出"反环境"而使人们同当前的媒介环境保持一定的距离并对当前环境有所感知："艺术家们创造反环境，并使之成为当前的镜子"[3]；"艺术家创造的反环境是必不可少的手段，它可以使我们意识到我们生活于其间并以技术创造我们自己的环境"[4]；"艺术的角色就是通过创造反环境以创造感知手段，让反环境去打开人们的感知之门"[5]。麦克卢汉有时又将"常规性艺术"称为"好消息"（good news），将"作为反环境的艺术"称为"坏消息"（bad news）[6]，之所以如此，是因为"好消息"容易让人麻痹于当前环境而无法自拔，"坏消息"则有助于人们从当前环境的麻木状态中警醒并脱离出来。这也正是麦克卢汉提出"反环境"概念的根本目的，它旨在不断更新人们对于日常生活的陈旧感知，把人们从狭隘的日常关系束缚中解放出来。在此，麦克卢汉的"反环境"概念表达出与西方文艺美学史上的"陌生化"诗学相类似的观念。我们知道，"陌生化"诗学传统最早可以追溯到亚里士多德的"惊奇"概念，中经16世纪意大利美学家马佐尼（Jacopo Mazzoni）、

---

[1] Marshall McLuhan, *Letters of Marshall McLuhan*, p. 315.
[2] Marshall McLuhan and Harley Parker, *Through the Vanshing Point: Space in Poetry and Painting*, New York, Evanston, and London: Harper &Row Publishers, 1968, p. xxiii.
[3] 〔加〕麦克卢汉：《麦克卢汉如是说》，何道宽译，第85页。
[4] Marshall McLuhan, *Essential McLuhan*, E. McLuhan & F. Zingrone (eds.), London: Routledge, 1995, p. 214.
[5] Marshall McLuhan, *Essential McLuhan*, E. McLuhan & F. Zingrone (eds.), London: Routledge, 1995, p. 333.
[6] Marshall McLuhan, "The Emperor's Old Clothes", in Eric and Marshall McLuhan, *Theories of Communication*, p. 122.

17世纪英国文艺评论家艾迪生（Joseph Addison，1672—1719）、18世纪末19世纪初德国古典美学家黑格尔的相继发展，在20世纪初俄国形式主义文论家什克洛夫斯基（Viktor Shklovsky）那里走向成熟。与麦克卢汉将"反环境的艺术"同"常规性艺术"相对举类似，什克洛夫斯基将"陌生化"与"自动化"对举，认为熟悉的事物容易使人们的感觉趋于麻木，"事物就在我们面前，我们知道这一点，却看不见它"；艺术则以"陌生化"的手法"把事物从感受的自动化里引脱出来"，使人们"恢复对生活的体验，感觉到事物的存在"。① 此外，同什克洛夫斯基将"陌生化"与"形象"相联系类似，麦克卢汉也将"反环境"同"形象"联系起来，以使难以察觉的东西变得"可见"：什克洛夫斯基认为，"形象的目的不是使其意义易于为我们理解，而是制造一种对事物的特殊感受，即产生'视觉'，而非'认知'"，"几乎哪里有形象，哪里就有陌生化"。② 在麦克卢汉那里，艺术家们则通过对"反环境"的创造，使得旧环境从原先不可见的"背景"转换为当下可见的"形象"。③ 在这些论述中，我们能够看出麦克卢汉的"反环境"概念同什克洛夫斯基"陌生化"观念的异曲同工之妙。

当然，同样作为对西方文艺美学史上"陌生化"诗学理论传统的继承与革新，麦克卢汉的"反环境"概念与什克洛夫斯基的"陌生化"方法又有着很大差异，主要表现为以下两个方面：第一，什克洛夫斯基提倡的"陌生化"方法，更多地体现在文学语言的具体应用或者说修辞学层面，"列·托尔斯泰的陌生化手法在于他不说出事物的名称，而是把它当作第一次看见的事物来描

---

① 〔苏〕维·什克洛夫斯基：《作为手法的艺术》，载〔苏〕维·什克洛夫斯基：《散文理论》，刘宗次译，百花洲文艺出版社1997年版，第10—11页。
② 〔苏〕维·什克洛夫斯基：《作为手法的艺术》，载〔苏〕维·什克洛夫斯基：《散文理论》，刘宗次译，第16页。
③ Marshall McLuhan, *Understanding Media*, Cambridge, London: The MIT Press, 1994, p. 201.

写，描写一件事则好像它是第一次发生，而且他在描写事物时，对它的各个部分不使用通用的名称，而是使用其他事物中相应部分的名称"①。而麦克卢汉的"反环境"概念，如上所述，则主要表现为艺术家们在创作过程中对于当下的"疏离"和对于过去的不断"回望"："18世纪，当现实主义成为新的文学方法时，外部环境处于反环境的位置。笛福等作家让普普通通的现实世界成为艺术的对象，环境成为探索的指针，它把人的注意力吸引到环境自己身上。……始于波德莱尔、兰波，接着是霍普金斯、艾略特和乔伊斯，他们将人们的注意力转向语言，语言此时成为探索的指针和反环境。"②第二，什克洛夫斯基倡导"陌生化"的根本目的在于保持和捍卫文学作品的"文学性"特征，强调文学应当成为独立的"自足体"和与世界万物相分离的"自在之物"。他作为俄国形式主义文论的主要代表人物，主要涉及的是文学的"内部"层面，关心的是"使特定的作品成为文学作品的东西"，因而对"陌生化"的认识论意义和社会效果关注不多。不同的是，麦克卢汉以"反环境"概念来总结艺术史上的"后视镜"现象，不再是单纯的就艺术论艺术，而意在借此唤起人们对于现实媒介环境的感知，并进而帮助人们参与到新的媒介环境中去："只有在反环境中，人们才能看清楚社会的普遍程序和环境模式"③，"无论在艺术、科学还是社会领域，反环境的功能都是（对当前媒介环境的）感知和控制"④。在此，麦克卢汉的"反环境"概念已经超越了什克洛夫斯基"陌生化"概念那种单纯的形式与结构层面的意义，而兼具认识论范畴与实践范畴的双重内涵。麦克卢汉希冀借"反环境"

---

① 〔苏〕维·什克洛夫斯基：《作为手法的艺术》，载〔苏〕维·什克洛夫斯基：《散文理论》，刘宗次译，第11页。

② Marshall McLuhan, *Essential McLuhan*, E. McLuhan & F. Zingrone (eds.), London: Routledge, 1995, pp. 335-336.

③ 〔加〕麦克卢汉：《麦克卢汉如是说》，何道宽译，第85页。

④ Marshall McLuhan, *Letters of Marshall McLuhan*, p. 319.

概念使人们认识到：由主导媒介所形塑的环境及根据主导媒介而衍生出的整个社会制度和文化模式，不是永恒和"自然的"，而是历史和人为的，因而是可以通过人的活动加以改变的。也正是以此为出发点，麦克卢汉将媒介研究的重心转移到对媒介自身及其"感知效应"的关注之上，推动西方媒介研究在20世纪60年代实现了一次具有"哥白尼革命"意义的全新范式转型。

第二节 印刷媒介与"视觉模式"的诗歌

美国"口头文学"领域的著名学者、"帕里-洛德口头理论"的创立者阿尔伯特·洛德（Albert B. Lord）同他的老师米尔曼·帕里（Milman Parry）一起，探讨了"口语诗歌与书写诗歌如何由于性质不同而发展出相异的模式与功能"。在此意义上，麦克卢汉将其著作《谷腾堡星系》视作"在许多方面都是对洛德《故事的歌手》[1]一书的补充"，或者说对"由洛德教授所承继的帕里的未竟之功"的继续完成。尽管麦克卢汉在著作中声称其研究"不再局限于口语诗歌与书写诗歌的形式之分，而要扩展至社会以及政治领域，以探讨思想的形式和经验的组织"，但分析表音文字的出现和后来印刷术的兴起如何通过影响人类的经验和心理表征形式而影响了书写诗歌的模式，仍然是构成麦克卢汉"谷腾堡星系"的重要组成部分。[2] 如果说洛德和帕里是通过"对口头诗歌的活态传统进行反复检测，以不断认识口头诗歌的运作过程"的话，麦克卢汉则侧重于考察口头时代诗歌的"共鸣模式"是如何

---

[1] Albert B. Lord, *The Singer of Tales*, Cambridge, MA: Harvard University Press, 1960. 中译本参见〔美〕阿尔伯特·贝茨·洛德：《故事的歌手》，尹虎彬译，中华书局2004年版。

[2] Marshall McLuhan, *The Gutenberg Galaxy*, p. 11.

一步步化约为书写和印刷时代的"视觉模式"的。① 由于麦克卢汉在大学时期曾接受过英国现代诗歌史方面的系统训练，故在考察印刷媒介对于文学——更具体地说，诗歌——的塑造作用时，麦克卢汉将 16 至 18 世纪这一典型的印刷时期英国诗歌史上颇具代表性的无韵诗、玄学派诗歌和蒲柏（Alexander Pope）的诗歌作为分析对象，以其独特的方式分析了"诗歌"这种与口（说）耳（听）最为接近的文体形式是如何借助于印刷媒介的视觉范式所提供的分离化效应、同质化效应以及过度强调视觉所导致的麻木效应而逐步蜕变为与眼（看）靠得更近的"视觉诗歌"的。

一、从共鸣模式到强调"视点"

在谷腾堡印刷术诞生之前，西方媒介大致经历了一个从口传到抄写的发展过程。尽管文字发明之后，抄写已经具备了强化人们使用眼睛和视觉感知的作用，但是由于书写的承载体手抄本尚不足以达到印刷媒介的强度——它"太慢且不均匀，既不能提供固定视点，也无法让人在单一的思想或信息平面上稳定滑动"②，所以在整个抄写时代，在麦克卢汉看来，文化在整体上表现出强烈的听—触觉品格。这与麦克卢汉所说的中世纪经院哲学和哥特式建筑具有听—触觉特色、体现着中世纪时代的"光透"（light through）倾向（与印刷时代的"光照"[light on]概念相对）类似。可以说，正是由于手抄媒介自身的特点，抄写条件下对视觉的强调尚不足以达到极致，这为听—触觉的盛行提供了机会。这种感官共鸣的听—触觉模式，在文学特别是诗歌中，亦有着相似的体现。

文字诞生之前，文学（主要是诗歌）是以口口相传的方式流

---

① Marshall McLuhan, *The Gutenberg Galaxy*, p. 64.
② Marshall McLuhan, *The Gutenberg Galaxy*, p. 28.

传的。即使口语时代的诗歌被结集之后，它们的口语化特征亦非常明显。《荷马史诗》是一个典型例证，其口语化倾向不仅表现在对口头艺术表现的技巧——夸张、烘托、比喻、固定修饰语、套语[①]等——的大量使用上，也表现在诗歌本身所采取的独特韵律——六步格诗行等方面。就像沃尔特·翁所说，《荷马史诗》中许多话语成分与书写方式有着根本区别，正是因为这些区别，即口语化特征，才使得《荷马史诗》能够在行吟诗人中得以流传和保存下来。表音文字诞生以后，过去完全依靠口传的诗歌及其教育体制逐渐崩溃，哈弗洛克在其名著《柏拉图导论》中对此做了充分说明，在他看来，柏拉图对部落诗人的讨伐正是表音文字诞生之后书写所带来的直接后果。麦克卢汉说得更为具体。他说，"《荷马史诗》是听觉智慧的组成部分，文字文化把荷马一笔勾销。在此之前，听觉智慧就是希腊的教育体制，有教养的希腊人就是能够记住《荷马史诗》并且能够在竖琴的伴奏中吟诵《荷马史诗》的人。表音文字诞生以后，柏拉图立即抓住他并且说，'让我们抛弃荷马，追求理性的教育'。可以说，柏拉图对诗人的战争，不是对个人的宣战，而是对教育中的口头传统宣战"[②]。也就是说，在文字诞生之前，诗歌是口与耳的互动，以此为基础建立起来的教育体制自然是听觉智慧的体现。表音文字诞生之后，部

[①] 米尔曼·帕利指出，套语是"相同韵律条件下表达一个既定基本概念的一组词语，其使用规律是有章可循的"，它是固定词组，容易口耳相传，有助于增强话语的节奏感和记忆。他的研究显示，《荷马史诗》中有一些固定的反复使用的套路，如"美丽的公主"、"勇敢的武士"、"坚韧的橡木"等，它们是口语文化叙事中经常使用的表述方式。戴维·拜努姆（Davie E. Bynum）则进一步将"套语式成分"和一成不变地重复的"严格的套语式语汇"区别开来。对此，沃尔特·翁指出，固定套语是基于口语思维的构造成分，是一种定型的表达方式，是口头诗歌的标志。在书面文化思维中我们常会去追问为什么说公主一定是美丽的，这种逻辑在口语文化中并不存在。参见 Milman Parry, *The Making of Homeric Verse: The Collected Papers of Milman Parry*, Adam Parry (ed.), Oxford: Clarendon Press, 1971, p. 272; Davie E. Bynum, *The Daemon in the Wood: A Study of Oral Narrative Patterns*, Cambridge, Mass.: Center for the Study of Oral Literature, 1978, pp. 11-18。

[②] 〔加〕麦克卢汉：《麦克卢汉如是说》，何道宽译，第 155 页。

落式的口头传统在书写的挤迫下逐渐衰退，口语化特色随之减弱，对眼睛、视觉的强调开始超出对耳朵、听觉的重视。

尽管如此，在印刷术诞生之前，对眼睛和视觉的强调始终没有达到极致，听觉、触觉、视觉共存的共鸣模式仍是手抄时代诗歌的典型特征。对此，我们可以以保存在 10 世纪末或 11 世纪初手稿中的英文诗歌为例加以说明。这一时期的英语诗歌作品主要是史诗和宗教性质的诗篇，在最具代表性的史诗《贝奥武夫》（*Beowulf*，完成于公元 8 世纪左右的英雄史诗《贝奥武夫》是迄今为止发现的英国盎格鲁—撒克逊时期最古老、最长的一部较完整的文学作品，也是欧洲最早的方言史诗，代表了古英语文学的最高成就。《贝奥武夫》的唯一手抄本是用公元 10 世纪古英语西撒克逊方言书写的，该手抄本现保存于伦敦英国博物馆。它与法国的《罗兰之歌》、德国的《尼伯龙根之歌》并称为欧洲文学的三大英雄史诗）中，诗歌中的"共鸣模式"体现在内容、语言、结构等各个方面。在内容上，《贝奥武夫》讲述的是公元 5 至 6 世纪日耳曼世界的英雄生活，主人公贝奥武夫被描绘成耶稣基督式的人物：品格高尚、心地善良，英勇不屈地同代表恶势力的妖怪做斗争，最终为了人民的苦难而献出了自己的宝贵生命。这鲜明地体现出氏族部落社会的价值观念：忠诚和勇敢，武士们凭着勇敢来达到自我的完善。在语言上，《贝奥武夫》使用的是极富口语化特色的古老日耳曼诗歌语言：华丽、隐晦、迷离，多用比喻和省略，显得极为简练而含蓄。其最为显著的特点之一是大量使用由双名词构成复合词的浓缩比喻，如用"鲸鱼之路"和"天鹅之域"指大海，以"天空之烛"和"天堂之珠"指太阳；以"荣誉之支配者"和"胜利之赐予者"指上帝；用"古墓之守护人"和"夜间之独飞者"指恶龙等。不仅如此，平行结构、插曲等手法的运用，也体现了该史诗浓郁的口语化特征。沃尔特·翁认为，这些口语化特征共同指向易于记忆的习惯，这种习惯使得个人的脑子自然而然地按照实用的方式进行记忆和认知。这就是在各种史诗中为什么我们看到很多的"必然"：必然有很强的节奏感和平衡模式，必然有重复和对仗的形式，必然有头韵和准押韵的特征；必然用许多别称或其他套语，必然用标准的主题环境（议事会、决斗、有神助的英雄等）；必然用人们经常听见的、能够立刻唤起记忆的箴言。同时，必须用其他辅助记忆的形式，它们与事件、生活情境、独特的语言和音乐相关联。[1]之所以如此，"是因为不仅诗人而且整个口语知识界或思想界都依靠这样的套语来构建思想。在一种口语文化里，已经获得的知识必须要经常重述，否则就会被人遗忘：固化的、套语式的思维模式是智慧和有效管理之必需"[2]。这样我们也就易于理解，那些在现代社会看来是文盲的行吟诗人何以能够如痴如醉地演唱数个昼夜，又何以能够学习、记忆、"编织"、表演和传授他们所听到的内容。对此，麦克卢汉认为，诗歌的口语化特征是与其所依托的媒介密切相关的，在史诗中，"魔力体现在声音之中，声音可以唤起看不见的魔力"。而只有到印刷术引入之后，甚至是"印刷术发明后很长一段时间，作者和读者才发现了所谓的'视点'"[3]，"诗歌中的视觉成分才以形式化的视觉空间表现出来"[4]。他甚至更直率地认为，"想要衡量某个时期或某个国家对印刷文化的接受程度，只需看印刷从文学中消除掉多少双关语、头韵和格言等口语化标志即可"[5]。在此，麦克卢汉的创见是基于口语文化和印刷文化的二元分析之上的，这种新颖的分析和处理方式留给我们许多思考的空间。

---

[1] 〔美〕沃尔特·翁：《口语文化与书面文化》，何道宽译，第34页。
[2] 〔美〕沃尔特·翁：《口语文化与书面文化》，何道宽译，第17页。
[3] Marshall McLuhan, *The Gutenberg Galaxy*, p. 136.
[4] Marshall McLuhan, *Letters of Marshall McLuhan*, p. 245.
[5] Marshall McLuhan, *The Gutenberg Galaxy*, p. 103.

二、印刷媒介对诗歌的重塑

以印刷媒介为依托而发展起来的现代诗歌,在麦克卢汉看来,很大程度上受到了印刷媒介的影响。这可以说是其"媒介即信息"最为具体的说明。麦克卢汉认为,印刷媒介是一种视觉偏向的媒介,它迫使人们更多地使用眼睛而不是耳朵。在他那里,"视点"是与印刷媒介的视觉偏向密切相关的一个关键术语。印刷媒介使人们发现"视点",并把此"视点"应用到诗歌写作之中,从而影响了现代诗歌的模式。这在英国现代诗歌史上的无韵诗、玄学派诗歌和蒲柏的诗歌中有着清晰的体现。

(一)无韵诗:一种全新的公众表达系统

麦克卢汉指出,"对于伊丽莎白时代的人来说,无韵诗(blank verse)是一项令人兴奋的全新发明。它犹如当代电影中的特写镜头,二者在夸张和放大感觉方面颇为相似"[1]。麦克卢汉将无韵诗的出现同印刷术的发明相关联。他认为,词与乐(前者主要诉诸视觉,后者主要诉诸听觉)的分离最早由印刷反映出来,而无韵诗恰好出现于二者首次被撕裂的年代,此时,诗歌成为慢下来的话语,其目的在于品尝其间的细节而非主要诉诸耳朵与听觉。当然,无韵诗仍属格律诗,它虽不押韵但却有固定的节奏,其中尤以抑扬格五音步最为常见,故又称作无韵五节拍诗。它与自由诗的不同之处在于,无韵诗有着较为整齐的格律,而自由诗却是一种不受格律、韵脚或其他音乐节拍约束的诗歌形式。无韵诗而非自由诗在文艺复兴时期的出现,说明了由印刷所促成的词与乐的最初分离,同时也说明了这种分离尚不彻底。

无韵诗作为一种灵活多变的诗体,既有诗歌抑扬顿挫的节奏,

---

[1] Marshall McLuhan, *The Gutenberg Galaxy*, p. 197.

又有散文的自然流畅，既比日常用语高昂激荡，又比有韵诗歌的语言更接近口语，因此既能作宫廷帝王的堂皇庄严之言，又可作亲切的童言稚语，可谓能文能白，亦庄亦谐，特别适宜用作剧本语言。诗剧在此时的出现与成熟正是适应印刷媒介特征并采用无韵诗体形式的结果。这一时期的诗剧创作者既有马洛（Christopher Marlowe）、查普曼（George Chapman）、格林（Pobert Greene）等"大学才子"，亦有琼森（Ben Jonson）、戴克（Thomas Dekker）等浪迹江湖的风尘人士，还有波蒙（Francis Beaumont）、弗莱彻（John Fletcher）等宫廷文人以及韦勃斯特（John Webster）、特纳（Cyril Tourneur）等专写恐怖诗剧的怪才。他们利用"无韵诗"的形式，特别是经过马洛的创造性运用，形成了宏伟绚烂的"雄伟的诗行"，并担当起戏剧中独白、对话、咏叹、叙事、描述等诸项任务。对此，麦克卢汉评价道，"马洛创立了以无韵诗为主的全国大众表达系统，并因此而预示了惠特曼的野性呐喊。这种新的无韵诗是适应新的成功故事应运而生的声音抑扬格系统"[①]。将无韵诗体运用于非戏剧的诗歌领域并做出巨大成就的是英国著名诗人弥尔顿。他创造性地把拉丁语和其他语言的措辞、造句、习语、词序及句法等糅合到英语之中，打造出呈流线型的、庞大的五音步诗节形式——"诗段"——这一弥尔顿式的自由朴素的无韵体形式。弥尔顿的无韵诗将夹叙夹议的叙述方式与独特的崇高主题及思想意境紧密结合，兼容并蓄、内容丰富，却又富于变化、不失流畅。这种风格在其《基督诞生晨颂》中已初露锋芒，到《失乐园》中更是挥洒自如，他在《失乐园》卷首说："本诗体裁为英国的无韵英雄诗体，……韵脚并非诗歌所必需，也非真正的装饰。"这种风格一直延续到《力士参孙》而未见衰退。麦克卢汉认为，弥尔顿之所以在无韵诗体上能够取得如此成就，很大程度上是由于他

[①] Marshall McLuhan, *The Gutenberg Galaxy*, p. 196.

率先将由印刷术所培育和强化的视觉"视点"引入到诗歌之中,"《失乐园》问世之后,线性透视法开始进入言语世界"①。

麦克卢汉注意到了无韵诗同印刷媒介之间的关联。在他看来,无韵诗出现于由印刷术所导致的词与乐的分离,反过来,无韵诗又回应了当时地方语希望得到补足、认可并成为大众表达工具的需求,就像他所说的,"无韵诗成为让英文呐喊回响的工具,同时非常符合因为印刷出现而导致的地方语的扩展与扎根"②。这一看法可谓独到和深刻。麦克卢汉并没有解释何以在无韵诗产生的同时或稍后,英国出现了一批为数不少的以写偶体押韵抒情诗的诗人这一文学现象。特别是王政复辟时期的文坛领袖约翰·德莱顿更是在诗律方面大力创新,不用无韵诗而用双韵体,而且用得精巧,奠定了它成为 18 世纪英国主要诗体的地位。或许在麦克卢汉的心目中,这一时期只是由印刷所导致的"词与乐的最初分离时期",它的渗透能力尚不足以抵达文学的各个方面,因为在他看来,"弥尔顿这位无韵诗的代表人物,其作品直到 18 世纪才为人所接受"。③ 这可以理解为印刷媒介在诞生之初即已向文学领域进行扩散和渗透,然而,这种扩散和渗透却是一个缓慢而长期的过程。可以说,尽管麦克卢汉惜墨如金、用语简练,但他对文学史现象的洞察不可不谓精准和深刻。

(二)玄学派诗歌:印刷抽象效应的体现

在麦克卢汉看来,印刷术发明之前诗歌的出版实际上是诗作的阅读和吟诵;印刷术使得诗歌主要存在于印制的书页之上,这促成了玄学派诗歌的诞生。就像他所说,"17 世纪诗歌典型的形

---

① Marshall McLuhan, *Understanding Media*, Cambridge, London: The MIT Press, 1994, p. 151.
② Marshall McLuhan, *The Gutenberg Galaxy*, p. 198.
③ Marshall McLuhan, *The Gutenberg Galaxy*, p. 136.

而上风趣效果，是中世纪手稿和木刻的视觉效果向印刷文字更为抽象的视觉效果转化而产生的结果"[1]，"当诗歌在 17 世纪主要存在于印刷书页之上时，便出现了以'玄学派诗歌'而闻名于世的视听的奇妙混合，这种'玄学派诗歌'与现代诗别无二致"[2]。约翰·多恩（John Donne，1572—1631）是玄学派诗歌的创始者和代表人物，他擅长于用高度概括浓缩的意象和学术化的比喻描述戏剧性的主题思想，并将通常不入诗的科学或哲学性的比喻和意象融入早期诗歌中，使得诗歌充满哲学探索意味的辩论和各色思想。对此，麦克卢汉指出，"玄学派诗人把中世纪的象征符号改变为适合印刷术的文字，他们的成就很大程度上得益于此"[3]。以多恩为代表的玄学派诗歌以大胆创新而驰誉当时文坛，到王政复辟时期逐渐被人淡忘，在此后的 200 年间一直为世人所忽视。直到 1912 年格里厄孙教授将多恩等诗人的作品编成诗集出版，又经艾略特撰写书评加以宣传，玄学派诗歌才又从历史的尘封中重见天日。对此，麦克卢汉并没有做太多的解说，在此，我们也似乎可以感受到仅仅从媒介这一外部视角去观照文学史现象的局限与不足。事实上，一种文学现象的出现的确与媒介之间存在着千丝万缕的联系，但若仅仅以媒介视角而不考虑文学发展的内部规律，就无法对文学现象的复杂性做出妥帖的解释。麦克卢汉点评玄学派诗歌时表现出的语焉不详，或许表明他已经感觉到了单纯采用媒介视角的无力；而他对于解释的回避，则似乎符合麦克卢汉"我不解释，我只探索"[4]的研究宗旨。也正是在此语焉不详处，

---

[1] Marshall McLuhan, *Essential McLuhan*, E. McLuhan & F. Zingrone (eds.), London: Routledge, 1995, p. 294.

[2] 〔加〕麦克卢汉:《视像，声音与狂热》，载〔法〕福柯、〔德〕哈贝马斯、〔法〕布尔迪厄等:《激进的美学锋芒》，周宪译，第 334 页。

[3] Marshall McLuhan, *Essential McLuhan*, E. McLuhan & F. Zingrone (eds.), London: Routledge, 1995, p. 54.

[4] Marshall McLuhan, "Casting my Perils Before Swains", in Gerald Stearn (ed.), *McLuhan: Hot & Cool*, p. xiii.

力的最终表现,就是'有人情味'的报纸"①。由此也可以说,蒲柏《愚人志》为诗作提供了一种集体报纸的创作形式以及大量的"人情味"。 基于此,针对培根式应用知识和团队合作,蒲柏赋予这种孜孜不倦的工业做法一种戏剧化的特征,进而揭露了他所非难的无趣。

在麦克卢汉对蒲柏的论述中我们看到,他并不是将蒲柏置于文学史的脉络中去探讨印刷媒介对《愚人志》这部诗作在艺术风格上的作用与影响,而是直击其主题,并将关注的目光主要聚焦于随后增订出版的第四卷,去揭示印刷媒介的视觉量化和同质化效应在社会生活各个层面的渗透作用。对此,麦克卢汉指出,直击其主题并不是执着于其内容,因为从"内容去了解他的意思,会错失必要的线索","过于执着于'内容'和应用知识的实用好处,反而会对他的作品感到困惑"。② 因为蒲柏"给出的是形式因,而非动力因",他"关注的焦点完全在于新技术的'形式主义模型'和新技术穿透事物、改变组态的力量"。③

麦克卢汉以印刷时代英国诗歌史上具有代表性的无韵诗、玄学派诗歌和蒲柏的《愚人志》为例,探讨了作为主导媒介的印刷术在塑造诗歌面貌方面的积极作用。无韵诗的出现是由印刷术所导致的词乐分离的结果,弥尔顿最早在无韵体诗歌中引入"视点",则是印刷媒介之视觉化效应和线性透视原则渗入语言和文学世界的重要标志;玄学派诗歌的出现,在麦克卢汉看来,是印刷文字抽象化的视觉效果的产物,就像他所说,"印刷术使得诗歌得以在印刷的书页上存在,这促成了玄学派诗歌的诞生";蒲柏的《愚人志》受印刷术的渗透程度更深,它不仅体现了印刷媒介的视觉化和同质化效应,而且体现了印刷媒介过度强化视觉感官

---

① Marshall McLuhan, *The Gutenberg Galaxy*, p. 259.
② Marshall McLuhan, *The Gutenberg Galaxy*, p. 263.
③ Marshall McLuhan, *The Gutenberg Galaxy*, pp. 262-263.

而其他感知系统被排挤出意识之外所产生的无意识效应。这正是麦克卢汉在其《理解媒介》中提出的"媒介麻木效应"原理。事实上，通过麦克卢汉对从印刷术产生之初英国式"无韵诗"到18世纪中叶蒲柏诗歌的考察，可以清楚地看出印刷媒介的视觉量化原则在诗歌领域逐步贯彻深化以至全面渗透的过程。

结语　作为"印刷人"的麦克卢汉与"文艺媒介学"

> 媒介在某种程度上是人自身的一种延伸,我对它们的兴趣完全是人文主义的。
>
> ——麦克卢汉《麦克卢汉:冷与热》
>
> 麦克卢汉在媒介效应方面的探索光彩夺目,但其观察视角和内部景观完全相同,即主要是人文主义的。
>
> ——麦克卢汉《内部景观》"序言"

长期以来,无论是学术界还是普通民众,对麦克卢汉的误解可谓不浅,很多人认为麦克卢汉宣告了印刷书籍的终结,并热情拥抱电子媒介的到来。约翰·约瑟普(John K. Jessup)在《耶鲁评论》(*The Yale Review*)上宣称,麦克卢汉"出卖了理性的通行证,加入到抨击书籍的行列"[①]。梅尔文·L.德弗勒(Melvin L. DeFleur)和埃弗雷特·E.丹尼斯(Everette E. Dennis)认为,麦克卢汉"预言电视之类的电子传播媒介的出现,必然导致印刷媒介的死亡"[②]。刘易斯·芒福德的观点更为极端,他甚至认

[①] John K. Jessup, "Marshall McLuhan's *The Gutenberg Galaxy*", *The Yale Review*, vol. 52 (1962-1963), p. 454.

[②] 〔美〕梅尔文·L.德弗勒、埃弗雷特·E.丹尼斯:《大众传播通论》,颜建军等译,应谦校,华夏出版社 1989 年版,第 118 页。

为在毁灭书籍文化方面，麦克卢汉堪比纳粹——纳粹的公开焚书"只是无害的故作姿态"，因为他们"焚毁的书籍只是世界藏书总量的沧海一粟"；麦克卢汉拥护和鼓吹的则是"完全的文盲状态，除却计算机硬盘中储存的数据外，其他一切记录资料都不算数，而计算机系统也只对一小撮拥有授权的人开放"。① 就连对麦克卢汉的媒介思想做过深入研究的美国史学家伊丽莎白·爱森斯坦，也认为麦克卢汉宣告了"历史研究方式的过时和谷腾堡时代的终结"②。事实上，无论是麦克卢汉私底下对印刷媒介的看法，还是他在公开发表的著作中对印刷媒介抱持的态度，均能看出他不仅不是"印刷的敌人"，反而是一个不折不扣、彻彻底底的"印刷人"。他不仅"不赞成电气技术及其效应"③，认为它"正在重新限定和构造我们的一切价值和制度"④，"我们所有的价值、态度和制度都要被它摧毁和取代"，"我们社会的整个肌体结构都在被它所拆散"，我们以往"熟悉的组织和机构都在变得危险而充满恶意"⑤，而且，他坚定地"站在印刷的一边"⑥，坚持"表音文字的印刷形式才是文明的唯一基础"⑦，坚称"我们今天的一切价值都建立在印刷文化之上"。有人会说，麦克卢汉曾声称印刷书籍"正在过时"⑧。是的，的确如此，但"过时"在他那里有着独特含义。"过时"作为麦克卢汉"媒介四元律"中

---

① Lewis Mumford, *The Pentagon of Power*, New York: Harcourt, Brace Jovanovich, 1970, p. 249.

② Elizabeth Eisenstein, *The Printing Press as an Agent of Change: Communications and Cultural Transformations in Early Modern Europe*, vol. 1, p. ix.

③ Marshall McLuhan, *Letters of Marshall McLuhan*, p. 410.

④ Marshall McLuhan, *Essential McLuhan*, E. McLuhan & F. Zingrone (eds.), London: Routledge, 1995, p. 238.

⑤ Marshall McLuhan, *The Gutenberg Galaxy*, pp. 278-279.

⑥ Marshall McLuhan, *Letters of Marshall McLuhan*, p. 410.

⑦ Marshall McLuhan, *Letters of Marshall McLuhan*, p. 398.

⑧ Marshall McLuhan, *Letters of Marshall McLuhan*, p. 398.

的重要一律,"并不意味着终结",而是"全新的审美之始"。[1]麦克卢汉认为,一种媒介"过时"之后,它就会成为新媒介的"内容",成为"审美价值和精神价值的源泉",成为新的"艺术形式",或者说,从"陈词"转换为"原型"。所以,他声称印刷媒介正在"过时",并不是说印刷媒介正在走向"终结",而是说:印刷媒介及其环境正在成为新的电子媒介及其所创造的电子环境的"内容",正在成为新的"艺术形式"和"审美之始"。也正是在这个时候,我们才能真正用"后视镜"看清楚印刷及其所创造的环境的模式、结构、轮廓和机制,或者说,才能够更清楚地看清整个"谷腾堡星系",去认清印刷术留给我们的"遗产",进而"保存文字及谷腾堡技术所培养的正面的文化价值"。[2] 甚至可以说,只有在电能媒介的参照框架之内,我们对

---

[1] 麦克卢汉在《媒介定律:新科学》中指出,"过时"不是"终结",它是审美之始,是品位、艺术、雄辩和俚语的摇篮。(Obsolescence is not the end of anything; it's the beginning of aesthetics, the cradle of taste, of art, of eloquence and of slang.) 参见 Marshall and Eric McLuhan, *Laws of Media: The New Science*, p. 100。

[2] 麦克卢汉在 1972 年 4 月 27 日以国际知名人士和世界级专家身份参加的、由英国伦敦国家影剧院召开的"书籍重要吗?"辩论会上所做的讲演"论书籍的未来"中集中阐述了他有关"印刷书籍未来"的思想。麦克卢汉是一位技术乐观主义者。他对印刷媒介的未来持乐观态度,认为印刷媒介在培养现代文明方面具有积极作用,在电子时代来临之后,他并不认为印刷媒介会走向终结,而是认为印刷媒介将以新的面貌和形式在新的电子环境中发挥全新的作用。不可否认,当前的电子服务环境的确正在以多种方式对图书和文字的价值构成威胁。从打字机开始,到后来的油印机,这些全新服务改变了印刷词语的使用和性质,书籍的确在模式和使用上发生了重大的变化。即便如此,在麦克卢汉看来,印刷书籍也"不会走向终结",而是"能够站在另一种媒介比如广播、电视和卫星的肩头,时空运作的规模似乎能够消除微观和宏观的差别"。就像他所说的,"录像机给我们提供机会,使读者和作者迅即进入一个全新的关系。读者有机会以新的方式分享这个创作过程,这就说明,书籍正处在全新发展的边缘"。麦克卢汉进一步重申,书籍"正在重温和重塑它扮演过的一切角色",原因在于,"新的制图法和新的印刷工艺欢迎同时使用许多资源"。在麦克卢汉看来,在新的历史时期,新的印刷技术和纸张发明出来了,印刷技术可以印制在仿制品、塑料薄膜等不同的材料上。因此,在未来,"书籍的生产范围很广,有用于培育插图艺术的,有用于复兴手摇印刷机的,直到用于复原古莎草纸手稿的和用于影印书的生产"。与之前不同的仅仅在于,印刷书籍形象的革命性变化。印刷书籍占据绝对主导地位的局面已经不再,但它与电子媒介并非是水火不容,它仍然在某些需要保持"现代文明"的领域发挥不可替代的功能。

印刷媒介的理解、对其遗产的清理才能达到既入乎其中又出乎其外的"视界融合"。

长期以来，麦克卢汉一直是以"数字麦克卢汉"的面貌展现于世的。事实上，他对印刷媒介的关注和论述并不少于他对电子媒介的关注和论述。纵观麦克卢汉的学术一生，他以专著、论文、演讲、访谈等多种形式，在多种场合对印刷媒介及其视觉效应进行了长期的、全方位的关注和考察。在对于印刷媒介的浩瀚论述中，麦克卢汉将印刷媒介与现代世界的形成关联起来，从印刷的"视觉效应"出发，论及了印刷术与绘画中的透视法与消失点、视觉空间、现代自我、民族主义、工业生产线、现代市场、文化普及、大众教育、感官分裂、开放社会、现代文学、汽车、组织上的集中化机制、宽容思想、祛魅、价格体系、语言统一、民主进程、私人权利、人的行为方式、人的心理特征、数学、法学、科学与科学方法、私密感觉、市政规划、地理大发现与世界探险、笛卡尔和牛顿的宇宙观、公众、宗教改革、因果关系的观念、文学与生活的分离、心理学中的内省、军队、货币、统一的商品、幸福微积分、政治算术学、文学中的叙事排列、工商业发展等现代社会诸多方面之间的互动关系，这些紧随印刷术诞生之后出现的新现象，在麦克卢汉看来，构成了如马赛克般的太空图景——"谷腾堡星系"。在麦克卢汉那里，"星系"（galaxy）[①] 是一个颇为费解的术语，它在内涵上几乎等同于麦克卢汉经常使用的"环

[①] 今天，"星系"一词已经被很多媒介研究者所接受。卡斯泰尔直接以《因特网星系》作为其著作的标题（M. Castells, *The Internet Galaxy*, Oxford: Oxford University Press, 2001）。马约尔也提出了"多媒体星系"的概念："印刷术导致了无数惊人的发展并导致了工业革命。今天，由于数字式远距传送而引发的认知革命正把我们引向何种新的彼岸？它将如何重新塑造新闻事业？从长远看，它将带来何种文化革新？……文化事业之融合于一个单一的多媒体星系带来由'教育文娱'主宰一切的危险。"参见弗马里科·马约尔：《改造新闻事业》，载张穗华主编：《媒介的变迁》，中国对外翻译出版公司2002年版，第47页。

境"一词。① 在《谷腾堡星系》中,他以"谷腾堡星系"来描述由谷腾堡印刷机所催生的如星空般璀璨的媒介环境:在谷腾堡印刷机的影响下,人类的思想、政治、文化、科学、宗教、生活、文学、艺术等各个领域均呈现出不同于以往的全新现象。麦克卢汉记述这些新现象和新事物,并将它们铺设成如星空般的马赛克图景——近看是互不相连、多姿多彩的碎片,但在整体上却能够看出秩序和结构。

到19世纪,马可尼电报开始重新构筑人类社会的"环境",它"不仅开创了一个传送信息的时代,而且提供了一整套全新的阶级观念和意识类型"②。基于此,麦克卢汉将电报称作"当代的发端"③,将由这种新媒介开始重塑的星空图景称作"马可尼星系"。也就是说,自电报诞生起,由印刷机和电子媒介所分别催生的两个星系——"谷腾堡星系"和"马可尼星系"——呈现为交织重组状态,亦即麦克卢汉所说的"星系重组"④。到20世纪五六十年代,亦即麦克卢汉将学术重心转向媒介研究的那个时期,随着电视这一新型媒介的大肆蔓延,"世界范围的联结"或者说"地

---

① 笔者的这一看法,得到了新近出版的《谷腾堡星系》中译本译者的赞同。译者认为,"用'环境'一词代替'星汉'也许会带来好处。任何技术都倾向于构建一个新的人类环境。文字与莎草纸构建了我们认为与古典时代的帝国相联系的社会环境。马镫和车轮建立了广大疆域的独特环境。……活字印刷构建了一种完全出乎人们意料的新环境——它构建了公众"(参见〔加〕麦克卢汉:《谷登星汉璀璨:印刷文明的诞生》,杨晨光译,北京理工大学出版社2014年版,第57页)。"环境"在麦克卢汉那里有着特殊含义,它是一套"基本的规则、普遍的结构和总体的模式","它不仅是容器,还是使内容完全改变的过程"。另外,环境还是"人们没有感觉到的、无所不在的渗透模式",它之所以没有进入人们的观察视野,是因为"它总是低强度的和低清晰度的"。

② Marshall McLuhan, *Essential McLuhan*, E. McLuhan & F. Zingrone (eds.), London: Routledge, 1995, p. 37.

③ Marshall McLuhan, *Letters of Marshall McLuhan*, p. 282. 麦克卢汉的这一说法可以从英国社会学家吉登斯那里得到印证:"十九世纪中叶第一种电子通信形式即莫尔斯电码的发明所注入的是一种全新的因素,这是电子时代的开始。"(参见〔英〕安东尼·吉登斯、克里斯多弗·皮尔森[Christopher Pierson]:《现代性:吉登斯访谈录》,尹宏毅译,新华出版社2001年版,第74页)

④ Marshall McLuhan, *The Gutenberg Galaxy*, p. 265.

球村"近乎实现,世界更多地呈现出电子媒介的特征——同步的、拼贴式的有机形态。在此背景下,麦克卢汉将关注重点转向考察星系重组时期"从新的电子时代诠释旧的知觉与判断形式会产生怎样的新机制和文化组态"。在诸多"新机制"和"文化组态"中,麦克卢汉重点考察了"印刷人的转型"问题。他说,"即使两个星系间没有冲突,这种技术与感知的并存也会给人们带来创伤和压力。人们习以为常的态度似乎突然变得稀奇古怪,熟悉的制度和组织不时显出威胁和邪恶"[1]。麦克卢汉认为,处于"双边界"的西方个体在面对谷腾堡印刷术和由马可尼技术(即电子媒介)带来的集体或部落后果时陷入了两难困境:"西方人明白他们自己的价值和行为模式是读写的产物。然而拓展这些价值的技术工具却似乎拒绝并反转了这样的价值。"在麦克卢汉看来,困境的两个层面不能独立存在;走出困境必须借助于新的电子技术,因为"电子技术具有深刻的有机性质,能将人类经验中的神秘、集体面向完全放进'恍然一日'的世界之中"[2]。下面我们来看看在麦克卢汉那里"印刷人"在电子时代来临后所实现的当代"转型"。

麦克卢汉在其著作和演讲中曾多次提及"公众"(the public)和"大众"(the mass)这样一对概念。这对概念在他的媒介理论中具有很高的辨识度,是麦克卢汉用于指称印刷媒介时代和电子媒介时代人的"总体形象"的术语。在他看来,随着"谷腾堡星系"向"马可尼星系"的整体转型,人也在从"公众"转向"大众"。从麦克卢汉对"公众"和"大众"的不同论述中,可以看出这种"总体人"在转型前后的不同:第一,"公众"是印刷媒介的产物,这种公众是由有着各种各样"观点"的个体组成的;"大众"是电子媒介的产物,它是由深度参与的种类相同的个体组成

---

[1] Marshall McLuhan, *The Gutenberg Galaxy*, pp. 278-279.
[2] Marshall McLuhan, *The Gutenberg Galaxy*, p. 269.

的。"印刷术创造公众,公众是由独立的个体组成的,每个个体都有自己的观点;电路创造大众,大众是由相互深度参与的个体组成的,这种参与不是数量的盛事,而是速度的盛事。"[1] 由于印刷媒介与"公众"相关,电子媒介与"大众"相关,由此,我们也可以将印刷媒介称作"公众媒介",将电子媒介称作"大众媒介"。"公众媒介"提供单一的视界或视点,"大众媒介"则提供如马拉美所说的"集体意识样态的拼贴"[2]。第二,由印刷媒介造就的公众既是"统一的、同质的",又是"高度分化的",他们是以"消费者"的身份而存在的,即消费由作者所创作的书籍。[3] 相比而言,大众则直接参与到文学、艺术、教育、社会等活动之中,他们不仅仅是消费者,更是活动和行为的"参与者"和"共同创造／生产者"。[4] 这里突出了消费型的印刷主体同生产型的电子主体的不同。第三,"公众"和"大众"都是作为"环境"而出现的:"印刷术兴起的时候,造就了作为新环境的公众,它使政治完全改观,使教育、工作和其他一切领域的社会安排彻底刷新。作为环境的大众是由电路造就的,它指的是人人互相卷入的一种信息环境。原来的公众所能做的事情仅仅是阐明各自的观点,因此他们常常发生激烈的冲突。"[5] 第四,麦克卢汉认为,民族主义实即由印刷术所造就的"公众"。由此,他得出结论,"民族主义是印刷术的产物",或者说,"印刷术是民族主义的缔造师"。由于电子媒介塑造的是"大众"而非"公众"(民族主义),所以,麦克卢汉

---

[1] Marshall McLuhan, *Essential McLuhan*, E. McLuhan & F. Zingrone (eds.), London: Routledge, 1995, p. 339.

[2] Marshall McLuhan, *The Gutenberg Galaxy*, p. 268.

[3] 〔加〕麦克卢汉:《麦克卢汉如是说》,何道宽译,第 57 页。

[4] Marshall McLuhan, *Essential McLuhan*, E. McLuhan & F. Zingrone (eds.), London: Routledge, 1995, p. 337.

[5] Marshall McLuhan, *Essential McLuhan*, E. McLuhan & F. Zingrone (eds.), London: Routledge, 1995, p. 219.

事实上已经向我们指出了电子媒介（大众媒介）时代民族主义（公众）消亡的论题。或如他在《理解媒介》中所说，"在电速的诸种条件下，学科主权的消失同民族主权的消亡一样快速。从中心到边缘的机械而单向的扩张这样一些陈旧型式与我们所处的光电世界格格不入。光电不是使事物集中化，而是使事物非集中化"①。

与"总体的人"从"公众"走向"大众"相适应，随着社会主导媒介从印刷转向电子，"个体的人"也从"封闭系统"走向开放的"交流场域"："交流在古希腊因表音文字的效应而终止，读写能力使觉醒了的人成为封闭系统，同时在真实与表象之间划下鸿沟。直到意识流出现，这一鸿沟才得以最终消弭"；"整个20世纪，人们都在努力挣脱被动性格的制约，亦即摆脱谷腾堡的遗产"。②在麦克卢汉看来，这主要表现在两个方面：第一，从"自画像"转向提供"参与过程的手段"。在印刷时代，作家的任务是衍生出自画像似的形象（即"逼真再现"）："自画像是对印刷词的独特回应。"此时，人们"感觉有必要让自己的形象反射到公众身上，把这个形象作为自我表达的形式，即自画像"③。蒙田是较早认识到"公众"的作家，他说，"我的自画像得益于公众"④。相较于印刷时代的艺术家们努力向"公众""再现"一个同客观现实相匹配的世界，电子时代的艺术家则"转向表现创造性过程"。⑤爱伦·坡是最早意识到应当提供"参与创作的手段"而非"再现客观现实"的作家："他立即抓住公众参与创作这一电力动

---

① Marshall McLuhan, *Understanding Media*, Cambridge, London: The MIT Press, 1994, pp. 35-36.
② Marshall McLuhan, *The Gutenberg Galaxy*, p. 278.
③ 〔加〕麦克卢汉：《麦克卢汉如是说》，何道宽译，第57页。
④ Michel de Montaigne, *The Complete Works of Montaigne*, Stanford: Stanford University Press, 1957, pp. 677-678.
⑤ Marshall McLuhan, *Understanding Media*, Cambridge, London: The MIT Press, 1994, p. 194.

力学，并依此创立了两种新异的文体形式——象征主义诗歌和侦探小说，这两种形式均要求读者自己动手参与。"[1] 爱伦·坡使读者介入创造过程的方式，被其后的波德莱尔、瓦莱里等许多作家所钦佩和追随。第二，随着作者的服务对象从"资助人"转向"公众"，其直接后果是"读者经验"的发现以及"读者"的评价对于作家创作的影响。麦克卢汉引用洛文塔尔（Leo Lowenthal）指出，当诗人不再仰赖君王权贵们的资助，而只需靠"公众"就能养活自己时，"公众"的阅读经验以及对作品的反馈而非作者所仰赖的君王权贵的"私人订制"要求就成为作者更重视的事情。读者参与到对作品的评价中来，作者的关注点也更加偏重于读者的喜好和口味，这改变了作家创作的方式及文学评论的面貌。洛文塔尔将这一过程称作"从资助人到公众的关键转变"[2]。可以说，在麦克卢汉这里，无论是强调爱伦·坡所倡导的要提供"参与过程的手段"，还是从洛文塔尔"从资助人到公众的转变"中所挖掘出的对"读者经验"的重视，事实上都开启了一个"读者参与创作"的后现代论题：强调文本与读者的互动，重视读者对文本的参与。[3]

麦克卢汉不仅是一个地地道道的"印刷人"，他对待媒介的态度也"完全是人文主义的"。他将媒介看作是对于人的（感官、身体或神经中枢的）延伸，始终坚持从媒介的感知偏向出发，探

---

[1] Marshall McLuhan, *Understanding Media*, Cambridge, London: The MIT Press, 1994, pp. 323-324.

[2] Leo Lowenthal, *Popular Culture and Society*, New York: Prentice-Hall, 1961, p. 75.

[3] 有研究者认为，麦克卢汉为我们描绘了一幅后现代图景。其"媒介即信息"包含着"形式与内容不再二元对立"的思想，这契合了后现代主义破除二元对立思维的精神实质；其"媒介延伸论"暗含着"冲击人的主体地位"的思想，人不再是一切的主导，而是众多存在中的一个，这与后现代主义的"人的死亡"不谋而合；在表达方式上，他拒绝使用传统的理论表述方式，而是图文并茂且善用格言警句，这与后现代主义的追求相似。这些论述可以算作是对笔者此处结论的一个印证。参见卢娜娜：《后结构主义视域下的麦克卢汉媒介理论研究》，南京大学硕士学位论文，2013 年，第 46 页。

讨媒介与人的关系，关注媒介之于人的作用和效应，这既是麦克卢汉媒介研究的根本特点，也是其媒介研究所一以贯之的主题：他在《机器新娘》中探讨了"工业人"的民俗，在《谷腾堡星系》中探讨了"印刷人"的诞生，在《文化即产业》、《理解当代》、《地球村中的战争与和平》、《地球村》等著作中探讨了"电子人"的生存状况。关注媒介与人的关系，在他对印刷媒介的考察中体现得尤为明显。无论是探讨印刷媒介的"视觉偏向"和由印刷媒介所促成的"视觉腾飞"和"谷腾堡星系"，还是从教育、宗教、文学、科学等领域探讨印刷媒介的视觉感知效应对于早期"印刷人"——拉米斯、拉伯雷、伊拉斯谟、培根——的诞生的影响，无论是其"印刷个体主义"思想中所涵纳的印刷媒介与现代个体主义的形成的论述，还是其"印刷民族主义"中所蕴藏的印刷媒介对人的民族国家身份的深刻影响的论题，以及他的"应用乔伊斯"思想中所包含的关于印刷媒介与作为操练和提升人的感知的文学的密切联系的探讨，无不饱含着麦克卢汉深切的"人文主义关怀"。有鉴于此，我们将麦克卢汉在媒介研究中始终贯穿的，以探讨媒介的"感知效应"为显著特点的，带有浓郁感性色彩、文学气息和人文关怀的媒介思想称作"文艺媒介学"。[1] 这一思想的形成，得益于麦克卢汉将他在剑桥大学习得的"新批评派"的文学批评方法、现代主义艺术家们的文学艺术思想同媒介研究的融合。麦克卢汉从其"文艺媒介学"思想出发，在媒介研究中实现了从内容分析向专注于媒介自身及其感知效应的范式转型，形成了一套崭新的媒介研究范式——"感知效应范式"，这

---

[1] 具体说来，本书的主体部分分别从印刷媒介与印刷人的诞生、印刷人的个体身份、印刷人的民族国家身份和印刷人的感性创造等四个方面探讨了麦克卢汉"文艺媒介学"思想：第二章探讨的是印刷媒介与早期"印刷人"的诞生之间的关系；第三章探讨的是印刷媒介与人的个体身份塑造之间的关系；第四章探讨的是印刷媒介对于人的群体身份或者说民族国家身份的塑造问题；第五章探讨的则是印刷媒介与人的感性创造——"文学／艺术"创作及其"视觉模式"——之间的关系。

不仅使西方的媒介研究呈现出一种迥异于传统传播学的全新气象，推动西方传播学实现了一场"哥白尼式的革命"，而且为西方传播学中的"第三学派"——北美媒介生态学派——的形成奠定了基础。不仅如此，麦克卢汉的"文艺媒介学"，也为媒介研究与美学研究的结合提供了契机，对于我国当下的美学研究和媒介研究具有启发意义。就像有学者所说，"美学走向社会是现实和时代的要求，而媒介的发展也需要接受美学的考量"，二者的结合"意味着相互照亮"，不仅有助于对媒介和美学之"各自本性和特点的揭示"，更为重要的是，"这将唤醒媒介研究与美学研究的社会责任意识"。[1]就国内美学界而言，虽然"在麦克卢汉的思想中，审美范畴被置于首要地位"[2]，虽然马尔切索曾宣称麦克卢汉"将美学带入了传播学研究"[3]，但到目前为止，国内美学界"对媒介的美学意味尚未发生兴趣，其根本原因是受'学科'束缚而缺失了人文担待"。就国内的媒介研究状况而言，当前，"相当程度上脱胎于文学研究的整个传播学界似乎都在急急忙忙地'去美学化'"，他们"受媒介研究的社会科学性质所限"，几乎"无法体会文学教授麦克卢汉媒介研究的感性的或美学的内涵"。[4]麦克卢汉在媒介研究中所持守的"文艺媒介学"，注重媒介与美学的共进关系，为媒介研究中美学研究路向的开辟和美学研究中媒介研究路向的开辟树立了典范，这有助于我们在当前的审美范式之外发展出"媒介美学"这一全新的美学研究范式。另外，麦克卢汉还以其"文艺媒介学"思想为我们提供了一套全新的看待和认

---

[1] 金惠敏：《麦克卢汉与媒介生态学研究·主持人语》，《江西社会科学》2012年第6期。

[2] 〔美〕丹尼尔·杰·切特罗姆：《传播媒介与美国人的思想：从莫尔斯到麦克卢汉》，曹静生、黄艾禾译，第186页。

[3] Janine Marchessault, *Marshall McLuhan: Cosmic Media*, pp. xii-xiii.

[4] 金惠敏：《麦克卢汉与媒介生态学研究·主持人语》，《江西社会科学》2012年第6期。

识世界的方式:"媒介历史观"(以主导媒介来划分历史的观念)、"媒介感知论"(认为一切媒介都会改变人们的感知比率,重塑人们的感知)、"媒介认识论"(将看似杂乱纷呈的世界看成是受主导媒介的感知偏向影响的、在整体上能够看出秩序和结构的"星系")等。可以说,无论是其"媒介历史观",还是其"媒介感知论"抑或"媒介认识论",均与其"文艺媒介学"思想及在此基础上形成的"媒介感知效应"范式密切相关。这里,麦克卢汉为我们提供了一套不同于以往哲学家、史学家们所提供的看待过去、现在和未来的全新视角——媒介的视角。

尽管麦克卢汉论述印刷媒介的那个时代要早于我们整整半个世纪,但他当时所处的那个星系——"谷腾堡星系"与"马可尼星系"——重组时期的状况,却与我国当前所处的境况极为相似。正如他一再强调的那样,我们生活的时代同莎士比亚生活的时代一样,均处于两种文化相交汇的时期。以麦克卢汉媒介历史观的眼光看来,所谓"两种文化的交汇",其实质是"两种主导媒介的相遇"。就像莎士比亚时期手抄本传统与当时新的印刷技术融合一样,我们现在正在经历着类似的"新"(数字媒体)、"旧"(印刷媒体)媒体的融合与互补。按照麦克卢汉的说法,只有在"两种媒介杂交或交汇的时刻,才是发现真理和真正给人以启示的时刻,也才是人们得以从日常的自恋、恍惚和麻木状态中解放出来的时刻。因为两种不同媒介的相交,使我们停留在两种媒介的边缘"[1]。由此,麦克卢汉在 20 世纪 60 年代初对印刷媒介与现代个体主义和现代民族主义的形成、印刷媒介与文学中"视觉模式"的确立、两种星系重组时期"印刷人"的转型等问题的精彩洞见和精辟论述,对于我们认清我国当前的媒介环境以及电子

---

[1] Marshall McLuhan, *Understanding Media*, Cambridge, London: The MIT Press, 1994, p. 55.

媒介条件下人的境况等具有重要的参照意义。可以说，在电子星系与印刷星系重组的背景之下，对正在趋于"过时"的印刷媒介进行研究——比如，印刷媒介的过去意义与当下作用，电子媒介对印刷媒介及其现代性后果的侵蚀，以及印刷媒介的未来走向等问题——不仅有助于我们厘清印刷媒介给予现代文明的馈赠及其对中国文化的影响，更为重要的是，它有助于我们认清电子媒介带给我们的值得珍惜的价值和可能带来的伤害，教会我们在电子时代的生存策略，让我们不至于被电子媒介所奴役和操控。或许，这正是我们探讨麦克卢汉的媒介思想，特别是印刷媒介思想的重要意义所在："麦克卢汉给人以启示，使人们能够对当前的真实情况做出检视，以对下一步应该如何做出自己的判断。"[1]

---

[1] Casey Man Kong Lum (ed.), *Perspectives on Culture, Technology, and Communication: The Media Ecology Tradition*, p. 193.

参考文献

* 特别说明：除正文中征引的文献外，本参考文献的第四部分（即国外学者的著作［英文版］）还列举了一些与"麦克卢汉研究"和"印刷媒介文化研究"有关的、相对而言较为重要的文献资料，许多收录的论著亦各有其参考文献，感兴趣的读者可据此对以上两个领域做进一步的研究。

一、麦克卢汉的著作

（一）英文版专著

* 除《机械新娘》、《谷腾堡星系》、《理解媒介》等少数几部著作外，麦克卢汉的大部分著作均是与他人合作完成的，故此处所列的麦克卢汉英文著作目录也包含麦克卢汉同他人合著完成的单行本著作。

McLuhan, H. Marshall. (1943). *The Place of Thomas Nashe in the Learning of His Time*, PhD diss., Cambridge University.

McLuhan, H. Marshall. (1951). *The Mechanical Bride: Folklore of Industrial Man*. New York: The Vanguard Press.

McLuhan, H. Marshall. (1960). Report on Project in Understanding New Media. Washington, DC: U. S. Department of Health.

McLuhan, H. Marshall and Edmund Carpenter (eds.). (1960).

Explorations in Communication. Boston: Beacon Press.

McLuhan, H. Marshall. (1962). *The Gutenberg Galaxy: The Making of Typographic Man*. Toronto: University of Toronto Press.

McLuhan, H. Marshall. (1964). *Understanding Media: The Extensions of Man*. New York: McGraw-Hill.

McLuhan, H. Marshall and Richard J. Schoeck. (1964, 1965). *Voices of Literature*. New York: Holt, Rinehart and Winston.

McLuhan, H. Marshall. (1967). *Verbi - Voco - Visual Explorations*. New York: Something Else Press.

McLuhan, H. Marshall, Quentin Fiore and Jerome Agel. (1967). *The Medium Is the Massage: An Inventory of Effects*. New York: Bantam.

McLuhan, H. Marshall, Quentin Fiore and Jerome Agel. (1968). *War and Peace in the Global Village*. New York: Bantam.

McLuhan, H. Marshall and Harley Parker. (1968). *Through the Vanishing Point: Space in Poetry and Painting*. New York: Harper & Row.

McLuhan, H. Marshall. (1969). *The Interior Landscape: The Literary Criticism of Marshall McLuhan, 1943-1962*. Selected, compiled, and edited by Eugene McNamara. New York: McGraw-Hill.

McLuhan, H. Marshall and Harley Parker. (1969, 1972). *Counterblast*. New York: Harcourt, Brace and World.

McLuhan, H. Marshall. (1970). *Culture Is Our Business*. New York: McGraw-Hill Book Company.

McLuhan, H. Marshall and Wilfred Watson. (1970). *From Cliché to Archetype*. New York: The Viking Press.

McLuhan, H. Marshall and Barrington Nevitt. (1972). *Take

Today: The Executive as Dropout. New York: Harcourt, Brace Jovanovich.

McLuhan, H. Marshall, Eric McLuhan and Kathryn Hutchon. (1977). *City as Classroom: Understanding Language and Media.* Toronto: Book Society of Canada Limited.

McLuhan, H. Marshall. (1987). *Letters of Marshall McLuhan.* Selected and edited by M. Molinaro, C. McLuhan and W. Toye. Oxford: Oxford University Press.

McLuhan, H. Marshall and Eric McLuhan. (1988). *Laws of Media: The New Science.* Toronto: University of Toronto Press.

McLuhan, H. Marshall and Bruce R. Powers. (1989). *The Global Village: Transformations in World Life and Media in the 21st Century.* New York: Oxford University Press.

McLuhan, H. Marshall. (1997a). *Media Research: Technology, Art, Communication.* Amsterdam: G + B Arts International.

McLuhan, H. Marshall. (1997b). *Essential McLuhan.* Eric McLuhan and Frank Zingrone (eds.). London: Routledge.

McLuhan, H. Marshall. (2005a). *Marshall McLuhan: Unbound.* Eric McLuhan (ed.). Corte Madera, CA: Gingko Press.

McLuhan, H. Marshall. (2005b). *Understanding Me: Lectures and Interviews.* Stephanie McLuhan and David Staines (eds.). Cambridge: MIT Press.

McLuhan, H. Marshall and W. Terrence Gordon. (2009). *The Classical Trivium: The Place of Thomas Nashe in the Learning of His Time.* Corte Madera, CA: Gingko Press.

（二）与本主题相关的部分论文

"American Advertising". In *Horizon* 93, 4 (Oct. 1947), pp. 132-141.

"Advertising as a Magical Institution". In *Commerce Journal*, Jan. 1952, pp. 25-29.

"Technology and Political Change". In *International Journal* 7, 3 (Summer 1952), pp. 189-195.

"The Age of Advertising". In *Commonweal*, 11 Sep. 1953, pp. 555-557.

"Culture Without Literacy". In *Explorations,* no. 1, Dec. 1953, pp. 117-127.

"The Later Innis". In *Queen's Quarterly* 60, 3 (1953), pp. 385-394.

"Wyndham Lewis: His Theory of Art and Communication". In *Shenandoah*, Autumn 1953, pp. 77-88.

"Joyce, Mallarme, and the Press". In *Sewanee Review* 62 (1954), pp. 38-55.

"Media as Art Forms". In *Explorations*, no. 2, Apr. 1954, pp. 6-13.

"New Media as Political Forms". In *Explorations*, no. 3, Aug. 1954, pp. 120-126.

"Radio and Television vs. the ABCDE-minded". In *Explorations*, no. 5, Jun. 1955, pp. 12-18.

"Space, Time, and Poetry". In *Explorations*, no. 4, Feb. 1955, pp. 56-62.

"Our New Electronic Culture". In *National Association of Educational Broadcasters Journal*, Oct. 1958, pp. 19-20, 24-26.

"Myth and Mass Media". In *Daedalus*, Spring 1959, pp. 339-348.

"Acoustic Space". In *Explorations in Communication* (Boston: Beacon Press, 1960), pp. 65-70.

"Melodic and Scribal". In *Renascence* 13, 1 (1960), p. 51.

"The Electric Culture". In *Renascence* 13, 4 (1961), pp. 219-220.

"The Humanities in the Electronic Age". In *Humanities*, Fall 1961, pp. 3-11.

"The New Media and the New Education". In *Basilian Teacher*, Dec. 1961, pp. 93-100.

"Producers and Consumers". In *Renascence* 13, 4 (1961), pp. 217-219.

"Cybernation and Culture". In *The Social Impact of Cybernetics* (South Bend, IN: University of Notre Dame Press, 1966), pp. 95-108.

"The Emperor's Old Clothes". In *The Man-made Object* (New York: G. Braziller, 1966), pp. 90-95.

"The Invisible Environment". In *Canadian Architect*, May 1966, pp. 71-74.

"The Relation of Environment to Anti-Environment". In *The Human Dialogue* (New York: Free Press, 1967), pp. 39-47.

"Playboy Interview". In *Playboy*, Mar. 1969, pp. 53-54, 59-62, 64-66, 68, 70, 72, 74, 158.

"The Argument: Causality in the Electric World". In *Technology and Culture* 14, 1 (1973), pp. 1-18.

"Medium Meaning Message". In *Communication* (UK), 1 (1974), pp. 27-53.

"McLuham's Law of the Media". In *Technology and Culture*, Jan. 1975, pp. 74-78.

"The Violence of the Media". In *Canadian Forum*, Sep. 1976, pp. 9-12.

"Alphabet, Mother of Invention". In *Et Cetera*, Dec. 1977, pp. 373-383.

"Laws of the Media". In *Et Cetera*, Jun. 1977, pp. 173-178.

"The Rise and Fall of Nature". In *Journal of Communication* 27, 4 (1977), pp. 80-81.

"Electronic Banking and the Death of Privacy". In *Journal of Communication* 31, 1 (1981), pp. 164-169.

（三）其著作的中文译本

〔加〕麦克鲁汉：《预知传播纪事：麦克鲁汉读本》，汪益译，台湾商务印书馆 1999 年版。

〔加〕麦克卢汉：《理解媒介：论人的延伸》，何道宽译，商务印书馆 2000 年版。

〔加〕麦克卢汉：《麦克卢汉精粹》，埃里克·麦克卢汉、弗兰克·秦格龙编，何道宽译，南京大学出版社 2001 年版。

〔加〕麦克卢汉：《机器新娘：工业人的民俗》，何道宽译，中国人民大学出版社 2004 年版。

〔加〕麦克卢汉：《麦克卢汉书简》，梅蒂·莫利纳罗、科琳·麦克卢汉、威廉·托伊编，何道宽、仲冬译，中国人民大学出版社 2005 年版。

〔加〕麦克卢汉：《麦克卢汉如是说》，斯蒂芬妮·麦克卢汉、戴维·斯坦斯编，何道宽译，中国人民大学出版社 2006 年版。

〔加〕麦克鲁汉：《认识媒体：人的延伸》，郑明萱译，台北猫头鹰书房 2006 年版。

〔加〕麦克鲁汉：《古腾堡星系：活版印刷人的造成》，赖盈满译，台北猫头鹰书房 2008 年版。

〔加〕麦克鲁汉、菲奥里：《媒体即讯息》，杨惠君译，台湾积木文化股份有限公司 2009 年版。

〔加〕麦克卢汉：《理解媒介：论人的延伸》（增订评注本），何道宽译，译林出版社 2011 年版。

〔加〕麦克卢汉：《谷登堡星汉璀璨：印刷文明的诞生》，杨晨光译，北京理工大学出版社 2014 年版。

〔加〕麦克卢汉：《媒介即按摩》，昆廷·菲奥里、杰罗姆·阿吉尔编，何道宽译，机械工业出版社 2016 年版。

〔加〕麦克卢汉：《余韵无穷的麦克卢汉：麦克卢汉媒介效应一览》，特伦斯·戈登编，何道宽译，机械工业出版社 2016 年版。

〔加〕麦克卢汉：《媒介与文明》，昆廷·菲奥里、杰罗姆·阿吉尔编，何道宽译，机械工业出版社 2016 年版。

〔加〕麦克卢汉：《指向未来的麦克卢汉：媒介论集》，理查德·卡维尔编，何道宽译，机械工业出版社 2016 年版。

二、中国学者的著作

（一）专著类

陈龙编著：《现代大众传播学》，苏州大学出版社 2003 年版。

丛日云主编：《西方文明讲演录》，北京大学出版社 2011 年版。

党圣元：《在传统与现代之间：古代文论的现代遭际》，山东教育出版社 2009 年版。

范　龙：《媒介的直观：论麦克卢汉传播学研究的现象学方法》，暨南大学出版社 2009 年版。

高建平：《全球与地方：比较视野下的美学与艺术》，北京大学出版社 2009 年版。

胡易容：《传媒符号学：后麦克卢汉的理论转向》，苏州大学出版社 2012 年版。

蒋晓丽、石磊：《传媒与文化：文化视角下的传媒研究》，华夏出版社 2008 年版。

金惠敏：《媒介的后果：文学终结点上的批判理论》，人民出版社 2005 年版。

金惠敏：《后儒学转向》，河南大学出版社 2008 年版。

金惠敏：《积极受众论：从霍尔到莫利的伯明翰范式》，中国社会出版社 2010 年版。

金惠敏:《全球对话主义: 21 世纪的文化政治学》, 新星出版社 2013 年版。

金元浦:《文学, 走向文化的变革》, 河北大学出版社 2013 年版。

蓝仁哲:《加拿大文化论》, 重庆出版社 2008 年版。

李　洁:《传播技术建构共同体——从英尼斯到麦克卢汉》, 暨南大学出版社 2009 年版。

李明伟:《知媒者生存: 媒介环境学纵论》, 北京大学出版社 2010 年版。

渠敬东:《缺席与断裂: 有关失范的社会学研究》, 上海人民出版社 1999 年版。

申　凡、戚海龙主编:《当代传播学》, 华中科技大学出版社 2000 年版。

石义彬:《单向度、超真实、内爆——批判视野中的当代西方传播思想研究》, 武汉大学出版社 2003 年版。

孙进己、干志耿:《文明论: 人类文明的形成发展与前景》, 人民出版社 2011 年版。

吴伯凡:《孤独的狂欢: 数字时代的交往》, 中国人民大学出版社 1998 年版。

吴国盛:《时间的观念》, 北京大学出版社 2006 年版。

吴国盛:《希腊空间概念》, 中国人民大学出版社 2010 年版。

项　翔:《近代西欧印刷媒介研究: 从古腾堡到启蒙运动》, 华东师范大学出版社 2001 年版。

张清民:《话语与秩序》, 中国社会科学出版社 2005 年版。

张兴成:《文化认同的美学与政治: 文化帝国主义与文化民族主义关系研究》, 人民出版社 2011 年版。

张咏华:《媒介分析: 传播技术神话的解读》, 复旦大学出版社 2002 年版。

周　宪:《审美现代性批判》, 商务印书馆 2005 年版。

周　宪：《视觉文化的转向》，北京大学出版社 2008 年版。

周　宪、陈蕴西主编：《观念的生产与知识重构》，生活·读书·新知三联书店 2013 年版。

（二）论文类（含硕博论文）

曹家荣：《资讯时代的媒介、速度与爱情》，《资讯社会研究》（台湾）2005 年第 9 期。

曹智频：《理解媒介：国内麦克卢汉研究述评》，《东南传播》2008 年第 10 期。

曹智频：《媒介偏向与文化变迁：从伊尼斯到麦克卢汉》，《学术研究》2010 年第 8 期。

陈定家：《媒介变革与文学转型》，《中国社会科学院研究生院学报》2009 年第 5 期。

韩明莲：《从"文本分析"到"理解媒介"——麦克卢汉媒介理论的发展》，《东岳论丛》2010 年第 11 期。

黄厚铭：《虚拟社区中的身份认同与信任》，台湾大学社会学研究所 2001 年（博士论文）。

黄厚铭：《迈向速度存有论》，《新闻学研究》（台湾）第 101 期，2009 年 10 月。

蒋原伦：《大众文化的兴起与纯文学神话的破灭》，《文艺研究》2001 年第 5 期。

蒋原伦：《媒介批评与当代文化》，《文艺研究》2008 年第 2 期。

金惠敏：《"媒介即信息"与庄子的技术观——为纪念麦克卢汉百年诞辰而作》，《江西社会科学》2012 年第 6 期。

金惠敏：《感性整体与反思整体——麦克卢汉、海德格尔与维科的互文阐释》，《南华大学学报》（社会科学版）2014 年第 6 期。

金惠敏：《理解媒介的延伸——纪念麦克卢汉〈理解媒介：

人的延伸〉发表 50 周年》，《中国图书评论》2014 年第 11 期。

金惠敏：《技术与感性——在麦克卢汉、海森伯和庄子之间的互文性阐释》，《文艺理论研究》2015 年第 1 期。

金惠敏：《"麦克卢汉：媒介与美学"专题主持人语》，《文艺理论研究》2015 年第 1 期。

金惠敏：《作为方法的美学——"麦克卢汉与美学研究"专题代序》，《东岳论丛》2015 年第 6 期。

金惠敏：《关于麦克卢汉的研究》，《北京科技大学学报》（社会科学版）2016 年第 3 期。

金惠敏：《感性整体——麦克卢汉的媒介研究与文学研究》，《中国人民大学学报》2016 年第 4 期。

赖安芝：《阅读麦克鲁汉：媒体塑造感知，感知塑造艺术》，《美术学刊》（台湾）2012 年第 3 期。

李明伟：《文学新批评派对麦克卢汉传播研究的影响》，《深圳大学学报》（人文社会科学版）2009 年第 5 期。

李中华、刘军：《作为"艺术"的生态——论麦克卢汉生态思想精义》，《广西师范大学学报》（哲学社会科学版）2012 年第 2 期。

李中华：《文艺：对环境的感知——麦克卢汉文艺美学思想研究之一》，《湖南大学学报》（社会科学版）2012 年第 3 期。

李中华：《麦克卢汉媒介理论的接受与新世纪中国文学批评的发展》，湖南师范大学 2013 年（博士论文）。

林志明：《影像与传播——阅读麦克鲁汉》，《师大学报》（台湾）第 47 卷第 1 期，2002 年。

卢娜娜：《后结构主义视域下的麦克卢汉媒介理论研究》，南京大学 2013 年（硕士论文）。

荣耀军：《现代性与媒介文化批评中的主体型像——从本雅明、麦克卢汉到鲍德里亚》，《厦门大学学报》（哲学社会科学版）

2008 年第 3 期。

宋奎波：《马歇尔·麦克卢汉媒介技术思想研究》，东北大学 2008 年（硕士论文）。

王新蕾：《论麦克卢汉媒介理论中媒介与技术、艺术、受众的关系》，山东大学 2013 年（硕士论文）。

王雅洁：《麦克卢汉的媒介文化观》，苏州大学 2002 年（硕士论文）。

吴翠松：《重思"媒介就是讯息"意涵》，《玄奘大学资讯传播学报》（台湾）2009 年第 6 期。

徐志忠：《麦鲁恒：电子时代的宣言人》，《现代学苑》第 5 卷第 9 期，1968 年 9 月。

徐志忠：《麦鲁恒与中国文化的展望》，《现代学苑》第 5 卷第 10 期，1968 年 10 月。

杨富波：《麦克卢汉媒介理论研究》，吉林大学 2007 年（硕士论文）。

杨汉云、杨祎：《国内麦克卢汉媒介理论研究述评》，《当代传播》2011 年第 6 期。

殷晓蓉：《麦克卢汉对美国传播学的冲击及其现代文化意义》，《复旦学报》（社会科学版）1999 年第 2 期。

张　进：《论麦克卢汉的媒介生态学思想》，《江西社会科学》2012 年第 6 期。

张　亮：《麦克卢汉：与大众传媒调情的媒介诗人》，《山东社会科学》2011 年第 4 期。

张咏华：《新形势下对麦克卢汉媒介理论的再认识》，《现代传播》2000 年第 1 期。

张永清：《文学研究如何应对视觉文化的挑战》，《江海学刊》2010 年第 1 期。

周长富：《麦克卢汉媒介技术哲学评述》，复旦大学 2009 年

（硕士论文）。

朱　珊：《国内麦克卢汉研究的两种模式及其超越》，《山东社会科学》2011年第4期。

三、国外学者的著作（中译本）

〔加〕罗伯特·洛根：《字母表效应：拼音文字与西方文明》，何道宽译，复旦大学出版社2012年版。

〔加〕罗伯特·洛根：《理解新媒介：延伸麦克卢汉》，何道宽译，复旦大学出版社2012年版。

〔加〕菲利普·马尔尚：《麦克卢汉：媒介及信使》，何道宽译，中国人民大学出版社2003年版。

〔加〕阿尔维托·曼古埃尔：《阅读史》，吴昌杰译，商务印书馆2002年版。

〔加〕玛丽·崴庞德：《传媒的历史与分析：大众媒介在加拿大》，郭镇之译，北京广播学院出版社2003年版。

〔加〕哈罗德·伊尼斯：《帝国与传播》，何道宽译，中国人民大学出版社2003年版。

〔加〕哈罗德·伊尼斯：《传播的偏向》，何道宽译，中国人民大学出版社2003年版。

〔美〕伊丽莎白·爱森斯坦：《作为变革动因的印刷机：早期近代欧洲的传播与文化变革》，何道宽译，北京大学出版社2010年版。

〔美〕本尼迪克特·安德森：《想象的共同体：民族主义的起源与散布》（增订版），吴叡人译，上海人民出版社2011年版。

〔美〕约翰·巴克勒、贝内特·希尔、约翰·麦凯：《西方社会史》，霍文利等译，广西师范大学出版社2005年版。

〔美〕尼尔·波斯曼：《通往未来的过去——与十八世纪接轨

的一座新桥》,吴韵仪译,台湾商务印书馆 2000 年版。

〔美〕马克·波斯特:《信息方式:后结构主义与社会语境》,范静晔译,商务印书馆 2000 年版。

〔美〕尼尔·波兹曼:《童年的消逝》,吴燕莛译,广西师范大学出版社 2004 年版。

〔美〕尼尔·波兹曼:《技术垄断:文化向技术投降》,何道宽译,北京大学出版社 2007 年版。

〔美〕尼尔·波兹曼:《娱乐至死:追求表象、欢笑和激情的电视时代》,蔡承志译,台北猫头鹰书房 2007 年版。

〔美〕丹尼尔·J. 布尔斯廷:《发现者:人类探索世界和自我的历史》,戴子钦等译,上海译文出版社 1995 年版。

〔美〕梅尔文·迪弗罗尔、桑德拉·鲍尔-罗基奇:《媒介与社会》,《现代传播》1983 年第 4 期。

〔美〕格莱夫斯:《中世教育史》,吴康译,华东师范大学出版社 2005 年版。

〔美〕里亚·格林菲尔德:《资本主义精神:民族主义与经济增长》,张京生、刘新义译,上海人民出版社 2009 年版。

〔美〕海斯:《现代民族主义演进史》,帕米尔译,华东师范大学出版社 2005 年版。

〔美〕杰姆逊:《后现代主义与文化理论》,唐小兵译,北京大学出版社 1997 年版。

〔美〕尼古拉斯·卡尔:《浅薄:互联网如何毒化了我们的大脑》,刘纯毅译,中信出版社 2010 年版。

〔美〕曼纽尔·卡斯特:《网络社会的崛起》,夏铸九等译,社会科学文献出版社 2001 年版。

〔美〕T. F. 卡特:《中国印刷术的发明和它的西传》,吴泽炎译,商务印书馆 1957 年版。

〔美〕刘易斯·科塞:《理念人——一项社会学的考察》,郭方等译，中央编译出版社 2004 年版。

〔美〕保罗·莱文森：《数字麦克卢汉——信息化新纪元指南》，何道宽译，社会科学文献出版社 2001 年版。

〔美〕保罗·莱文森：《数字麦克卢汉——信息化新纪元指南》，何道宽译，北京师范大学出版社 2014 年版。

〔美〕林文刚（Casey Man Kong Lum）编：《媒介环境学：思想沿革与多维视野》，何道宽译，北京大学出版社 2007 年版。

〔美〕E. M. 罗杰斯：《传播学史：一种传记式的方法》，殷晓蓉译，上海译文出版社 2012 年版。

〔美〕希利斯·米勒：《土著与数码冲浪者：米勒中国演讲集》，易晓明编，吉林人民出版社 2004 年版。

〔美〕丹尼尔·杰·切特罗姆：《传播媒介与美国人的思想：从莫尔斯到麦克卢汉》，曹静生、黄艾禾译，中国广播电视出版社 1991 年版。

〔美〕罗德尼·斯达克：《理性的胜利：基督教与西方文明》，管欣译，复旦大学出版社 2011 年版。

〔美〕兰斯·斯特拉特：《麦克卢汉与媒介生态学》，胡菊兰译，河南大学出版社 2016 年版。

〔美〕史蒂文·瓦戈：《社会变迁》，王晓黎等译，北京大学出版社 2007 年版。

〔美〕沃尔特·翁：《口语文化与书面文化：语词的技术化》，何道宽译，北京大学出版社 2008 年版。

〔美〕伊曼纽尔·沃勒斯坦：《现代世界体系》（第二卷：重商主义与欧洲世界经济体的巩固），庞卓恒等译，高等教育出版社 1998 年版。

〔美〕伊曼纽尔·沃勒斯坦：《沃勒斯坦精粹》，黄光耀、洪霞译，南京大学出版社 2003 年版。

〔美〕罗杰·西尔文斯通：《媒介概念十六讲》，陈玉箴译，台湾韦伯文化国际出版有限公司 2003 年版。

〔美〕迈克尔·亚历山大:《英国早期历史中的三次危机》,林达丰译,北京大学出版社 2008 年版。

〔美〕周绍明(Joseph P. McDermott):《书籍的社会史:中华帝国晚期的书籍与士人文化》,何朝晖译,北京大学出版社 2009 年版。

〔德〕阿多诺:《美学理论》,王柯平译,四川人民出版社 1998 年版。

〔德〕汉娜·阿伦特编:《启迪:本雅明文选》,张旭东、王斑译,生活·读书·新知三联书店 2008 年版。

〔德〕费希特:《对德意志民族的演讲》,梁志学、沈真、李理译,商务印书馆 2010 年版。

〔德〕于尔根·哈贝马斯等:《文化现代性精粹读本》,周宪译,中国人民大学出版社 2006 年版。

〔德〕威廉·冯·洪堡:《论国家的作用》,林荣远、冯兴元译,中国社会科学出版社 1998 年版。

〔德〕威廉·冯·洪堡特:《论人类语言结构的差异及其对人类精神发展的影响》,姚小平译,商务印书馆 1997 年版。

〔德〕威廉·冯·洪堡特,姚小平选编译注:《洪堡特语言哲学文集》,商务印书馆 2011 年版。

〔德〕马克思、恩格斯:《马克思恩格斯全集》,人民出版社,1995—2008 年版。

〔德〕沃尔夫冈·韦尔施:《重构美学》,陆扬、张岩冰译,上海译文出版社 2002 年版。

〔德〕威廉·沃林格:《抽象与移情:对艺术风格的心理学研究》,王才勇译,金城出版社 2010 年版。

〔德〕F. W. J. 谢林:《对人类自由的本质及其相关对象的哲学研究》,邓安庆译,商务印书馆 2008 年版。

〔法〕弗雷德里克·巴比耶：《书籍的历史》，刘阳等译，广西师范大学出版社2005年版。

〔法〕布鲁诺·布拉萨勒：《满满的书页：书的历史》，余中先译，上海书店出版社2002年版。

〔法〕吉尔·德拉诺瓦：《民族与民族主义》，郑文彬、洪晖译，生活·读书·新知三联书店2005年版。

〔法〕费夫贺、马尔坦：《印刷书的诞生》，李鸿志译，广西师范大学出版社2006年版。

〔法〕米歇尔·福柯：《知识考古学》，谢强、马月译，生活·读书·新知三联书店2007年版。

〔法〕埃里克·麦格雷：《传播理论史：一种社会学视角》，刘芳译，中国传媒大学出版社2009年版。

〔法〕费尔南德·莫塞：《英语简史》，水天同等译，王易仓校，外语教学与研究出版社1990年版。

〔法〕加布里埃尔·塔尔德：《传播与社会影响》，〔美〕特里·N.克拉克编，何道宽译，中国人民大学出版社2005年版。

〔英〕G. R. 埃尔顿编：《新编剑桥世界近代史》（宗教改革卷），中国社会科学院世界历史研究所组译，中国社会科学出版社2002年版。

〔英〕G. 昂温、P. S. 昂温：《外国出版史》，陈生铮译，中国书籍出版社1988年版。

〔英〕奥尔德里奇：《简明英国教育史》，褚惠芳、李洪绪等译，人民教育出版社1987年版。

〔英〕G. R. 波特编：《新编剑桥世界近代史》（文艺复兴卷），中国社会科学院世界历史研究所组译，中国社会科学出版社1999年版。

〔英〕戴维·巴勒特：《媒介社会学》，赵伯英、孟春译，社会科学文献出版社1989年版。

〔英〕阿雷恩·鲍尔德温、布莱恩·朗赫斯特等：《文化研究导论》（修订版），陶东风等译，高等教育出版社 2004 年版。

〔英〕格雷姆·伯顿：《媒体与社会：批判的视角》，史安斌主译，清华大学出版社 2007 年版。

〔英〕彼得·柏克：《知识社会史》，贾士蘅译，台湾麦田出版公司 2003 年版。

〔英〕彼得·伯克：《欧洲近代早期的大众文化》，杨豫、王海良等译，上海人民出版社 2005 年版。

〔英〕彼得·伯克：《语言的文化史》，李霄翔等译，北京大学出版社 2007 年版。

〔英〕阿萨·勃里格斯：《英国社会史》，陈叙平等译，中国人民大学出版社 1991 年版。

〔英〕阿萨·勃里格斯、彼得·伯克：《大众传播史——从古腾堡到网际网路的时代》，李明颖等译，台北韦伯文化国际出版有限公司 2005 年版。

〔英〕以赛亚·伯林：《现实感》，潘荣荣、林茂译，译林出版社 2004 年版。

〔英〕以赛亚·伯林：《自由及其背叛》，赵国新译，译林出版社 2005 年版。

〔英〕以赛亚·伯林：《浪漫主义时代的政治观念：它们的兴起及其对现代思想的影响》，王岽兴、张蓉译，新星出版社 2011 年版。

〔英〕戴维·芬克尔斯坦、阿利斯泰尔·麦克利里：《书史导论》，何朝晖译，商务印书馆 2012 年版。

〔英〕玛丽娜·弗拉斯卡-斯帕达、尼克·贾丁主编：《历史上的书籍与科学》，苏贤贵译，上海科技教育出版社 2006 年版。

〔英〕弗兰西斯·弗兰契娜、查尔斯·哈里森编：《现代艺术与现代主义》，张坚、王晓文译，上海人民美术出版社 1988 年版。

〔英〕安德斯·汉森等:《大众传播研究方法》,崔保国等译,新华出版社 2004 年版。

〔英〕A. N.怀特海:《科学与近代世界》,何钦译,商务印书馆 1959 年版。

〔英〕埃里克·霍布斯鲍姆:《民族与民族主义》,李金梅译,上海人民出版社 2006 年版。

〔英〕斯图尔特·霍尔编:《表征:文化表象与意指实践》,徐亮、陆兴华译,商务印书馆 2003 年版。

〔英〕克里斯托夫·霍洛克斯:《麦克卢汉与虚拟实在》,刘千立译,北京大学出版社 2005 年版。

〔英〕埃里·凯杜里:《民族主义》,张明明译,中央编译出版社 2002 年版。

〔英〕泰玛·利贝斯、埃利胡·卡茨:《意义的输出:〈达拉斯〉的跨文化解读》,刘自雄译,华夏出版社 2003 年版。

〔英〕安德鲁·桑德斯:《牛津简明英国文学史》,谷启楠等译,人民文学出版社 2000 年版。

〔英〕尼克·史蒂文森:《认识媒介文化:社会理论与大众传播》,王文斌译,商务印书馆 2001 年版。

〔英〕安东尼·史密斯:《全球化时代的民族与民族主义》,龚维斌、良警宇译,中央编译出版社 2002 年版。

〔英〕安东尼·史密斯:《民族主义》(第二版),叶江译,上海人民出版社 2011 年版。

〔英〕克里斯托弗·希伯特:《英国社会史》,贾士蘅译,台湾编译馆 1995 年版。

〔英〕玛丽·伊万丝:《社会简史:现代世界的诞生》,曹德骏等译,复旦大学出版社 2010 年版。

〔斯〕阿莱斯·艾尔雅维茨:《图像时代》,胡菊兰、张云鹏译,吉林人民出版社 2003 年版。

〔西〕胡安·诺格:《民族主义与领土》,徐鹤林、朱伦译,中央民族大学出版社 2009 年版。

〔荷〕约翰·赫伊津哈:《伊拉斯谟传:伊拉斯谟与宗教改革》,何道宽译,广西师范大学出版社 2008 年版。

〔荷〕R.霍伊卡:《宗教与现代科学的兴起》,丘仲辉、钱福庭、许列民译,四川人民出版社 1999 年版。

〔荷〕丹尼斯·麦奎尔:《麦奎尔大众传播理论》,崔保国、李琨译,清华大学出版社 2006 年版。

〔澳〕林恩·高曼、戴维·麦克林恩:《大众媒介社会史》,林怡馨译,台北韦伯文化国际出版有限公司 2007 年版。

四、国外学者的著作(英文版)

Abel, Richard. (2011). *The Gutenberg Revolution: A History of Print Culture*. New Brunswick and London: Transaction Publishers.

Altick, Richard. (1957). *The English Common Reader: A Social History of the Mass Reading Public, 1800-1900*. Chicago: University of Chicago Press.

Anderson, Benedict. (1982). *Imagined Communities: Reflections on the Origin and Spread of Nationalism*. London and New York: Verso.

Aries, Philippe. (1962). *Centuries of Childhood: A Social History of Family Life*. London: Cape.

Arnheim, Rudolf. (1969). *Visual Thinking*. Berkeley: University of California Press.

Aston, Margaret. (1968). *The Fifteenth Century: The Prospect of Europe*. London: Thames & Hudson.

Atherton, James S. (1959). *Books at the Wake*. London: Faber & Faber.

Auerbach, E. (1953). *Mimesis: The Representation of Reality in Western Literature*. Princeton: Princeton University Press.

Babe, Robert E. (1990). *Telecommunications in Canada: Technology, Industry and Government*. Toronto: University of Toronto Press.

Babe, Robert E. (2000). *Canadian Communication Thought: Ten Foundational Writers*. Toronto: University of Toronto Press.

Babington-Smith, Constance. (1958). *Evidence in Camera: The Story of Photographic Intelligence in World War II*. London: Chatto and Windus.

Bacon, Francis. (1950). *The Advancement of Learning*. London: J. M. Dent & Sons.

Bagrow, Leo. (1964). *History of Cartography*. Cambridge: Precedent Publishing, Inc.

Barchas, Janine. (2003). *Graphic Design, Print Culture, and the Eighteenth-Century Novel*. Cambridge: Cambridge University Press.

Barnouw, Erik. (1956). *Mass Communication*. New York: Rinehart.

Barthes, Roland. (1977). *Image Music Text*. London: Fontana Press.

Barthes, Roland. (1988). "The Death of the Author". In S. Heath (ed. & trans.). *Image, Music, Text*. New York: Noonday.

Barzun, Jacques. (2000). *From Dawn to Decadence: 500 Years of Western Cultural Life, 1500 to the Present*. New York: Harper & Collins.

Basalla, George. (2002). *The Evolution of Technology*. Cambridge: Cambridge University Press.

Benedetti, Paul and Nancy DeHart (eds.). (1996). *Forward

Through the Rear-View Mirror: Reflections on and by Marshall McLuhan. Toronto: Prentice Hall Canada.

Benjamin, Walter. (1969). *Illuminations: Essays and Reflections* (H. Arendt, ed., H. Zohn, trans.). New York: Schocken.

Berg, Maxine and Kristine Bruland (eds.). (1998). *Technological Revolutions in Europe: Historical Perspectives*. Cheltenham: Edward Elgar.

Berkeley, Bishop. (1709). *A New Theory of Vision*. New York: Dutton.

Bernstein, Jane A. (2001). *Print Culture and Music in Sixteenth-Century Venice*. New York: Oxford University Press.

Birkerts, Sven. (1996). *The Gutenberg Elegies: The Fate of Reading in an Electronic Age*. London: Faber & Faber.

Biro, George M. (1999). *Marshall McLuhan Meets the Millennium Bug*. Kingston, Ontario: Uplevel Publishing.

Bloom, Harold. (1996). *The Western Canon*. London: Macmillan.

Bloom, Harold. (2001). *How to Read and Why*. London: Macmillan.

Bolter, Jay David. (1984). *Turing's Man: Western Culture in the Computer Age*. Chapel Hill: The University of North Carolina Press.

Bolter, Jay David. (1991). *Writing Space: The Computer, Hypertext, and the History of Writing*. Hillsdale: Erlbaum Associates.

Bradley, Arthur. (2008). *Derrida's "Of Grammatology"*. Edinburgh: Edinburgh University Press.

Braudel, Fernand. (1984). *Civilization and Capitalism, 15th-18th Century*. 3 vols. New York: Harper.

Breasted, James Henry. (1926). *The Conquest of Civilization*. New York: Harper and Row.

Briggs, Asa. (1961). *The History of Broadcasting in the United Kingdom: The Birth of Broadcasting.* Oxford: Oxford University Press.

Briggs, Asa and Peter Burke. (2002). *A Social History of the Media, from Gutenberg to the Internet.* Cambridge: Polity Press.

Brooks, Douglas. (2000). *From Playhouse to Printing House: Drama and Authorship in Early Modern England.* Cambridge: Cambridge University Press.

Brown, Lloyd A. (1950). *The Story of Maps.* Boston: Little, Brown.

Buhler, Curt. (1960). *The Fifteenth Century Book.* Philadelphia: University of Pennsylvania Press.

Bushnell, George Herbert. (1947). *From Papyrus to Print.* London: Grafton.

Butler, Pierce. (1940). *The Origins of Printing in Europe.* Chicago: University of Chicago Press.

Carey, James W. (1989). *Communication as Culture: Essays on Media and Society.* Boston: Unwin Hyman Inc.

Carter, John and Percy Muir. (1967). *Printing and the Mind of Man: A Descriptive Catalogue Illustrating the Impact of Print on the Evolution of Western Civilization During Five Centuries.* London: Cassell, New York: Holt, Rinehart and Winston.

Carter, T. F. and C. L. Goodrich. (1955). *The Invention of Printing and Its Spread Westward.* New York: Ronald Press.

Cavallo, Guglielmo and Roger Chartier (eds.). (1999). *A History of Reading in the West.* Cambridge: Polity Press.

Cavell, Richard. (2002). *McLuhan in Space: A Cultural Geography.* Toronto: University of Toronto Press.

Chartier, Roger. (1987). *The Cultural Uses of Print in Early*

Modern Europe. Princeton: Princeton University Press.

Chartier, Roger (ed.). (1989). *The Culture of Print*. Cambridge: Polity Press.

Chartier, Roger. (1994). *The Order of Books: Readers, Authors, and Libraries in Europe between the Fourteenth and Eighteenth Centuries*. Stanford: Stanford University Press.

Chaytor, Henry John. (1945). *From Script to Print: A Introduction to Medieval Literature*. Cambridge: Cambridge University Press.

Chew, Victor Kenneth. (1967). *Talking Machines 1877-1914: Some Aspects of the Early History of the Gramophone*. London: Taylor & Francis.

Christin, Anne-Marie (ed.). (2001). *A History of Writing: From Hieroglyph to Multimedia*. Paris: Flammarion.

Clapham, Michael. (1957). "Printing". in Charles Singer et al. (eds.). *A History of Technology*, vol. 3, *From the Renaissance to the Industrial Revolution, c.1500–c.1750*. Oxford: Oxford University Press.

Clark, Sir George. (1966). *Early Modern Europe: From about 1450 to about 1720*. Oxford: Oxford University Press.

Crosby, Harry H. and George R. Bond (eds.). (1968). *The McLuhan Explosion: A Casebook on Marshall McLuhan and Understanding Media*. New York: American Book Company.

Current, Richard Nelson. (1954). *The Typewriter and the Men Who Made It*. Urbana: University of Illinois Press.

Czitrom, D. J. (1982). *Media and the American Mind: From Morse to McLuhan*. Chapel Hill: University of North Carolina Press.

Daly, Lloyd W. (1967). *Contributions to a History of Alphabetization*. Bruxelles: Latomus.

Dane, Joseph A. (2003). *The Myth of Print Culture: Essays on Evidence, Textuality and Bibliographical Method*. Toronto: University of Toronto Press.

Davies, Margery W. (1982). *Woman's Place Is at the Typewriter: Office Work and Office Workers, 1870-1930*. Philadelphia: Temple University Press.

DeFleur, M. (1989). *Theories of Mass Communication*. New York: Longman.

Deibert, Ronald. (1997). *Parchment, Printing and Hypermedia: Communication in World Order Transformation*. New York: Columbia University Press.

Derrida, Jacques. (1976). *Of Grammatology*. Baltimore & London: Johns Hopkins University Press.

Derrida, Jacques. (1978). *Writing and Difference*. Chicago: University of Chicago Press.

Derrida, Jacques. (1981). *Positions*. Chicago: University of Chicago Press.

Derrida, Jacques. (1987). *The Post Card: From Socrates to Freud and Beyond*. Chicago: University of Chicago Press.

Deutsch, Karl. (1953). *Nationalism and Social Communication*. New York: Wiley.

Diamond, Jared. (1997). *Guns, Germs, and Steel: The Fates of Human Societies*. New York: W. W. Norton.

Diringer, David. (1953). *The Alphabet: A Key to the History of Mankind*. New York: Philosophical Library.

Donald, Merlin. (1991). *The Origin of the Modern Mind*. Cambridge: Harvard University Press.

Dudek, Louis. (1960). *Literature and the Press*. Toronto: Ryerson

Press.

Duffy, Donald. (1969). *Marshall McLuhan*. Toronto: McClelland and Steward.

Dunlap, Orrin E. (2011). *Marconi: The Man and His Wireless*. New York: Kessinger Publishing.

Edwards, Mark U. (2005). *Printing, Propaganda, and Martin Luther*. Augsburg: Fortress Press.

Eisenstein, Elizabeth L. (1979). *The Printing Press as an Agent of Change: Communications and Cultural Transformations in Early Modern Europe*. Cambridge: Cambridge University Press.

Eisenstein, Elizabeth L. (1983). *The Printing Revolution in Early Modern Europe*. Cambridge: Cambridge University Press.

Ellul, Jacques. (1964). *The Technological Society*. New York: Vintage Book.

Ellul, Jacques. (1965). *Propaganda: The Formation of Man's Attitude*. New York: Knopf.

Ellul, Jacques. (1980). *The Technological System*. Publisher: Continuum.

Empson, W. (1955). *Seven Types of Ambiguity*. New York: Meridian.

Enright, Dennis Joseph. (1971). *The Typewriter Revolution & Other Poems*. New York: Library Press.

Escarpit, Robert. (1966). *The Book Revolution*. London and Paris: George G. Harrap & Co. Ltd. and UNESCO.

Ewen, Stuart. (1976). *Captains of Consciousness: Advertising and the Social Roots of the Consumer Culture*. New York: McGraw-Hill.

Ezell, Margaret J. M. (1999). *Social Authorship and the Advent of Print*. Baltimore: Johns Hopkins University Press.

Fakete, J. (1977). *The Critical Twilight: Explorations in the Ideology of Anglo-American Literary Theory from Eliot to McLuhan*. London: Routledge and Kegan Paul.

Feather, John. (1988). *A History of British Publishing*. London: Croom Helm.

Featherstone, Mike. (1995). *Undoing Culture: Globalization, Postmodernism and Identity*. London: SAGE Publictions.

Febvre, Lucien, and Henri-Jean Martin. (1976). *The Coming of the Book: The Impact of Printing, 1450-1800*. London: NLB.

Finkelstein, David and Alistair McCleery (eds.). (2001). *The Book History Reader*. London: Routledge.

Finkelstein, Sidney. (1968). *Sense and Nonsense in McLuhan*. New York: International Publishers.

Fischer, Steven R. (2003). *A History of Reading*. London: Reaktion Books.

Forester, John (ed.). (1985). *Critical Theory and Public Life*. Cambridge, Mass.: MIT Press.

Foucault, Michel. (1973). *The Order of Things: An Archaeology of Human Sciences*. New York: Vintage Books.

Foucault, Michel. (1979). "What is an Author?"In J. V. Harari (ed). *Textual Strategies: Perspectives in Post-structuralist Criticism*. Ithaca, NY: Cornell University Press.

Fox, Adam. (2000). *Oral and Literature Culture in England, 1500-1700*. Oxford: Oxford University Press.

Frye, Northrop. (1957). *Anatomy of Criticism*. Princeton: Princeton University Press.

Gelatt, Roland. (1977). *The Fabulous Phonograph, 1877-1977*. New York: Macmillan.

Gelb, Ignace Jay. (1963). *A Study of Writing*. Chicago: University of Chicago Press.

Gellner, Ernest. (1994). *Encounters with Nationalism*. Oxford: Blackwell.

Gencarelli, Thomas F. (2000). "The Intellectual Roots of Media Ecology in the Work and Thought of Neil Postman". In *The New Jersey Journal of Communication* 8 (1): 91-103.

Genosko, Gary. (1999). *McLuhan and Baudrillard: The Masters of Implosion*. London and New York: Routledge.

Genosko, Gary (ed.). (2005a). *Marshall McLuhan: Critical Evaluations in Cultural Theory*, Volume I: *Fashion and Fortune*. London and New York: Routledge.

Genosko, Gary (ed.). (2005b). *Marshall McLuhan: Critical Evaluations in Cultural Theory*, Volume II: *Theoretical Elaborations*. London and New York: Routledge.

Genosko, Gary (ed.). (2005c). *Marshall McLuhan: Critical Evaluations in Cultural Theory*, Volume III: *Renaissance for a Wired World*. London and New York: Routledge.

Gergen, K. J. (1991). *The Saturated Self: Dilemmas of Identity in Contemporary Life*. New York: Basic Books.

Giddens, Anthony. (1987). *Social Theory and Modern Sociology*. Cambridge: Polity Press.

Giddens, Anthony. (1990). *The Consequences of Modernity*. Stanford: Stanford University Press.

Giddens, Anthony. (1990). *Modernity and Self-Identity*. Cambridge: Polity Press.

Giedion, Siegfried. (1969). *Mechanization Takes Command*. New York: Norton.

Gitlin, Todd. (1987). *The Sixties: Years of Hope, Days of Rage.* New York: Bantam Books.

Goldschmidt, Ernst Philip. (1943). *Medieval Texts and Their First Appearance in Print.* New York: Biblo & Tannen Booksellers & Publishers.

Gombrich, E. H. (1960). *Art and Illusion.* New York: Pantheon Books.

Goody, Jack. (1968). *Literacy in Traditional Societies.* Cambridge: Cambridge University Press.

Goody, Jack. (1977). *The Domestication of the Savage Mind.* Cambridge and New York: Cambridge University Press.

Goody, Jack. (1987). *The Interface between the Oral and the Written.* Cambridge: Cambridge University Press.

Gordon, W. Terrence. (1997a). *Marshall McLuhan: Escape into Understanding: A Biography.* Toronto: Basic Books.

Gordon, W. Terrence. (1997b). *McLuhan for Beginners.* London: Writers and Readers.

Grant, George. (1969). *Technology and Empire.* Toronto: House of Anansi.

Green, Lelia. (2002). *Communication, Technology and Society.* London: SAGE Publications.

Greenblatt, Stephen. (1988). *Representing the English Renaissance.* Berkeley: University of California Press.

Grosswiler, Paul. (1998). *Method Is the Message: Rethinking McLuhan Through Critical Theory.* Montreal: Black Rose Books.

Grosswiler, Paul (ed.). (2010). *Transforming McLuhan: Cultural, Critical, and Postmodern Perspectives.* New York: Peter Lang.

Guile, Bruce (ed.). (1985). *Information Technologies and Social*

Transformation. Washington, D. C.: National Academy Press.

Habermas, Jurgen. (1989). *Structural Transformation of the Public Sphere: An Inquiry into a Category of Bourgeois Society*. Cambridge: Polity Press.

Hall, A. Rupert. (1966). *The Scientific Revolution, 1500-1800: The Formation of the Modern Scientific Attitude*. Boston: Beacon Press.

Hall, David D. (1996). *Cultures of Print: Essays in the History of the Book*. Amherst: University of Massachusetts Press.

Hall, Edward T. (1959). *The Silent Language*. New York: Doubleday.

Hanna, Nelly. (2003). *In Praise of Books: A Cultural History of Cairo's Middle Class, Sixteenth to the Eighteenth Century*. Syracuse, New York: Syracuse University Press.

Havelock, Eric A. (1963). *Preface to Plato*. Cambridge and London: Belknap Press of the Harvard University Press.

Havelock, Eric A. (1976). *Origin of Western Literacy*. Toronto: Ontario Institute for Studies in Education.

Havelock, Eric A. (1982). *The Literate Revolution in Greece and Its Cultural Consequences*. Princeton: Princeton University Press.

Havelock, Eric A. (1986). *The Muse Learns to Write*. New Haven: Yale University Press.

Havelock, Eric A. and Jackson Herschell (eds.). (1978). *Communication Arts in the Ancient World*. New York: Hastings House.

Hayakawa, S. I. (1964). *Language in Thought and Action*. 4th ed. New York: Harcourt, Brace Jovanovich.

Hayes, Carleton. (1931). *Historical Evolution of Modern Nationalism*. New York: Smith Publishing.

Heidegger, Martin. (1971). *Poetry, Language, Thought*. New

York: Harper & Row.

Heim, Michael. (1987). *Electric Language: A Philosophical Study of Word Processing*, New Haven: Yale University Press.

Heyer, Paul. (1988). *Communication and History: Theories of Media, Knowledge and Civilization*. New York: Greenwood Press.

Hirsch, Rudolph. (1967). *Printing, Selling and Reading: 1450-1550*. Wiesbaden: Otto Harrassowitz.

Huizinga, J. (1954). *The Waning of the Middle Ages*. New York: Doubleday.

Ing, Janet Thompson. (1998). *Johann Gutenberg and His Bible: A Historical Study*. New York: Typophiles.

Innis, Harold A. (1986). *Empire and Communication*. Victoria / Toronto: Press Porcépic Limited.

Innis, Harold A. (1951). *The Bias of Communication*. Toronto: University of Toronto Press.

Ivins, William M. (1946). *Art and Geometry: A Study in Space Intuitions*. Cambridge: Harvard University Press.

Ivins, William M. (1953). *Prints and Visual Communication*. London: Routledge and Kegan Paul.

Jackson, Sydney. (1968). "Printed Books and the Mass Mind: Some Sixteenth-Century Views". In *Libri* 18, no. 1: 35-50.

James, A. Lloyd. (1938). *Our Spoken Language*. London: Nelson.

Jameson, Fredric. (1991). *Postmodernism; or, The Cultural Logic of Late Capitalism*. Durhan: Duke University Press.

Jenkins, Henry. (2006). *Convergence Culture: Where Old and New Media Collide*. New York: New York University Press.

Johns, Adrian. (1998). *The Nature of the Book: Print and Knowledge in the Making*. Chicago: University of Chicago Press.

Joyce, James. (1939). *Finnegan's Wake*. London: Faber & Faber.

Kapr, Albert. (1996). *Johann Gutenberg: The Man and His Invention*. Aldershot: Scolar Press.

Keeney, F. J. (1974). *The Classical Text: Aspects of Editing in the Age of the Printed Book*. Berkeley: University of California Press.

Kellner, D. (1995). *Media Culture: Cultural Studies, Identity and Politics Between the Modern and the Postmodern*. London: Routledge.

Kenner, Hugh. (1987). *The Mechanic Muse*. New York: Oxford University Press.

Kepes, Gyorgy. (1939). *The Language of Vision*. Chicago: Paul Theobald.

Kern, Stephen. (1983). *The Culture of Time and Space: 1880-1918*. Cambridge: Harvard University Press.

Kernan, Alvin. (1987). *Printing Technology, Letters and Samuel Johnson*. Princeton: Princeton University Press.

Kilgour, Frederick G. (1998). *The Evolution of the Book*. Oxford: Oxford University Press.

Kittler, Friedrich A. (1999). *Gramophone, Film, Typewriter*. Stanford: Stanford University Press.

Kroker, Arthur. (1984). *Technology and the Canadian Mind: Innis, McLuhan, Grant*. Montreal: New World Perspective.

Kuhn, Thomas S. (1957). *The Copernican Revolution: Planetary Astronomy in the Development of Western Thought*. Cambridge: Harvard University Press.

Kuhn, Thomas S. (1972). *The Structure of Scientific Revolution*. Chicago: University of Chicago Press.

Kuhns, B. (1997). *The War Within the Word: McLuhan's History of the Trivium*. Internet list posting, March 18, 1997.

Lamberti, Elena. (2012). *Marshall McLuhan's Mosaic: Probing the Literary Origins of Media Studies*. Toronto: University of Toronto Press.

Landes, David S. (2000). *Revolution in Time: Clocks and the Making of the Modern World*. Cambridge: Harvard University Press.

Landow, George. (1982). *Hypertext: The Convergence of Contemporary Critical Theory and Technology*. Baltimore: Johns Hopkins University Press.

Lang, Paul Henry. (1941). *Music in Western Civilization*. New York: W. W. Norton.

Lanham, R. A. (1993). *The Electronic Word: Democracy, Technology, and the Arts*. Chicago: The University of Chicago Press.

Laqueur, Thomas. (1990). *Making Sex: Body and Gender from the Greeks to Freud*. Cambridge: Harvard University Press.

Leavis, F. R. and Denys Thompson. (1933). *Culture and Environment*. London: Chatto and Windus.

Leavis, F. R. (1936). *Revaluation*. London: Chatto and Windus.

Lerner, Fred. (1998). *The Story of Libraries: From the Invention of Writing to the Computer Age*. New York: Continuum.

Levinson, Paul. (1995). *Learning Cyberspace: Essays on the Evolution of Media and the New Education*. San Francisco, CA: Anamnesis Press.

Levinson, Paul. (1997). *The Soft Edge: A Natural History and Future of the Information Revolution*. London and New York: Routledge.

Levinson, Paul. (1999). *Digital McLuhan: A Guide to the Information Millennium*. New York and London: Routledge.

Lewis, Wyndham. (1927). *Time and Western Man*. London:

Chatto and Windus.

Lewis, Wyndham. (1987). *Men Without Art*. Santa Rosa, CA: Black Sparrow Press.

Logan, Robert K. (1986). *The Alphabet Effect: The Impact of the Phonetic Alphabet on the Development of Western Civilization*. New York: St. Martin Press.

Logan, Robert K. (2007). *The Extended Mind: The Emergence of Language, the Human Mind, and Culture*. Toronto: University of Toronto Press.

Lorimer, Rowland and Mike Gasher. (2000). *Mass Communications in Canada*. Toronto: Oxford University Press.

Love, Harold. (2003). "Early Modern Print Culture: Assessing the Models". In *Parergon* 20 (1): 45-64.

Lovejoy, Arthur O. (1964). *The Great Chain of Being: A Study of the History of an Idea*. Cambridge: Harvard University Press.

Luhman, Niklas. (2000). *The Reality of the Mass Media*. Cambridge: Polity Press.

Lum, Casey Man Kong (ed.). (2006). *Perspectives on Culture, Technology and Communication: The Media Ecology Tradition*. Cresskill: Hampton Press.

Man, John. (2002). *Gutenberg: How One Man Remade the World of Words*. New York: John Wiley & Sons.

Manguel, Albert. (1996). *A History of Reading*. Bath: Flamingo.

Marchand, Philip. (1988). *Marshall McLuhan: The Medium and the Messenger*. New York: Ticknor & Fields.

Marchessault, Janine. (2005). *Marshall McLuhan: Cosmic Media*, London: SAGE Publications.

Martin, Henri-Jean. (1995). *The History and Power of Writing*.

Chicago: University of Chicago Press.

Marvin, Carolyn. (1988). *When Old Technologies were New: Thinking About Electric Communication in the Late Nineteenth Century*. Oxford : Oxford University Press.

McGann, Jerome. (1991). *The Textual Condition*. Princeton: Princeton University Press.

McKitteick, David. (2003). *Print, Manuscript and the Search for Order, 1450-1830*. Cambridge: Cambridge University Press.

McNeil, William H. (1963). *The Rise of the West: A History of the Human Community*. Chicago: University of Chicago Press.

McNeil, J. R. and William H. McNeil. (2003). *The Human Web: A Bird's-Eye View of World History*. New York: W. W. Norton.

Meyrowitz, Joshua. (1985). *No Sense of Place: The Impact of Electronic Media on Social Behavior*. Oxford: Oxford University Press.

Miller, Jonathan. (1971). *Marshall McLuhan*. London: William Collins.

Minnis, Alistair. (1988). *Medieval Theory of Authorship: Scholastic Literary Attitudes in the Later Middle Ages*. Aldershot: The Scolar Press.

Moos, Michael A. (1997). *Marshall McLuhan Essays: Media Research, Technology, Art, Communication*. Amsterdam: OPA.

Moran, James. (1978). *Printing Presses: History and Development from the Fifteenth Century to Modern Times*. Berkeley and Los Angeles: University of California Press.

Morris, Colin. (2002). *The Discovery of the Individual, 1050-1200*. Toronto: University of Toronto Press.

Mosco, Vincent. (2004). *The Digital Sublime: Myth, Power, and Cyberspace*. Cambridge: MIT Press.

Moss, John and Linda M. Morra (eds.). (2004). *At the Speed of Light There Is Only Illumination: A Reappraisal of Marshall McLuhan.* Ottawa: University of Ottawa Press.

Moxon, Joseph. (1958). *Mechanic Exercises on the Whole Art of Printing (1683-1684).* Oxford: Oxford University Press.

Mumford, Lewis. (1934a). *Technics and Civilization.* New York: Harcourt, Brace and World.

Mumford, Lewis. (1934b). *Sticks and Stones.* New York: Norton.

Mumford, Lewis. (1964). *The Myth of the Machine: I. Technics and Human Development.* New York: Harcourt, Brace and World.

Mumford, Lewis. (1966). *The Myth of the Machine: II. The Pentagon of Power.* New York: Harcourt, Brace Jovanovich.

Naveh, Joseph. (1982). *Early History of the Alphabet.* Jerusalem: Magnes Press, Hebrew University.

Nef, John U. (1958). *Cultural Foundations of Industrial Civilization.* Cambridge: Cambridge University Press.

Neil, S. D. (1993). *Clarifying McLuhan: An Assessment of Process and Product.* Westport, CT: Greenwood Press.

Neumann, Erich. (1954). *The Origins and History of Consciousness.* New York: Pantheon Books.

Nevitt, Barrington and Maurice McLuhan (eds.). (1994). *Who Was Marshall McLuhan? Exploring a Mosaic of Impressions.* Toronto: Comprehensivist Publications.

Nystrom, Christine L. (1973). *Towards a Science of Media Ecology: The Formulation of Integrated Conceptual Paradigms for the Study of Human Communication Systems.* Unpublished doctoral dissertation, New York University.

Nunberg, Geoffrey (ed.). (1996). *The Future of the Book.*

Berkeley: University of California Press.

Ong, Walter J. (1958a). *Ramus and Talon Inventory*. Cambridge: Harvard University Press.

Ong, Walter J. (1958b). *Ramus: Method and the Decay of Dialogue*. Cambridge: Harvard University Press.

Ong, Walter J. (1967). *The Presence of the Word: Some Prolegomena for Cultural and Religious History*. New Haven and London: Yale University Press.

Ong, Walter J. (1971). *Rhetoric, Romance, and Technology*. Ithaca and London: Cornell University Press.

Ong, Walter J. (1977). *Interfaces of the Word: Studies in the Evolution of Consciousness and Culture*. Ithaca and London: Cornell University Press.

Ong, Walter J. (1982). *Orality and Literacy: The Technologizing of the Word*. London and New York: Methuen.

Papert, S. (1993). *The Children of the Machine*. New York: Basic Books.

Patterson, Graeme. (1990). *History and Communications: Harold Innis, Marshall McLuhan, and the Interpretation of History*. Toronto: University of Toronto Press.

Paulson, W. R. (1988). *The Noise of Culture: Literary Texts in a World of Information*. Ithaca, NY: Cornell University Press.

Penzias, A. (1995). *Digital Harmony: Business, Technology and Life After Paperwork*. New York: Harper Business.

Pirenne, Henri. (1937). *Economic and Social History of Medieval Europe*. New York: Harcourt, Brace and World.

Polanyi, Karl. (1957). *The Great Transformation*. Boston: Beacon Press.

Pool, Ithiel de Sola. (1981). *The Social Impact of the Telephone.* Cambridge: MIT Press.

Pope, Alexander. (1953). *The Dunciad.* London: Methuen.

Popper, Karl. (1966). *The Open Society and Its Enemies.* Princeton: Princeton University Press.

Poster, Mark (ed.). (1990). *Jean Baudrillard: Selected Writing.* Cambridge: Polity Press.

Poster, Mark. (1990). *The Mode of Information.* Chicago: University of Chicago Press.

Postman, Neil. (1979). *Teaching as a Conserving Activity.* New York: Delacorte Press.

Postman, Neil. (1982). *The Disappearance of Childhood.* New York: Delacorte Press.

Postman, Neil. (1985). *Amusing Ourselves to Death: Public Discourse in the Age of Show Business.* New York: Penguin Books.

Postman, Neil. (1988). *Conscientious Objections: Stirring up Trouble about Language, Technology, and Education.* New York: Alfred A. Knopf.

Postman, Neil. (1992a). *Technopoly: The Surrender of Culture to Technology.* New York: Vintage Books.

Postman, Neil. (1992b). "Seven Ideas About Media and Culture". In *The Speech Communication Annual* 6: 7-17.

Postman, Neil. (2000). *The Humanism of Media Ecology.* Keynote Speech at the First Annual Convention of the Media Ecology Association.

Price, Leah. (2000). *The Anthology and the Rise of the Novel: From Richardson to George Eliot.* Cambridge: Cambridge University Press.

Putnam, George Haven. (1962). *Books and Their Makers During the Middle Ages*. New York: Hillary House.

Raymond, Joad. (2005). *The Invention of the Newspaper: English News-books, 1641–1649*. Oxford: Oxford University Press.

Reiser, Stanley Joel. (1978). *Medicine and the Reign of Technology*. Cambridge: Cambridge University Press.

Richards, I. A. (1936). *The Philosophy of Rhetoric*. Oxford: Oxford University Press.

Richards, I. A. (1960). *Practical Criticism*. New York: Harcourt, Brace and World.

Richards, I. A. (1970). *Science and Poetry*. London: Kegan Paul, Trench, Trubner & Co.

Robinson, Arthur H. (1982). *Early Thematic Mapping in the History of Cartography*. Chicago: University of Chicago Press.

Rose, Mark. (1993). *Authors and Owners: The Invention of Copyright*. Cambridge: Harvard University Press.

Rosenthal, Raymond. (1968). *McLuhan: Pro and Con*. Baltimore: Penguin Press.

Ross, Trevor. (1992). "Copyright and the Invention of Tradition". In *Eighteenth Century Studies* 26: 1-27.

Rossi, Paolo. (1970). *Philosophy, Technology, and the Arts in the Early Modern Era*. New York: Harper.

Ruskin, John. (1834-1885). *Modern Painters*. 5 vols. New York: Thomas U. Crowell.

Saenger, Paul. (1997). *Space Between Words: The Origins of Silent Reading*. Stanford: Stanford University Press.

Sanderson, George and Frank Macdonald (eds.). (1989). *Marshall McLuhan: The Man and His Message*. Golden, Colorado: Fulcrum.

Schottenloher, Karl. (1989). *Books and the Western World: A Cultural History*. Jefferson: McFarland.

Senner, Wayne M. (1989). *The Origin of Writing*. Lincoln and London: University of Nebraska Press.

Shevelow, Kathryn. (1989). *Women and Print Culture: The Construction of Femininity in the Early Periodical*. London: Routledge.

Sobelman, David. (1997). *Marshall McLuhan: The Medium Is the Message: Treatment for a Documentary*. Toronto: Rosefire Film Inc.

Smith, Frank. (1982). *Writing and the Writer*. New York: Holt, Rinehart & Winston.

Smith, Merritt Roe and Leo Marx (eds.). (1994). *Does Technology Drive History? The Dilemma of Technological Determinism*. Boston: MIT Press.

Snow, C. P. (1959). *The Two Cultures and the Scientific Revolution*. Cambridge: Cambridge University Press.

Spengler, Oswald. (1918). *The Decline of the West*. London: Allen and Unwin.

Stamps, J. (1971). *Unthinking Modernity: Innis, McLuhan and the Frankfurt School*. Montreal: McGill-Queen's University Press.

Stearn, Gerald Emanuel (ed.). (1967). *McLuhan: Hot & Cool*. New York: The Dial Press.

Steinberg, Sigfrid Henry. (1974). *Five Hundred Years of Printing*. 3rd edn rev. by James Moran. Harmondsworth: Penguin Books.

Stone, Blair Francis. (1995). *Marshall McLuhan and the Humanist Traditional Media Theory and Encyclopedic Learning*. Ann Arbor: UMI Dissertation Services. (PhD diss., University of Massachusetts, 1974)

Stone, Lawrence. (1979). *Family, Sex and Marriage in England,*

1500-1800, Harmondsworth: Penguin.

Strate, Lance and Casey Man Kong Lum. (2000). "Lewis Mumford and the Ecology of Technics". In *The New Jersey Journal of Communication* 8 (1): 56-78.

Strate, Lance and Edward Wachtel (eds.). (2005). *The Legacy of McLuhan*. Cresskill: Hampton Press.

Street, Brian. (1984). *Literacy in Theory and Practice*. Cambridge: Cambridge University Press.

Theall, Donald F. (1971). *Understanding McLuhan: The Medium Is the Rear-View Mirror*. Monteral: McGill-Queen's University Press.

Theall, Donald F. (1995). *Beyond the Word: Reconstructing Sense in the Joyce Era of Technology, Culture, and Communication*. Toronto: University of Toronto Press.

Theall, Donald F. (2001). *The Virtual Marshall McLuhan*. Montreal and Kingston: McGill-Queen's University Press.

Thorburn, David and Henry Jenkins (eds.). (2003). *Rethinking Media Change: The Aesthetics of Transition*. Boston: MIT Press.

Toffler, Alvin. (1980). *The Third Wave*. New York: William Morrow.

Tuman, M. C. (1992). *Word Perfect: Literacy in the Computer Age*. Pittsburgh: University of Pittsburgh Press.

Usher, Abbott Payson. (1954). *A History of Mechanical Inventions*. Cambridge: Howard University Press.

Valdivia, Angharad N. (ed.). (2003). *A Companion to Media Studies*. Oxford: Blackwell.

Watt, Ian. (1867). *The Rise of the Novel: Studies in Defoe, Richardson, and Fielding*. Berkeley: University of California Press.

White, John. (1957). *The Birth and Rebirth of Pictorial Space*.

London: Faber & Faber.

White, Lynn. (1964). *Medieval Technology and Social Change*. Oxford: Oxford University Press.

Whitehead, A. N. (1926). *Science and the Modern World*. New York: Macmillan.

Williams, Raymond. (1958). *Culture and Society, 1780-1950*. New York: Columbia University Press.

Willmott, Glenn. (1996). *McLuhan, or Modernism in Reverse*. Toronto: University of Toronto Press.

Winston, Brian. (1986). *Misunderstanding Media*. New York: Routledge and Kegan Paul.

附 录

麦克卢汉生平年表

1911年，7月21日，出生于加拿大阿尔伯塔省省会埃德蒙顿市（Edmonton, Alberta, Canada）。

1928年，进入曼尼托巴大学（University of Manitoba）学习，攻读五年制优秀生课程。

1933年，获曼尼托巴大学学士学位并继续深造。

1934年，以评论英国维多利亚时代的小说家、诗人乔治·梅瑞狄斯（George Meredith）的论文获硕士学位；申请到皇家天主教女修道会（IODE）提供的留英研究生奖学金，进入剑桥大学圣三一学院（Trinity Hall at Cambridge University）学习。在两年（1934—1936）的剑桥学习期间，麦克卢汉选修了英国"新批评派"代表人物瑞恰兹（I. A. Richards）的"实用批评"课程，结识了文学批评家、著名杂志《细绎》（*Scrutiny*）季刊创始人利维斯（F. R. Leavis, 1895—1978），深入阅读了燕卜逊（William Empson）的《朦胧的七种类型》，受到了英国"新批评派"的深刻影响。多年之后，麦克卢汉把他们的方法作为其研究媒介的入场券。

1936年，6月23日，获剑桥大学学士学位。随后，到美国当时比较好的州立大学威斯康星大学（University of Wisconsin）英语系担任助教（助教的任务是教一个班的新生，也就是每周和学生见三次面，讨论作业、批改作业）。在威斯康星期间，麦克卢汉追随利维斯（Frank Raymond Leavis）在《文化与环境》中提出的建议，以广告、报纸、通俗小说为分析对象，把他的英语文学课变成了当代文化通览课。这是他首次在课堂上用美国人自己的文化去面对美国学生。同年，麦克卢汉结识杰拉尔德·菲兰（Gerald Phelan）神父，并逐渐改宗天主教。

1937年，3月24日，麦克卢汉正式成为天主教徒。为投身天主教环境，找到同气相求的"知识圈子"，4月13日，他向当时美国最好的天主教大学圣路易斯大学（University of St. Louis）申请教职。4月24日，他接到聘用通知，就任英语教师。9月9日，他到圣路易斯大学工作。在圣路易斯大学期间，麦克卢汉结识了对其之后的媒介"感知—效应"范式产生了重要影响的挚友穆勒-蒂姆（Muller-Thym）博士。沃尔特·翁（Walter J. Ong）在这里受业于麦克卢汉，学过麦克卢汉执教的文艺复兴文学、修辞与诠释等课程。

1939年，8月4日，与科琳·凯勒·路易斯（Corinne Lewis）结为夫妻。麦克卢汉的书信记录了他们的婚礼、蜜月以及在剑桥居留的美好时光。同年，重返剑桥大学学习。

1940年，获得剑桥大学硕士学位。

1943年，通过博士学位论文（《托马斯·纳什在他那个时代学术中的地位》[*The Place of Thomas Nashe in the Learning of His Time*]）答辩，获得剑桥大学博士学位。这一年，他开始了同英国画家、作家温德汉姆·刘易斯（Wyndham Lewis）的长期通信。刘易斯重视通俗文化的思想，对麦克卢汉产生了重要影响。

1944年，1月，麦克卢汉在《哥伦布》杂志发表《达格伍德的美国》一文，这是其借助流行艺术形式所作的一次重要的社会文化批评。自此，他沿着利维斯在《文化与环境》中的思路，将社会批评同文学视角相结合，开始了社会文化批评的生涯。随着在《斯瓦尼评论》和《凯尼恩评论》上发表文章的增多，他逐渐成为包括艾伦·泰特（Allen Tate）、约翰·兰色姆（John Crowe Ransom）、柯林斯·布鲁克斯（Cleanth Brooks）、罗伯特·沃伦（Robert Penn Warren）在内的美国"新批评派"的重要成员（麦克卢汉和他们对政治、文学的态度基本相同，不过，麦克卢汉认为，布鲁克斯、沃伦等人的"新批评"，只是瑞恰兹、燕卜逊和利维斯"新批评"的中学生水平版本）。3月，他应聘到位于加拿大安大略省温莎市、由巴西勒修道会主办的阿桑普星学院（Assumption College, Windsor, Ontario）担任英语系主任。同年，他为"基督教文化系列讲座"做了一次题为"超级卡通画背后的负罪成年人"的演讲。他强调：人们在大众媒介粗鲁的白日梦中是极其脆弱、易受伤害的，当前教育制度在这种白日梦的强大攻势面前无能为力；儿童接受的教育来自媒介而非教师；教育工作者唯一的希望在于让媒介进入课堂，鼓励学生理性地分析媒介。

1946年，到多伦多大学圣迈克学院（St. Michael's College, University of Toronto）任教。自此，除在位于纽约的福德汉姆大学（Fordham University）担任一年的施韦策讲座教授外，麦克卢汉接下来一直在多伦多大学工作。

1948年，6月，麦克卢汉与庞德相见，自此，与庞德维持了几年的通信关系。同年，结识埃德蒙·卡彭特（Edmund Carpenter）。

1949年，4月，时任多伦多大学政治经济学教授的哈罗德·伊尼斯（Harold Adams Innis）参加了麦克卢汉主持的一个非正式讨论会。伊尼斯的传播学思想，给麦克卢汉留下了许多极其珍贵的提示，并为其研究构建了一个完美的舞台——虽然他进入这个舞台是通过西塞罗和艾略特的路子，而不是通过伊尼斯皮货商和纸浆制造商的路子。用马尔尚的话说，自利维斯以来，还没有哪位学者给过他如此深刻的思想激励。多年以后，麦克卢汉在致友人的信中也说，伊尼斯给了他特别的激励，推动他进入媒介研究的领域。

1951年，3月，出版第一部专著《机械新娘》（The Mechanical Bride）（1945年，麦克卢汉在安大略省的温莎市做讲座时，就把当代称作"机械新娘时代"）。

1953年，5月19日，麦克卢汉与埃德蒙·卡彭特合作提交的研究计划"变化中的语言模式和新兴的传播媒介"获得福特基金会44250美元的专项资助。自此，麦克卢汉终于找到一个机会去探索伊尼斯开辟的思想天地，这也是他学术生涯的重要转折点。（当然，麦克卢汉很快就超越了伊尼斯，并向前跨进了一步。）同年，创办跨学科研究刊物《探索》（Explorations）杂志，宣传他们课题组的研究成果。在12月问世的第一期中，麦克卢汉发表了《没有文字的文化》一文，对自己接触伊尼斯以来的思想历程做了很好的总结。马尔尚（Philip Marchand）认为，该文是麦克卢汉研究方法的转折点。同年秋季，课题组发起每周一次的研讨班。

1955年，麦克卢汉向福特基金会提交结项报告。同年11月，应邀赴哥伦比亚大学师范学院做传播学讲座，向美国公众讲解媒介新时代，阐述我们能够在这个时代做什么，这是他的课题组被迫解散后他向美国公众讲话的第一次机会。自1955年起，麦克卢汉用感知偏向对一切东西进行分类，包括一切客体、哲学和态度。

1958年，应美国全国广播电视教育工作者协会（NAEB）主席哈利·斯科尼亚（Harry J. Skornia）教授之邀，在该协会年会上做主题演讲。会上，麦克卢汉提出了"媒介即信息"的著名论断（在当年早些时候温哥华一个小型会议上，麦克卢汉就说过这句话），自此，这句话成为麦克卢汉在公众脑中的标签。

1959年，《探索》杂志停刊。同年，应邀参加由华盛顿的当代艺术研究院主办的首届"文化领袖代表大会"（Congress of Cultural Leaders）。同年秋季，由国防教育法案提供资助，为美国广播电视教育工作者协会做研究项目——为十一年级的学生制定教学计划。从一开始，麦克卢汉就旗帜鲜明地主张，他的研究重点是媒介的"突变力量"而不是媒介的"内容"。

1960 年，1 月，他承担的项目已见成效。他感到自己的媒介思想有了重大的进展。6 月末，完成《理解新媒介研究项目报告书》，分段论述了言语、文字、印刷术、印刷品、报纸、摄影术、电报、电话、唱机、电影、广播、电视等媒介；年底，报告出版，题名为《理解新媒介研究项目报告书》(Report on Project in Understanding New Media)。同年，出版题为《传播探索》的选集，文章选自已停刊的《探索》杂志；同年，麦克卢汉向另一条战线进军，即给通用汽车公司（GM）的高层管理人员讲课。

1962 年，秋天，《谷腾堡星系》(The Gutenberg Galaxy: The Making of Typographic Man) 由多伦多大学出版社出版。（从 1955 年起，麦克卢汉就在给温德汉姆·刘易斯的信中说他正在写一本题为《谷腾堡时代》(The Gutenberg Era) 的书；1958 年夏他在给朋友的信中说已经构想好全书的整体模式，完成这本书的准备工作已经就绪。1959 年夏他在给朋友的信中说已经写好了很大一部分。1961 年夏该本书大体成型。1962 年春，全书完成。）马尔尚认为，该书奠定了麦克卢汉文化批评家的地位。同年，麦克卢汉荣获加拿大最高文学奖"总督文学奖（非虚构类）"。

1963 年，麦克卢汉获准在多伦多大学创建"文化与技术研究中心"的研究所，由麦克卢汉自己维持研究所的运作，其宗旨是研究"一切技术的心理影响和社会影响"。

1964 年，《理解媒介》(Understanding Media: The Extensions of Man) 由麦克劳-希尔出版社出版。

1967 年，多伦多大学研究生院批准麦克卢汉的研究所开设"媒介与社会"研究生学位课程；3 月，麦克卢汉最畅销的书《媒介即按摩》(The Medium Is the Massage) 出版（共售出近 100 万册）;《媒介即按摩》出版的同时，哥伦比亚广播公司发行了《媒介即按摩》唱片; 3 月 19 日，美国全国广播公司播放了长达 1 个小时的介绍麦克卢汉的专题片; 同年，纽约州议会批准，聘请麦克卢汉为福德汉姆大学施韦策讲座教授，任期 1 年。

1968 年，重返多伦多大学任教，举办每周一次的传播学研讨会;《地球村里的战争与和平》（*War and Peace in the Global Village*）、《穿越灭点》（*Through the Vanishing Point*）出版。

1969 年，接受《花花公子》杂志记者采访，在访谈中对自己的学术思想轨迹进行了全面回顾; 增补后的《逆风》（*Counterblast*）重新出版。

1970 年，《文化即产业》（*Culture Is Our Business*）、《从陈词到原型》（*From Cliché to Archetype*）出版。

1971 年，文学批评论文集《内部景观》（*The Interior Landscape*）出版; 为哈罗德·伊尼斯的《帝国与传播》和《传播的偏向》撰写再版序言。

1972 年，《理解当代》（*Take Today: The Executive as Dropout*）出版。

1975 年，在《技术与文化》上撰文提出"媒介四定律"。

1976 年，在伍迪·艾伦（Woody Allen）的影片《安妮·霍尔》中出演其本人。

1977 年，出版生前最后一部著作《城市作为课堂》（*City as Classroom*）。

1980 年，退休并关闭文化与技术研究中心。12 月 31 日在睡眠中去世。

麦克卢汉常用术语

acoustic space 听觉空间，声觉空间
angelism 天使化，天使学
applied knowledge 应用知识
auditory resonance 听觉共鸣
auditory space 听觉空间，声觉空间
autoamputation 自动截除
book of Nature 自然之书
causality 因果关系
center-margin dynamics 中心—边缘动态关系
collective unconsciousness 集体无意识
closure（感知）闭合
configuration 轮廓，外形，形貌
cosmic consciousness 寰宇意识
counter-irritants 反刺激因素
cybernation 自动控制
decentralization 非集中化
definition 清晰度
depth involvement 深度介入
detachment 疏离，超脱
detribalization 去部落化
DEW line 预警线
discarnate man 无形无象之人
ear culture 倚重耳朵的文化
ear people 倚重耳朵的民族（俄国人）
effects 效应（of technology / media）
environment 环境
equilibrium（感知）平衡
euclidean space 欧几里得空间
exploration 探索
explosion 外爆
extension 延伸
eye people 倚重眼睛的民族（美国人）
field and electric age 场域与电力时代

figure / ground 形象 / 背景
fragmentation 分割
Gestalt 格式塔，完形
global village 地球村
hallucination 幻觉
hemispheres of the brain 大脑的两个半球
hot media /cool media 热媒介 / 冷媒介
hybridization（媒介）杂交
hypnosis 催眠术
iconic age 图像时代
implosion 内爆
kinesthetic sense 动觉
landscape 风景，景观
laws of media 媒介定律
light on 光照射
light through 光透射
lineal structuring 线性结构
literacy 书面文化，读写能力
manuscript culture 手稿文化
medium is the massage 媒介即按摩
medium is the message 媒介即信息
mosaic 马赛克，拼贴，拼接
myth 神话，神奇性
Narcissus trance 那喀索斯昏迷

numbing effect 麻木效应
obsolescence 过时
olfactory sense 嗅觉
operations research 运筹学
organic 有机的
participation 参与
perception 感知
perspective 视角，透视法
phonetic writing 表音书写，表音文字
print technology 印刷技术
rear-view mirror 后视镜
repeatability 可重复性
resonant interval 共鸣间隙
retribalization 再部落化
reversal principle 逆转原理
role-playing 角色扮演
self-amputation 自我截除
sense ratios 感知比率
separation of functions 功能分离
sequence 序列
servomechanism 伺服机制
sight 视觉
simultaneity 同步性
smell 嗅觉
somnambulism 梦游症
specialization 专门化
structural impact 结构冲击

subjective completion 主观完成
synesthesia 通感，通觉
tactile space 触觉空间
tactility 触感，触知性
translation 转换，转译
tribal man 部落人
tribalism 部落主义
trivium theory 三学科理论

typography 印刷术
uniformity 同一性，一致性
visual perception 视觉感知
visual space 视觉空间
visual syntax 视觉句法
written-visual fixity 书面视觉固着

麦克卢汉语录选译

说明：麦克卢汉之论著，多有妙笔生花、妙语连珠之处；其格言警句，常独辟蹊径，令人叹为观止。然其论述，又散中有饬，自成一体，有其内在脉络和连贯理路。其"媒介即信息"、"冷热媒介"、"地球村"等灵光之见，虽以隐喻表达，且多一语双关，然均有多处释解，散乱见于其论著、书信、讲演及访谈之中。若依分类，将其洞见分别集揽，则既往理解之舛误纰缪处，无需冗言，皆可明辨。此处编译、辑录之语录，分"媒介即信息"、"媒介的后果"、"听觉空间·视觉空间"、"热媒介·冷媒介"、"表音文字"、"印刷术"、"电子媒介"、"地球村"、"后视镜"、"媒介律"、"探索式方法"等专题若干，并于每项专题前，作简略说明；于编选语段之末，均注明出处。为简洁便，所引论著均以简码代之，以备查索：

EM　　*Essential McLuhan* (1997)
GG　　*The Gutenberg Galaxy* (1962)
UM　　*Understanding Media* (1994)
UME　*Understanding Me* (2003)
LMM　*Letters of Marshall McLuhan* (1987)
CB　　*Counterblast* (1969)
MM　　*The Medium Is the Massage* (1967)
HC　　*McLuhan: Hot & Cool* (1967)

COB　Culture Is Our Business (1970)
LM　Laws of Media (1988)
TT　Take Today (1972)
CA　From Cliché to Archetype (1970)

◆ "媒介即信息"

"媒介即信息（message）"可谓麦克卢汉最核心、最有名亦最难理解的洞见。由此引发并与此相关的双关语有："媒介即按摩（massage）"、"媒介即混乱时代（mess age）"、"媒介即大众时代（mass age）"等。这些双关语的意图在于：揭示媒介营构的环境及效果。麦氏又言"新媒介即新环境"，此语一出，天机尽破矣。

§ 媒介即信息。这仅仅是说，任何媒介（或曰人的任何延伸）所引发的个体和社会后果，均由新尺度的产生所致。经由任一全新技术，新的尺度被引入我们的生活。人们会说，机器的意义不在机器本身，而在于使用机器做了什么。然而从机器改变人际关系以及人与自身关系的方式看，无论机器生产出的是玉米片还是豪华轿车，都无关紧要。（UM, pp.7-8）

§ 媒介即信息。……它指的是一套由革新所营造的隐蔽服务环境。使人改变的正是此环境而非技术。（UME, p.242）

§ 环境不仅仅只扮演容器的角色，它还能使容器的内容发生改变。新媒介即新环境，这是"媒介即信息"之要义所在。……艺术家们所营构的疏离环境，能够使我们置身的日常环境凸显。也即，通过营造疏离环境，艺术家们使人们对环境的感知成为可能。（EM, p.214）

§ 任何媒介（或技术）的"信息"，都是由媒介（或技术）引至人类生活中之尺度、速度或模式所产生的改变。铁路不是把移动、运输、轮子或道路引入人类社会，而是提升或增强人们先前的功能，完整地创造出新式的城市、工作和闲暇。此等功用的发生,与其运行环境及其所运载之货物无关。同理,凭借运输的高速度,飞机使铁路塑造的城市、政治和社会形式趋于瓦解,而这与飞机所运载物品及其具体用途无关。(UM, p.8)

§ 媒介即信息。所谓"信息",是指由新媒介或服务环境所引起的心理和社会变化的总和。(LMM, p.409)

§ 与媒介相关的信息,绝不是媒介的内容,而是由媒介作为环境(无论此环境优劣)所引起的全部效应。……媒介的使用者才是媒介的内容。打开电灯的人是电灯这一媒介的内容,就像一本书的读者成为该书的内容那样。认知主体成为认知的对象和内容,这是标准的亚里士多德和阿奎那式的学说。(LMM, p.448)

§ 强调媒介即信息,而非内容即信息,并非意味着内容不发挥作用——而是说,内容仅处于从属地位。……如果强调内容而非媒介自身,我们就无法洞察新技术对人的冲击。因此,面对新媒介引起的新环境,我们常常毫无防备、束手无策。(EM, p.237)

§ "媒介即信息"的新启发在于,当一个全新的服务环境开始发挥作用时,既有的一切形式均要被此新形式所改造。由此,一切新旧环境终将获得相同形式。谷腾堡环境对每一种人类认知和行为进行加工,使得一切知识均成为应用型的知识。(LMM, p.397)

§ 印刷术以来的绝大多数技术和娱乐都是热的、分割的、排他的。到电视时代,技术和娱乐开始向冷价值、包容性和深度参与回归。为什么说信息是媒介本身而非媒介之内容,这当然是原因之一。也就是说,重要的是观看电视这一经验行为本身,而非电视图像留在我们身上的印迹。(EM, p.236)

§ 媒介自身对社会的形塑功能远大于媒介内容所发挥的作用。一切技术均具有点金术的属性。一旦社会推出一项崭新技术,社会中的其他功能均会做出相应调整以适应此技术形式。新技术一旦进入社会,就立即渗透到社会制度的方方面面。在此意义上,

新技术即一种革命性动力。(*EM*, pp. 228-229)

§ 任何一项技术或人体延伸,均创造出一种全新环境。此表述较"媒介即信息"要略胜一筹。因新环境之内容总是旧有技术,故其往往难以察觉。新技术裹挟着旧技术,使旧技术发生大幅改变。(*LMM*, p. 309)

§ 新技术创造出新环境,新环境以旧环境为内容。新环境往往不为人所见,可见的仅是内容。但唯有环境才是真正积极的塑造力量。……若将"媒介即信息"表述为"新技术即新环境",或许更易于为人所接受。(*LMM*, p. 311)

§ 我们发明新技术的同时,也就创造出一种全新的环境,并将此环境自然而然地当作我们的文化面具。在此过程中,我们使用的是感知而非概念。任意一种新环境均产生出一种新的人体感知、观念和内察。(*LMM*, p. 338)

§ "媒介即信息"与华兹华斯"儿童是成人之父"有异曲同工之妙。华氏之言谓,少时环境造就成年态度。吾言谓,任何产品或者创新均产生利害并存之环境,这些环境重塑人们的态度,却往往隐而不显。直至原有环境被新环境所取代,我们才能看清原先隐蔽着的环境。(*LMM*, p. 404)

§ 一旦形式成为环境的一部分,形式也就具有了催眠的作用。由此,内容必定变得无关紧要,以便和媒介的效果相适应。(*CA*, p. 178)

§ "媒介即按摩。"它指的是对当下发生事情的环视。(*MM*, p. 10)

§ 媒介逼迫着我们。这种逼迫充斥于个体、政治、经济、美学、心理、道德、伦理和社会等各个领域,没有给我们留下任何未经变动的地盘。媒介即按摩。没有媒介作为环境运作的知识,任何对社会及文化变革的理解都是不可能的。一切媒介都是对人体心理或生理机能的延伸。(*MM*, p. 26)

§ 由于媒介对人无处不在的影响，媒介自身而不是其内容成为信息。同时，媒介即按摩。其意义在于：媒介作用于人类感官的比率，渗透其中并对其塑形和改造。在此，媒介的内容仅发挥着如同原子弹弹体上所铸文字般的装饰功能。（*EM*, p.227）

§ "媒介即混乱时代。"其含义是，创新引发的关于环境的感知效果，犹如书写之于言说所产生的效果。书写的内容是言说，言说的内容则是心灵的舞蹈——一种非言辞的超感知力。电影是媒介的综合，其内容是所有媒介在其中的同时呈现。（*CB*, p.23）

§ 对媒介的惯常反应，即认为如何使用媒介才是最重要的，这是一种技术白痴的麻木立场。因为媒介的"内容"就像是破门窃贼丢给心灵守门犬的一块汁鲜味美的肉片。（*UM*, p.18）

§ 迄今，各种媒介为验证"地球是平的"提供了方法即：就常识而言，地球是平的；就私人感知而言，它必须看起来总是平的。……就像地球之于太空旅行者那样，媒介的内容渐行渐远，媒介自身则逐步膨胀。（*CB*, p.22）

◆ "媒介的后果"

金惠敏先生用"后果范式"来概括麦克卢汉的媒介研究。麦氏关于"媒介后果"的论述，主要集中在其延伸论中：一切媒介都是人的延伸。"麦克卢汉并非一般性地描述媒介的后果，……而是以完整、丰富的感性来评价技术发展之于人的得失"（金惠敏先生语）。此组语录集中展示麦氏关于"媒介后果"的精彩洞见。

§ 从表音文字到电子计算机，一切媒介都是人的延伸。这种延伸对人及其生存于其间的环境有着深刻而持久的影响。作为对器官、感觉、功能的强化和放大，这种延伸无论何时发生，中枢神经系统均要在受影响区域启动一项具有自我保护功能的麻木机制，使其隔绝和麻痹。（*EM*, p.226）

§ 一切人工制品——语言、法律、观念、假设、工具、服饰、电脑——均是对人体及其心灵的延伸。(LM, p.93)

§ 我们的一切文化和技术都是对我们身体、感官和神经系统的延伸。但每一项延伸都会带来截然不同的心理和社会后果。(LMM, p.291)

§ 当听到《生活》杂志陷入窘境、摩托工业战战兢兢、学校体制面临重组时,几乎无人想到,所有这些变化及其他许多变化,都直接是电视形象对人类感官冲击的结果。……电视作为第一项使人类触觉能力外化的技术,影响到我们感官的平衡和比率。(LMM, p.286)

§ 有效的媒介研究不只是处理媒介的内容,更要处理媒介本身及其发挥作用的整体文化环境。只有置身于现象之外做鸟瞰式观察,才能发现媒介的运作原理和影响方式。在过去的 3500 年间,西方世界一直对媒介的后果视而不见,无论这种媒介是言说、书写、印刷、摄影、广播还是电视。即使在今天这一具有革命性意义的电子时代,也几乎无迹象表明,学者们会更改这种传统鸵鸟式的漠视立场。(EM, pp.225-226)

§ 为什么在过去 3500 年里,媒介的影响一再被西方学界忽视?原因在于,媒介可凭借自身力量将臆断强加于我们的感知模式之上。此种臆断和规范长期以来一直是西方世界的人际交往模式。媒介对人际交往模式的形构,在非西方世界、前文字时代以及远古人那里大同小异。不同之处仅在于,西方媒介技术具有高度专门化的特征。这种高度专门化,引起的不是安定与平静,而是变革与创伤。……所有这一切在电子时代终结了。电子媒介以同时性取代了单次单事性。……建基于传统媒介之上的交往模式不仅一夜之间失去效力,而且亦对人类的继续生存和精神健全构成了威胁。在此状况之下,理解媒介就意味着理解媒介的后果。(HC, p.146)

§ 媒介倾向于将一种感官从其他感官中隔离出来，其结果即是催眠。另一极端是，用睡梦或精神错乱中产生的幻觉撤销感知。非表音文字不隔离感官，因为触觉不是一种感官而是全部感官的相互作用。（*CB*, p.23）

§ 作为感官延伸的媒介同时改变我们的感知和思维过程。任何一项技术在延伸或外化我们的任何一种感官之后，其余感官及其感知比率自身随之发生改变。（*LMM*, p.280）

§ 一种媒介的功用即其对心理和社会所起作用的总和。（*LMM*, p.305）

§ 一切技术都是对感官和官能的切除。……我关于媒介的一切研究均以此为假设。……这难道不是从形式因出发的研究方法吗？（*LMM*, p.285）

§ 印刷术强调因果关系，使人能够进入因果关系的全部阶段。电路倾向于重建对形式因的敏锐感。这里我所谓的形式因，不是指形式的分类，而是指它们在我们身上所发挥的作用。（*LMM*, p.259）

§ 摄影术是透视化和眼睛固定的机械化。它打破了由印刷术所构筑的民族主义乡土空间的界限。如果说印刷术颠覆了口述与书写之间的语言平衡，那么，摄影术则摧毁了眼睛与耳朵之间的官能平衡。（*CB*, p.16）

◆ "热媒介·冷媒介"

热冷是麦克卢汉关于感知方式的比喻，它们借自爵士乐中的俚语，主要指媒介的高清显示和低清显示。热冷媒介观念的要害之处在于：热媒介喧闹明亮、清晰凝固，需要接受者的参与程度低；冷媒介轻柔晦暗、模糊不定，需要接受者的参与程度高。麦克卢汉指出，冷冷相配、热热互搭，才能发挥出媒介的最大功用。

§ 存在着这样一条基本原则，它能够把录音机这样的热媒介同电话这样的冷媒介区分开来,或者把电影这样的热媒介同电视这样的冷媒介区分开来。……这一原则即热媒介具有排他性,冷媒介具有包容性。(UM, pp. 22-23)

§ 尽管文字书写与印刷术均是用视觉符码来表示言说,但二者是两种不同的媒介。书写以低清显示的视觉符码身份,让言说扮演高清显示的角色,以至在 3000 年的时间中,人们大声地朗读手稿。印刷术让视觉符码高清显示,使人能够高速而静默地阅读。(LMM, p. 264)

§ 热媒介在"高清显示"(即一种数据饱和状态)中扩展单一感觉。……它要求的参与度低。冷媒介要求的参与度高,需要参与者填充的信息多。(UM, pp. 22-23)

§ 热媒介排斥,冷媒介包容。热媒介需要受众参与或完成的程度低,而冷媒介需要的参与度高。热媒介"高清"地延伸单一感官。……比如,照片是高清显示的、热的。相反,卡通画则是低清显示的、冷的。因为粗线条的勾勒提供很少的视觉信息,它需要观众自己去填充。(EM, p. 236)

◆ "听觉空间·视觉空间"

就麦克卢汉而言,听觉空间是一个整合的、具有同时性关系的空间。表音文字出现以后,随着眼睛地位的上升以及最终以眼代耳(印刷术),同步感知的听觉空间逐步削弱,序列展开的视觉空间渐趋增长。随着电子媒介时代来临,特别是电视的出现,我们重新返回听觉空间。

§ 文字发明之前,人们长久生活于听觉空间之中。那是爱斯基摩人现在所生活的空间:此空间无边界、无方向、无地平线,强调内心深处、情感世界、原初直觉和恐怖。在这个黑暗的泥淖中,口语乃是社会的宪章。(MM, p. 48)

§ 听觉空间是球状的。它没有边界或消逝点,并以音高的分隔及动觉来构建。它不是一个空洞的容器，它是人在书写——书写把声音转译为视觉——发明前所居住的空间。经由书写，人开始信赖眼睛，并以视觉的方式来架构空间，而在文字发明之前，人们并不如此相信他的眼睛。对他来说，魔法存在于声音之中，因为声音有召唤不在者的力量。（*LMM*, p.245）（注：这是麦克卢汉首次提出"听觉空间"的概念，在1954年12月18日写给Wyndham Lewis的信中。）

§ 耳朵不偏爱特殊的"视点"。我们被声音所裹挟。它在我们周遭编织了一张无缝之网。……无须焦点，我们即可以从任何地方闻得声音。声音来自四面八方，但我们不能自主地关闭声音，只因我们没有"耳睑"。视觉空间是一个齐整、连贯而有组织的统一体；听觉空间则是一个同时性关系的世界。（*MM*, p.111）

§ 在特性上，听觉空间与视觉空间形成强烈对比。视觉空间将视觉从与其他感官的相互作用中分离出来并予以强化，它犹如一个无限的容器，具有线性、连贯、同质和齐整的特征。而渗透着触感和其他感官感觉的听觉空间，则具有球体的、断续的、非同质的、共鸣的和动态的特征。（*LM*, p.33）

§ 听觉空间和触觉空间总相互交错。如果认定触感是一种空间间隔的话，那么，间隔就是停止与节拍、弱拍与强拍的起因。听觉空间犹如触觉那般，完全是非连续性的。它是一个没有空间、没有边缘的场域。（*COB*, p.194）

§ 听觉空间的结构具有电气线路的特征。听觉空间是同时性的关系场，此场空无一物，存于无中，既无中心，亦无边界。（*LMM*, p.318）

§ 以言说为主要交流手段的部落民，生活在不分中心或边缘的听觉空间之中。这种听觉空间使他们有着完全不同于书写人的时空观。不像视觉空间是眼睛的延伸和强化，听觉空间整合的是经过所有感官的同时交互作用而感知到的有机空间。（*EM*, p.229）

§ "听觉/触觉"空间是一个卷入性空间，没有它，我们就无法联络；视觉空间是一个超然的空间，一个适合"科学方法"耕作和博学之士文献征引的空间。（COB, p.194）

§ 书写是听觉空间的视觉化，它为昏暗高耸的言说齿形山接通了聚光灯，为言说点亮了黑暗，送去了光明。（CB, p.14）

§（在电子媒介时代）我们重新回到听觉空间。我们重拾3000年前文字从我们这里剥离出去的原始情感。自此，我们生活在神话之中。（CB, p.17）

§ 表音文字发明前，人们生活在所有感官相互平衡和同步作用的世界之中。这个世界具有部落式的深奥和共振，是一种由听觉占据主导的口语文化世界。……将部落人从其后继者——文字人——中区分出来的标志之一是，部落人生活于声觉世界之中，这种听觉空间给予他们差异极大的时空认知。……不同于视觉空间（它是对眼睛的延伸和强化），听觉空间不分中心或者边缘，它是有机的、整体的，可以通过所有感官同时互动而感知。相反，理性的视觉空间则是一致、相继和连续的，它产生一个没有部落共振的封闭世界。……听觉空间是共时的，视觉空间是连续的。（EM, p.229）

§ 言说构成了种族笼罩下心灵空间和听觉空间的深渊。它是人类黑暗无边无形的建筑物。（CB, p.13）

§ 视觉空间具有齐整性、持续性和连贯性特征。西方文化中的理性人是视觉人。理性和视觉性长期以来一直是可以互换的术语，然而现在我们已经不再生活在一个视觉主导的世界之中。（MM, p.45）

◆ "表音文字"

所谓表音文字，即由多个单音字母合并而成，拥有单音或多音节的语音文字。如果说口语是思想的延伸，那么表音文字则是视觉的延伸。它突出视觉，让音形义分离，使信息转化为可凭视觉理解的符号。由此，视觉打破先前的听觉优势，形成"眼睛主导的"视觉空间。

§ 唯有表音文字，使眼耳分家，使视觉符码与符号意义区分开来。也唯有表音文字，让人以眼代耳，从部落走向文明。此处使用的"文明"，专就去部落化的人而言，对他们来说，视觉价值在其观念和行为组织上具有优先地位。（GG, p.27）

§ 表音文字把言说简化为视觉，进而使眼睛凌驾于其他感官之上。对于人类而言，这并非自然发生。……然而，眼睛这一感官的突出，却创造了模仿的奇迹，将远景拉近的奇迹，以及透视和消失点的奇迹。而这长期以来被当作自然、理性的产物。（UME, pp.27-28）

§ 无论象形文字还是表意符号，均没有表音文字那样的去部落化力量。除表音文字之外，其他任何书写均无法将人从相互依存和关联的听觉网络世界和同步关联的魔力共鸣世界中释放出来。在口语和听觉空间中成为自由独立的去部落人只有一条途径，那就是，通过表音文字。（GG, p.22）

§ 表音文字迥异于那些古老而丰富的象形或表意文字。埃及、巴比伦、玛雅和中国文化中的书写是感官的延伸，它们对现实做图画式表达，用符号来涵盖它们社会中范围广泛的知识。这与表音书写完全不同。表音书写用不表征语义的字母去对应无语义特征的语音，用极少量的字母去涵括所有的意义和语言。这一成就要求词语的词形和语音从它们的语言意义和戏剧意义中分离出来，目的在于使言说的语音视觉化，进而，在人与对象之间划定界线，在视听之间形成二元对立。它使得视觉功能从与其他官能的互动中分离开来，进而导致对感官经验中重要区域的意识的拒斥和无意识的萎缩。这样，感觉中枢的平衡以及由此引发的心理与社会的和谐就被打破了，视觉功能的发展就会过头。这种情况在其他书写系统中是不存在的。（EM, pp.230-231）

§ 表音文字的出现犹如将炸弹投于部落世界那般，它将视觉置于人类感官等级系统的顶部。表音文字将部落人从部落社会中推出，使眼代耳，以线性的视觉价值和片断意识取代整体、深入、公共的相互作用。作为对视觉功能的强化和放大，表音文字削弱听觉、触觉、味觉和嗅觉的作用，渗入到部落人非连续性的文化之中，将他们的有机和谐和复杂通感转换为一致、连续的视觉模式。直至今日，我们仍将这种视觉模式看作"理性"存在的标准。整体的人变成碎片化的人；表音文字打碎了令人着迷的光环和部落世界的共振魔力，将人们炸裂为在一个线性时间和欧几里得空间中起作用的、专门化的、心灵匮乏的"个体"（或"单元"）聚集。（*EM*, p.230）

§ 精神分裂和精神错乱或许是表音文字的必然后果。（*GG*, p.22）

§ 表音文字促使眼睛的地位上升，这一时势造就了像欧几里得和柏拉图这样的伟大人物。（*LMM*, pp.370-371）

§ 前文字时代，在感受和社会导向中占据支配地位的感官是耳朵——耳听为凭（在文字时代，占据主导地位的感官是眼睛——眼见为实）。表音文字让人以眼代耳，使得由耳朵支配的魔力世界让位于由眼睛支配的中立世界。（*MM*, p.46）

§ 作为一种抽象技术，表音文字把言说的多维感知转化为纯粹的视觉感知。（*UME*, p.20）

§ 只有表音文字文化成功地掌握连贯的线性序列，并以之作为组织社会和心灵的手段。将各种经验分割成整齐划一而连贯的单元，以产生加速行动和形式上的改变（即产生应用型知识），这是西方人超越其他人并凌驾于自然之上的秘密所在。（*EM*, p.232）

◆ "印刷术"

这里的印刷术特指由 15 世纪德国人谷腾堡（Gutenberg）发

明的活字排版印刷技术，它是一种序列而非同步式的信息处理方式。时值欧洲文艺复兴前期，对读物的需求急剧增加，极大地刺激了印刷术的发展。在很短时间内，谷腾堡印刷术便席卷欧洲，成为主要的宗教和文化传播手段。

§ 表音文字的印刷形式是文明的唯一基础。电子技术形式培育的不是文明而是部落文化。（*LMM*, p.398）

§ 作为一种重复手段，印刷术巩固并拓展视觉的重要性。它提供了第一条批量生产的装配线，生产出第一批齐整且可以复制的"商品"。（*MM*, p.48）

§ 印刷机是对表音文字的根本延伸：书籍可以无限量地出版；普遍的识字能力完全可能（若逐步实施的话）；书籍成为便携物品。作为一切机器原型的活字，确保了视觉偏向的优先性，并最终导致了部落人的毁灭。线性排列、整齐划一、可重复使用的活字，以无限制的数量和史无前例的速度复制着信息，保证了眼睛在人类感官系统中的绝对支配地位。（*EM*, p.232）

§ 作为最初装配线的书写机械化，不仅推动了一切文明所赖以生存的视听隐喻的机械化，而且促进了课堂、大众教育、现代出版和电报的产生。谷腾堡技术让全部历史以分类的形式同时呈现：书籍把逝者的世界带入绅士的藏书室，电报则把生者的世界带上工匠的早餐桌。（*CB*, p.15）

§ 作为人的一种急剧延伸，印刷术形塑和改变了人们的整个心理环境和社会环境。同时，它对于诸如国家主义、宗教改革、装配线及其改进、工业革命、因果观念、笛卡尔和牛顿式宇宙观、艺术透视法、文学叙事年谱、心理内省模式或内部指向等现象的兴起，承担着直接责任。印刷术极大地推动了两千多年前表音文字所引发的个体主义和专门化的趋向。（*EM*, p.233）

§ 文字机械化的社会将个体从群体中分离出来，由此，在空间上，产生了隐私；在思想上，产生了视点；在工作上，产生

了专门化。也就是说，产生了与个体主义相关的全部价值。（*EM*, p.250）

§ 印刷术作为人的延伸，产生了民族主义、工业主义、大众市场和文化普及。因为印刷品呈现为精确而可重复的形象，这激发人们创造出延伸社会能量的全新形式。（*UM*, p.172）

§ 在过去500年里，印刷术渗透进了艺术和科学的一切阶段。……（印刷术的）连续性、齐整性和可重复性的原则，成为微积分、市场机制以及工业生产、娱乐和一切学科的基础。（*UM*, p.177）

§ 印刷术产生齐性化的人，导致大规模的军事主义、批量思想和千篇一律的大众。它一方面培养个人隐私，另一方面又使人扮演完全相同的公众角色。（*EM*, p.250）

§ 印刷术的心理和社会影响之一，是将齐整而易裂的人类特性加以延伸，进而使不同区域逐渐实现同质化。其必然导致的后果是，与新兴民族主义相联系的势力、活力以及攻击性的增长。（*UM*, p.175）

§ 可重复性作为印刷术的潜意识信息，自谷腾堡以来已经渗入西方思想文化领域的各个角落。就政治统治者而言，可重复性是在单一语言模式中达到政权统一的手段；就读者而言，可重复性授予其特立独行的权利。它能够把人力和资源统一到齐整的视觉秩序之中，最终形成民族主义。同时，可重复性还是科学方法的基础，它使价格体系和市场组织成为可能。（*LMM*, p.258）

§ 在印刷术引发的许多无法预料的后果之中，民族主义的兴起也许最广为人知。……民族主义展示出群体命运和地位的崭新形象，它的出现有赖于印刷术之前从未有过的信息运动速度。（*UM*, p.177）

§ 电子技术已然登堂入室。但我们对电子技术与印刷技术之间发生的冲突，又聋又哑，浑然不觉。而美国人的生活方式正是

借由印刷术形成并以此为基础建立起来的。(*UM*, pp.17-18)

§ 印刷术给予人类的最重要馈赠，或许是超然和不介入的态度：无须反应的行动能力。……它在心灵生活上产生分解感受的能力……然而，正是这种将观念与情感分离，这种无须反应只需行动的能力，使得知书识字的人从封闭的部落世界中分裂出来。(*UM*, p.173)

§ 印刷术强调因果关系，使人能够进入因果关系的全部阶段。电路倾向于重建对形式因的敏锐感。这里的形式因，不是指形式的分类，而是指它们在我们身上所发挥的作用。(*LMM*, p.259)

§ 印刷术的齐整性和可重复性，使得文艺复兴时期的时空观念呈现出连续性和可量化特征。这一观念的直接后果是，对自然和人类社会的祛魅。印刷术通过切割控制产品生产过程，导致上帝与自然之间、人类与自然之间以及人与人之间的分裂。(*UM*, p.176)

§ 借助于印刷术的切割功能，18世纪实现了均质化。统一的价格和广阔的市场开始形成，并逐渐延伸至文学领域。这些同质化倾向均首先在印刷术中起步，没有印刷术就没有市场和工业。(*CA*, p.177)

◆ "电子媒介"

如波兹曼所言，替代印刷术的是电子媒介和以电视为代表的图像革命。电子媒介不像线性文字那么抽象，它是"一览无余的媒介"。通过电子媒介，时空阻隔得以消除，分散的世界重新组合；人类感官不再由视觉独占，当前已成为由多重感官认知的时代。自此，书籍不再是传播的主要媒体，抽象的思维方式亦不再盛行。

§ 电子媒介包括电报、录音机、电影、电话、电子计算机和电视。它们不像机械媒介那样仅延伸人体的单一官能，而是对人类整个中枢神经系统的外化和提升，由此，社会和内心的一切方面随之发生改变。（EM, p.234）

§ 电子媒介无情地转换人类的每一项感知比率，再建和重构我们的一切价值和制度。（EM, p.238）

§ 电流正在使西方世界东方化。充实、区分、切割——西方的遗产——正在被流动、整体和融合所取代。（MM, p.145）

§ 手稿储存于好莱坞胶片之上，书写时代已成为历史。我们必须创造一种新的隐喻，以重组我们的情感和观念。新媒介不再是人与自然的桥梁，它就是自然本身。（CB, p.14）

§ 印刷技术创造公众（the public），电子技术创造大众（the mass）。公众由持有各自观点的孤立的个人构成。电子技术则要求人们放弃这种分裂的观点和态度。（MM, p.69）

§ 电视的出现标志着西方世界的终结。我们已然走向东方，而东方却在试图走向西方。（LMM, p.349）

§ 电影和电视完成了人类感觉的机械化周期。伴随着全方位之耳和移动之眼，我们废除了西方文明的动力。（CB, p.17）

§ 电话机、留声机和录音机是后文字时代听觉空间的机械化。录音机把我们带回内心深处，带到奥森·威尔斯在电台节目中宣布的火星人入侵地球的情景。它使作为听觉空间的孤独之井得以机械化：广播引发的心跳提供了一个任何人都能够淹没于其中的孤独之井。（CB, p.16）

◆ "地球村"

电子媒介时代，空间与时间的距离逐渐被消弭，地球上各个分散的区域被重新聚合，地球成为一个大部落，即所谓的"地球村"。如麦克卢汉所言，电子时代的相互依存为世界重塑了一个地球村形象。地球村并非一个同质而和谐的空间，它在将远方人们拉近的同时，也可能疏离人与人之间的情感交流。

§ 部落这个单位，拓展了家庭的界线以涵括全社会。当其以全球村的模式存在时，这个部落成为组织社会的唯一方式。全球村模式形成的原因是信息的瞬时流动，同时从地球的各个角落流向四面八方。(*LMM*, p.254)（注：这是麦克卢汉首次提出"地球村"概念，在1959年5月16日写给Edward S. Morgan的信中。）

§ 由电子技术塑造出的地球村，激发出比原先机械标准化社会更多的非连续性、多样性和区分。事实上，地球村使得最大的意见差异和创意对话变得不可避免。地球村里并不平静，更为可能的是：除了爱与和谐之外，还有冲突与不合。(*EM*, p.250)

§ 现今世界是一个所有事情同时发生的全新世界。时间凝固，空间消失，人们生存于一切都同步发生的"地球村"中。我们返回到听觉空间，重新构建数世纪之前被书写剔除出去的原始感受和部落情感。(*MM*, p.63)

§ 我们正在经历第三次世界大战，这是我们的首场电视大战，正如第一次世界大战是铁路之战、第二次世界大战是广播之战那般。这场战争的一个重要改变是：士兵与平民之间没有区分。在电视时代，全体公众都参与了这场战争。(*LMM*, p.349)

§ 电磁波的发现为人类事务再造了一个同步"场域"，使人类拥有了在"地球村"中生存的条件。……电子时代新的相互依存，为世界重塑了一个地球村的形象。(*GG*, p.31)

§ 除了作为文化幽灵的旅游者以外，城市已不复存在。任何装备有电视、报纸和杂志的路边餐馆，都可以像纽约或巴黎那样成为汇集天下于一身的场所。(*CB*, p.12)

§ 由无线电视提供的即时环球资讯，让既有的城市形态失去意义和功能。城市与生产和交际相关的历史一去不复返了。(*CB*, p.13)

§ 电流外化我们的一切感知，将我们置于没有"共通感"的绝望之地。……自亚里士多德起,"共通感"的功能就是把每一种感知转换为其他感知,于是任何时候呈现出的都是统一的整体形象。如今,随着电子工业的出现,我们发现自己居于地球村中,我们的任务就是去缔造一个"地球城"。在电子技术条件下,任何边缘区域都可以成为中心,任何边缘经验都可以为城市获得。……我们的地球村,必须靠电脑来连接,就像大型机场必须靠电脑调配航班那样。(*LMM*, pp. 277-278)

◆ "后视镜"

麦克卢汉以"后视镜"意指我们长期以来观看事物的方式。它警示我们,要随时随地警惕认知上的错误,不要被镜中看到的过去景象所吸引或迷惑。所有新媒介均借由旧媒介的特性演化而来;对旧媒介的特性加以掌握,有助于我们了解新兴的媒介。

§ 过去已然过去。当我们面对一种全新的状况时,我们往往依恋于不久前的客体,并紧紧抓住距离现在最近的过去事物不放。我们总是透过后视镜来洞察现在,倒步进入未来。(*MM*, p. 72)

§ 媒介效果作为一种新环境是不容易察觉到的,就像水之于鱼,很大程度上属于潜意识的层面。弗洛伊德的对潜意识的审查正是那种使我们在感觉上免受过度刺激的保护机制。我们生存于后视镜中。(*CB*, p. 22)

§ 新媒介往往吞下旧媒介,并以奇怪的方式使之发生改变。最新的例子是电视吞下了电影。过去,报纸吞掉了书籍,电影吞下了报纸。旧媒介被吞食以后,往往变成一种高雅的艺术形式。新媒介不会被当作艺术形式,而被当作旧形式的沉沦。(*LMM*, p. 308)

§ 常言道,"千里之堤,溃于蚁穴",然人们往往震惊于堤溃,却对蚁穴视而不见。若没有对既有环境的陌生化处理和标新立异,人们就会对整个环境熟视无睹。艺术家的任务在于塑造一种疏离环境,进而为人类感知和适应环境提供方法。哈姆雷特对付周遭环境的侦探手法，表现出的就是这样一种艺术家式的技巧："今后，只要我认为妥当，我就会装出个古怪神气。"（COB, p.192）

◆ "媒介律"

麦克卢汉有言，当其获悉波普尔说"科学上所谓的'假说'即可证明为假的学说"时，他便决定拟定这样一份假说。此假说便是"媒介律"。麦克卢汉的"媒介律"，简单说来，就是关于媒介影响的规律，因其包括"提升、削弱、反演、转化"四个共时面向，故媒介律亦可称作媒介效应四元论。

§ 媒介律不依赖任何概念或理论，它完全是经验式的。媒介律产生了一套认知人类工具之效果的实践方法。它能够用于分析一切人工制品（即媒介），无论此媒介是硬件还是软件，是推土机还是纽扣，是诗歌体式还是哲学体系。这四条定律由以下问题构成：

A. 该媒介提升了什么或使什么成为可能？此可用于研究一只废纸篓、一幅画、一台蒸汽压路机、一条拉链，也可以用于研究一条欧几里得定理、物理学定律以及语言中的单词或词组。B. 如果某个方面得到提升，那么原有的条件或未被提升的方面就会被取代。那么新媒介削弱了什么？ C. 新的媒介形式同时恢复或反演了先前的哪些服务或活动？是什么使曾经过时的背景得以恢复并成为新技术形式的一部分？ D. 当潜能发挥到极限后，新媒介形式就会向先前媒介的特征转化。新媒介形式转化的潜能又是什么？

媒介律的四个方面同时共在而非相递续行，它们起初就内在于每一媒介之中。（LM, pp.98-99）

§ 人工制品如何操控和影响人体及社会，媒介律即是对此问题观察和研究的结果。因为任何一件人工制品的意义都在于，它不仅仅只是一件施之于物的工具，它更是对我们人体的一次延伸。（LM, p.94）

§ 每一种媒介都提升某项功能，使另一项功能削弱，它反演一种更为古老的功能，进而转换为其对立形式。此媒介律适用于一切媒介。能够说明媒介律的最简单的形式是货币。货币提升商业交易，削弱实物交换，它反演互赠礼物的习俗或摆阔气的浪费，最后转化为信用卡的形式，而信用卡已不再是货币。可以说，每一种媒介起先所提升的那项功能，最后恰恰转化为其对立面。（UME, p. 243）

§ 媒介律的四元（即提升、削弱、反演、转化）表征的是媒介效应四个同时的而非相继的面向。（LM, p. 126）

§ "提升、削弱、反演、转化"的模式为隐喻模式。一切隐喻和技术均包含此四个方面。……人的一切延伸都是人的存在的外化，都具有语言的性质。无论这个延伸是鞋子、手杖、拉链还是推土机，一切延伸形式都具有语言的结构，就像语言形式那样，有着自己的句法和语法。（UME, pp. 288-289）

§ 媒介律属于修辞和语法范围，而不应归于哲学领域。其关注的是词源和阐释。（LM, p. 128）

§ 媒介律以四元论形式，对逻各斯和形式因提出了更新，其目的在于通过分析，揭示出一切人工制品的结构。（LM, p. 126）

§ 就其集中探讨我们文化和技术中的隐蔽特性而言，媒介律呈现出现象学特征。因为从黑格尔到海德格尔，现象学家们长期致力于对语言及技术之隐蔽特征和效果的揭示。也就是说，这些现象学家们一直在用左脑半球的认知技巧和模式去解决右脑半球的问题。媒介律的出现使此类问题迎刃而解。（LM, p. 128）

◆ "探索式方法"

麦克卢汉的"探索"方法，探索而不做解释，并置而不为立论，铺陈而不予归纳，发现而不去评判，他以此观照媒体本身，显示出他对学院派传统做法的有意疏离，并代之以发现、辨识和双关语的艺术手法，去探讨媒介及其引发的心理和社会影响。

§ 作为一名探索者，我努力探索而不固守某种视点或单一立场。在我们的文化中，一旦某人坚守某一固定立场，他就会被视作邀请对象；而一旦他开始四处走动或跨越界限，他就会被视为越职者而遭受攻击。探索者往往自相矛盾，他们无法知晓惊人发现何时出现。对他们而言，连贯性毫无意义。因为如欲追求连贯，只需宅在家中。正如艾吕尔所言，宣传起于对话终结之处。这里，我对媒介提出异议并重启一项新的历险：我不做解释，我只去探索。（HC, p.xiii）

§ 我在探索，尽管我不知自己会被带向何方。我的著作只是过程，而非完成品。我的目的是把事实用作探索的探针，作为获得洞见、辨别样式的手段，而非在传统意义上刻板地使用它们：将事实当作分类的数据、范畴或容器。我要为新发现的领域绘制地图，而不是为旧领域描画界标。（EM, p.225）

§ 我从不把探索当作对真理的揭示。作为一名探索者，我没有固定的视点，也不死守任何理论。……我对媒介的研究，有点类似保险柜密码破解员的工作。我摸索、辨音、尝试、接受、放弃。我尝试不同的密码排序，直到转向齿轮落下，保险柜门打开。（EM, p.225）

§ 探索的方法与阐释的方法相对，它起于对无知和困难的承认。探索的叙述是一种常识性的摸索。……阐释对探索毫无用处。……探索的方法寻求发现充足的前提。……它经常会有意外的发现。（TT, p.8）

§ 研究媒介的模式，将我们的一切假设从下意识、非言语的王国中解脱出来，以便更好地细察、预测和控制人的目的。（HC, p.157）

§ 当今世界，马赛克取代了视点，探索代替了目标。（LMM, p.351）

中国媒介生态学的两种范式及未来趋向

加拿大媒介理论家马歇尔·麦克卢汉早在1962年分析印刷媒介的感官分离特性时,即把媒介研究与"生态学"概念关联起来,倡导从生态学的视角去理解媒介。[①] 自称是"麦克卢汉的孩子"的美国著名媒介文化批评家尼尔·波兹曼于1968年在美国威斯康星州召开的全国英语教师年会上正式提出了"媒介生态学"(media ecology)这一术语,并根据麦克卢汉的建议于1970年在纽约大学创办了"媒介生态学"专业和博士点。波兹曼首倡"媒介即环境研究",并将"媒介生态学"的任务规定为探讨"媒介对人类洞察力、理解力、感觉和价值观的影响,以及媒介与人的相互作用对于人类生存的促进和阻碍作用"[②],在传播学经验学派和批判学派之外开启了媒介研究的"第三学派"——媒介生态学派——的全新历史。

"媒介生态学"在中国的研究始于21世纪初叶,它涵括两种迥然不同的研究领域和学术范式,即以媒介为中心、以媒介生态构成要素为研究重点、注重媒介生存环境的"生态范式"和以人文关怀为核心、关切媒介之感性后果与价值维度的"审美范式"。

---

① Marshall McLuhan, *The Gutenberg Galaxy*, p. 35.
② Neil Postman, "The Reformed English Curriculum", in A. C. Eurich (ed.), *High School 1980: The Shape of the Future in American Secondary Education*, New York: Pitman, 1970.

媒介生态学的"生态范式"在生物学意义[①]上使用"生态学"一词，将生态位、绿色、种群、食物链、生物钟等生态学术语移植到媒介研究领域，探究的是"媒介之间的竞争和制衡所形成的结构体系"以及"媒介群落在社会大系统中的运动状态"[②]。在国内传播学界的大力推动下，"生态范式"在理论架构、研究方法、服务导向上形成了一套较为系统的学术路数，被部分学者视为"由本土学者提出的一种原创性媒介理论"[③]。我们认为，"生态范式"为传播学研究提供了一种生态学的研究视角和一套全新的话语表述方式，这是其创新和出众之处，但其在方法上坚持经验性的实证研究立场，在方向上坚持实用主义的研究目的，主张从环境或外部条件的变量出发去揭示社会现象和社会行为的原因和客观规律，总体上承递的仍是传播学中经验学派的学术传统；尽管其试图通过引入"生态学"的"宏观—系统"观念以规避经验学派执着于具体问题而忽视从整体视角研究传播现象的弊端，但在精神实质上仍与经验学派一脉相承，故此以"生态范式"称之。比较而言，"审美范式"是在隐喻或诗意层面上使用"生态学"一词的（"生态"在此意指由传播媒介所塑造或界定的诸种环境），它不满当前传媒学科中过于偏重经验、实证和可操作性研究的倾向，倡导在媒介研究中引入形而上学的"批判"维度，重视阐发媒介技术

---

① 崔保国以"鱼—水"关系喻指媒介与其生存环境之间的互动关系，典型地表现出"生态学"的生物学含义；其核心理论——媒介生态系统结构的"六界"说——直接来自我国著名生物学家陈世骧先生的"六界系统"。参见张国良、黄芝晓主编：《全球信息化时代的华人传播研究：力量汇聚与学术创新》，复旦大学出版社2004年版。

② 阳海洪、赵平喜：《媒介生态学：中国新闻史研究的新路径》，《新闻界》2009年第2期。

③ 崔保国认为，"媒介生态学研究在我国的展开，来自于我国传播学者的自觉，研究意识是原发而不是引进的"（崔保国：《媒介是条鱼》，《中国传媒报告》2002年第1期）；邵书错认为，"由我国学者创立的媒介生态学，其原发意来源于中国现实，是具有中国特色的媒介生态学理论"（邵书错：《中国特色的媒介生态学理论——邵培仁教授媒介生态学最新研究述略》，《东南传播》2009年第10期）。阳海洪、赵平喜、曹爱民等也持有类似看法。

的美学意味和感性内涵，注重媒介的人文关怀和价值建构，旨在将审美文化的宗旨和原则渗透于媒介之中，以在实用倾向占据主导的媒介研究中开辟出一条美学研究的路向，建立一套媒介时代的"新"批判理论。其"新"在于，它继承的不是以德国法兰克福学派、英国文化研究和欧美传播政治经济学为代表的批判学派传统，而是尝试在批判理论和"第三学派"之间寻求一种综合与平衡。具体地说，就是将批判学派的形而上学思维与媒介生态学的"后果范式"相嫁接，将美学带入传播研究，以昭揭出媒介"雅努斯"的另一副人文面孔。倘说"生态范式"对媒介自身境况存有忧虑和担心，那么，"审美范式"则始终对"媒介的后果"保有一份警惕和清醒。

一、作为"生态范式"的媒介生态学

中国媒介生态学的"生态范式"始于 2001 年，以邵培仁先生发表于《新闻界》和《新闻大学》的两篇论文——《传播生态规律与媒介生存策略》和《论媒介生态的五大观念》——为起始标志。随后，邵先生围绕此论题连续发表系列专论[1]，将生态学的观念、术语和方法引入传播学领域，相继提出媒介生态学的"五条规律"、"五种观念"、"六大原则"和"四种生态"等理论，对"生态范式"的研究对象、研究内容和研究任务做出了明确规定，提供了不同于北美媒介生态学的另一种思考视角和研究理路，开启了我国媒介研究的一个崭新学术方向。与此同时或稍后，崔保国、孙旭培、支庭荣等学者相继提出媒介生态系统结构的"六界

---

[1] 这些论著包括：《大众传播中的信息污染及其治理》（《新闻与写作》2007 年第 3 期）、《论媒介生态系统的构成、规划与管理》（《浙江师范大学学报》[社会科学版] 2008 年第 2 期）、《媒介生态城堡的构想与建设》（《当代传播》2008 年第 1 期）、《媒介生态学研究的新视野》（《徐州师范大学学报》2008 年第 1 期）、《媒介生态学研究的基本原则》（《新闻与写作》2008 年第 1 期）、《媒介生态学：媒介作为绿色生态的研究》（中国传媒大学出版社 2008 年版）、《当代传播学的生态转向与发展路径》（《当代传播》2010 年第 5 期）等。

说"、"三生态"和"文态平衡"理论，一些学人又将这些原则、观念运之于分析国内动漫、网络受众、电视娱乐资讯和公益节目等传播实践，形成了我国传媒学界一个颇具特色的研究派别。其主要特征表现为：

（一）追求量化的实证研究立场

"生态范式"注重运用科学、量化的实证方法来研究社会传播现象，在某种意义上是将自然科学的原则和方法应用于社会科学研究。支庭荣认为，"在研究方法上，我们提倡理论演绎、田野观察与实验研究并举。在分析技术上可以考虑最优化方法和对策论方法"[1]。崔保国认为，媒介生态学"离不开社会调查和统计分析，更离不开数学的方法和信息技术"，同时要采用"统计调查和计算机应用"的方法，综合运用"观察描述的方法、比较研究方法和试验方法"等，它们共同构成"现代媒介生态学的研究方法体系"。在论及媒介生态学的发展方向时，崔保国指出，媒介生态学正在"向精确定量方向前进"，表现出"由定性研究向定量研究，由静态描述向动态分析"的发展趋势。[2] 郑虹在对中国媒介生态学研究史梳理的基础上，认为"媒介生态学的研究方法主要包括三个方面：第一，宏观、中观视角与微观研究相结合；第二，控制论、系统论和信息论相结合；第三，质化与量化研究相结合"[3]。归纳言之，"生态范式"的研究方法——田野观察、实验研究、观察描述、比较研究、统计调查、数学方法、信息技术、社会调查——以"科学"见长，共同点在于根据预设寻求相关的

---

[1] 支庭荣：《大众传播生态学》，浙江大学出版社2004年版，第31页。
[2] 张国良、黄芝晓主编：《全球信息化时代的华人传播研究：力量汇聚与学术创新》，第264—266页。
[3] 郑虹：《论中国媒介生态学研究的历史轨迹与发展趋势（1978—2008）》，浙江大学硕士学位论文，2008年，第42页。

实证数据，通过定量研究以肯定或否定此前的理论假设。此种路数在本质上实即自然科学中的实验法。"从经验事实出发，采用定量研究方法"是西方传播学经验学派的重要特征。或如拉斯韦尔所说，经验学派的研究方法"侧重于精确测量与量化研究"。就追求量化、坚持实证的方法和立场论之，媒介生态学的"生态范式"实即中国传播学研究的经验学派。

(二) 恪守实用主义的研究目的

与追求量化的实证立场相一致，"生态范式"在理论缘起、研究目的和学科目标等方面表现出强烈的实用诉求。传媒学界的生态研究缘起于对单个媒介生态系统退化的治理：20 世纪 90 年代，媒介产业的数字化和全球化引发一系列媒介生态问题，开放的网络生态一时无法得到有效监管，网络生态问题由此成为媒介生态学的一个关键入口。即是说，"生态范式"立足于当前的媒介现实，以接受特定的传播现状、解决某类具体问题开展学术探索，属对策性研究范畴。"经验主义"范式在研究目的上具有很强的功利性和实践指向，它通过研究传播与人的行为，研究媒介与自然、社会的相互作用，以期达到有效的社会管理。支庭荣直接将"媒介生态学"视作一门实践哲学，他认为，针对一定时期的媒介愿景，开展媒介生态规划，提出媒介生态建设的对策、目标和措施，有助于提高媒介产品的质量，维持媒介生态平衡，优化人与媒介、社会和自然的关系，最终实现媒介的和谐、高效、持续发展和良性循环。在他看来，这体现的正是媒介生态学"不折不扣的实践取向和现实品性"。[①] 由邵培仁提倡的作为媒介生态学核心理论的"五种观念"，即媒介生态的整体观、互动观、平衡观、循环观、

---

① 支庭荣：《从隐喻到思辨：一个学术种群成长的样本》，《中国传媒报告》2008 年第 2 期。

资源观，其基本目标也是实用指向的。因为，倘若这些观念没有树立，"就会破坏媒介的生态资源，进而危害人类的精神家园和社会的文明进步，最终使媒介失去自身的奋斗目标和用来与社会进行交换的资源"[①]。"生态范式"的实用主义风格在学科建设目标上体现得尤为明显。崔保国指出，打造媒介生态学科，达到生态系统最优结构和最高功能，目的是"实现最大的社会经济效益和最大的生态效益"；建立媒介生态学科，"对于化解媒介生态危机，正确而科学地管理媒介系统，建立可持续发展的媒介经济具有重要的意义和作用"[②]。"生态范式"以媒介而非以人为中心，以科学而非人文为诉求，在由"人—自然—社会"组构的宏观系统中去考察和研究媒介的生存境况，追求媒介自身的本质与规律，这在很大程度上是改了"经验"之头、换为"生态"之面的传播学经验学派。

（三）坚持生态维度的学术创新

作为"生态范式"的媒介生态学在经验立场和实用目标上与传播学经验学派保持着大体上的一致，但与西方传播学经验学派不同的是，它注意通过引入生态学的视角、观念和话语来规避其缺陷，这是我国媒介生态学"生态范式"的创新亮点，主要表现在以下三个方面：第一，注重宏观、中观、微观视角的结合，对媒介做动态、系统的分析。传统经验学派过于追求对微观、具体问题的研究，关注媒介对于受众个体的效果，较少思考传播与社会制度、意识形态和思想文化之间的关系。"生态范式"对此有着清楚的洞察。邵培仁指出，"当代大众传播学关注的是微观的传播过程及其各传播要素之间的工作关系，而不太注重大众传播

[①] 邵培仁：《论媒介生态的五大观念》，《新闻大学》2001 年第 4 期。
[②] 张国良、黄芝晓主编：《全球信息化时代的华人传播研究：力量汇聚与学术创新》，第 265 页。

中微观、中观、宏观系统之间和它们各个组成部分之间的生态关系，更没有积极探索它们之间相互作用的生态规律"[1]。将系统研究和宏观、中观视角引入传播学，弥补了"忽视传播赖以发生的更普遍的社会网络"[2]，为探讨当代传播现象和动态传播规律提供了一个很好的方法和视角。第二，以生态学眼光观照媒介问题，为传播学研究开辟了新的学术生长点。崔保国"把媒介比作鱼，把信息资源比作水"，将媒介视作有机的"生命体"。他说，当媒介被置于社会大环境下观察时，社会中就有无数媒介，像无数条鱼，每天在吸进呼出，循环往复地做着信息处理与信息传播的工作。[3] 邵培仁根据生态学的研究理念，提倡以"绿色／蓝色生态链"替代"灰色／黑色生态链"，以"媒介生态城堡"取代"媒介智能大楼"，将生态学的观念、方法、术语向传播学实施"乾坤大挪移"，为后来者提供了研究指针。这是对当下国内媒介环境所面临困境的体认，是将目标、现实和行动方案融合于一体的研究结果。第三，将大量生态学术语，如环境、系统、适应、互动、平衡、循环、资源、绿色、种群、群落、生态位、食物链、生物钟、最小量、适度性等移植到传播研究中，构筑出一套令人耳目清新的话语表述方式。或如有的学者所说，"借用食物链、生态位、生物钟等生物学中的概念来分析媒介现象，具有很强的创新性，对国内研究产生了深远影响"[4]。通过生态学与传播学的嫁接，将系统的思路、生态的观念、清新的表述等"新鲜血液"注入传播学研究，成为"生态范式"不同于西方传播学经验学派的显著特征。在此意义上，"生态范式"确乎可以称作"经验—生态"学

---

[1] 邵培仁：《传播生态规律与媒介生存策略》，《新闻界》2001 年第 5 期。
[2] 罗杰斯：《传播学两大学派的对立与交融》，王怡红译，《郑州大学学报》（哲学社会科学版）1994 年第 2 期。
[3] 张国良、黄芝晓主编：《全球信息化时代的华人传播研究：力量汇聚与学术创新》，第 257 页。
[4] 鲍文婷：《"生态"一词在新闻传播学中的引入》，《东南传播》2011 年第 2 期。

派，基于此，一些学者又将之称作具有"中国特色的媒介生态学理论"[①]。

二、作为"审美范式"的媒介生态学

近年来，随着"现代性"成为当代学术研究的热门领域，作为"现代性工程"之重要组成部分的媒介生态学亦逐渐引起国内美学界和媒介文化研究界的极大关注，以中国社会科学院文学研究所金惠敏先生为代表的一大批学者，在积极与活跃在媒介生态学研究领域的国外学者进行互动与对话的同时，从媒介生态学的理论、观念、视角和方法出发，不仅着力于揭示国内外传播与媒介研究中长期被遮蔽的"人文"内涵、"批判"面向和"美学"维度，而且注重从中国优秀古典文化（如先秦时期老子、庄子、孔子的思想）中获取理论和文化资源，为一直以来被技术决定论所困扰的媒介生态学引入了一种"感性的"、"审美的"研究视角。这种媒介生态学研究范式，不以"媒介自身"而以"媒介的效应（或后果）"为中心，不从技术角度而从人文视角切入对媒介的研究，关注的是媒介效应的人文取向和价值建构；与传播学中的批判学派不同，它强调媒介的"后果范式"而非如批判学派那样轻视媒介的效果研究，注重从美学的而非政治经济学的角度来说明媒介的性质。据此，我们将此范式称作媒介生态学的"审美范式"。作为"审美范式"的媒介生态学研究始于 2004 年，以金惠敏先生发表于《中国社会科学》的《图像增殖与文学的当前危机》一文为起点：文章揭示了电子媒介对以印刷媒介为基础的文学生态造成的巨大冲击——新媒介在资本主义商品语法的操控下，通过抽除文学的现实指涉，重组了文学的审美构成，并对文学赖以存在的深度主体进行了瓦解。随后，一批"媒介美学"论著相继

---

① 邰书锴：《中国特色的媒介生态学理论——邵培仁教授媒介生态学最新研究述略》，《东南传播》2009 年第 10 期。

问世①，它们以技术理性批判、美学维度张扬和人文主义反思开辟出不同于"生态范式"的另一种媒介生态学研究方向，启动了中国媒介生态学研究中的"审美范式"。近年来，《文艺理论研究》、《江西社会科学》、《中国图书评论》、《东岳论丛》、《南华大学学报》等相继推出了关于媒介生态学"审美范式"研究的系列论文。② 随着一系列颇有分量的研究论著在国内外出版社和期刊上的出版和发表，一个强调媒介研究之"美学"面向的媒介生态学"北京学派"（或曰"审美学派"）正在成长为国际媒介生态学研究中的重要一维。

（一）守持理论品格的文化批判立场

如果说"生态范式"关心的是媒介的实践诉求，以服务其实用主义目的的话，那么"审美范式"则重在关注媒介的理论品格，以通过"解码"来摆脱媒介技术带来的人的异化，彰显媒介的美学内涵。这种理论品格具体表现为此范式所特有的文化批判立场。恰如金惠敏先生所说，在当前实用倾向所主导的媒介研究中，应加强媒介"批判理论"维度，"积极开展'批判理论'的文

---

① 这些论著包括：《趋零距离与文学的当前危机——"第二媒介时代"的文学和文学研究》(《文学评论》2004 年第 2 期)、《媒介的后果：文学终结点上的批判理论》(人民出版社 2005 年版)、《从形象到拟像》(《文学评论》2005 年第 2 期)、《消费时代的社会美学》(《文艺研究》2006 年第 12 期)、《球域化与世界文学的终结》(《哲学研究》2007 年第 10 期)、《图像—审美化与美学资本主义——试论费瑟通"日常生活审美化"思想及其寓意》(《解放军艺术学院学报》2010 年第 3 期)、《积极受众论：从霍尔到莫利的伯明翰范式》(中国社会出版社 2010 年版)、《审美化研究的图像学路线》(《文学评论》2012 年第 2 期）等。

② 如《文艺理论研究》2015 年第 1 期的"麦克卢汉：媒介与美学"专题、《东岳论丛》2015 年第 6 期的"麦克卢汉与美学研究"专题、《中国图书评论》2014 年第 11 期的"纪念麦克卢汉《理解媒介：人的延伸》发表 50 周年"专题、《南华大学学报》2014 年 6 月的"现代性研究与媒介生态学"专题、《江西社会科学》2012 年第 6 期的"麦克卢汉与媒介生态学研究"专题等。

化评论"[①]。文化批判作为"审美范式"的基本理论特色和主要理论构建，主要表现为：第一，以个案解读方式，对西方媒介理论家的文本和话语进行重新诠释。威廉斯、罗伯森、贝克、霍尔、莫利、汤姆林森、麦克卢汉、波兹曼、德博尔、鲍德里亚、波斯特、费瑟斯通等思想家的相关论述，在"审美范式"中均被重新检视和解读。张进先生以"通感"、"内爆"、"后视镜"等核心概念探视麦克卢汉的媒介符号形式诗学，揭示出其诗学中对人与社会之间主体间性之互动关联的追求，符合当代生态美学的核心意旨。[②]李西建先生从波兹曼的"媒介即隐喻"透视电视媒介"娱乐泛化"现象的背后玄机：电视导致娱乐，娱乐催生消费，消费带来影像与快感。这提示我们，在图像、话语的传播中，在生产快乐的过程中，要时刻铭记奥威尔的深切忠告，建构和拓展媒介的人文向度和生态学视野。金惠敏先生在"媒介即信息"中阐发出麦克卢汉冰冷表象下面"涌动的永远炽热的人文主义情怀"，解读出他"以感性的丰富性和完整性考评技术发展之于人之得失"中所蕴含的微言大义；在"电视即图像"中昭揭出波兹曼那里图像向美学本义（即感性学）复归的意味：图像从思想重压下解放出来，重新交给感觉的世界；从鲍德里亚—费瑟斯通的"图像—审美化"思想中解析出"美学资本主义"的论题；在"电视话语"和"社会维度"中揭示出莫利"反理论"背后蕴藏的"抵抗的受众诗学"；通过对麦克卢汉"地球村"概念之美学性的揭示，引申出麦克卢汉的"媒介即信息"命题，其"冷媒介"、"热媒介"、"视觉空间"、"听觉空间"等概念皆有美学和文学的底蕴。着力于理论诉求、采用个案方式检视媒介的感性内涵和诗性气质，是"审美范式"建构的关键环节，即开展"批判理论"的文化评论。第

[①] 金惠敏、邹赞：《雅努斯神话：媒介、美学与文化研究——中国社会科学院博士生导师金惠敏教授访谈》，《社会科学家》2011 年第 1 期。

[②] 张进：《论麦克卢汉的媒介生态学思想》，《江西社会科学》2012 年第 6 期。

二,针对中国的媒介现实,以世界文论的视角眺望第二媒介时代的文学和文学研究,探讨"文学在电信时代的当前遭遇并预测其未来命运"。这方面的成果集中体现在《媒介的后果:文学终结点上的批判理论》一书中。作者从米勒宣布"电信技术王国中文学时代将不复存在"开始,考量现代媒介对于文学机制的根本影响:媒介帝国主义以其"趋零距离"、"图像增殖"和"全球化"症候,对文学的三个生命要素——距离、深度、地域性——构成致"命"影响。然而,新媒介对文学的冲击并不意味着文学本位的丧失。针对电子媒介的侵蚀,文学体现出对自身的坚持和伸张:一是恢复"形象"的现实指涉,使其有负载、有深度而意味隽永;二是揭露商品语法对"拟像"的阴谋利用,以纯粹之审美追求对抗资本主义无孔不入的商业化。全书在深刻的学理层面和深层思辨中,将媒介研究与文化研究、美学研究、社会学研究相结合,开辟出媒介研究的一种崭新理路和全新境界,被希利斯·米勒称作是"对新媒介如何影响当今人类精神生活主题的权威论述"。第三,从中西方思想家(如庄子、老子)、物理学家(如海森伯)、哲学家(如海德格尔、维科)处撷取理论资源,通过对比性、互文性阐释,揭示麦克卢汉媒介生态学的"人文主义价值取向"和"现代技术如何内在地具有美学的维度"。这方面的理论成果以《技术与感性:在麦克卢汉、海森伯和庄子之间的互文性阐释》[①]、《感性整体与反思整体:麦克卢汉、海德格尔与维科的互文阐释》[②]为代表。就以上三个层面言之,我国媒介生态学的"审美范式"实质上是一种文化批判。但范式建构不能止步于此,因为"在所评述过的理论家那里,这(媒介技术与审美化的关系——引者)尚未

---

① 金惠敏:《技术与感性:在麦克卢汉、海森伯和庄子之间的互文性阐释》,《文艺理论研究》2015年第1期。
② 金惠敏:《感性整体与反思整体:麦克卢汉、海德格尔与维科的互文阐释》,《南华大学学报》(社会科学版)2015年第1期。

被突出为一个重大议题",因此,"我们需要另做研究","在'媒介批判理论'上进行学科建设,打造'媒介批判理论'学科"。①

(二)坚守人文担当的学科建设定位

新媒介技术的发展正在改变人类的生活面貌、社会构成和精神状态。与这种将改变人性结构的技术发展相比,人类已经保有的人文储备却正在萎缩。媒介研究需要一个特殊的人文保护,以与日益提速的高科技发展形成制衡。"媒介批判理论"学科即以此立足,其最为显著的特点就是在媒介批判中展示出的深切的人文关怀和社会担当意识。这主要表现在开拓"媒介美学"新天地和建构消费时代的"社会美学"两个方面。第一,在媒介研究中引入美学维度,关注媒介的人文取向,开拓"媒介美学"新天地。就传媒学界而言,位居主流的"生态范式"以媒介本身着眼而非以媒介的后果出发,偏重经验、实证和可操作性的研究,对媒介研究的人文价值和美学内涵体察不够。媒介的发展需要接受美学的考量,在媒介研究中引入美学维度,将媒介与美学进行结合,体现出"审美范式"对于媒介技术的人文价值认同和生态学关怀。恰如李西建先生所说,为有效避免媒介的泛技术化或过度娱乐化造成的人文缺失,以及它为人之发展所带来的诸多弊端,应特别重视媒介生态学的人文关怀及价值建构,使审美因子渗透于媒介之中,完整建立以人为核心的技术审美文化网络,把人的生存美化、人与自然、人与社会的协调发展作为技术文明发展的核心和基本的价值取向。② 媒介与美学的联姻,不单单是学科上的突破,而且意味着彼此间的相互照亮。更重要的是,通过在媒介研究中

---

① 金惠敏、邹赞:《雅努斯神话:媒介、美学与文化研究——中国社会科学院博士生导师金惠敏教授访谈》,《社会科学家》2011年第1期。

② 李西建、张春娟:《消费时代的价值期待——从〈娱乐至死〉看媒介生态学的人文理论面向及其未来》,《江西社会科学》2012年第6期。

引入美学维度，将美学置于社会中以回应当代社会的变迁，这将唤醒媒介研究与美学研究的人文担待和社会责任意识。[①] 第二，在美学研究中引入社会维度，建立消费时代的"社会美学"。就美学界而言，由于审美现代派的巨大影响，"美学"一直处在与"社会"的尖锐对抗之中，甚至堕落为少数人圈子里的自娱自乐，因其自绝于"社会"，故也就为"社会"所抛弃，以致中西方的美学家均未对媒介的美学意味发生兴趣。美学的复兴在于积极回应当代社会的变迁，这为社会与美学的结合提供了依据。在《消费时代的社会美学》这篇关键文献中，"社会美学"自身之内在合理性和"社会美学"对于描述当代社会及其文化现实的确当性得到了基础性说明。文章认为，尽管电子媒介就其自身而言并不等于消费社会或符号社会，但唯有电子媒介能够在技术层面上予以"物符"美学全社会乃至全球性的普及。也就是说，电子媒介通过将消费社会的"物符"化发展为图像化，通过图像化接合了大众文化的视觉传统，进而把"物符"化提升到社会无意识的新阶段。至此，以"物符"为主导的"符号"美学最终将自己伸张为社会性的。[②] 通过开拓"媒介美学"和建构"社会美学"，在美学/文学研究与电子媒介/社会之间建立了新的相关性，展示出一幅充满人文气息、彰显价值关怀的媒介时代的"新批判理论"图景。

三、范式整合与中国媒介生态学的未来

目前，生态范式主要盛行于"社会科学"色彩浓厚的传播学界，审美范式则主要集中在美学、文学和文化研究等"人文学科"领域。前者立足于媒介自身，从经验立场和实用目的出发，主要强调媒介的产业生态，即媒介与制约其发展的周遭环境之间的相

[①] 金惠敏：《"麦克卢汉与媒介生态学研究"·主持人语》，《江西社会科学》2012年第6期。

[②] 金惠敏：《消费时代的社会美学》，《文艺研究》2006年第12期。

互影响与协调，更多地关注现实问题，与人们的实际传播经验密切关联，侧重媒介如何传播才能达到最佳效果，其不足之处在于对媒介的人文关怀关注不够，较少做价值评判，"不能履行解放的功能"（哈贝马斯语）。后者立足于媒介的感性后果，重视媒介的美学维度和美学的社会关怀，旨在重建人的世界、恢复精神的王位，其不足之处在于较为远离传播实践，有时带有某些主观倾向和乌托邦色彩。然而，就本质而言，这两种范式的关系并非如西方科学主义（启蒙理性）与人本主义（审美现代性）之间一样对立。我们知道，在现代西方，人本主义常把批判的矛头指向"逻各斯"精神，高扬人的主体性、历史性和自然性，要求以"丰富的人性"取代"冷酷的理性"；科学主义则多把批判矛头指向"努斯"精神，注重在经验实证和逻辑分析的基础上探寻知识的可靠基础，要求以"谦虚的理性"取代"狂妄的理性"。人本主义与科学主义互相背离、各走极端，最终导致了西方现代文化的危机。事实上，"启蒙理性"原本就包含着"审美现代性"，在现代性框架内，理性超越了通常意义上理性与感性的对立而成为独立"自由"的主体性。"生态范式"和"审美范式"作为中国媒介生态学之树上盛开的两朵璀璨之花，自盛开之日起，就对西方主流传播学中分别体现了科学主义和人本主义的对立的两个学派所存在的缺陷有着清楚认识，并通过各自分别引入生态学观念和形而上学维度去尝试克服西方传播学研究中的不足。两种范式各自彰显了媒介生态学研究的不同方面，共同构成一个完整的媒介生态学结构。二者之间的互补关系以及各自对科学主义和人本主义对立的超越，为两种范式的整合提供了可能。

西方传播学中的批判学派强调传播研究的学术化，力图消解专业意识形态；经验学派则强调传播研究的世俗合法性，对专业意识形态予以肯定。表面上看二者相互对立，但双方目前均"陷入困局"，它们"面对诸多难题已捉襟见肘、自顾不暇"，以至"传播学研究中的欧洲中心论、美国中心论开始受到质疑和挑战,而亚洲主义和中国主张的声浪却日益高涨"。[①] 中国媒介生态学应如何走出或者避免重蹈西方传播学研究的"覆辙",进而开拓出一个全新的未来,成为媒介研究中一个亟待解决的核心问题。美国传播学者凯瑞(James Carey)说过,"传播的起源和最高境界不是指智力信息的传递,而是建构并维系一个有秩序、有意义、能够用来支配和容纳人类行为的文化世界",由此可以引申出一个"传播/媒介即文化"的命题,揭示出传媒与文化的内在关联。媒介与文化的联姻,使得文化研究成为反思当代传播学的一个绝好窗口。以媒介理论家霍尔、莫利为代表的现代文化研究和以汤姆林森、贝克为代表的后现代文化研究,在对各自研究成果进行理论化表述的同时,也显露了各自的明显局限。"我们必须超越'现代性'文化研究,霍尔已经有所尝试了;我们也必须超越'后现代性'文化研究,贝克和汤姆林森代表了其明显的局限;我们必须汲取他们的经验教训而探索走向一个新的理论阶段的可能性。"[②] "全球对话主义"作为对现代性文化研究和后现代性文化的综合和超越,既包含了现代性,也开放了后现代性,对于开拓中国媒介生态学的未来具有方法论意义。它启发我们,中国媒介生态学的未来发展,既要对国内两种既有范式进行沟通与融合,对媒介技术自身及媒介的人文关怀给予同等重视,不可过于偏废;同时,也要有与国外媒介研究尤其是媒介文化研究进行平等对话的气魄和胸襟。当前,新媒介的不断发展和日益扩张,正在极大地改写整个人类的社会文化现实。哲学、社会学、政治学、文学、美学、史学等诸多学科将更多精力投入到新兴媒介上来,铸就了当前媒介研究的跨学科、交叉式研究态势,开辟出全新的

---

① 邵培仁:《当代传播学的生态转向与发展路径》,《当代传播》2010 年第 5 期。
② 金惠敏:《走向全球对话主义——超越"文化帝国主义"及其批判者》,《文学评论》2011 年第 1 期。

媒介文化研究领域。其中包括以霍克海默、阿多诺、马尔库塞等为代表的法兰克福学派开展的文化工业批判，以霍尔、莫利、菲斯克（John Fiske）等为代表的英国伯明翰文化研究学派对电视受众的研究，以赫伯特·施勒（Herbert Schiller）、汤姆林森、赛义德等为代表的传播政治经济学派对文化帝国主义进行的批判，以及以鲍德里亚、德博尔、杰姆逊等为代表的后现代主义理论家对电子媒介文化和消费社会进行的批判等。面对纷繁复杂的媒介文化研究流派和媒介研究已不再局限于传媒学界的现实，中国的媒介生态学研究要保持开放而多元的姿态，多方面汲取文化研究诸领域的丰富理论资源，以形成能够解决本土问题、具有国际视野、体现中国气派的"中国媒介生态学"理论。或如邵培仁先生所说，要争取做到本土性与全球性的辩证统一，寓全球性于本土性之中，用本土特色来包容和含蕴全球性。积极构建既立足于本土又放眼于世界的、具有中国特色而又文化多元的话语研究范式和理论体系，使媒介生态学研究扎根于肥沃丰厚的中国传统文化和充满活力的中国现代学术的土壤之中，并使之具有中国立场、亚洲眼光和全球视野。①

---

① 邵培仁：《当代传播学的生态转向与发展路径》，《当代传播》2010 年第 5 期。

后　记

　　这本小书几乎完全保留了我的博士学位论文原貌。我并不是说这本小书足够完备而无修改之必要，恰恰相反，它作为我进入麦克卢汉研究领地的入门之作，缺憾、稚嫩乃至不成熟的地方必然很多。之所以未做什么大的改动，是因为近来乃至未来一段时间麦克卢汉的"文艺媒介学"思想仍是我重点关注和探索的领域之一，而这篇入门之作正是我需要不断返回和反思的比照对象。就像我在博士学位论文后记中所说的那样，贯穿于本书的"文艺媒介学"和"'感知—效应'视角"是否运用得当，尚需进一步的实践和摸索；文中提出的一些观点，如麦克卢汉的"文艺媒介学"、"感知效应范式"、"媒介史观"、"媒介感知论"、"印刷个体主义"、"印刷民族主义"等是否恰当，将麦克卢汉的前后期思想看作一个整体是否合适，麦克卢汉对读者经验和读者参与的强调是否暗示了后现代主义的"新文本主体"理论，以及对麦克卢汉媒介研究方法的总结是否准确等，仍需进一步去验证和探索。这篇小文完成三年多来，我仍在不间断地阅读和思考麦克卢汉，也有了一些新的体悟和理解，这将在我下一本关于麦克卢汉的研究著作中呈现。

　　本书从写作到出版，得到了许许多多师长、好友的关怀、支持和鼓励。首先要特别感谢的是我的博士导师金惠敏先生。金先生待人诚恳，治学严谨，使我明白了许多为人、为学的道理。本书不仅在选题和内容上受到先生的深刻影响，而且整个写作过程都凝聚着先生大量的心血。要特别感谢我的硕士导师张清民先生。张先生为人真诚宽厚，为学求真务实。先生不仅在我最初的学术探索中给予我无私的关心和点拨，而且长期以来一直关心着我的每一步成长，给予我许多无私的帮助。要特别感谢我的博士后导师党圣元先生。向党先生的每次请教，都能让我深切感受到先生对弟子的殷切期冀。党先生敏锐的学术洞察力、宏阔的学术视野、严谨的治学风范和不懈的学术创新精神，是弟子永远学习的楷模。另外，还要感谢中国社会科学院文学研究所高建平研究员、彭亚非研究员、靳大成研究员、王达敏研究员、丁国旗研究员、刘方喜研究员、陈定家研究员，中国社会科学院外国文学研究所周启超研究员、徐德林研究员，中国人民大学文学院张永清教授、陈奇佳教授，中国人民大学新闻学院陈力丹教授，北京师范大学文学院李春青教授、蒋原伦教授，北京语言大学人文学院黄卓越教授，商务印书馆李强先生、韦爽女士……他们在本书写作、审稿、答辩、发表、出版等环节给予我的无私帮助和为我付出的点点滴滴，每每想起都是那样的美好和温暖。感谢本书写作期间在国家图书馆、北京大学、清华大学、复旦大学、南京大学工作和读书的朋友们，没有他们从全国各地汇聚而来的大量外文文献资料，本书写作的顺利进展是难以想象的。学路漫漫，在新的征途中，恩师之教诲和希冀、好友之鼓励和帮助，是鞭策和激励我继续不懈前行的源源动力。

李昕揆
2017 年 3 月 23 日于中国人民大学人文楼